主　　编　曹士兵　国家法官学院副院长
副 主 编　关　毅　国家法官学院科研部主任
　　　　　刘　畅　国家法官学院科研部副主任
主编助理　边疆戈　国家法官学院科研部编辑
　　　　　苏　烽　国家法官学院科研部编辑

编辑人员名单（按姓氏笔画为序）
边疆戈　关　毅　刘　畅　苏　烽　胡田野
曹士兵　谭　红

全国专家型法官
司法意见精粹

国家法官学院◎编

侵权赔偿卷
Volume of Tort and Compensation Law

中国法制出版社
CHINA LEGAL PUBLISHING HOUSE

序　言

司法正义是现代文明社会的重要指标，正义是抽象的，存在于每个人的心中，而感知正义的最好途径是通过法官在每一件具体案件中的裁决。法官作为裁判者，社会期望法官具有良好的司法能力，衡量法官司法能力的途径之一就是看其适用法律、解释法律、表达法律思想的审判实践与法学理论相结合的学术作品。

国家法官学院作为最高人民法院的教育培训与应用法学研究基地，探索如何尽快提高和加强法官的司法能力一直是我们的工作重点。为加强法院系统的学术研究氛围，提高法官业务素质，最高人民法院于1989年举办了全国法院系统首届学术讨论会并进行优秀论文评选。自此，全国法院系统逐渐兴起了注重司法审判问题研究、注重法学理论与审判实践相结合的实证研究之风，涌现出越来越多的学者型法官。经过近三十年的耕耘，全国法官的业务水平在整体上已经有了显著的提高，全国法院学术讨论会的影响和规模也日渐兴盛，成为中国司法领域享誉盛赞的学术品牌。作为法院系统内每年最重要的一次学术实力的评比，各级法院都十分重视，不断规范组织程序，完善学术研究机制，每一篇论文从选题、调研，收集资料、研究分析，到最后写作、修改，都经过了逐级审核评比。在此展现给大家的成果都是经过层层筛选后脱颖而出的，其中不乏获得一、二等奖的佳作。这些论文要么在司法理论上有独到新颖的见解，要么在审判实务中具有指导意义和实践价值。

每年在全国法院系统选送的1600余篇论文中，能够获得一、二等奖并被收入论文集正式出版的，只占其中的十分之一，还有很多优秀论文，由于篇幅限制或主题相近等原因未能入选，但是同样具有相当高的理论水平和实际应用价值。

作为全国法院学术讨论会的承办单位之一，国家法官学院有责任和义务在加强法官教育培训和审判实务研究的同时，为全国的学者型法官搭建一个展示自己的平台，将他们的科研成果转化为指导法官办案的理论工具和经验参考，转化为法律教学的教材和资料，真正体现科研就是生产力的宗旨。

为促进全国法院学术讨论会论文成果的转化和应用，进一步推动全国法院司法审判理论和实证研究工作的新发展，全国法院学术讨论组织委员会办公室自2013年始决定将学术讨论会征集到的部分优秀论文不定期地分专题结集出版，丛书定名为《全国专家型法官司法意见精粹》。出版本丛书的宗旨和定位是进一步展现全国法院系统的学术研究新成果，力求从实务的角度及时向司法人员提供更多更有效的裁判思路和法律适用方法，向从事法律教学的人员提供更丰富更有益的实证材料。

展现在读者眼前的这套丛书正是国家法官学院近年来加强司法实证研究，将更多的理论研究成果应用于审判实践的一项有益尝试。本丛书已出版八个分册，分别为:《侵权赔偿卷》《婚姻家庭卷》《合同与担保卷》《公司与金融卷》《土地与房产卷》《刑事证据卷》《未成年人犯罪卷》《新型盗窃罪与量刑制度卷》。今年再继续出版《侵权赔偿卷》《婚姻家庭与继承卷》《合同与借贷担保卷》《公司与金融卷》，并新增一个分册:《行政与国家赔偿卷》。各分册所收录的内容都是法院系统最新的研究成果，及时反映年度审判实践的热点议题和司法观点。

我们坚持走中国特色社会主义法治道路，加快构建中国特色社会主义法治体系，建设社会主义法治国家，就要在具体的司法保障环节牢固树立宪法法律权威，在司法体制改革和司法审判技能上提出更高的标准和要求，让每个公民都能在具体的案件中体会到公正司法与司法公信力的真实存在。司法作为一门实践的艺术，需要更多从实践中产生并能指导实践的具有可操作性的理论工具，仅仅就理论而论理不能体现法院系统学术研究的特点和价值。可以说，本丛书辑录的论文的最大特点就是理论联系实践。相信本丛书的出版会满足广大司法研修者对法官如何办案、法学理论是如何运用到审判实践中的好奇，让更多的人了解法院和法官的工作，让司法公开、司法为民得到更具体的体现。同时，本丛书作为全国法院系统学术讨论会成果转化的重要形式，也是一次尝试，真诚希望得到广大读者的指正，我们将不懈努力，不断为大家贡献新的成果。

目　录

Contents

一、侵权责任的一般问题

二、机动车交通事故责任

三、医疗损害责任

四、安全保障责任

五、环境污染责任

六、产品责任

七、人格权侵权

一、侵权责任的一般问题

风险责任架构下侵权补充责任之司法适用

【司法精要】

2003年我国《最高人民法院关于审理人身损害赔偿案件适用法律若干问题的解释》（以下简称《人身损害赔偿司法解释》）和2009年我国《侵权责任法》业已确认侵权补充责任作为侵权行为承担责任的形态之一，其适用丰富了数人侵权责任之形态，平衡了各方主体之利益。但是，立法对责任的“实体补充”与“程序补充”缺乏统一的客观适用标准，亦未明确具体的适用规则。责任分担是责任成立的后续命题，不应再以责任构成原理为立论基点，而应以外部被侵权人受偿及内部各侵权人终局责任分担为考量因素。为此，本文引入“风险责任”的理念，检视与审思侵权补充责任的正当性基础，得出如下结论：一、侵权补充责任的本质属性是风险责任，个案存在或然性，整体内蕴公平性；二、侵权补充责任的价值在于“补偿正义”，是“实体补充”与“程序补充”的内在统一；三、侵权补充责任的普遍适用标准是直接责任人具有全部原因力的直接作为侵权+不作为义务人具有一般过失。当不作为义务人存在重大过失或轻微过失时，应综合过错要素和原因力要素谨慎采用；四、侵权补充责任的实现机制是通向“补偿正义”的必由之路，需要理论和实践的深度拉锯与融合。

在现代社会，风险从传统性向现代性过渡，事故性损害成为日益严重的社会问题，这使侵权法面临危机："以理性主义哲学为基础和为处于'幼年时期'工业革命提供这激励的近代侵权法所确立的过错责任主义，已无法适应社会发展的要求，或者说侵权法面临着如何通过合理的损害分配机制，以进一步保护受害人利益、实现社会的公平与正义。"① 一方面出现了由过错责任、无过错责任和社会保险制度构成的"多元化"格局，传统的侵权法及其归责原则丧失了绝对的统治地位，另一方面侵权法本身在参与救济侵权损害的过程中，催生和动员了新的法律运动，以摆脱侵权法面临的合法化危机。突出表现为：一是面对大规模侵权，侵权法与社会法、经济法共同构筑社会安全网；二是丰富数人侵权责任之形态，增设侵权补充责任，使之与连带责任、不真正连带责任、按份责任共同解决实践中遇到的难题。2009年，顺应侵权法的发展趋势，《侵权责任法》第一次以立法的形式创造性地规定了补充责任，具有崭新的时代意义。然而，尽管《侵权责任法》确立了实证规则，但远未尘埃落定，诸多问题尚待解决：一是补充责任的性质应当定位明晰；二是适用标准应当明确；三是适用规则应当健全；四是救济程序应当完备。检视待决之题、解决知性茫然是本文进行正当性审思之立足点和着眼点。

一、检视之焦点——既有规则与司法判例

规范分析与实证分析是法学研究的重要方法。观瞻一项既具有历史视野又具有现实意义的法律制度时，只有对既有规则逻辑的归纳分析和对当下司法判例实然现状的审视反思，才能发现问题、解决问题。

（一）聚焦一：既有规则

遵循侵权补充责任制度之规范化进路，首先归纳梳理我国既有的涉及侵权补充责任的相关规则（见表一）。

① 熊进光：《大规模侵权损害救济论：公共政策的视角》，江西人民出版社2013年版第327页。

表一：我国司法解释及民事单行法关于侵权补充责任的规定

法律、司法解释、规定	条款一	条款二	条款三	条款四
2000年7月《产品质量法》	第五十七条第二款：产品质量检验机构、认定机构出具的检验结果或证明不实，造成损失的，应当承担相应的赔偿责任。			
2003年12月《人身损害赔偿司法解释》	第六条第二款：违反安全保障义务的侵权责任。	第七条：因第三人侵害未成年人学校应承担的侵权责任。	第十四条：帮工人在帮工活动中因第三人侵权遭受人身损害时，可由被帮工人适当补偿。	
2005年10月《证券法》	第一百七十三条：证券服务机构制作、出具的文件有虚假记载、误导性陈述或者重大遗漏，给他人造成损失的，应当与发行人、上市公司承担连带赔偿责任，但是能够证明自己没有过错的除外。（专家提供不实信息对第三人的责任）			
2007年6月《最高人民法院关于审理涉及会计师事务所在审计业务活动中民事侵权赔偿案件的若干规定》	第六条：注册会计师具有过失的情形下，根据第十一条的规定承担的是有限度的补充责任。			
2009年12月《侵权责任法》	第三十四条第二款：劳务派遣单位的补充责任。	第三十七条第二款：安全义务人的补充责任。	第四十条：教育机构的补充责任。	第四十九条：机动车所有人的补充责任。

检视之结论：（一）责任适用标准缺乏“统帅”。《侵权责任法》及特别法列举了数类适用情形，但这些规定随意且偶然，缺乏统一的适用标准。给司法适用带来更大的随意性。（二）规则架构存在“体系违反”。价值判断矛盾是“体系违反”的一种形态。依黄茂荣先生的观点，价值判断矛盾包括“碰撞式”“类推适用式”“目的性扩张式”“目的限缩式”等基本样态[①]（见表二）。

① 黄茂荣：《法学方法与现代民法》，中国政法大学出版社2011年版，第311页。

表二：价值判断矛盾类型分析

价值判断矛盾类型	碰撞式	类推适用式	目的性扩张式	目的性限缩式
核心内容	某一个规范（N1）赋予某一个法律事实（T1）、一种法律效果（R1），而另一个规范（N2）赋予另一个法律事实（T2）、另一个法律效果（R2）。①	某一个规范（N1）赋予某一个法律事实（T1）、一种法律效果（R1），而对另一个与T1在法律上重点相同的法律事实却未作规定。②	依法律目的应将某类事件包含在法律适用的范围之内，而立法却未将其包括在内，扩张法律适用范围，以涵盖此类事件。	明显不存在针对某一事件可资使用的法律规范，或某类事件，法律虽然含有得以适用的规则，但该规则在价值评判上并未虑及此类事件的特质，依法律的目的和意义，对此类事件并不适用。

分析上表可以发现：1. 在侵权补充责任有关信息提供型专家对第三人的责任规定存在碰撞式价值判断，注册会计师承担有限度的补充责任，而对证券服务机构不区分故意和过失情形，一律与发行人和上市公司承担连带责任。2. 类推式价值判断矛盾明显，《侵权责任法》没有直接规定补充责任人的追偿权，体现不出责任的“补充性”；《人身损害赔偿解释》规定的经营者在承担了补充赔偿责任后，对直接侵权的第三人有追偿权，而对教育机构则未规定承担补充责任后享有追偿权。3. 侵权补充责任的规定存在残缺式“体系违反”的法律漏洞，比如追偿权以及追偿权的实现、有限追偿还是无限追偿、“相应的”补充责任与最终责任的承担范围、救济程序等，都缺乏统一标尺，司法者无法通过目的性扩充或目的性限缩予以补缺，有待于创新性规制。

（二）聚焦二：司法判例

从2001年《最高人民法院公报》刊登的“银河宾馆案”到一系列“第三人侵权学生伤害事故案”等等，裁判者大多运用补充责任的思想，平衡了直接侵权责任

---

① 焦艳红：“我国侵权补充责任规则之漏洞分析与完善”，载《中共郑州市委党校学报》2009年第1期。

② 焦艳红：“我国侵权补充责任规则之漏洞分析与完善”，载《中共郑州市委党校学报》2009年第1期。

人、补充责任人、受害人之间的利益。其目的在于“补偿正义”①，以便更好地解决加害人不明确的案件或是加害人没有赔偿能力的案件。但是，由于裁判者对侵权补充责任的理解存在偏差，导致不同法院在审理同类型案件时产生不同的判决结果，严重影响了司法的权威性。笔者援引司法实践中的四个案例开展研析（见表三）。

表三：司法判例研析与评判

案件名称	案件出处	案情摘要	裁判结果	适用关键词	法律评析
上海银河宾馆案	《最高人民法院公报》2001 年	1998 年 8 月，王某入住上海银河宾馆后被一罪犯进入宾馆杀害，被害人父母起诉宾馆承担损害赔偿责任	银河宾馆违反安全保障义务，构成违约，承担 8 万元赔偿责任	适用违约赔偿责任	当时未规定侵权补充责任，但运用补充责任思想，平衡各方利益
润多超市广告气球爆炸致学生伤害案	法律教育网 2006 年 3 月 31 日	2002 年 1 月，润多超市广告氢气球飘摇到桃林镇学区的上空，该校学生从学校围墙跑出来围观，气球爆炸致使三名学生受伤，受害人起诉润多超市、广告公司及学校承担连带赔偿责任	家润多超市疏于广告管理监督，应承担主要责任。学校作为教育管理义务机构存在过失，承担次要责任	适用连带责任（错误）	混淆了连带责任与补充责任的界限，对应当承担补充责任的学校判定承担连带责任，认定责任性质有误
振博公司滑雪圈致人伤害案	人民法院报《法官说法》2013 年 1 月 17 日第 7 版	2010 年 1 月，温某在振博公司所经营的维斯特滑雪场参与滑道雪圈项目时，被在其后面的何某滑下	根据《侵权责任法》第三十七条规定，判定振博公司承担相应的补充责任	适用侵权补充责任（定性不准）	安全保障义务人的过失是导致温某受损害的主要原因。作为经营管理单位的振博公司应承担全部或者主要损害赔偿责任

① “补偿正义”是在美国“平权行动”中逐渐发展起来的一种正义理论，其主张：根据历史、文化、经济条件有偏向地制定法律和政策，“让弱势者先起跑”，以保证一个相对公平的结果。

续表

		的滑雪圈撞上，造成左脚踝骨折。温某起诉要求振博公司承担全部损害赔偿责任			
未成年学生崔某彩教学楼梯滑倒致伤案	中国法院网 2013 年 1 月 11 日发布	崔某彩和崔某伟均系某中心小学学生，崔某彩在课间骑坐在楼梯扶手上时，因被崔某伟触摸而怕痒，身体失去平衡滑下楼梯摔倒致伤	崔某伟的法定代理人赔偿崔某彩 21487 元；某中心小学赔偿崔某彩 16115 元	适用按份责任（错误）	崔某伟为直接实施侵权行为之人，应承担直接侵权赔偿责任；某中心小学应承担补充赔偿责任

研析之结论：数人侵权责任形态适用上，司法适用中，存在将按份责任、连带责任、不真正连带责任和补充责任混淆适用情形。根源在于司法者未能充分考量过错要素和原因力要素，其判决的正当性遭受质疑。

再以《侵权责任法》第 40 条为例，该条规定了教育机构对第三人侵权学生伤害事故承担相应的补充责任。笔者重点搜寻到浙江、广东、上海等地法院的判决书 30 份，进行了统计分析（见表四）。

表四：判定学校承担赔偿责任统计表（实证样本 30 份）①

判决类别 / 案件类型	与其过错相应的赔偿责任		补充赔偿责任		连带赔偿责任		不承担责任		案件数量
	前	后	前	后	前	后	前	后	合计
在校学生侵权	4	9	1	3	1	0	1	2	21
校外第三人侵权	1	3	1	1	1	0	2	0	9
合计	5	12	2	4	2	0	3	2	30
占判决总数比例（四舍五入法计）	56.67%		20%		6.67%		16.67%		100%

① 分析 2010 年 7 月 1 日《侵权责任法》实施前后侵权补充责任的适用效果，在统计时，笔者特意将《侵权责任法》实施前、后分别统计。

分析之结论：学生伤害事故，往往涉及数人侵权责任形态的适用。在第三人直接侵权致使在校学生受到伤害的案例中，司法判定学校应承担“与其过错相应的赔偿责任”，并未真正贯彻侵权补充责任的适用规则。甚至，不少判决虽适用的是补充责任的规则，但是，让学校在直接侵权人无法确定或者无资力赔偿的情形下承担全部赔偿责任，且未能赋予其追偿权，学校似乎又成了无辜的受害者。

二、本体论——侵权补充责任的正当性

通过上述对侵权补充责任规则梳理和司法判例的评析，说明侵权补充责任在适用上存在一些问题。责任规则需要完善统一，法官认知需要能动理智，这需要我们开展对侵权补充责任的正当性审思，而审思之基点则是对其责任含义的厘定与廓清、价值基础的提炼与凝结。

（一）提纲与挈领——补充责任之内涵

通说认为，“补充侵权责任，是多个责任主体对同一损害后果承担共同责任时的一种侵权赔偿责任，其主要发生在一个侵权行为造成的损害事实产生了两个相重合的赔偿请求权的情况下，法律规定权利人必须按照先后顺序行使赔偿请求权。只有排在前位的赔偿义务人的赔偿不足以弥补损害时，才能请求排在后位的赔偿义务人赔偿”①。

侵权补充责任所强调的“补充”，首先是程序上的补充，是一种位次关系，有先后顺序的补充，即补充责任人违反作为义务，“只有在第一顺序的直接责任人下落不明或无力赔偿、赔偿不足的情况下才对受害人承担赔偿责任”“侵权补充责任实际是对受害人所承担的一种具有担保性质的责任”。② 其次是实体上的补充，即在赔偿范围和赔偿数额上的补充，根据法律规定，补充责任人仅在其过错范围内承担相应的补充责任，是限额补充，体现的是“补偿正义”，并非对直接责任人无法赔偿的部分，补充责任人就都当全部赔偿。

（二）探源与奠基——补充责任正当性之基础与价值

正确适用侵权补充责任形态，需要确定数人侵权责任分担之依据。笔者着重从

---

① 张新宝：“我国侵权责任法中的补充责任”，载《法学杂志》2010 年第 6 期。

② 张景良、黄砚丽：“关于侵权补充责任形态的若干思考”，载《人民司法》2012 年第 15 期。

原因力要素和过错要素分析侵权补充责任的正当性。

1. 原因力要素——因果关系论

侵权法上的因果论，通常分为主要原因和次要原因、直接原因和间接原因。主因对损害后果的作用力较大，法律赋予其较大的责任份额，次因对损害后果的作用力小，法律赋予其较小的责任份额；直接原因直接作用于损害后果，且其具有独立性，导致损害后果的发生或扩大，相应的直接原因应科以较大的责任份额，间接原因需结合其他因素，往往是事故损害发生的诱因或者条件，不具有独立性，因果关系呈现间接性，法律应赋予其较少的责任比例。从责任分担角度看，因区分主要原因和次要原因、直接原因和间接原因均针对积极的加害行为，而补充责任人以不作为的方式侵权，其对损害的发生并没有积极的原因力。“直接责任人的故意加害行为直接构成了损害发生或者扩大的全部原因力，补充责任人对损害的产生或扩大的作用在于能否从反向减损直接责任人所施加的原因力，即对损害的发生没有正向之原因力。从该角度而言，补充赔偿责任更大程度上是一种无过错的违约责任，在侵权行为法上，其并不存在过错，不构成侵权行为”①。为实现“补偿性”正义，补充赔偿责任者承担了本应由直接侵权人承担的责任，因此，应赋予其追偿权。

2. 过错要素——主观归责论

过错的本质是应受非难的个人心理状态，我们通常将过错分为故意和过失，故意又可按照作用形式不同细分为直接故意和间接故意，过失也可按不同程度区分为轻微过失、一般过失和重大过失。在可责性问题上，可根据主观的可非难性，按故意 > 重大过失 > 一般过失 > 轻微过失的排序，厘定责任份额大小与多少。直接责任人一般是积极追求侵权后果的发生，补充责任人则多是一般过失或轻微过失。显而易见，故意的可责难性远远大于一般过失或轻微过失的程度。法律应对积极追求侵权后果的人苛以重责，充分保障受害人权益。司法政策应当让直接侵权人承担全部的侵权责任。补充责任人只有在作为义务人具有一般过错时才承担相应的侵权责任，并且享有特定条件下的追偿权。

综合原因力要素和过错要素，不难发现其价值：“补充责任制度对责任分担做

① 田迪歌：“侵权补充责任研究”，西南政法大学硕士论文，载 http：//www.doc88.com/p－3334780097185.html.

了两次安排，第一次是直接责任人与补充责任人对侵权责任份额的分担；第二次是受害人与补充责任人对受害人受偿不完全之风险的分担。并且这样的次序安排是不能被颠倒的，在实践中就表现为补充责任人的顺位利益。"① 这种利益的优先保护顺序，说明侵权补充责任旨在动态中平衡各方主体的利益，这正是侵权补充责任制度之优越性所在。

三、理论突围——补充责任性质的厘定

（一）司法悖论之困惑

司法实践中在适用侵权补充责任时，法官往往陷入这样的困惑：从主观归责论看，补充责任人多具有一般过失，从因果关系论看，不作为行为人的不作为与实际损害后果之间具有"相当因果关系"，故应承担相应的侵权责任。但是，在直接责任人明确且有完全的赔偿能力时，补充责任人实际上并未承担侵权之责；在直接责任人不明确或虽明确但其能力不足以赔偿受害人时，补充责任人承担了补充责任，并由此获得了对直接责任人的追偿权，在其行使追偿权获赔之后，貌似还没有哪一种责任在侵权责任分担中得以体现。这便产生了"侵权补充责任性质到底是什么"的疑问。法律承认补充责任人在特定条件下的有责性，若赋予其追偿权，价值矛盾似乎显而易见；若不赋予其追偿权，实际系按份或连带责任，致使直接侵权人获益。在破解这一司法悖论并解决司法实践面临的难题上，传统的"不真正连带责任说""广义的请求权竞合说"② "牵连责任说"③ 并不能完全解释侵权补充责任的本质。

---

① 田迪歌："侵权补充责任研究"，西南政法大学硕士论文，载 http：//www. doc88. com/p－3334780097185. html.

② 杨立新教授提出不真正连带责任说，该说认为：不真正连带债务违约是不真正连带责任造成的后果。根据各自不同发生的原因要素，各个债务人应履行的义务也不尽相同，从而得出多数债务人在偶然场景同时产生了同一给付情况，债务人的债务因某一债务人的履行而归于消灭。参见杨立新："论侵权责任的补充责任"，载《法律适用》2003 年第 6 期。

③ 黄龙教授提出牵连责任说，直接侵权人承担"主责任"，补充责任人承担的责任成为牵连性责任。补充责任的产生具有独立性，其并不依附于主责任存在，如受害人在主责任人不明时可以直接要求补充责任人赔偿。参见黄龙："民事补充责任研究"，载《广西警官高等专科学校学报》2007 年第 4 期。

（二）审思与修正——“风险责任”的确立

当传统责任逻辑体系本身难以解释问题的本质时，理论突围应当伸展新的触角，“风险责任”的提出对于侵权补充责任制度的架构具有重要意义。

1. 定义风险责任的可行性。侵权法的奠基原则之一即为“责任自负原则”。但是，在数人侵权责任分担体系中，存在一种责任人可能负担本不属于自己应承担的终局责任之情形，出现行为人与责任人相分离的现象。侵权法的“终局责任”指称的是侵权责任人在连带责任中应承担的责任份额及不真正连带责任和补充责任关系中被追偿的责任人应该承担的责任。侵权法理论体系对连带责任人承担的超出终局责任份额的赔偿责任、非终局责任的不真正连带责任人承担的赔偿责任和补充责任人承担责任的性质尚缺乏确切的法律术语表达。该部分赔偿责任较之终局责任的差别在于分摊请求权或者追偿请求权的配置，实际上只是承担了一定的分摊不能或者追偿不能的风险，并非实际的终局责任。终局责任实际上就是侵权损害赔偿之债与侵权损害赔偿责任重合的部分；而“风险责任”，就是在连带责任中侵权损害赔偿责任超过侵权损害赔偿之债的部分，或者是在不真正连带责任和补充责任中纯粹的侵权损害赔偿责任而无侵权损害赔偿债务的部分，其实质是在债的担保中蕴含的“受偿不能风险”。求赔不能、分摊不能或者追偿不能，均系一种受偿不能之风险。将此类风险分配给受害人一方，即为求偿不能之风险；分配给责任人一方，即具有风险性的责任，可定义为“风险责任”①。

2. 确立风险责任的价值归向

风险责任的确立标志着侵权损害赔偿责任本质的异化，其价值归向体现在：首先，“确立风险责任能够更加准确地描绘侵权补充责任的内部构成。在补充责任中，直接责任人承担的是终局责任，补充责任人在直接责任人承担的责任与其应当承担的终局责任的差额范围内承担纯粹的风险责任。其次，终局责任与风险责任的区分是分摊请求权和追偿请求权区分的基础。在补充责任形态中，承担了赔偿责任的补充责任人，承担的全部是风险责任，因此享有了向承担终局责任的直接责任人追偿的权利。再次，确立风险责任更易于理解侵权补充责任仅存在于法定的侵权行为类

① 王竹：“论风险责任概念的确立”，载 www.cglunwen.com/lunwen20110821/1937.html.

型中，其适用以法律明文规定为限①。风险责任本质是以责任人的财产为他人的损害赔偿之债提供担保，风险责任只适用于可责难性较高的责任人。

四、要件廓定与普适标准——侵权补充责任的应用逻辑

在确立“风险责任”与“最终责任”的基础上，侵权补充责任成立的要件清晰可见（见表五）。

表五：侵权补充责任构成要件示意表

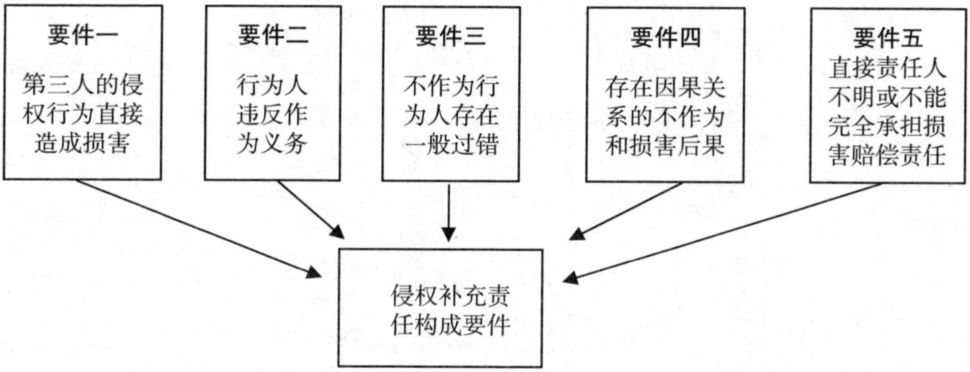

要件一：第三人的侵权行为直接造成损害。此指实施了积极的作为行为的第三人直接导致了他人利益受损。第三人属于故意直接侵权，并且造成了侵权法要救济的损害。

要件二：行为人违反作为义务。即行为人对受害人负有防止其受第三人侵害的义务，而行为人却因不作为未能排除威胁到受害人的危险。从立法和司法实践看，行为人的作为义务主要包括法定义务、特殊的约定义务和基于诚实信用原则等民法基本原则引申出来的义务。通常作为义务系基于特定行业特定领域派生出的一种行为人与受害人的特殊关系，比如先行行为者制造风险致使后续行为者处于危险状态，组织行为者开启险源致使参与活动者遭受风险威胁，特定营业者未尽“善良家父”之注意义务使其受服务者权益受损等。

要件三：不作为行为人主观上存在一般过错。用数人侵权责任形态解决责任分担问题通常由过错程度来决定。根据主观的可非难性，过错分为：轻微过失、一般

① 王竹：“论风险责任概念的确立”，载 www. cglunwen. com/lunwen20110821/1937. html.

过失、故意和重大过失。在考量风险责任的前提下，不作为行为人的过错形态与直接责任人过错形态的复合状态往往直接决定数人侵权责任形态的认定（见表六）。

表六：数人侵权责任形态判定

作为义务人过错形态 直接责任人过错形态	故意（间接故意）	重大过失	一般过失	轻微过失
故意	成立共同侵权，二者承担侵权连带责任	成立间接结合侵权，各个责任承担者承担按份责任	成立侵权补充责任，直接责任人承担全部最终责任，补充责任人承担风险责任	成立单一侵权，作为义务人可不承担责任
过失	成立单一侵权，作为义务人承担全部赔偿责任	成立共同过失侵权，按份责任作为义务人承担主要或全部责任	成立共同过失侵权，按份责任，考虑公平原则分担	成立单一侵权，作为义务人可不承担责任，必要时考虑适当承担补偿责任，实现“补偿正义”

要件四：存在因果关系的不作为和损害后果。如何认定不作为与损害后果之间的因果关系，是侵权责任法理论研究和司法实践中最为“纠结”的问题。王泽鉴教授认为，“不作为之成立侵权行为，亦须其与侵害他人权利之间有因果关系，申言之，倘若有所作为即得防止结果之发生，因其不作为乃致他人之权利受到侵害时，则不作为与权利受到侵害之间有因果关系”①。此乃视角一；视角二是看作为行为能否把直接侵权行为的因果链给切断，即，在尽到了作为义务时是否可以避免损害的后果。司法实践面临的是举证难问题，不作为行为只是加大了损害发生的可能性，即或然性，在第三人完成直接侵权后，我们很难再去证明假设在作为义务人履行了作为义务的条件下，是否可以避免损害后果，笔者以为，应采取宽松的态度来证明不作为行为因果关系：即采用“相当因果关系”，因为，这类案件很难对造成

① 王泽鉴：《侵权行为》，北京大学出版社2009年版。

损害的原因力进行定量分析，如果原因力能够分清楚，则可适用按份责任或连带责任解决问题，侵权补充责任也就毫无适用价值。

要件五：直接责任人不明或不能完全承担损害赔偿责任。即经法院的审理或者执行完毕后，直接责任人最终无法明确或是虽然明确但无法完全使受害人受偿。法院在审理或执行中必须确认两个前提条件：一、直接责任人存在与否；二、直接责任人是否具有全部赔偿的能力。这一要件在侵权补充责任适用中最为重要，集中体现了侵权法救济受害人利益的功能，既体现出利益的优先保护顺序，实现动态中平衡各方主体利益，又以“与其过错相应的”责任防止补充责任人的利益过度受损。毕竟，现实中补充责任人实现追偿权的几率很小。

“统一标准的缺失”是实践中侵权补充责任适用的“待决之题”。例如司法解释及批复就中介机构不实陈述责任规定不一，《公证法》第 43 条、《最高人民法院关于审理房屋登记案件若干问题的规定》第 12 条、《食品安全法》第 55 条就公正机关、登记机关、明星在未尽审查义务而予公证、登记、代言等责任规定混乱。只有探寻到侵权补充责任适用的一般标准，我们才能破解当下的知性茫然，摆脱《侵权责任法》及特别法有关侵权补充责任规定的随意、偶然、非理性的标准。通过上述侵权补充责任构成要件的解析，我们就不难探寻到该责任形态适用的治本之方。笔者认为，侵权补充责任的普适标准应为：“直接责任人具有全部原因力的直接作为侵权 + 不作为义务人具有一般过失”。若不作为义务人出现重大过失或轻微过失，则要慎重分析，不能从形式上直接适用侵权补充责任形态，应从过错程度和原因力两个方面分析个案的特殊性。

五、通向“补偿正义”之路——侵权补充责任的实现

侵权补充责任的实现需要开启司法程序。正义得以补偿救济之后直接侵权人和补充责任人之间的法律关系并没有消除，“追偿权”则成为侵权补充责任实现后的继发问题。

（一）审判程序中的实现

受害人通过司法途径救济被侵害的权益，在审判过程中可能呈现以下四种形态（见表七）。

表七：审判程序中侵权补充责任实现形态

检视 形态	前提条件	立案审理	司法态度	价值取向
单独起诉直接责任人	直接责任人明确具体	法院不能主动将补充责任人列为共同被告	不告不理原则	受害人行使第一顺位请求权
单独起诉补充责任人	直接责任人不明确或者赔偿不足	法院先审查直接责任人是否确定，若直接责任人明确，法官应行使释明权，问询原告是否需要追加直接责任人，若同意追加，可把直接责任人列为共同被告，若不同意追加，须从程序上裁定驳回起诉	全面审查原则	体现实体补充和程序补充
一并起诉直接责任人和补充责任人	直接责任人和补充责任人明确具体	法院可合并审理，判决时应明确直接责任人和补充责任人之间的赔偿顺序	诉讼效益原则	单项必要共同诉讼，可分之诉
诉讼中受害人免除或放弃直接责任人或补充责任人的责任	受害人行使免除权	免除直接责任人的赔偿责任，免除责任的效力及于补充责任人；免除补充责任人的赔偿责任，该免除对直接责任人不发生法律效力	私法自治原则	尊重受害人的处分权

首先，在受害人只起诉直接责任人时，鉴于直接责任人责任独立，法院应按侵权责任法的归责原则径行判决，不宜释明侵权补充责任人或直接追加侵权补充责任人为被告；而后，在受害人行使第一顺位请求权无法实现自身利益时，受害人再次单独起诉侵权补充责任人时，法院在判决中可以直接判定侵权补充责任人应承担责任的具体数额，并赋予其相应的追偿权。其次，若受害人同时起诉侵权直接责任人和侵权补充责任人，法院应同时审查，或者受害人单独起诉侵权补充责任人，导致法院追加侵权直接责任人为共同被告时，先让侵权直接责任人承担赔偿责任，并且明确在直接责任人被法律强制执行后，受害人仍不能从直接责任人处完全受偿时，侵权补充责任人按其过错应承担的补充责任，同时明确其享有追偿权。至于诉讼中

受害人免除或放弃直接责任人或补充责任人的责任，若免除直接责任人之责任，免除效力及于补充责任人；若免除补充责任人之责任，该免除对直接责任人不发生法律效力。

（二）执行程序中的实现

在确定了侵权直接责任的情形下，侵权补充责任可参照以下两个原则来具体执行：第一，顺位原则，即受害人的损害在侵权直接责任人的财产通过执行程序以后还是不能得到满足的情况下，可执行侵权补充责任人之财产；第二，穷尽原则，即假设在已经确定侵权直接责任人没有其他可供执行的财产时，顺位执行侵权补充责任人之财产。若先强制执行侵权补充责任人之财产时，补充责任人享有执行异议权。在侵权直接责任人不确定的情形下，侵权补充责任的执行不受以上原则限制，可以直接执行侵权补充责任人的财产。

（三）"追偿论" VS "不追偿论"

学术界对侵权补充责任人在承担补充责任后是否享有充分的追偿权持不同意见[①]。《人身损害赔偿司法解释》规定了侵权补充责任人的追偿权，而《侵权责任法》却没有明确规定是否享有追偿权，但从该条文的设置看，不能得出侵权补充责任人不具有追偿权。而且，《人身损害赔偿司法解释》并未失效，应理解为，《人身损害赔偿司法解释》与《侵权责任法》相冲突的条文失效，《侵权责任法》尚未明确的问题仍可采用《人身损害赔偿司法解释》的有关精神处置。

侵权补充责任的普遍适用标准是"直接责任人具有全部原因力的直接作为侵权 + 不作为义务人具有一般过失"。补充责任人不需要为最终责任"买单"，这是从因果关系论和主观规则论提炼出的理性逻辑结论。补充责任人需对其一般过失

---

① 张新宝教授的观点：追偿权的设置，可使侵权补充责任人最终找到直接负责人补偿自己的损失，平衡各方当事人的利益；郭明瑞观点：侵权补充责任人所承担的侵权责任是否在其所应承担的补充责任范围是其能否享有追偿权的先决因素。如若侵权补充责任人承担了其本身应当承担的补充责任范围之外的责任，则应享有追偿权，若承担的责任属于责任范围内的则无追偿权可谈；杨立新教授在其《〈中华人民共和国侵权责任法〉司法解释草案建议稿》中曾做如下注释：对直接侵权人的追偿权不适用于拥有安全保障义务的人承担了相应的补充责任的情况，但当其承担了超出自己应承担的责任时，又可以赋予其对直接侵权人的追偿权；练李生观点：侵权补充责任具有终局性，侵权补充责任人在承担补充责任后不能向直接侵权人追偿。

承担不具终局性的责任则是侵权补充责任制度对责任分担中两次利益博弈较量的结果。不论直接责任人是否明确，也不论直接责任人有无完全赔偿能力，赋予补充责任人“全额追偿权”是侵权补充责任制度顺利贯彻之节点和要害，也是侵权补充责任顺位利益安排得以动态实现的转换器。抛去它，则侵权补充责任理论和规则无法构建，也难以自圆其说，通向“补偿正义”之路必将出现坎坷。从实践来看，风险责任架构下侵权补充责任离不开“全额追偿权”的科学安排，它是侵权补充责任制度规则逻辑自然生长而成的“无花果”。假若补充责任人就其相应的过错范围内所承担的责任份额实行“不追偿论”，则应适用按份责任而非补充责任。

（纪培福　浙江省宁波市镇海区人民法院）

公平责任一般条款的司法适用

【司法精要】

本文围绕公平责任一般条款的司法适用问题，坚持从实践中来，到实践中去的原则，着力在四个方面做出学术上的努力。第一，运用实证分析的方法，以100份侵权案件判决书为研究样本，深入考察公平责任在司法适用中的现状和规律，重点揭示出适用中存在的突出问题。第二，针对存在的问题，综合运用类型化、解释论和衡平论等方法，结合民法的基本理论和侵权法的制度体系，对公平责任一般条款适用中诸如“过错”“因果关系”等理论分歧进行分析和阐释。第三，在厘清理论争议的基础上，对于司法实践中公平责任一般条款的适用规则和裁判进路予以梳理，并细化出具体适用步骤，指导实践。第四，根据全文对司法适用问题的分析，尝试拟出了针对一般条款的司法解释具体条文内容，意在进一步促进公平责任一般条款的规范适用。

从众所周知的“最美司机”吴斌在公路上遭遇飞来横祸，到身边间或发生的意外事故，似乎昭示着一个事实：这是一个飞速发展而又危机四伏的时代。虽然人类向来追求体面且安宁的生活，但“确定性常常是一个幻想，而安宁也并非人类的命运”①，各类风险始终与人类相伴。随着社会的发展和法治的彰显，对风险和损失的法律分配成为侵权法的主旨。《民法通则》第132条即对当事人均无过错情形下的损失分担设定规则，并在《侵权责任法》第24条中得以延续和继承，这两条规定被视为公平责任的一般条款。② 本文试图通过对判决书的抽样考察，总结公平责任一般条款适用的现状与问题，并在理论分析基础上，提出司法适用的规范路径。

一、实证式的考察：公平责任一般条款的适用现状

《民法通则》第132条规定：“当事人对造成损害都没有过错的，可以根据实际情况，由当事人分担民事责任。”关于这一规定是否属于归责原则，在《民法通则》颁布后，学界曾经展开了激烈的讨论③，肯定说、否定说和折中说各持其论，使得侵权责任归责原则成为侵权法上的理论热点。《侵权责任法》第24条承袭《民法通则》第132条，规定：“受害人和行为人对损害的发生都没有过错的，可以根据实际情况，由双方分担损失”。该条款虽调整部分表述，但分歧仍在，有学者认为该条款属公平责任原则④；有学者则主张该条款把《民法通则》第132条中的“分担民事责任”调整为“分担损失”，表明行为人不应承担责任，而只能是分担损失，该条款是公平分担损失的一般规则⑤；也有学者将之称为“法定补偿义务”，属于债之独立类型⑥。性质问题固然重要，但理论纷争对于条款的司法适用助益

---

① ［美］奥利弗·温德尔·霍姆斯：“法律的道路”，载《霍姆斯读本：论文与公共演讲选集》，刘思达译，上海三联书店2007年版，第24页。

② 王利明：“论侵权责任法中一般条款和类型化的关系”，载《法学杂志》2009年第3期。

③ 争议中的代表观点，参见房绍坤，武利中：“公平责任原则质疑”，载《西北政法学院学报》1988年第1期；崔建远，袁久强：“关于‘公平责任原则’的考察与评论”，载《当代法学》1990年第3期。

④ 王利明：“我国‘侵权者责任法’归责原则体系的特色”，载《法学论坛》2010年第2期。

⑤ 王胜明主编：《中华人民共和国侵权责任法解读》，中国法制出版社2010年版，第106页。

⑥ 王轶：“作为债之独立类型的法定补偿义务”，载《法学研究》2014年第2期。

有限。

在公平责任的理论纷争之外，却存在一个基本共识：公平责任有其制度价值，应予保留并适用。[①] 有学者甚至提出“过错原则是侵权法中的世贵，而公平原则是侵权法中的新贵”[②]。但对于适用问题，大多论及“公平责任”者却惜墨如金。为考察审判实践中公平责任一般条款适用的状况，并保证样本的代表性和客观性，笔者以全国法院适用公平责任一般条款的判决书为考察范围，在中国法院网的裁判文书库中检索[③]，随机抽取100份援引公平责任一般条款的判决书为样本进行实证分析，发现司法适用中存在以下问题：

（一）法律规范的重叠导致不同情形下法条援引混乱

《侵权责任法》第24条虽为《民法通则》第132条的沿袭，但仍有几处修改，其中之一是将“当事人”改为“受害人和行为人”，这种主体称谓的变化用意何在，立法者并未作出说明。但称谓的变化会影响法条适用，“行为人”一词意味着损害是由人之“行为”引起，然而现实中危险和损害的发生原因复杂多样，《侵权责任法》第24条的适用将受到限制。《侵权责任法》颁布后，与《民法通则》的关系如何界定，将影响两个法条的适用规则。而作为《民法通则》第132条的司法解释，《关于贯彻执行〈中华人民共和国民法通则〉若干问题的意见》（以下简称《民通意见》）第157条[④]则面临着同样的问题。

考察100份样本判决，对发生原因类型化后，属于当事人“行为”造成损害的案件有63件。而另外37件并不存在当事人的加害行为，其中9件属于物件造成的损害，28件属于受害人自身造成的损害，因存在相关受益人，而让受益人分担损失。

---

① 笔者在中国知网，以“公平责任”为关键词检索出249篇相关文章（于2014年5月20日访问），只有一篇文章主张取消公平责任，即赵海萍：“关于我国民法中‘公平责任’的若干思考”，载《哈尔滨学院学报》2007年第5期。

② 徐爱国：“重新解释侵权行为法的公平责任原则”，载《政治与法律》2003年第6期。

③ 网址为：http：//www. chinacourt. org/paper. shtml，于2014年5月25日访问。

④ 《民通意见》第157条规定：当事人对造成损害均无过错，但一方是在为对方的利益或者共同的利益进行活动的过程中受到损害的，可以责令对方或者受益人给予一定的经济补偿。

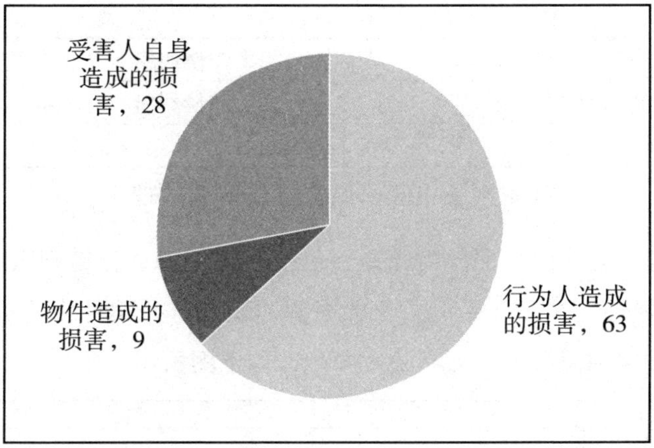

图 1：样本判决中损害的类型分布（单位：件）

在 37 件不存在当事人加害行为的案件中，仍有 21 件样本判决援引了《侵权责任法》第 24 条，似与该条款的规范内容不符。另外 63 件存在加害行为的案件中，有 52 件为《侵权责任法》实施后发生的案件，应援引《侵权责任法》自无疑义，但其中 18 份判决同时援引《侵权责任法》第 24 条和《民法通则》第 132 条，9 份判决只援引《民法通则》第 132 条。

（二）适用条件的模糊导致用与不用的混乱

在 100 份援引公平责任一般条款的样本判决中，有 93 份判决书支持或部分支持了原告的诉请。有 7 份以不符合公平责任一般条款构成要件为由驳回原告诉请，主要理由有：公平责任只适用法定情况，因果关系不明，损害无法确定，原告和被告一方或双方存在过错。其中，以当事人存在过错和因果关系不明、损害无法确定为由驳回原告诉讼请求并无不妥，但以公平责任只适用法律明确规定的四种情况为由不支持原告诉请，置公平责任一般条款于宣誓性条文的地位，似有不妥。

案　　号	案　　由	未支持理由
（2011）南市民一终字第 1379 号]	人身损害赔偿纠纷	
（2013）常民四终第 138 号	健康权纠纷	被告存在过错
（2012）永民初字第 322 号	教育机构责任纠纷	被告存在过错
（2011）三民四终字第 344 号	人身损害赔偿纠纷	被告存在过错

续 表

(2009) 浦民一 (民) 初字第 25364 号	人身损害赔偿纠纷	原告存在过错
(2011) 垫法民初字第 02257 号	财产损害赔偿纠纷	
(2012) 玉中民三终字第 48 号	健康纠纷	

样本判决中驳回原告诉讼请求的理由

理论界普遍认为，侵权责任构成要件包括损害结果、过错和因果关系。① 仔细考察另外 93 件适用公平责任一般条款的案件，发现这些案件中均有损害结果，但关于是否存在过错和因果关系却有较大分歧，如下图所示。

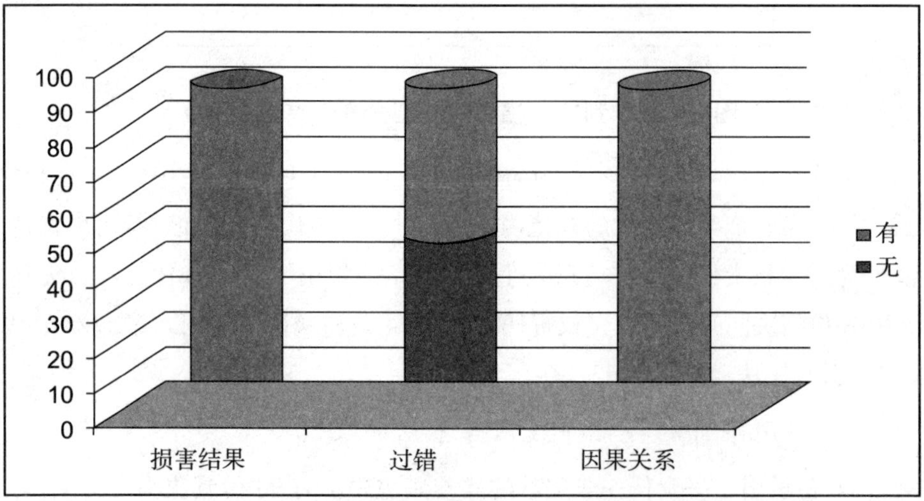

图 2：93 份判决中责任构成要件的存在情况（单位：件）

近半数案件中当事人一方或双方存在过错，明显不符合公平责任一般条款的适用条件。

（三）考量因素的不明导致裁判尺度的反差

公平责任一般条款旨在让受害人与行为人分担损失，但关于损失分担的比例，法律并未明确规定。在样本中，有 13 份判决认定的行为人和受害人承担责任的比例是 1∶1，即让二者均分损失。其他判决中的责任比例分歧较大，从 1∶9、2∶8 到 8∶2均有采用，还有部分判决则是直接判定让行为人承担的赔偿数额，而未核算损

① 奚晓明主编：《〈中华人民共和国侵权责任法〉条文理解与适用》，人民法院出版社 2010 年版，第 16 页。

失总额。关于确定责任比例的理由，大多数判决未有交代，有少数判决则说明是“根据实际情况酌定”，只有极少数判决提及考量因素包括原因力、利益得失、当事人经济状况和支付能力等。

关于公平责任一般条款中“损失”的范围，在人身损害赔偿案件中，诸如医疗费、护理费、误工费等直接损失的分担，并无争议。但关于残疾赔偿金和死亡赔偿金是否计入损失，多数判决持肯定意见，少数判决持否定意见。关于精神抚慰金，大多数判决并未支持，有5份判决予以支持。① 在财产损害赔偿中，样本判决中态度比较一致，损失主要指直接经济损失，不包括可得利益等间接损失。

二、类型化的分析：公平责任一般条款的适用情形

《侵权责任法》第24条将《民法通则》第132条中的“当事人”一词改为“受害人和行为人”，这一变化是否意味着对公平责任一般条款适用范围的限缩？除了受害人与行为人之外，“当事人”还涵盖哪些民事主体？这些问题关涉公平责任一般条款的适用范围，现结合样本判决予以分析。

（一）行为人引起的意外事件

意外事件是指客观上虽然造成了损害结果，但不是出于人的故意或者过失，而是由于不能预见的原因所引起的结果。意外事件是否应成为民法上的免责事由，国外立法存在分歧。② 我国民事法律并未将意外事件作为免责事由，这或许与我国规定了公平责任一般条款具有一定关系，公平责任正是对非过错情况下造成损失的分担，若将意外事件作为侵权责任的免责事由，则公平责任一般条款将沦为具文。

《侵权责任法》第24条将损失分担的主体明确为“受害人与行为人”。所谓“行为人”应指直接实施侵害他人财产权和人身权行为的当事人，这就要求《侵权责任法》第24条适用于存在人的“行为”之场合。根据民法理论对法律事实的类型区分，此处的“行为”应作广义理解，包括事实行为和事件。从样本判决可以看出，多数适用公平责任的行为，其行为人意志自由但并无侵害他人权利的意愿，此行为属事实行为。事件即指与特定当事人的意志无关，能够引起法律后果的客观现

① 以（2010）洛龙民三初字第1363号判决为代表，支持精神抚慰金10000元。

② 王利明：《侵权行为法研究》（上卷），中国人民大学出版社2004年版，第577页。

象，如司机突发脑溢血致使车辆失控而导致行人死亡。适用《侵权责任法》第24条，让行为人对其造成的意外事件分担损失，不仅符合侵权法的权利救济的目标，也与民众心中的“正义”观念相符。

（二）物件引起的意外事件

物件损害责任，是指建筑物或者其他设施及其搁置物、悬挂物、堆放物，阻碍通行物和林木等由于存在缺陷或者疏于管理和维护，给他人造成损害，侵权人应承担的侵权责任。[①] 侵权责任法之所以让特定的人对特定的物产生的损害负责，在有些场合主要是基于该物的危险性，进而适用无过错责任。[②] 但多数场合下，物件致损适用过错责任，若不存在过错，即物件引起了意外事故，便存在公平责任适用的余地。《侵权责任法》规定的承担物件损害责任的主体比较庞杂，有学者建议，为了更加科学明确，以“保有人”取代现在“所有人、管理人与使用人”等术语[③]，笔者赞同该意见。

从主体角度来看，物件致损场合，并不存在《侵权责任法》第24条提及的“行为人”，援引该条款似有不妥。而《民法通则》第132条中的“当事人”则具有概括性，可涵盖“物件保有人”这一主体。但《侵权责任法》第24条和《民法通则》第132条同为公平责任一般条款，前者颁布后，后者是否仍可适用？这需要比较两部法律的立法位阶，《民法通则》是由第六届全国人大通过的基本法律，而《侵权责任法》是由第十一届全国人大常委会通过，立法层级不同。因此，《侵权责任法》虽为新法，却“不是另起炉灶，而是对于《民法通则》中业已规定的‘侵权的民事责任’进行部分补充和修改”[④]，不具有废止《民法通则》相关规定的效力。应将《侵权责任法》第24条理解为《民法通则》第132条的特殊情形，前者优先于后者适用。[⑤] 申言之，司法实践中如需援引公平责任一般条款，若属受害

---

① 王胜明主编：《中华人民共和国侵权责任法释义》，法律出版社2010年版，第413页。

② 韩世远：“物件损害责任的体系位置”，载《法商研究》2010年第6期。

③ 对于保有人，主要从“危险源控制”的角度来加以确定。参见张新宝：《侵权责任构成要件研究》，法律出版社2009年版，第114页。

④ 张谷：“论‘侵权责任法’上的非真正侵权责任”，载《暨南学报（哲学社会科学版）》2010年第3期。

⑤ 张新宝、宋志红：“论‘侵权责任法’中的补偿”，载《暨南学报（哲学社会科学版）》2010年第3期。

人和行为人分担损失之情形，则应援引《侵权责任法》第24条，若属行为人之外的当事人参与分担损失之情形，如物件引起的意外事故，则应援引《民法通则》第132条。

（三）存在受益人的意外事件

存在受益人的情况下，受害人的损失可否由其分担？对该问题，《侵权责任法》第24条和《民法通则》第132条均未明确。《民通意见》第157条规定了受益人补偿义务，是对《民法通则》第132条的补充，可理解为目前司法实践将受害人和行为人均无过错情形时的受益人补偿责任纳入到了公平责任一般条款中，拓展了公平责任的内容。因而，若存在受益人，如果没有行为人、无法找到行为人或者行为人无力分担损失时，可让受益人与受害人分担损失，符合社会传统观念。

应注意的是，公平责任一般条款调整下的受益人补偿，必须满足公平责任一般条款的适用要件，尤其是“当事人对造成损害都没有过错”这一点，要求受益人和受害人均没有过错，在受益人和行为人同时存在情形下，三者应均没有过错。对于受益人补偿类型的公平责任，判决应同时援引《民法通则》第132条和《民通意见》第157条。

三、解释论的运用：公平责任一般条款的规范解读

为使裁判者将“纸面上的法”转变为“活法”，并避免不应有的误用与滥用，须辅以一定的法律解释方法，诸如体系解释、目的解释和文义解释等，对公平责任一般条款的适用条件进行梳理与界分，提高司法适用的合理性和准确性，从而发挥这一规范应有的制度价值。

（一）公平责任一般条款能否直接适用

样本判决给出了不同回答，（2011）南市民一终字第1379号判决即以“本案事件并不属于上述四种我国现行法律及司法解释规定可以适用公平原则的情形”为由驳回原告诉讼请求。也有学者认为，一般条款仅是就特殊情形下由双方分担损失或分担责任的要件和范围的抽象性规定，只有在法律有特殊规定时才可具体适用。[①]

---

① 郭明瑞：“关于公平责任的性质与适用”，载《甘肃社会科学》2012年第5期。

但是《侵权责任法》中哪些条款属于公平责任的特殊规定，学界观点纷呈。[①] 笔者认为，公平责任特殊规定应符合一般条款的制度要件，满足这一条件的有：《侵权责任法》第31条第2句规定的紧急避险中的补偿责任，第32条第2款第1句规定的特殊民事主体的责任以及第33条第1款后段规定的补偿责任。

存在特殊规定的情况下，公平责任一般条款能否直接适用？笔者认为，一般条款可以直接适用。第一，从法律规范解释的角度看，《侵权责任法》第24条没有“根据法律规定”相关字样，不属于“引致条款”[②]，可直接单独适用。第二，从司法实践看，100份样本判决中，只有1份判决否定了一般条款的直接适用，多数判决借助一般条款得以发挥补偿无辜受害者损失的作用。第三，关于条款滥用问题，一般条款有实践需求和理论依据，不能因噎废食，法条滥用可通过法律解释或发布指导性案例的形式予以规范。当然，如果案件事实属于公平责任特殊规定之情形，则应适用特殊规定，以防止向一般条款逃避。

（二）公平责任一般条款能否适用无过错责任

公平责任的本质在于分担受害人损失，是侵权行为无法通过过错责任和无过错责任予以追责时的一种法定补偿机制。属于过错责任范畴的侵权情形，但行为人不构成法律规定的过错责任时，可适用公平责任，这一点自无疑义。但是，属于无过错责任的侵权情形，是否可以适用公平责任，则在司法实践和理论上均有争议。

此处需进一步区分。对于构成无过错责任的，不能弃无过错责任不用而选择公平责任，这一点并无争议。对于属于无过错责任的范畴，因不满足其他要件而不构成无过错责任的，是否仍可适用公平责任？样本中，共有4件案件属于产品责任纠纷，其中有3件因不存在产品缺陷而不构成无过错责任，法官适用公平责任一般条款判决生产者补偿消费者损失。有学者认为，无论在一般侵权行为还是在特殊侵权行为中，公平责任的适用均有可能。[③] 但多数观点认为，公平责任一般条款的适用

---

① 张金海：“公平责任考辨”，载《中外法学》2011年第4期。

② 引致条款又称引致规范，是指本身没有独立的规范内涵，甚至不具有解释规则的意义，单纯引致到某一具体规范，法官需要从所引致的具体规范的目的去确定其效果的法律条款。参见苏永钦：《私法自治中的经济理性》，中国人民大学出版社2004年版，第35页。

③ 曹险峰：“论公平责任的适用——以对‘侵权责任法’第24条的解释论研读为中心”，载《法律科学》2012年第2期。

范围是指当事人对发生的损害都没有过错，而且又不属于法律明确规定适用无过错责任原则的情形，其适用范围与无过错责任并无交集。[①] 笔者同意第二种观点，无过错责任本是法律基于危险理论而对特定当事人苛以重责的制度，若侵权行为不满足无过错责任的基本构成要件，如产品不存在缺陷，则不仅不具备赔偿损失的法律依据和道义基础，而且“行为”与损害结果间的因果律也不复存在，自无公平责任适用的必要。

（三）公平责任一般条款中“过错”如何理解

《侵权责任法》第24条明确要求“受害人和行为人对损害的发生都没有过错”，当事人均无过错是公平责任的要件。样本中93件适用公平责任一般条款的案件中竟有44件存在过错，其主要原因在于理论界和实务界对“过错”一词意义的理解混乱。关于过错，存在主观说、客观说和主客观一体说三种观点，但占主流的仍是主观说，认为过错在本质属性上是主观的[②]，是一种应受非难的心理状态。主观过错说在解释“故意”侵权时较为从容，但是对于“过失”侵权，却总是捉襟见肘，行为人因缺乏能力而没有预见危险造成的损害，很难说他具有心理上的过错，因此，主观过错说正在逐渐为客观过错理论所取代。[③] 客观过错说认为，过错是指行为人的行为具有应受非难性，比如违反法定义务或合理人的注意义务等。客观过错说更便于审判人员对当事人过错的检验，也有利于在当事人间分配损失。

（四）公平责任一般条款是否要求具备因果联系

侵权法以受害人自我负担为原则，“在欠缺充分理由转由他人负担时，无辜的受害人应自我承担生命中的不幸与损害”[④]，笔者认为，“充分理由”应理解为行为人的“行为”与受害人的损失间具有因果联系。“因果联系”宜作宽泛理解，并非像过错责任构成的因果关系那般严格，只要受害人的损害与另一方当事人具有事实上的关联即可。这种关联主要表现在：损害是侵权人的“行为”所致；或者损害是

---

① 奚晓明主编：《〈中华人民共和国侵权责任法〉条文理解与适用》，人民法院出版社2010年版，第183页。

② 胡雪梅：《“过错”的死亡——中英侵权法宏观比较研究及思考》，中国政法大学出版社2009年版，第199页。

③ 王利明：《侵权行为法研究》（上卷），中国人民大学出版社2004年版，第462页。

④ 陈聪富：《侵权归责原则与损害赔偿》，北京大学出版社2005年版，第7页。

为了受益人的利益所致①。这种关联是让另一方当事人与受害人一同分担损失的前提和基础，否则便是法律对当事人自由的无端干涉。南京彭宇案中援引了公平责任却招致众多非议，即因该案中并没有充分的证据证明老人摔倒系因与彭宇相撞所致，其因果联系建立在与常理相悖的事实推定之上，公平性和合理性因而大打折扣。

四、衡平论的实践：公平责任一般条款的裁判规则

公平责任，又称衡平责任，是以衡平手段确定当事人双方各自要分担的损失。衡平是抽象意义上的法律适用方法，通过诉诸公平正义来解决法律规范与道德观念的冲突，通过衡平达致公平。因此，适用公平责任时，要运用利益衡量之手段，实现当事人间损失的合理分担。

（一）公平责任一般条款的衡量因素

公平责任一般条款并非强制性规定，条文中写明“可以根据实际情况”适用，这说明即使案件已经满足了适用的前提和条件，也并非必须适用，而是授权法官根据个案的具体情况裁量。审判人员需衡量下列“实际情况”后，才能决定要不要适用一般条款。

1. 损害的严重程度。公平责任的初衷是对损害严重影响其生活而又无从分担的人给予救济。公平责任的救济已打破了“侵权人要有过错”这一常规，因此当损害结果比较轻微，且对受害人生活未造成重大影响，不宜适用公平责任改变财产分配现状，而应由其本人承担损失。只有当结果达到一定严重程度，让受害人自己承担损失会导致明显不公或者权利义务失衡时，法院才可以考虑适用公平责任以保证各方利益平衡。

2. 受害人损失之其他救济来源。西方国家在侵权法之外建立完善的社会保险制度来应对风险中的损失分担②，在社会保障和保险制度相对薄弱的情况下，公平责任便兼具社会保障性质，这也是我国确立公平责任的制度逻辑。因此，若受害人能够通过社会救济途径获得补偿，则应排除公平责任适用，如果能通过社会救济途

---

① 焦慧君：“司法实践中如何适用公平责任原则”，载《人民论坛》2010年第7期。

② ［美］小詹姆斯·A. 亨德森著：《美国侵权法：实体与程序》，王竹译，北京大学出版社2014年版，第603页。

径部分补偿受害人损失，应从分担的损失总额中扣除。否则，受害人基于同一损害结果得到双倍补偿，会引发道德风险，而且，公平责任优先于社会保障和保险适用，会导致救济组织或保险人义务的免除。

3. 当事人的经济状况。根据财产状况决定无过错行为人是否承担责任以及承担多大责任的主要理由是以致害人的财富接济比较贫穷的受害人，翁格尔称之为“财富产生债务”①。受私法社会化思潮的影响，民法越来越强调社会义务与责任，强调对社会弱者的保护，公平责任中考量当事人经济状况即是这种思潮的体现。当然也有学者提出经济状况不应当作为适用公平责任的考量因素。② 笔者认为这种观点较为极端，可以说经济状况不应是唯一考量，但可以作为考量因素之一，且公平起见，双方当事人的经济状况均应考虑，包括双方对损害的经济承受能力以及让其承担损失后对其生活水平的影响。

（二）公平责任一般条款的裁判尺度

公平责任一般条款只规定了“由双方分担损失”，以何种比例分担？损失包括哪些内容？法条并未明确，需要加以讨论。

1. 分担比例的确定。关于分担比例，有观点认为，因“可以”二字说明该法条并不是强制性规定，那么法院可以让双方分担损失，也可以不分担，而裁定某一方承担所有损失。③ 笔者认为这一观点有失偏颇，受害人自担损失为侵权法原则，适用公平责任一般条款让双方分担损失属例外，若不适用该条款，则应当仍然适用受害人自担损失的原则，而不能推导出可以让另一方当事人承担全部损失的结论。而且，让另一方当事人承担全部损失有违公平责任的价值理念，100 份样本判决中没有 1 份让行为人承担全部损失，也说明了这一点。至于具体分担比例，则应由法官根据行为的性质、受益人的受益程度、因果关系的关联度以及当事人经济状况等因素具体裁定，若无特别情况，以让双方当事人均分损失为优。

---

① 杨代雄：“一般侵权行为的无过错损失分担责任——对‘无过错即无责任’的质疑及对‘公平责任原则’的改造”，载《华东政法大学学报》2010 年第 3 期。

② 王全弟、李挺：“对‘侵权责任法’公平责任的新解读”，载《三峡大学学报（人文社会科学版）》2013 年第 6 期。

③ 奚晓明主编：《〈中华人民共和国侵权责任法〉条文理解与适用》，人民法院出版社 2010 年版，第 185 页。

2. 损失范围的厘清。关于公平责任中的损失，学界一致认为应限于财产性损失，而且只能是实际发生的直接损失，不包括间接损失、可得利益、纯粹经济上的损失等。但样本判决中，却有22份判决支持了原告提出的残疾赔偿金或死亡赔偿金。残疾赔偿金和死亡赔偿金在我国民法中的性质存在争议，几经变化，但二者均属于间接损失应无疑问。样本判决反映了法官忽视公平责任的特殊性，习惯性地沿用过错责任和无过错责任的赔偿范围，将受害人的各类损失均列入补偿范围，这显然是不妥当的。笔者认为，残疾赔偿金、死亡赔偿金和精神抚慰金均不应计入公平责任的"损失"之中，因为三者均属于并未实际发生且数额无法确定的间接损失，在行为人或受益人不存在可非难的过错时，让其承担这些不确定的间接损失有失公允。

（三）公平责任一般条款的裁判进路

裁判者如何借助于一般规范获得正当的个案判决，是司法实践的难题。[①] 审判人员在适用公平责任一般条款时，要在事实与规范间"流连忘返"，按照一定顺序检视案件的事实构成，并结合一般条款的规范构成，合理裁决个案。

公平责任一般条款的适用应遵循以下步骤：

第一步，根据事实类型寻找法律依据。按照笔者归纳的适用公平责任一般条款的三种事实类型，检视案件事实并将其归类，依类型选取适用和援引的法律规范。

第二步，根据事实要点判断适用的可能性。梳理案件事实，归纳诸如"是否有过错""是否有因果联系"等要点，与公平责任的适用前提和要件相比较，判断其"能不能"适用公平责任。

第三步，根据事实情节考量适用的必要性。探索事实细节，考察诸如"损失是否严重""受害人是否有其他救济来源"等情况，从利益衡量的角度，考虑其"要不要"适用公平责任。

第四步，根据事实情节决定分担比例和数额。在决定适用公平责任一般条款后，要准确计算出受害人遭受损失的数额，并根据事实情节决定分担比例，最终计算出分担数额。

---

① 陈林林：《裁判的进路与方法——司法论证理论导论》，中国政法大学出版社2007年版，第1页。

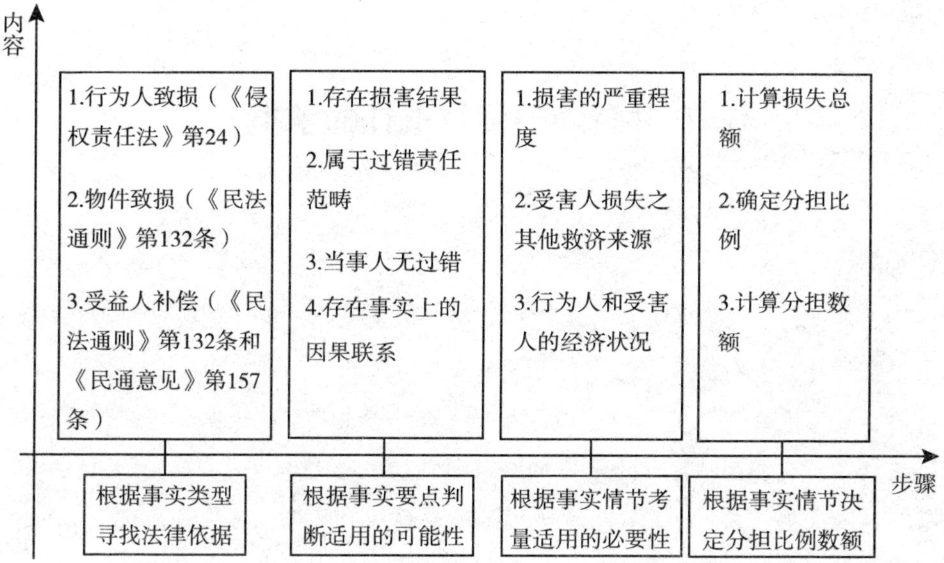

图3：公平责任一般条款的裁判进路

结语：关于现实与梦想

面对现实中公平责任的适用乱象，笔者试图通过对其适用范围和裁判进路的梳理予以限制，但真正有效规范公平责任的适用，需要在相关司法解释中做出细化规定。笔者尝试拟出相关条款：

第＊条：当事人对损害的发生都没有过错，且不属于法律规定的无过错责任情形的，可以根据双方的经济状况和损害程度等因素，依情形由当事人分担实际损失：

（一）损害由行为人引起的，可由受害人和行为人分担损失；

（二）损害由物件引起的，可由受害人和物件的保有人分担损失；

（三）损害是受害人在为他人的利益或者共同的利益进行活动时发生的，可由受害人和受益人分担损失。

当然，必须看到，公平责任主要是弥补社会保障制度的不足，但侵权法只能有条件地分担损失，且成本高、效率低。理想的损害救济机制应是建立完善的社会福利系统，通过社会保障和保险制度实现以全社会之力补偿弱小个人之损失，达到真正的有损害就有补偿。

（陈科　北京市第二中级人民法院）

自甘冒险与侵权责任的承担

【司法精要】

在英美法上，随着助成过失理论的变化以及比较过失、比较过错理论的发展，自甘冒险渐趋衰落，逐步丧失了独立抗辩事由的地位。《侵权责任法》没有将自甘冒险作为“不承担责任和减轻责任的情形”，在这一前提下，自甘冒险变成了对受害人特定行为形态的一种描述，表达的只是受害人的主观认知，其具体构成要件应当包括：对危险的性质或程度有鉴识；对构成危险情形的事实有了解；对处于危险之中有认知；并甘愿处于危险之中。在司法实践中，处理被告以受害人自愿承担风险或自愿承担损害而要求减免己方责任的问题，需要依托过失相抵、注意义务的确认等其他周边制度。

自甘冒险（Assumption of risk）为英美法的古老规则，系指如若当事人自愿置身于已知悉的风险之中，则不得就为此所遭受的损害获得赔偿。自甘冒险也被译作“自冒风险”“自愿承受风险”“风险自担”等。于英美法上，随着后工业化社会的到来，侵权法出现了扩张加害人责任、强化受害人保护的趋势，随着助成过失（Contributory negligence）理论的变化以及比较过失（Comparative negligence）、比较过错（Comparative fault）理论的发展，受害人过失由全部抗辩事由向部分抗辩事由转变，自甘冒险渐趋衰落，逐步丧失了独立抗辩事由的地位。《侵权责任法》在立法过程中，未将“受害人同意”和“自甘冒险”纳入到“不承担责任和减轻责任的情形”中。而在司法实践中，被告以受害人自愿承担风险或自愿承担损害而要求减免己方责任的情形并不鲜见。在已有法律制度下，自甘冒险与周边制度如何协调，如何处理自甘冒险的抗辩，如何适用法律，均是亟须解决的议题。①

---

① 本文讨论重点并非关于自甘冒险规则的比较法，也非立法论，而在于自甘冒险情形如何适用我国已有法律制度的解释论。

一、自甘冒险的构成与形态

在立法没有确认自甘冒险作为抗辩事由或减免责任情形的前提下，自甘冒险变成了对受害人特定行为形态的一种描述，而司法实践的处理也须依托其他制度来解释与适用法律，其构成要件与自甘冒险作为抗辩制度下的涵义有所不同。

（一）自甘冒险的构成

关于自甘冒险构成或曰必备要件，学说纷纭。王利明教授认为自甘冒险构成要件应包括：被侵害人明知或者应当知道危险的存在；被侵害人参与了危险活动；侵害人造成了受害人的损害；被侵害人遭受了损害。①杨立新教授认为自甘冒险须具备的要件是：受害人知悉或者鉴识危险；受害人有自愿承担之必要；不违反成文法的规定。②另有学者认为，其构成要件是：风险或危险的存在；冒险人的认知（包括冒险人知悉和了解风险以及自愿处于风险之中）；风险的现实化。③

笔者以为，我国法没有形成如英美法的自甘冒险规则体系，自甘冒险只是作为被告的一项事实存在的抗辩形态，时常出现在现实的侵权案件中，这种抗辩的效果由于没有法律的明确规定，而无法获得确定性的预期。可以说，自甘冒险只是正当理由的抗辩事由而非法定抗辩事由。如果对自甘冒险作这种理解，其反映的仅仅是原告（受害人）的主观态度和认知，而不应包含抗辩的前提和实际效果。受害人遭受的损害，是其拥有损害赔偿请求权的起点和事实基础，有了请求权才有了抗辩权和抗辩，现实的风险损害本身并非抗辩的要件。假设风险并未形成现实损害，抗辩完全可以针对没有损害的事实来进行，更无需提及自甘冒险。而公序良俗或成文法的另行规定则是自甘冒险抗辩的阻却事由，而非抗辩本身，隶属于抗辩的实际效果范畴。至于受害人有无自愿承担之必要，则是来自外界对受害人主观立场的一种评价，这种必要性蕴含着其行为的合理性，但在有些场合下受害人寻求的仅仅是心理上的新奇和刺激，这种判断不应体现在自甘冒险的构成问题上。作为一种抗辩，自

---

① 王利明：《侵权责任法研究》（上卷），中国人民大学出版社2010年版，第424~425页。

② 杨立新：《侵权法论》，人民法院出版社2013年版，第364页。

③ 汪传才："自冒风险规则研究"，载《法律科学》2009年第4期；郭佳宁：《侵权责任免责事由研究》，中国社会科学出版社2014年版，第160~161页。

甘冒险表达的只是受害人的主观认知，其具体构成要件应当包括：对危险的性质或程度有鉴识；对构成危险情形的事实有了解；对处于危险之中有认知；并甘愿处于危险之中。

（二）自甘冒险的形态及其法律效果

在美国法，自甘冒险至少有三种不同形态：明示自甘冒险（express assumption of risk）、基本型默示自甘冒险（primary implied assumption of risk）、派生型默示自甘冒险（secondary implied assumption of risk）。明示自甘冒险系指，在受到伤害之前，原告以契约等明示的方式，明确表示免除被告遵守通常应尽的注意义务。基本型默示自甘冒险系指，被告没有保护原告免受某种特殊活动本身具有的危险伤害之义务，并且原告已经通过自愿参加这种活动的行为表明愿意承担危险。派生型默示自甘冒险系指，被告违反法律上的义务致使原告遭受损害，但原告有意识地且故意选择面对这种危险。①

明示自甘冒险得以排除被告责任的基础，并非来自侵权法，而是来自契约法。②明示自甘冒险往往与"受害人同意"联结在一起，就其本质而言，它们都是受害人意思自治范围内的内容，只要不违反法律的强制性规定且不悖于善良风俗，法律就应该认可这种同意或自甘冒险的意思表示。③ 然而二者还是有区别的，受害人同意的内容是特定的损害后果，并且是针对他人故意侵权行为才可能同意，明示自甘冒险的内容则是某项活动的危险性和不确定发生的损害后果。由于《侵权责任法》同样没有将受害人同意纳入免除或减轻责任的事由，没有法律适用上的便利，明示自甘冒险也就没有必要归并到受害人同意的概念上。有学者认为，可以以"行为人没

---

① ［美］文森特·R·约翰逊：《美国侵权法》，赵秀文等译，中国人民大学出版社2004年版，第221～225页。

② 陈聪富："自甘冒险与运动伤害"，载《台北大学法学论丛》2010年第1期。

③ 在梁慧星教授主持的《中国民法典草案建议稿》中，将受害人同意与自甘冒险置于同一条文规定，"草案建议稿"的第1625条规定："受害人同意加害人对其实施加害行为或者自愿承担危险及相应后果的，加害人不承担民事责任。加害行为超过受害人同意范围的，加害人应当承担相应的民事责任。受害人同意的内容违反法律的禁止性规定或者公共秩序和善良风俗的，不发生免除或者减轻加害人民事责任的效力。"参见梁慧星主编：《中国民法典草案建议稿附理由：侵权行为编》，法律出版社2014年版，第45页。

有过错”来确认侵权责任的构成。[①] 而据域外经验，明示自甘冒险的约定一般都列于合同条款之内，可以直接适用《合同法》的相关规定，对于意思表示是否真实、责任排除条款是否有效的问题，适用一般民事法律即可。[②]

默示自甘冒险的基本型和派生型两种形态是否还拥有抗辩理由的地位，抑或以何种规则来替代，于英美法上尚有分歧。

对于派生型默示自甘冒险，美国法的实践已经表明，其不再作为一项独立的完全抗辩事由使用渐成一种趋势，取而代之的是通过引入比较过失制度来处理这一问题。派生型默示自甘冒险又被区分为自愿承受合理风险与自愿承受不合理风险两种类型。前者通常意味着，原告冒险所可能得到的利益超过其可能因此遭受的损失，例如，原告冲进火海去救自己的孩子；后者则与此相反，例如，原告冲进火海仅仅是要取回一顶普通的旧帽子。[③] 据通常的认识，如果原告将自己置于危险的行为是合理的，他的行为就根本不是过失，赔偿额不会减少。

对于基本型默示自甘冒险能否独立存在的问题，支持者认为，基本型默示自甘冒险只是削弱了抗辩的效果，但仍应作为一项实用的抗辩而存在，因为如果被告无义务或无过失，逻辑上说，也就没有什么可以与原告过失进行比较的了，从而否定了比较过失的基础 ，比较过失并没有吸收基本型默示自甘冒险。[④] 同样的，这个理由似乎也可以适用于派生型默示自甘冒险中的自愿承受合理风险场合下适用比较过失的情形。反对者则认为，对其适用“义务分析”更为恰当，因为被告主张不负有任何义务即可免除责任，不需要再主张原告自甘冒险。[⑤]

二、自甘冒险与过失相抵的适用

从过失相抵规定被列于《侵权责任法》第三章“不承担责任和减轻责任的情形”这一特征来看，过失相抵体现的是责任的分担，而非传统概念上的“抗辩事

---

① 张新宝：《侵权责任法》，中国人民大学出版社2013年版，第65页。

② 明示自甘冒险因为有原告的明示同意，故司法实践处理难度不大，不作为重点讨论内容，本文将研究重心放在基本型默示自甘冒险和派生型默示自甘冒险的法律适用问题上。

③ 周晓晨、王文胜：“论‘受害人自甘冒险’在中国大陆地区侵权法上的地位”，载《法令月刊》2011年第2期。

④ 汪传才：“自冒风险规则：死亡抑或再生?”，载《比较法研究》2009年第5期。

⑤ 梁亚、李延生：“自愿承受风险原则研究”，载《河北法学》2007年第3期。

由”，它是用来在当事人之间通过认定过错的程度，来分配责任承担的多寡。责任分担与抗辩事由相比，更为注重损害赔偿争议的最终处理结果，而将对当事人的过错认定作为过程要素来对待，其与最终的责任承担的结果有着决定性的关联，却不是唯一的关联，因为还有双方均无过错情况下的责任分担问题。

（一）基本型默示自甘冒险与过失相抵

在美国法的实践中，对于基本型默示自甘冒险，法院大多认可其作为被告拒绝赔偿的抗辩，“可以说原告无论存在‘过错’与否，原告都是自甘冒险，因为以另一种术语表达出的真实意思是被告没有过失”①。在我国未将自甘冒险确立为法定抗辩事由的情况下，受害人处于自甘冒险形态之下，侵权责任承担的解决方案一般指向过失相抵的适用上。基本型默示自甘冒险中，因被告没有注意义务，也就没有过失，无过失也就无过失比较，但从另一个角度来说，判断有无过失须以判断有无注意义务为前提，对注意义务的判断似乎也可以作为比较过失的内容。这也是此种形态的自甘冒险适用过失相抵制度相对合理的解释。但是，基本型默示自甘冒险一旦在类型上得以确认，被告无注意义务也就得到了确认，它不需要被害人的过失来“相抵”，不需要再考虑受害人自身是否有过错。因而，在法律适用上，基本型默示自甘冒险援引过错责任原则条款即可，而不必适用过失相抵制度，行为人因过错侵害他人民事权益应当承担侵权责任，反之，行为人对他人民事权益的损害无过错，自不必承担侵权责任。

体育运动或体育比赛中的伤害问题，是基本型默示自甘冒险主要存在的场合。例如，某人到棒球场观看比赛，因棒球飞出场外，被砸到受伤。首先应判断被告注意义务的内容，如果确认球场的建设和防护措施符合相关规范和标准，则该体育场馆则对原告损害无注意义务，此时，不论观众观看比赛是否知悉危险或是明知危险而执意参加，均无法获得被告的赔偿。

（二）派生型默示自甘冒险与过失相抵

对于派生型默示自甘冒险，美国法的实践认为，可以为比较过失吸收，因为其全部的问题可以归结为被告的过失和原告的助成过失，“如果是被告的过失，那么

---

① ［美］小詹姆斯·A. 亨德森等：《美国侵权法：实体与程序》（第七版），王竹等译，北京大学出版社2014年版，第357～358页。

所谓的自甘冒险不过是否定了违背义务以及原告承担举证责任而已，如果是原告的助成过失，那么即使证明被告违背义务，自甘冒险也足以使原告不能获得赔偿，自甘冒险构成了助成过失的积极性抗辩，而被告负有举证责任”①，这时的自甘冒险并不构成独立的抗辩理由。

过失相抵中的过失，系受害人的过错。一般认为，受害人过失，不同于作为侵权责任构成要件的固有意义的“真正过失”，而是“不真正过失”。② 它不是对他人权益注意义务的违反，而是对自己利益照顾义务的违反，是“对自己的过失”，相对人不可以请求履行，自己承担相应的损害，也不具有违法性。自甘冒险体现的正是对自己利益的疏忽或为博取更大的利益而对自己利益的漠视，这与过失相抵中受害人的“不真正过失”有契合之处。无论是受害人自甘冒险还是过失相抵中的受害人过错，实质上都是放大了过错的概念。有学者指出，某人未尽到自己的注意义务，不构成法律意义上的过错，而只是在技术意义上使用的过错，此种过错是以减轻赔偿额为目的的过失，“除须对当事人之主观心理状态外，更应对客观事实之法的价值来加以判断”③。正因如此，加害人的过错标准很难适用于受害人。有学者认为，受害人的过错有时是通过自甘冒险的方式表现出来的，自甘冒险与自我疏忽是对受害人过错表现方式的分类，而受害人自损、受害人过失以及法定双方过错，是从法律效果方面的分类④，因此才有了派生型默示自甘冒险被归并到受害人过失的理论框架。

派生型默示自甘冒险通过适用过失相抵来对加害人的责任进行相应的减轻或甚至免除，争议不大。惟从受害人主观心理状态方面观察，“自甘冒险中受害人对于加害人没有尽到注意义务的情形是预见到的，而在过失相抵中受害人的过失内容并不包含对加害人此种未尽注意义务的预见”⑤。适用过失相抵，受害人之“过失”

---

① ［美］小詹姆斯·A. 亨德森等：《美国侵权法：实体与程序》（第七版），王竹等译，北京大学出版社 2014 年版第 358 页。

② 王泽鉴：《债法原理》，北京大学出版社 2009 年版，第 37 页。

③ 刘德宽：《民法诸问题与新展望》，中国政法大学出版社 2002 年版，第 231 页。

④ 王竹：《侵权责任分担论——侵权损害赔偿责任数人分担的一般理论》，中国人民大学出版社 2009 年版，第 308 页。

⑤ 程啸：“论侵权行为法上的过失相抵制度”，载许章润主编《清华法学》（第六辑），清华大学出版社 2005 年版，第 22 ~ 23 页。

须进一步作扩张解释。例如，甲骑行一辆没有刹车闸的自行车，被有驾驶过失的乙驾车撞伤，此种属于过失相抵。再如，丙明知丁醉酒，执意搭乘丁驾驶的汽车，丁因自己的过失发生车祸，致丙受伤，是为派生型默示自甘冒险。如果派生型默示自甘冒险适用过失相抵，过失相抵之“过失”须包含对加害人没有尽到注意义务的情形的预见，或者说，加害人所引发的危险为受害人所知悉，受害人才要承担“过错责任”。前述案例中，丙对丁可能会因醉酒发生车祸而致自己受伤的预见，可以视为“过错”。假设，丁的驾驶技术纯熟，好意搭载丙，而丁仍因过失发生车祸致丙受伤。丙应当预见醉驾司机无论驾龄多长、技术多熟练都可能会发生车祸，难道这种预见也是“过错”吗？如此一来，对自甘冒险的受害人过错的判断就引向了对受害人“认知”的判断上。

知悉并了解风险是一个主观标准，如果被告获准减轻责任，则需证明原告是自由、自愿的，且完全知悉他所遭遇的风险的性质和范围，并愿意承受它。原告的这一认知，在过失相抵制度下，虽不具有违法性，却是具有相当的可归责性，效果是对对方赔偿责任的减免。自甘冒险的真正含义是，人们放弃了要求他人对任何由过错引起的损害予以补偿的请求权，并且，这种权利的放弃是可能的，因为人们可能希望借此从事某种活动。[①]这样的主观心理状态恐怕很难和过错扯上干系，可以说，自甘冒险之下的过失相抵正在向可归责性相抵转变。心理状态反映到行为上，判断其是否有过错和可归责性就容易得多。派生型默示自甘冒险分化出的自愿承受合理风险与自愿承受不合理风险两种形态，“合理的自甘冒险并不会影响原告获得赔偿，而不合理的自甘冒险则出于比较的目的会被视为任何其他形式的原告过失”。[②] 合理风险与不合理风险的过错程度还是很容易区分的，自愿承受合理的风险显然比自愿承受不合理风险的可归责程度小。再以前面的案例来说明，丙明知丁醉酒驾驶仍搭乘，丁醉驾致害固然要承担主要的损害赔偿责任，丙因其对自身安全不负责任的行为，构成自愿承受不合理风险，也要承担相应的责任。在好意同乘案例中，丙的搭乘行为所承受的是合理风险，并无不当，没有可归责性，丁应承担赔偿责任，而实践中发生的丁减轻责任情形，一般是考虑其“好意”而兼顾公平的结果。

---

① 汪传才：“自冒风险规则研究”，载《法律科学》2009 年第 4 期。

② ［美］小詹姆斯·A. 亨德森等：《美国侵权法：实体与程序》（第七版），王竹等译，北京大学出版社 2014 年版 364 页。

三、自甘冒险与注意义务的确认

注意义务（duty of care）源于对过错（主要是过失）的判定，作为过失判断的一项基准，过失包括注意义务的存在以及违反注意义务两个层面。基本型默示自甘冒险，被告对受害人不负担注意义务或没有违反注意义务，即被告无过失；派生型默示自甘冒险，不论受害人合理的抑或不合理自愿趋近于被告违反注意义务导致的风险，被告均负担且违反了注意义务，即被告有过失。基本型默示自甘冒险与派生型默示自甘冒险的区别即在于被告对被害人是否负有使其免受损害的注意义务，判断是否负有注意义务也是区分自甘冒险类型的依据，而对于是否负有注意义务判断却是个难题。

（一）运动伤害案件中被告的注意义务

在体育活动中，由于运动本身隐含着多重风险，难免造成运动伤害，参与者多为自甘冒险之行为状态。运动参与者于运动中对他人造成伤害的案件中，判断加害人是否负有或违反注意义务，于注意义务判断基准具有指标意义。而自甘冒险抗辩，无法从自甘冒险理论切入理解，通常需要适用一般过失责任理论加以解决。对于其中被告的注意义务的判断，可以参酌美国法中的固有风险理论、故意或鲁莽行为理论的判断标准加以识别，美国法中持适用一般过失责任理论的观点也认为，被告的行为是否具有普通过失所要考虑的因素，大部分与运动本身的规则和特点有关，这与固有风险理论、故意或鲁莽行为理论的出发点是一致的，只不过是在此基础上扩张需要考量的因素。此外，对于运动行为危险性的判断，主要基于社会通常观念和认识与当代社会生活的不可或缺性，“于综合考量该运动项目进行之方式与目的、运动者与被害人间之关系、危险实现之盖然性、受侵害法益之性质与程度以及防止改为限制可能性等情形，且运动者已遵守运动规则并于运动时尽其应有注意而仍造成他人伤害时，倘认定该运动伤害行为仍得为社会通念所容许而具备‘社会相当性’，即属‘可容许之危险’而无不法”①。被告注意义务的判断问题，本质上是对被告有无过失的认定上应考虑哪些因素的问题，于法律适用上依据《侵权责任

---

① 吴志正：“运动参与者于运动中对他人人身侵害之民事责任”，载《台大法学论丛》2013 年第 1 期。

法》第6条关于过错责任原则的规定即可。

在已有的司法实践中，有的运动伤害案件是按照一般过失责任理论加以处理的，即认为被告没有过错，不存在可归责事由，而无需承担责任。例如，在朱玉香与曹吉长人身损害赔偿一案[①]中，虽然明确了受害人自甘冒险行为的性质，却并未给予其完全抗辩理由的地位，而是通过判断被告有无注意义务、是否违反注意义务来认定其是否具有过错，现为一般过失责任理论的直接适用。由于没有确定的法律适用指引，我国司法实践对运动伤害案件的处理形成不同的审理路径。例如，在南京丁山花园酒店有限公司与刘涛人身损害赔偿案中，二审法院认为，“足球比赛是一种激烈的竞技性运动，参赛者自愿参加比赛，属甘冒风险行为。所以在比赛中造成人身损害时，被请求承担侵权责任者可以以受害人的同意为抗辩理由，从而免除民事责任”[②]。判决虽然认为足球运动存在着难以避免的危险，却没有以此来认定加害人注意义务的范围，而是通过将自甘冒险直接适用“受害人同意”的方式免除了加害人的责任。出现这种法律适用的差异，究其原因，固然有裁判者认识上的差异，但法律规范的不清晰、不明确应是更直接的因素。从案件处理的现实需求来看，即使立法上不认可自甘冒险的独立抗辩事由地位，对于体育活动或某些特殊活动伤害的情形，仍应给予格外关注。

（二）其他场合下被告的注意义务

在一般的默示自甘冒险状态下，加害人的注意义务没有体育运动伤害案件中对风险的严格限定，其判断基准与民法上一般注意义务无异。民法上的注意义务是义务主体谨慎地为自己一切行为（包括作为和不作为）的法律义务，其核心内容包括行为致害后果预见义务和行为致害后果避免义务，注意义务的产生依据包括制定法、技术规范、习惯和常理、合同或委托、在先行为。[③] 例如，在风雨交加的天气下，两个人央求船夫将其摆渡到对岸，船夫多次明确力陈危险，但二人仍然坚持摆

---

① 参见江西省赣州市中级人民法院（2004）赣中民一终字第279号民事判决书。

② 参见江苏省南京市中级人民法院（2000）宁民终字第445号民事判决书。

③ 屈茂辉：“论民法上的注意义务”，载《北方法学》2007年第1期。民法上的注意义务问题相当复杂，本部分主要讨论自甘冒险行为下被告注意义务判断的特殊性问题，对于注意义务判断的一般性问题，限于篇幅，不再赘述。

渡，最终因暴发洪水导致渡船倾翻，二人溺亡。[①] 此种情况下应为自愿承担不合理风险的派生型默示自甘冒险，对于船夫注意义务的判断，宜结合摆渡的操作规程、技术规范与一般习惯。船夫向受害人力陈危险的行为已经表明，其明知风雨交加的天气下摆渡的高度危险性，而执拗不过受害人的坚持，作为是否摆渡的最终决策者，船夫负有被害人人身安全的注意义务。再如，甲雇用乙作为货车司机为自己的工厂运输货物，乙明知甲的货车刹车有问题，有默示承担车祸风险的意思存在，后乙因刹车失灵撞向桥墩发生车祸。对于甲的注意义务判断上，宜结合用工者地位加以辨别，甲作为用工者，负有检查、维护、保养其生产经营设备之固有义务，货车作为甲的生产经营设备，早有为雇员提供合格车辆的义务，即使乙自愿承担不合理的风险，甲也不能免除赔偿责任。

四、自甘冒险与公平分担损失

公平分担损失也被称为“公平责任”[②]，滥觞于，《侵权责任法》第24条继承了这一规定，“受害人和行为人对损害的发生都没有过错的，可以根据实际情况，由双方分担损失”。从自甘冒险的类型分析，明示自甘冒险、基本型默示自甘冒险可能出现受害人和行为人对损害的发生均无过错的情形。如前所述，明示自甘冒险一般以合同形式约定免除被告遵守通常应尽的注意义务，可以直接适用《合同法》的有关规定，从而排除了受害人和行为人的过错，自不能适用公平分担损失条款。讨论主要集中在基本型默示自甘冒险适用公平分担损失条款的问题上。

实务上，有关自甘冒险的损害赔偿案件中存在着过多适用公平分担损失规则的现象，有些裁判结果并不令人满意。例如，“驴友”自助探险致害其他驴友无过错赔偿案。13名网友在网上约好一起去野外自助探险，露宿期间，发生山洪，13人均被洪水冲走，其中1人死亡，其余12人获救。死者家属起诉，要求其他参与人

---

① 朱岩：《侵权责任法通论：总论》（上册 责任成立法），法律出版社2011年版，第504页。朱岩教授认为此种情况下属于受害人同意，作者持不同意见，受害人主观上并非愿意接受这种损害后果，而只是甘冒不合理的风险，船夫作为渡船驾驶者明知在不适航条件下依然摆渡过河，具有主观过错，此种情形应为自愿承担不合理风险的派生型默示自甘冒险。

② 《侵权责任法》第6条、第7条确立了我国侵权责任制度实行过错责任和无过错责任相结合的原则，第24条的规定并未上升到原则的高度，只是双方无过错场合下的损失分担机制，责任分担方承担的也并非侵权责任。“公平责任”只是学理上的通常说法。

承担赔偿责任。一审法院判决“驴头”承担60%的责任，其他“驴友”共同分担10%的责任，受害人自己承担30%的责任。二审法院依据公平分担责任改判，“驴头”承担3000元，其他“驴友”各自承担2000元，以示公平。[①]“驴友”自助探险所承担的风险是合理的，只不过遇到山洪这一自然原因遭受损害，其自甘冒险的主观心理状态无过错可言；获救的驴友一同被洪水冲走，对死亡的驴友无注意义务。再如，羽毛球运动致伤赔偿案。甲和乙共同参加羽毛球双打晨练活动，甲、乙同组，乙在击打对方来球时，恰遇甲回头观察，击出的羽毛球击中甲之左眼，致甲左眼失明，甲请求赔偿其损失。法院认为，原、被告参加体育活动，应对该活动可能造成的伤害有所认识。双方均非专业羽毛球运动员，对球的落点及运动保护均未受过系统训练，应当自负其可能产生的风险。本案事故的发生，并非被告故意造成，也不存在重大过失，被告不应承担侵权赔偿责任。但考虑该事故致原告残疾，原告为此支付了较多的医疗费用，被告应予适当补偿，判令被告补偿原告2万元。[②]原告自愿参加体育锻炼属承担合理风险的默示自甘冒险行为，主观上无过错；被告对原告的伤害也未超出羽毛球运动本身存在的固有风险，被告对损害的发生也没有过错。

这两则案例的受害人均系基本型默示自甘冒险行为，且所冒风险为合理、正当风险，双方均不具过错，依据《民法通则》第132条、《侵权责任法》第24条的规定，同样作为不利益一方的被告需要分担被害人的损失。在某些场合下，基本型默示自甘冒险受害人也可能有过错，只不过由于被告无注意义务或没有违反注意义务直接免除了其责任，受害人的过错对被告的免责结果不产生影响。这里需特别注意，遇此种自甘冒险情形，不能适用公平分担损失规则。

由于公平分担损失规则是建立在集体主义观念基础之上，其主要目的并非如过错责任和危险责任那样来协调权益保护与行为自由的关系，而是通过模糊处理消除当事人之间的权利边界，分配责任承担，维护社会和谐[③]，其本质上并非实现矫正正义。因此，有必要对公平责任分担条款的适用作出必要限制，否则会造成资力优

---

① 杨立新：《侵权法论》，人民法院出版社2013年版，第364页。

② 李超、李佳：“体育运动损害赔偿中自甘冒险规则的适用——天津二中院判决李红诉杨东升健康权纠纷案”，载《人民法院报》2011年4月28日，第6版。

③ 程啸：《侵权责任法》，法律出版社2011年版，第155页。

势一方当事人承担社会保障制度的任务，不仅会产生新的不公平，也会破坏侵权法赖以存在的全部赔偿原则的施行和归责原则体系的完整。公平分担损失，一般应结合受害人的损害程度、行为的手段和情节、双方的财产状况、双方的损失大小等相关因素，对受害人予以适当补偿。但在竞技比赛即便是业余的体育比赛中，运动员比赛时因对方原因所受非恶意加害的人身损害，如由对方分担损失，则与承担侵权责任一样，都必将导致参赛双方因顾虑承担责任而不敢充分发挥勇敢拼搏的体育竞赛精神，从而使竞赛的对抗性减弱，这就会失去体育本身的价值和意义。故不宜将公平分担损失引入竞技比赛参赛者发生的人身损害中，有必要坚持完全抗辩原则，直接免除加害人责任。前述羽毛球运动致伤赔偿案中，原、被告所进行的晨练活动与竞技体育比赛有所不同，其最终目的在于健身而非胜负，因而由被告适当分担原告损失的立场尚可接受。

结　语

应该看到，自甘冒险抗辩通过适用周边相关制度来处理，其效果与承认自甘冒险的独立抗辩事由地位大体相当，但需要对其他制度作新的解释，才能获得相对确定的法律适用指引。以派生型默示自甘冒险为例，即使被过失相抵制度吸收，在立法上也应将其作为过失相抵的一种形态，在受害人过错的概念上吸收对自身利益的疏忽，以及对已经预见到加害人可能有未尽注意义务情形的漠视等，于法律适用才更为便捷。非如此，一遇到减轻赔偿责任的问题就适用过失相抵，可能会带来对法律确定性、安定性的伤害。因此，立法上以类型化为手段多找出些确定的抗辩事由才更为妥当。

（李超　天津市高级人民法院）

人身损害之诉中的享乐损害赔偿

【司法精要】

享乐损害赔偿是对因人身伤害而导致的“生活乐趣的丧失”“快乐损失”等人格性利益损害的赔偿。围绕享乐损害赔偿所展开的争论，其实质是权利保护与行为自由这一侵权法的基本矛盾在现实中的具体呈现。对享乐损害进行有限度赔偿是在兼顾权利保护与行为自由并实现二者价值平衡基础上做出的理性选择。其限制性因素主要包括法益损害、严重性程度、可预见性及损害赔偿数额的定量化。享乐损害赔偿制度具体构建的重点在于：“精神损害赔偿”概念的重构，非物质损害类型的细分，严重性证明标准的明确以及法定赔偿额的适用等。

一、两则案例引出的难题

案例一　2011 年某日，李某驾驶的汽车与杨某驾驶的摩托车发生碰撞，造成杨某受伤及车辆受损的交通事故。经鉴定，杨某因交通事故致单侧睾丸切除后阴茎勃起功能明显障碍，伤残等级为六级伤残。杨某以李某及保险公司为被告，向法院提起诉讼，请求赔偿财产损失等共计 14 万余元，精神抚慰金 20 万元以及自己因性功能受损造成今后生活乐趣的丧失损失赔偿费 20 万元。法院经审理，支持原告关于财产损失赔偿的诉讼请求。同时认为，事故造成杨某睾丸损伤并导致其性功能障碍，对其造成的精神损害较为严重，酌定赔偿其精神损害抚慰金 4 万元。但原告在精神损害抚慰金以外还请求其他非财产损害赔偿于法无据，遂驳回原告关于今后生活乐趣的丧失损失赔偿费 20 万元的诉讼请求。

案例二　2013 年某日晚，张某骑电动车前往观看王菲的演唱会，途中与一辆逆向行驶的出租车相撞，张某摔倒在地后被送至医院，经诊断，张某手肘脱臼。此时，演出会已经结束，出租车司机承担了张某的全部诊疗费用，但张某以未能参加演唱会、享受与歌星在一起的快乐为由，要求出租车司机赔偿其5000元快乐损失并诉至法院。经诉前调解，出租车司机赔偿张某200元。

登山、观海，享受甜蜜的夫妻生活，和心爱的人一起在阳光下散步，这些都是正常人享有的“生活的快乐”。它们是有价的吗？当这些快乐因为人身伤害而部分或全部失去时，受害人是否可以就这些“享乐损害”获得金钱赔偿？和上面两则案例一样，在越来越多的人身损害赔偿案件中，人们提到同样的问题。赔与不赔，成为摆在法官面前的难题。

二、两种观点的对比与解析

针对享乐损害是否应当赔偿的问题，支持的意见和反对的意见针锋相对。笔者将其理由分别梳理归纳，以期通过对比分析，找出问题的症结所在，并对症下药，解决问题。

（一）支持享乐损害赔偿的理由

1. 侵权法上。根据传统的侵权法理论，侵权法的功能是矫正当事人之间因一方的侵权行为而破坏的平衡或平等，其矫正的最佳状态就是恢复到损害发生前的状态。司法赔偿的目的是对损害进行平衡填补，这是世界各国普遍认同的侵权损害赔偿原理。人身伤害之诉中的享乐损害赔偿金制度正是这一基本法学原理在非物质损害赔偿领域的具体实现。首先，避免痛苦，追求快乐是人的基本属性，自由地享受生活的乐趣是人基于本性的要求，属于因身体和生命的存在而自然享有的人格性利益，他人不得随意干预和剥夺，当不法行为造成人身伤害时，这种利益的丧失是损害结果的一部分，应当予以赔偿。其次，生活乐趣的丧失与传统意义上的“肉体疼痛和精神痛苦”等精神损害属于不同类型的损害，除了二者的表现形态不同外，其区别还在于，“肉体疼痛和精神痛苦”是指因人身伤害而实际发生的损害，生活乐趣的丧失则是指受害人可期待人格利益的损害，其可期待性类似于物质损害赔偿中的“逸失利益”,① 即如果没有人身伤害事实发生则受害人当然能够得到的人格利

---

① 汪志刚：“论受害人近亲属的精神损害赔偿赔偿请求权”，载《侵权法评论》2003年第2辑。

益。这种可期待人格利益的损害区别于“肉体疼痛和精神痛苦”，应当属于独立的可赔偿项目。

2. 法社会学上。一种法律秩序在何时、何条件下将已发生的损失转由他人承担，取决于很多因素，特别是取决于该社会中占主导地位的思维方式和传统习惯。人类社会早期的立法奠定了人身损害赔偿的基础，“根据盎格鲁撒克逊法律，对于每一个自由人的生命，都可以按照他的身份而以一定金钱为赔偿，对于其身受的每一个创伤，对于他的民权、荣誉和安宁所造成的几乎每一种损害，都可以用相当的金钱为赔偿；金钱按偶然情势而增加”。[①] 在我国，元代即开始实行烧埋银制度，即由过失致人死亡者赔偿受害人亲属一定的银两作为办理丧葬事务的费用，同样亦体现了中国古代社会对于生命价值的尊重。现代社会，尊重他人人身权益，尊重他人人格尊严已成为社会的基本伦理，亦是社会文明、进步的标志。享乐损害赔偿金制度是以人格利益损害为中心确立的损害赔偿制度，关注的是人的全面而自由的发展及人格利益的完整，符合当代侵权法“以人为本”的哲学倾向和伦理要求。

3. 法经济学上。从经济学的角度，损害赔偿的基础在于效率。有效的侵权法规则能最大限度地预防事故的发生从而降低社会成本。如果侵权行为付出的代价低，那么有风险的侵权行为数量就会上升。加大赔偿的幅度，可以增加侵权行为的成本，有效预防有风险行为的发生，最终降低整个社会成本。享乐损害赔偿金在传统的非财产损害赔偿金之外，增加了新的可赔偿损害结果类型，事实上扩大了人身损害赔偿的范围。可赔偿因素的增多亦势必客观上导致赔偿数额的上升，生命的尊严得以体现，由此而导致的侵权成本加大，也从相当程度上促使潜在的侵权人约束其风险行为，产生敬畏生命的效果。

4. 侵权法的发展趋势上。侵权法是权利的保护法，是现代社会最具活力的法律。在新的社会思潮和法学理念的影响下，法律开始由抽象个人主义转向关心具体的个人，注重对每个具体个人合法权益的保护，法律所强调的重点从承担过错转移到了补偿损失。人们期待侵权法有助于保障个人的基本生存，侵权法的保护范围因此而不断扩张，各种受到侵害的权益，无论是否形成权利，均可能获得救济。享乐损害赔偿金正是回应了侵权法的这一发展要求，将因人身损害造成的客观存在的生

---

① ［英］梅因：《古代法》，沈景一译，商务印书馆1995年版，第209页。

活乐趣的丧失作为可赔偿的损害结果，不仅扩展了非物质损害赔偿的内容，也为现代侵权法的发展提供了新的视野和可冀探求的新路径。

（二）反对享乐损害赔偿的理由

1. 从法律依据的角度。我国是成文法国家，以事实为根据，以法律为准绳是司法的基本原则。在我国的人身损害赔偿立法中，因人身伤害而导致的损害赔偿只有财产损失赔偿和精神损害赔偿两种类型，其他非财产损害不属于损害赔偿的范围，享乐损害赔偿区别于财产损害赔偿和精神损害赔偿，属于其他非财产损害赔偿，其本身缺乏法律依据。

2. 从法解释学的角度。我国精神损害赔偿是相对于物质损害赔偿的侵权损害赔偿概念，其本身存在广义解释和狭义解释。广义的精神损害赔偿包括全部的非物质损害赔偿，按照这种解释，享乐损害赔偿已包含在精神损害赔偿中，在精神损害赔偿之外，再请求享乐损害赔偿，属于重复赔偿。狭义的精神损害赔偿是指因伤害而遭受的肉体疼痛及由此导致的精神痛苦。快乐损失与“肉体疼痛”属于两种不同的损害，但却与精神痛苦没有区别，毕竟快乐的反面即是痛苦。因此，在狭义的精神损害赔偿（疼痛与痛苦的赔偿）之外单独请求享乐损害赔偿，同样也属于重复请求，不应予以支持。

3. 从公平原则的角度。侵权损害赔偿的要义在于，在侵权行为构成时，应对受害人进行公平、合理及符合正义的补偿，何为公平？对于侵权人来讲，就是只能对其可以预见的损害赔偿义务承担责任，法律既然没有将享乐损害赔偿预设为可单独赔偿的项目，要求侵权人承担此项赔偿就已经超出了其对行为所产生赔偿责任后果的预见。在此情况下，要求其承担责任显然不符合公平原则。

4. 从社会后果的角度。生活中的快乐各式各样，因人而异，难以进行质和量的区分。任何人当他的生命、健康、身体受到损害时，都会造成某种程度的快乐损失或生活质量的下降，如果对于所有的享乐损害均赋予赔偿请求权，无疑将激发人们的好诉心理，导致诉讼的泛滥并损害基本的社会关系。

（三）对不同观点的解析和评判

对上述正反两方面的理由进行对比、分析可以发现，支持享乐损害赔偿的理由，是从“受害人本位”的角度，以“享受快乐是人的基本人格利益”为其逻辑起点，将享乐损害赔偿定位于“对预期人格利益的损害”，再根据“损害填平”的侵权法原理进行应赔性的论证，该论证有社会学和经济分析法学的支持，具有较强的说服力。反对享乐损害赔偿的理由，是从“加害人本位”的角度，以法无明文规定和重复赔偿为其主要论据，否定享乐损害赔偿的可赔性。该论证最大的缺陷在于，无法从根本上否定“享受快乐是人的基本人格利益”这一肯定性命题。正是这一缺陷，导致其不赔的理由难以经得起实证的考验。

首先，关于法无明文规定的问题。在法律没有明确规定的情况下，法律并不禁止法官运用法律的基本原则和精神进行裁决。最明显的例子是，在最高人民法院有关精神损害赔偿的司法解释出台前，我国法律并没有关于在人身损害赔偿中可以请求精神损害赔偿的规定，但北京海淀区法院于 1997 年判决给予因卡式炉燃气罐发生爆炸而致毁容和残疾的 19 岁女孩贾国宇精神损害抚慰金 10 万元。这一成功的案例充分证明，法无明文规定并不构成对享乐损害不赔的理由。

其次，关于重复赔偿的问题。如何对“精神损害赔偿”的范围进行解释，应当着重从该制度的实际运行情况考量。在具体的司法实践中，享乐损害赔偿是否真的已经包含在法律规定的“精神损害赔偿”或“精神的痛苦”赔偿中了呢？笔者对 1985 年至 2013 年《最高人民法院公报》公布的全部人身损害赔偿类案件 27 件进行了统计，其中 12 件支持原告关于精神损害抚慰金请求。下表以当事人的诉求与法院的判决为对比，对 12 件判决精神损害赔偿的案件进行了统计。（详见表 1）

表 1　1985 年 – 2013 年《最高人民法院公报》刊登之精神损害赔偿案例（单位：万元）

序号	案件名称	判决时间	诉请金额	判决金额	判决理由
1	贾国宇案	1997	65	10	毁容、残疾、肉体痛苦、伴随终身的遗憾与痛苦。
2	吴成礼案	2003	6. 67	6. 67	失去亲人，遭受沉重的精神刺激，两名幼子不能在母亲的抚养下成长。
3	吴文景案	2006	10	8	被害人在事故中死亡，必然给其家人造成难以承受的精神创伤。
4	杨文伟案	2005	5	2	因侵权行为受到人身损害。
5	季宜珍案	2006	5	1. 5	受害人死亡，原告方作为亲属，获得适当的精神赔偿是合情合理合法的。

续表

序号	案件名称	判决时间	诉请金额	判决金额	判决理由
6	吴凯案	2005	0.5	0.4	10级伤残，身体上、精神上均遭受一定损失。
7	罗倩案	2006	2.5	1.5	造成严重后果（残疾），双方的过错责任。
8	郑克宝案	2006	3	3	多外伤残，给今后的身体健康和正常的工作、生活带来影响，也给其精神上带来痛苦。
9	黄宇森案	2007	30	2.5	终身残疾。
10	范茂生案	2008	5	1	受害人死亡，死者在事故中有主要责任。
11	刘雷案	2007	0.5	0.5	十级伤残。
12	谢叶阳案	2012	5	0.2	受伤确给其精神和肉体上造成了较大痛苦，原告有40%的责任。

由以上统计可以看出，在判决理由上，可赔偿损害结果主要是“肉体的疼痛”与“精神的痛苦”。包括：遭受沉重的精神刺激，难以承受的精神创伤，精神和肉体上造成了较大痛苦，等等。除此之外，法院对于其他的非财产损害赔偿诉求概不支持，如在黄宇森案中，原告诉求被告赔偿精神损害抚慰金30万元和对今后生活、工作的影响损失30万元。法院虽然判决由被告赔偿原告精神损害抚慰金2.5万元，但以原告“已主张残疾赔偿金和精神抚慰金，又重复主张因伤残给其以后生活、工作带来严重影响的损失费”为由，对原告的其他相关诉请不予支持。[①] 由此可以看出，在我国的人身损害赔偿中，精神损害赔偿并不包括享乐损害赔偿。对享乐损害进行赔偿，并非重复赔偿。

虽然在赔与不赔的问题上，支持的理由更具有说服力。但反对的理由中对赔偿后果的担忧却有其合理性。毕竟，人是这个世界上最大的价值，对人格利益损害的赔偿本身具有不可估价性，用通俗的话讲，就是“怎么赔都不过分”，如果在享乐损害赔偿中任由“怎么赔偿都不过分”这种思潮泛滥，则赔偿范围将越来越广，赔偿数额会越来越高，最终不仅对侵权人，对整个社会来讲，都将是难以承受之重。

---

① 沈德咏主编：《最高人民法院公报案例大全》，人民法院出版社2009年版，第882页。

（四）症结：不同价值取向间的博弈

辩证唯物主义的思维模式在于透过事物的现象看本质。享乐损害赔偿所引发的争论，从表面看，是受害人的损失应不应当得到赔偿的问题，但其所揭示的更深层次的问题却在于：在市场经济条件下，应如何划定权利保护与行为自由之间的界限？享乐损害赔偿是基于“金钱可以对受害人受到的伤害进行补偿”的法律拟制，和其他侵权损害赔偿一样，这种以金钱对受害人进行的补偿，“意味着对侵权人的财产的剥夺。而这种剥夺，在行为人作出行为之前和之后，客观上都会产生限制他人行为自由的后果：在行为之前，行为人必须对自己的行为谨小慎微，而在行为之后，则可能使行为人在经济上丧失继续发展的可能性”。[①] 可以说，保护权利与行为自由这一侵权法的基本矛盾正是享乐损害赔偿的真正症结所在，解决这一矛盾的最好法就在于，既不能单一地追求权利保护，也不能片面地顾及行为自由的价值，而应当对二者均进行适当的限制，以实现其价值平衡。

（五）结论：有限度赔偿

通过以上梳理、对比和分析，我们可以得出答案：支持享乐损害赔偿，符合侵权法的损害赔偿原理和“以人为本”的哲学倾向和伦理要求，但如果不加限制，任由赔偿泛滥，则可能加剧社会矛盾，阻碍经济的发展，从而背离制度的初衷。权衡利弊，笔者认为，难题的答案应当是，对享乐损害进行有限度的赔偿。

三、享乐损害赔偿的限制性因素及其合理性阐述

对人身损害中的非物质损害进行有限度赔偿是各国侵权法普遍认同的规则。我国《侵权责任法》也体现了这样的精神，该法第22条规定，“侵害他人人身权益，造成他人严重精神损害的，被侵权人可以请求精神损害赔偿”。“人身权益”“严重”损害即是对精神损害赔偿请求权的两项限制性规定。对享乐损害赔偿进行有限度赔偿，其限制性因素主要包括法益损害、严重性程度、可预见性及损害赔偿数额的定量化等。

---

① ［德］马克西米利安·福克思：《侵权行为法》（2004年版），齐晓琨译，法律出版社2006年版，译者前言第2页。

限制一：法益[①]损害

根据侵权法理论，侵权责任的基本构成要件是：存在不法行为、法益损害、过错和因果关系。根据这些要件，“加害人的行为与受害人遭受的法益侵害必须有因果关系（使责任成立的因果关系），并且，法益侵害又与产生的损失有因果关系（满足责任的因果关系）。加害人的行为是违法且有过错的”。[②] 人身损害之诉中，法益损害是指人的生命权、健康权受到侵害，享乐损害是因这些法益损害而导致的损失。根据满足责任的因果关系，只有因法益损害导致的损失才应予赔偿。即只有在生命权、健康权受到侵害并导致了享乐损害的情况下，享乐损害赔偿请求权才能成立。如果没有人身损害的事实，则无享乐损害赔偿。在这里，法律保护的是特定的权利（法益）而非损害后果，单纯的享乐损害本身并不是对权利的侵害。虽然有观点认为，只要受害人遭受了“快乐损失”，其受法律保护的人格权便受到了侵犯，受害人就应当得到赔偿，即所谓“纯粹”的享乐损害赔偿。这种观点与意大利法上曾经出现的“生存损害”理论有相似之处，所谓“生存损害”是指，任何使受害人日常生活质量下降的“快乐损失”均意味着对宪法所保护权益的侵犯。意大利法院曾对诸如因停电导致无法观看足球比赛、理发后发型失败等损害给予了非财产损害赔偿。[③] 纯粹的享乐损害赔偿与生存损害理论的主要缺陷在于，判定侵权责任时，只关注具体的损害结果，忽略了对行为不法性及法益损害性质的分析，在理论上无法立足，并容易造成责任泛滥。正因如此，意大利最高法院明确反对将生存损害作为一种单独的非财产损害赔偿类型。

限制二：严重性规则

所谓严重性规则，又可称为“轻微损害排除规则”，是指只有损害结果达到严重的程度，享乐损害赔偿请求权才得以产生。目的在于维持社会容忍与权利保护之间的平衡。首先，人的社会属性决定其不可将生活中所有的不快和痛苦都归咎于他人，对因人身损害而造成的较低层次的不快或不适，人们负有适当容忍的义务。如

---

① 本文所使用之法益一词，是指“法律规定之权利与利益”，即《侵权责任法》第2条规定之“民事权益”。

② ［德］马克西米利安·福克思：《侵权行为法》（2004年版），齐晓琨译，法律出版社2006年版，第12页

③ 刘朋、丁少：“意大利非财产损害赔偿制度的判例发展与启示”，载《求索》2012年第2期。

在苏坚与广东美术馆其他人格权纠纷一案中，原告苏坚以广东美术馆展出“充满裸露、色情内容”的作品，造成其“恶心、愤怒”，并且严重影响今后的艺术创作为由请求精神损害赔偿。法院认为，在保护观众合法权利的同时，也应保护艺术作品作者的合法权益。苏坚所感受到的不适，并未达到“令普通人不能容忍和接受”的程度，遂驳回了苏坚的诉讼请求。① 其次，对于因人身伤害而导致的非财产损害，法律规定了多种形式的侵权责任承担方式，如停止侵害、赔礼道歉、消除影响、恢复名誉、赔偿损失等，其中赔偿损失属于较重的责任承担方式。只有在损害结果达到一定的严重程度，用其他方式无法使损害得以充分补偿的情况下，损害赔偿请求权才能成立。第三，从法经济学理论的角度分析，当享乐损失微不足道，以至于让侵权人承担金钱赔偿责任可获得的利益小于实现损害赔偿的成本（如诉讼费用等）时，仍赋予微小损害以赔偿请求权，显然会造成社会公共资源的浪费，基于此，亦应当否定享乐损害赔偿请求权。

限制三：可预见性规则

侵权法上的可预见性规则是指，侵权行为人只对其能合理预见的损害结果承担责任，其作用在于对侵权行为的责任范围进行限制，以排除对“过于遥远”的损失赔偿。可预见性规则在英美法上得到普遍认可，如在美国“烟花爆炸”案中，铁路公司的安全员帮助一位乘客登上火车时，一个装着烟花的包裹从乘客身上掉到铁轨上，并发生了烟花爆炸。爆炸产生的冲击力推倒了站台末尾的磅秤，磅秤打到了一名妇女，导致其受到伤害，该妇女要求铁路公司赔偿其所受的伤害。卡多佐法官在判决书中写道：“以合理的方式可以预见到的风险决定了需要遵守什么样的义务。……”“当时的情况丝毫没有让最谨慎的人们认为，包在报纸里的那个包裹会毁掉整个车站”。② 在该案中，被告不承担任何过失责任。在我国法中，可预见性规则是《合同法》上之概念，侵权法中没有明确人身损害赔偿的可预见性规则，但笔者认为，基于享乐损害赔偿系对受害人可预期人格利益丧失之赔偿，其利益之“可预期性”决定对损害范围确定具有极强的主观性，可能漫无边际，如因他人过失行为而断一指的少年主张其不能成为一个钢琴职业演奏家的损失等。这种可预期的损失交由

---

① 参见广东省广州市中级人民法院（2003）穗中法民一终字第2085号民事判决书。

② ［美］小詹姆斯·A. 亨德森：《美国侵权法实体与程序》（第七版），王竹等人译，北京大学出版社2014年版，第263页。

加害人承担，势必造成利益失衡，因此，享乐损害赔偿应参照《合同法》关于预期可得利益赔偿的规定予以适当限制，即侵权人只对其实施侵权行为时可以预见的享乐损害承担赔偿责任。

限制四：赔偿数额定量化

享乐损害赔偿实质上是一种“以金钱消除损害”的请求权，由于金钱与享乐之间无法用价值衡量，予受害人何种数额的金钱赔偿方能真正实现损害赔偿的目的需要综合各种因素进行考量。其中，法的安定性、个案处理的妥当性、技术层面的易操作性以及争议双方对结果的可预见性都是应当考虑的因素。在这些因素的决定下，“定量化”赔偿无疑是一种较好的选择。所谓定量化赔偿，即根据一定时期的法律规定和价值取向，通过法律技术的设计，对损害赔偿的数额进行具体量化，其量化的方式可以是最高限额制；[①] 也可以是法定数额制，即通过立法的方式确定最高赔偿额与最低赔偿额；还可以是动态数额制，如设计出固定的计算公式，具体个案中根据参数数值的变化计算赔偿数额，如我国人身伤害赔偿中的死亡赔偿金计算方法等等。

四、享乐损害赔偿制度的具体构建

（一）“精神损害赔偿”概念的重构

我国关于人身损害赔偿的立法中，受害人基于人身损害的事实，可以请求医疗费、误工费、收入减少等物质性损害赔偿，还可以请求精神损害赔偿。关于精神损害赔偿的定义，法律没有规定，学理和司法实践倾向于将人身伤害导致的精神损害赔偿定义为对肉体疼痛和精神痛苦的赔偿。[②] 笔者认为，从语义及习惯性用法上，“精神损害赔偿”的表达均缺乏一定程度的精确性，无法概括基于人身伤害而产生的全部非物质损害，这些损害包括区别于“肉体疼痛和精神痛苦”的人的肢体缺失和生命本身的丧失，以及由此而产生的自然人其他人格性利益的丧失等。事实上，在具体的司法实践中，由于精神损害赔偿概念存在字面理解的局限性，法院在审理案件中，对于损害结果的认定仅从受害人所实际感受的痛苦进行考量，将其他的无

---

① ［美］小詹姆斯·A. 亨德森：《美国侵权法实体与程序》（第七版），王竹等人译，北京大学出版社 2014 年版，第 567、571 页。

② 杨立新：《侵权责任法》（第二版），法律出版社 2012 年版，第 148 页。

形损害如具体人格性利益被排除在可赔偿的范畴之外，导致赔偿的范围小、赔偿额低、法律的调节功能发挥有限。从世界各国的立法看，对于人身伤害中物质损失以外的无形损失，多采用非物质损害赔偿、非金钱损害赔偿、非经济损害赔偿等方式。如德国民法典原采用“痛苦抚慰金”一词，但后于2002年修改时以“非物质损害赔偿”取而代之。[①] 因此，笔者认为有必要对“精神损害赔偿”这一侵权法概念进行内涵和外延上的重构，或在立法上代之以更具排他性和扩张性的“非物质损害赔偿”概念，或通过司法解释的规定明确“精神损害赔偿是指物质损害赔偿以外的损害赔偿”。

（二）可赔偿损害结果类型的细分

损害结果属于损害事实的一部分，“损害事实属于侵权责任的构成要件，它由权利被侵害、权利被侵害而造成的利益受到损害的客观结果两个因素所构成”。[②] 侵权责任构成中损害结果与权利被侵害的事实之间应存在因果关系。

可赔偿损害结果是指，由法律所规定的，与权利被侵害的事实之间存在因果关系，并产生赔偿责任的损害结果。一般来讲，无损害结果则无赔偿责任。无损害结果包括两种状态，一是事实上无损害结果，如：在权利被侵害的情况下，没有发生损害结果或受害人不能证明具体损害结果的存在。二是法律上无损害结果，即在权利被侵害的情况下，虽然发生了损害结果，但该损害结果不是法律规定的可请求赔偿之损害结果。因此，可损害赔偿结果的判断不仅仅是具体个案中的事实判断，亦涉及法律层面的具体规定。

我国《侵权责任法》第22条所规定的“严重精神损害”即为法律规定的可赔偿损害结果。由于法律对何为“严重”、何为“精神损害”没有进一步规定，实践中对该条的掌握出现困惑。笔者认为，法律在确定何为损害结果时，应当遵守“有损害即有赔偿”原则，即法律上的可赔偿损害结果应与事实上的损害结果相契合。

---

① 德国《民法》修改后的第253条官方主题词为“非物质损害”，取消了“痛苦抚慰金”。第1款规定：“只有在法律规定的情况下，才能因财产损害以外的损害而要求金钱赔偿。”第2款规定：“因损害身体、健康、自由和性的自主权而应当进行损害赔偿的，也可以因财产损害以外的损害而要求公平的金钱赔偿。”

② 杨立新等：《精神损害赔偿——以最高人民法院精神损害赔偿司法解释为中心》，人民法院出版社2004年版，第245页。

因生命、健康等人身权益遭受侵害，事实上的损害结果不仅包括传统精神损害赔偿意义上的肉体的疼痛和精神的痛苦，亦包括因身体机能的丧失和生命本身的丧失而带来的诸如生活乐趣的丧失等人格性利益的损害，这些损害结果应作为可赔偿损害结果的类型具体体现在法律规定中。诚然，法律不能穷尽所有的事实，我们不能强求在具体的法律条文中列举所有的可赔偿损害结果，但可以采取一般条款加列举的模式，对可赔偿损害结果进行适当的分类。基于此，笔者的意见是：

1. 在立法中设立关于可赔偿损害结果的一般规定。即将可赔偿损害结果直接规定为“物质损害以外的损害”，受害人可以提起物质损害以外的损害赔偿诉讼请求。如此规定，不仅扩大了可赔偿损害结果的范围，亦赋予司法以弹性和空间，避免法律与现实的矛盾与冲突。

2. 通过司法解释的方式对“物质损害以外的损害”进行列举式规定。即因生命、健康等人身权益遭受侵害，被侵权人可以就物质损害以外的损害请求赔偿，物质损害以外的损害包括肉体的疼痛和精神的痛苦以及享乐损害等人格性利益的减损和丧失。

（三）明确“严重性”的证明标准

根据“严重性”限制规则，只有造成严重享乐损害的，才能请求损害赔偿。是否构成“严重”损害需要证据予以证明，它属于对损害事实进行证明的范畴。在司法实践中，对因人身损害而导致精神损害之严重性事实的证明一般采“损害自证”的原则，即以受害人残疾或死亡作为认定造成严重精神损害的标准，理由是在残疾和死亡的情况下，受害人及其家属所遭受的肉体疼痛和精神痛苦“不证自明”。笔者认为，这一主观推定的做法有失偏颇，残疾和死亡从本质上讲是对人的肉体和生命造成的损害，与精神损害显属不同类型的损害，没有证据证明“残疾或死亡”与严重的精神损害之间存在必然的联系，例如受害人听力受损，可能构成残疾，但并不一定会产生严重的精神损害。而在没有残疾的情况下，因伤害而导致的严重损害如精神错乱等也可能存在。因此，在证明是否存在严重的享乐或精神损害时，应当适用“损害待证”的客观性标准，即受害人须对具体的“严重”损害事实加以证明，如主张肉体疼痛与精神痛苦损害赔偿，必须证明有精神受损并伴随身体上受伤害之症状，这种症状包括剧烈的头痛、严重失眠、呕吐、自杀倾向、神经衰弱、严重精神障碍，等等；主张享乐损害赔偿，必须通过损害前后生活状况的对比，以证明不能自己行走、攀爬，不能再从事以前喜爱的运动，不能享受和家人在一起的快乐，等等。在因人身伤害而发生了残疾或死亡等严重伤害的情况下，则可以适当减轻受害人就精神或享乐损害严重性事实的证明责任。

（四）赔偿额的定量化

《最高人民法院关于人民法院赔偿委员会审理国家赔偿案件适用精神损害赔偿若干问题的意见》第7条虽然规定对“精神损害抚慰金”的具体数额应当根据“精神损害事实和严重后果的具体情节”等因素进行“综合酌定”，但同时明确了对“精神损害抚慰金”进行具体量化的原则，即“不超过依照国家赔偿法第三十三条、第三十四条所确定的人身自由赔偿金、生命健康赔偿金总额的百分之三十五，最低不少于一千元”。笔者认为，该规定对于享乐损害赔偿金数额的具体量化有重要的参考价值。但鉴于享乐损害赔偿金属于民事损害赔偿的范畴，与国家赔偿法规定的精神抚慰金有性质上的区别，因此，有必要对量化标准进行进一步的明确和调整。

1. 在赔偿金计算基数上，国家赔偿法第35条规定的生命健康赔偿金所对应的并非单指《侵权责任法》第16规定的死亡赔偿金和残疾赔偿金，而是该条所规定的全部物质性损害赔偿。因此，人身损害赔偿中的非物质损害赔偿金之计算基数应是:《侵权责任法》第16条规定的物质损害赔偿金。

2. 在赔偿金的计算比例上，目前司法实践已有大幅提高，① 但考虑到民事损害中非物质损害事实及类型的复杂性，该比例仍有上调的空间，笔者认为，最高限额上调至物质损害赔偿金的50%为宜。最低限额则应以物质损害赔偿金的10%为宜。

3. 在赔偿金的分类上，应当区分不同的非物质损害赔偿金，其中肉体疼痛与精神痛苦赔偿金与享乐损害赔偿金可以合并成一项，也可分别裁决，但总额不得超出法律规定的最高及最低限额。

（张兰　曾志红　湖南省高级人民法院）

---

① 根据笔者对1985年~2013年《最高人民法院公报》刊登之精神损害赔偿案例的统计，具体个案中精神损害赔偿金占总赔偿金总额仅为17%。

民事审判中精神损害抚慰金的适用

【司法精要】

目前我国民事审判实务中对于精神损害抚慰金的适用还存在着适用标准不统一、法官自由裁量权过大等问题，由此产生了公众因“案同判异”现象而对司法公信力心生疑惑的法治负向效应，并阻碍了我国精神性损害赔偿制度的进一步发展。其根源在于我国目前尚缺乏标准相对统一、便于操作的精神损害抚慰金适用的规范性制度，导致对于精神损害抚慰金的适用“无章可循”。参考国外关于精神性损害赔偿适用中的额度限定类立法规范，结合近年来在残疾赔偿金适用中所确立的梯级量化模式，本文提出了在涉及人身伤害的精神性损害赔偿案件中，可因地而异确立各省区的最高与最低精神损害抚慰金固定值标准，在此数值区间内，仿照现行残疾赔偿金适用的对等阶梯型的量化模式以具体适用精神损害抚慰金的应对策略，以期促进我国精神性损害赔偿制度健康发展。

精神损害抚慰金的适用，广泛存在于侵权类民事审判域。鉴于近年来某些个案审理中因精神损害抚慰金的适用所引发的重大争议，有必要在未来的审判实务中构建标准统一的精神损害抚慰金适用制度。①

一、问题的提出

（一）对74件道路交通事故案件的实证分析

以H市某基层法院2013年至今作出判决的74件道路交通事故案件为样本，按

① 近年来所发生的涉及精神性损害赔偿的典型案件较多，诸如：上海市女大学生钱某因被怀疑偷窃，遭商场保安脱裤检查。钱某提出精神损害赔偿金50万，一审判决赔偿精神损害25万，二审改判为1万元；晏某、郑某诉北京巴士股份有限公司等人身损害赔偿案，法院作出判决确定的精神损害赔偿数额为30万元，该数额创下国内新高。

本文写作目的进行分析归类，其中：1. 原告诉求中未包含精神损害抚慰金的案件为17件，占判决总数的33%。原告提出精神损害抚慰金请求的案件为57件，占判决总数的77%；2. 在诉请精神损害抚慰金的57起案件中，法院判决支持的案件为51件，认为不构成精神损害的为4件（主要指经鉴定未构成伤残的情形），认为构成精神损害但不支持该项赔偿请求的2件；3. 在法院判决支持精神损害抚慰金的51起案件中，受害人死亡的18件，其中受害人无过错的8件，精神损害抚慰金在30,000元至50,000元之间。受害人承担事故次要及以上过错责任的10件，精神损害抚慰金在5000元至30,000元之间；4. 经鉴定，受害人构成10级以上伤残的33件（部分案件受害人为多等级伤残，以下统计数据以鉴定结论中最高的等级为统计对象），其中构成3级伤残的3件，精神损害抚慰金均判决支持20,000元；构成4级伤残的2件，精神损害抚慰金在20,000元至30,000元之间；构成5级伤残的2件，精神损害抚慰金在2000元至10,000元之间；构成6级伤残的3件，精神损害抚慰金在5000元至20,000元之间；构成7级伤残的2件，精神损害抚慰金均支持8000元；构成8级伤残的2件，精神损害抚慰金在5000元至10,000元之间；构成9级伤残的3件，精神损害抚慰金在2000元至10,000元之间；构成10级伤残的16件，精神损害抚慰金在1300元至7000元之间。

通过分析上述统计数据可知，主要受到受害人在事故中的过错程度不同等因素的影响，导致对遭受同类性质身体伤害的事故受害人在精神损害抚慰金的适用上存在着明显的差异。结合同一时期当地其他基层法院精神损害抚慰金的适用情况，如除去地域差异、经济发展水平差异以及事故中受害人过错程度等考量因素，即使是同一地区法院甚至是同一法院内，部分同类性质的道路交通事故案件因审判人员的不同理解，也存在着精神损害抚慰金适用裁判尺度差异较大的现象。

横向对比上述案例的裁判结果，少数同类性质的裁判中，对精神损害抚慰金适用的结果差异较为明显。以受害人死亡的案件判决为例，在受害人均无过错的情形下，判决支持的精神损害抚慰金最高为50,000元，最低仅为30,000元，差值20,000元；而在受害人死亡但承担事故同等责任的情况下，有的个案判决所获支持的精神损害抚慰金为10,000元，而有的个案则能达到30,000元，差值亦为20,000元。同样是造成受害人死亡的后果，受害人无过错时所获支持精神损害抚慰金最低值为30,000元，而在受害人需承担同等过错责任的情形下，其所获精神损害抚慰金最高值亦达到30,000元，同性质个案裁判尺度上的差异较为明显。作为分析样本的其他道路交通事故案件，经横向比较亦不同程度存在着上述问题。

从法律自身的角度分析，现阶段审判实践中上述问题的产生似乎难以避免，在法律尚未统一精神损害抚慰金具体适用标准的背景下，让法官在如此大的自由考量空间内，同时背负“合法”与“合理”的双重责任，的确是有些勉为其难。法官自由裁量权被迫放大的情况下，法官个人的办案经验、法律价值观、对案件的主观认知等主观因素均会渗入到对精神损害抚慰金最终确定的价值评判中，由此造成法律价值认同上的差异自是必然。

（二）利益衡平的必然选择——对法官自由裁量权的合理性约束

法官自由裁量权从其诞生之始就争议不断。归纳而言，该争议的实质即法官个人的价值判断，可否作为法律认定的依据，其牵涉到裁判过程中法官个体所作出的主观价值判断，在裁量的标准及尺度上是否契合了裁判结果“适度”的公正法理。

法治的重要价值之一即法的利益平衡功能，对法官自由裁量权进行合理性限制也是基于实现利益平衡的内在要求。[①] 自由裁量的裁判形式虽在一定程度上弥合了制定法的立法与社会现实之间所存在着的“间隙”，在法治价值的构建过程中有其无可替代的功能定位，但之所以裁判者的自由裁量行为历来备受争议，原因也在于对于裁判者自由裁量行为的尺度及标准该如何拿捏，这本身就是一个主观之于客观的问题，缺乏具体化的评价依据就难以对其进行精准的价值评判。[②] 这是否意味着只要不违背法理原则，自由裁量行为可以任意而为，答案显然是否定的。在对缺乏法律规制的社会法律关系进行调整时，自由裁量行为亦应首要坚持“适度”原则，如不注重对“适度”的把握，或将导致审判权的“越位”，从而引发诉讼主体间利益的失衡问题。裁判者的自由裁量行为在缺乏有效规制时，其负向效应将会被放大，削弱甚至于抵消裁判权的正向效应。[③] 因此，对于法官自由裁量权应有所规制，具体措施应着力在立法及审判实践中压缩其适用的范围、统一规范其具体的适用标准。

---

① 张慧玲：“利益博弈视角下的立法听证分析”，暨南大学，2010年硕士学位论文。

② 曾世雄：《非财产上之损害赔偿》，三民书局1989年出版，第165页。

③ 张榕：《事实认定中的法官自由裁量权》，法律出版社2010年版，第22～25页。

精神损害抚慰金制度可理解为损益补偿的公平原则在司法审判领域的具体适用，其原始的立法目的即在于对受害人或其亲属所遭受到的精神性伤害通过物质化的形式进行补偿，以达到抚慰受害人的目的。① 对于因法官自由裁量权过大而导致精神损害抚慰金适用裁判结果差异明显的问题，单纯从现行法律层面上对其无可指责，因其并未超出法官自由裁量的权责范围。但因精神损害抚慰金适用所引发的裁判结果差异过大的负向裁判效应问题，我们无法回避。因此，对精神损害抚慰金适用中的自由裁量行为进行量化性限缩、定向性地限制其适用范围、统一其适用标准及裁判尺度显得尤为必要。②

（三）一种制度设计的样本选择——以道路交通事故案件为切入点的理由

首先，道路交通事故纠纷近年来已成为审判实践中最具代表性的人身侵权类民事案件。此类案件不但基数大，而且呈现于其中的人身侵权形式类型多样，具有典型性。

其次，道路交通事故案件中的精神损害抚慰金适用具有典型意义，以此类案件为切入点来探讨精神损害抚慰金的适用问题，便于正确把握研究的方向。绝大多数存在人身伤害现象的道路交通事故案件均会涉及请求精神损害抚慰金的问题，其中超过9成的裁判结果又最终会不同程度地支持受害人关于精神损害抚慰金的诉请。

最后，道路交通事故案件几乎涵盖了所有类型的身体伤害后果，对此类案件进行深入研析，便于把握好研究的广度，有利于深入挖掘其中所隐含的关于精神损害抚慰金适用的必要考量因素等关键性问题，探索规范化的法官自由裁量行为的机制与模式。

二、统一精神损害抚慰金适用标准的理论及现实可行性

（一）价值转换认定上的法律纠结

精神损害抚慰金是在受害人身体健康权或人格性权益受到侵害时，要求加害人对所遭受到的精神伤害给予经济上的适度补偿。③ 伴随着普通民众私权意识的逐渐增强，加强对精神性权益法制保障力度的呼声日渐高涨，但诸如“人肉搜索”一类

---

① 杨立新：《人身权法论》，人民法院出版社2006年版，第325~335页。

② 杨立新：《人身权法论》，人民法院出版社2006年版，第325~335页。

③ 王利明、杨立新编著：《侵权行为法》，法律出版社1998年版，第364页。

有关精神性权益保护的话题一再引发争论，表明我们在涉及精神权益的保护上，尚有诸多法制触及不到的空白点，使得前述事件中的当事人在自身精神性权益遭受侵害时，面临着缺乏法制救济渠道的尴尬处境。

目前，国内对于精神性权益的保护在理论研究、立法规范等多方面尚有诸多不足，未能形成系统完善的精神性权益保护法律规范体系，即便是已出台的法律规范亦存在所触及领域的深度及广度上覆盖面严重不足的问题，在很大程度上制约了精神性权益保护理论研究和司法实践的深入开展。

精神损害抚慰金的法律适用作为一种以金钱弥补精神所受伤害的法律救济途径，本身有其具体适用标准难于度量的特殊属性。受害人所遭受的精神性损失转换为从经济利益上予以弥补，这一过程缺乏精准的“度”作为评判的依据与理由，故对于受害人所遭受的精神性损失实难作出物质价值上的准确估值。[①] 加之受制于各地经济发展水平差异等多种外部因素的影响，导致关于统一精神损害抚慰金适用标准在国家层面上的相关立法尚无实质性进展。

（二）统一精神损害抚慰金适用标准在立法及审判实践层面均切实可行

如前所述，要在国家层面上统一精神损害抚慰金适用标准，目前仍面临着诸多困难，既要摆脱固有意识的束缚，又要在法制构建的过程中兼顾各方利益、综合考虑多方面外部环境因素的影响。但是为了维护司法权威，促进精神损害抚慰金赔偿制度规范化、精细化，统一精神损害抚慰金适用标准的法制构建工作势在必行。

以道路交通事故案件为例，目前审判实践中精神损害抚慰金适用的考量标准，归纳起来主要有下述几方面：

1. 受害人的受侵害后果。即事故造成受害人何种侵害后果，是死亡、伤残亦或是其他轻伤害，这应是个案适用精神损害抚慰金的基本参照标准。以身体所受伤害程度作为评价精神损害抚慰金适用额度的主要依据，符合精神损害抚慰金制度的立法初衷，也契合侵害与判罚相适度的民事侵权审判原理，可作为今后制定统一精神损害抚慰金适用标准的基础性评价方式。[②]

---

① 曾世雄：《非财产上之损害赔偿》，三民书局 1989 年版，第 165 页。

② 张妮：“精神损害赔偿的定量研究”，西南财经大学，2012 年博士学位论文。

2. 受害人自身是否存在过错，如有过错则过错参与度比例如何。道路交通事故案件中，伤者一方往往对于事故的发生亦存在不同程度的过错（结合交警部门所作的事故责任认定意见，审判实践中通常按无过错责任、次要责任、主要责任、全部责任四个层次进行区分），以受害人的过错参与度作为精神损害抚慰金适用的重要参考性依据，符合过失相抵的法理原则。①

3. 事故发生地的经济发展水平。目前，我国各地之间在精神损害抚慰金的适用额度上之所以差异较大，根本原因就在于经济发展水平不均衡。对于任何涉及利益均衡的法律规范而言，不同地域的经济发展水平差异都是一个绕不开的话题。由于现阶段我国经济发达地区、次发达地区与经济贫困地区的生产力发展水平差异较为明显，如采取一刀切的方式“统一”标准，实质上会造成另一种形式的裁判不公。②

4. 其他标准。目前道路交通事故案件中，审判人员对于精神损害抚慰金的最终确认，除主要依上述考量因素作为裁量依据外，以下因素也会对法官在确定精神损害抚慰金的适用结果方面形成影响，即：侵害人是否具有醉酒驾驶、肇事逃逸等严重违法行为，侵害人的赔付能力，事故伤者数量等，这些需要法官作出主观评价的因素掺杂进入并最终作为适用精神损害抚慰金的考量因素，其是否合理可谓见仁见智。③

分析上述精神损害抚慰金适用的考量因素，除第4项因更多涉及法官自由裁量权而难于统一外，其他各项均具备设定精神损害抚慰金适用统一标准的条件。以受害人身体所受侵害的后果等次为例，目前法律层面上，对身体所受伤害的损害后果类型已有清晰的界限划分，这就为未来制定标准统一的精神损害抚慰金适用制度奠定了基础。在制度创设上，以前述所列的必要考量因素为基本参照物，再结合部分地方审判机关近年来所先行探索的相关经验、做法，建构统一但有所区分的精神损害抚慰金适用制度，在理论及审判实践层面，目前均已具备现实可行的基础性条件。

---

① 关今华主编：《精神损害赔偿数额的确定与评算》，人民法院出版社2002年版，第244页。

② 张新宝、王增勤：“精神损害赔偿的几个问题”，载人民法院报2000年9月23日。

③ 卫晓宿：“论精神损害抚慰金的算定”，华东政法大学，2007年硕士毕业论文。

三、统一精神损害抚慰金适用标准的有效路径

（一）以国内外相关立法规范为借鉴

对于精神性损害赔偿标准的研究，国外早有开展，因法制理念、文化传统各异，使得各国的立法规范形式多样、运行模式亦不尽相同。概括而言，目前国外对于精神性损害赔偿的法律规范主要有以下两种形式：①

1. 额度限定类立法规范。即限定精神性损害赔偿金适用的最高额与最低额，如美国、日本的相关法律就有类似的规定，我国部分地方如山东、福建、安徽、陕西亦出台有类似的规范性法律文件。此类立法的优点是，一方面赋予法官一定的自由裁量权，同时又对此自由裁量行为进行有限的约束。不足则是，仅设置最低与最高值，具体适用的标准其实仍未得以明确，裁判中法官自由裁量的空间仍然过大。

2. 固定额度类立法。主要有固定赔偿总额或固定日赔偿额标准的方法，如英国、丹麦等国法律规范中就有此类规定。② 该方法的优点是简单明了、易于操作，只需要按照所造成的损害后果进行裁判。不足在于，未考虑受害人过错程度、地域差别、经济变动等因素对裁判结果应有的影响。

（二）探索创设符合国情的精神性损害赔偿制度

现阶段探索构建标准统一的精神损害抚慰金适用机制，即可借鉴国内外立法中的成功经验，又应对其有所取舍。我国国情较为特殊，一方面各地经济发展水平差异较大，如按照一个标准确立精神损害抚慰金适用额度，必然带来地区间在适用中的实质性利益失衡；另一方面，应考虑经济发展的变动因素大，设计的制度框架模式可以固定，但对数值标准应建立浮动机制予以适时调整，以此适应经济发展的动态变化。深入辨析精神损害抚慰金的特征及其适用规律，未来可尝试从下述方面逐步完善精神损害抚慰金适用制度的建构：

1. 确立精神损害抚慰金适用的考量标准

在总结各地审判实践经验的基础上，构建标准统一的精神损害抚慰金适用的制

---

① 李薇著：《日本机动车辆事故损害赔偿法律制度研究》，法律出版社 1997 年版，第 191 ~ 193 页。

② 张妮：“精神损害赔偿的定量研究”，西南财经大学，2012 年博士学位论文。

度规范，首先应在理念层面选择并确立精神损害抚慰金适用的考量因素。受害人的受侵害后果、受害人自身的过错程度、事故发生地的经济发展水平，这三大因素基本决定着个案中精神损害抚慰金适用的最终结果，应着重将该几大因素作为制度架构所考量的基本面。① 将上述因素作为考量构建统一的精神损害抚慰金适用标准的基本依据，切合精神损害抚慰金适用的内在属性及运行规律，亦有利于防止偏差、把握好制度构建的正确方向。至于侵害人是否存在主观故意、侵害人的赔付能力等不宜统一认定尺度的考量因素，可通过一定幅度的法官自由裁量行为对裁判结果进行相应的微幅调整，而不宜规定得过于琐细。

2. 依托于制度构建的载体，完善制度的创设

探讨统一精神损害抚慰金适用的标准，最终要解决的还是如何对精神性损害赔偿进行规范性量化的根本问题。笔者以为，现阶段探索量化精神性损害赔偿的具体操作模式，应注意结合我国国情，采取额度限定又兼顾地域区分、层级区分的综合性方式为适宜，理由在于：采取额度限定的方式，即对权利的运行有所管控，又保留了必要的自由灵活度；兼顾地域有别、层级有别，符合侵害与惩戒相“适度”的裁判原则，亦体现出法制规范的正当性、合理性。

可尝试仿照现行残疾赔偿金适用制度所确立的梯级量化模式进行制度创设上的探索：

具体可行性做法是：通过最高与最低额度限定的方式，依地域区分的原则，确立各省区有所区分的精神损害抚慰金最高固定值标准与最低固定值标准（当然，各地所制定的最高及最低固定值标准，亦应随着经济发展的变化，建立定期调整的机制）；同时在个案审理中，主要依据受侵害对象的受侵害后果、受侵害人自身存在过错的程度等评价因素，确定个案中精神损害抚慰金的实际赔偿额。

以道路交通事故案件为例，受害人的身体受侵害程度无外乎是死亡、十个等次的伤残亦或是尚未构成伤残的身体轻伤害。② 现阶段死亡赔偿金、残疾赔偿金的量化确定模式，其实已为精神损害抚慰金的规范适用提供了可供参考的操作模式，可

---

① 杨海霞：“精神损害赔偿制度中损害和赔偿的具体化研究”，西北师范大学，2012 年硕士学位论文。

② 其中如身体伤害未构成伤残的情形，目前审判实践中的一般做法是不予支持精神损害抚慰金的诉求，对此问题因争议较大，本文暂不涉及，可主要由法官自由裁量行为予以调整。

以借鉴之。在各省区所确立的最高精神损害抚慰金固定值与最低固定值标准的区间内，受害人死亡或伤残的，以死亡及一级伤残对应 100% 的最高固定值标准，而十级伤残则相应对应 10% 的最高固定值标准的方式阶梯式对等适用精神损害抚慰金，① 从而测算出个案中受害人或其亲属应获支持的精神损害抚慰金的具体额度。

3. 其他需要注意的问题

在精神损害抚慰金适用的具体操作中，要为法官自由裁量权的发挥留出必要空间。应注意的是，在固定值梯级适用的制度框架下，仍应坚持民事审判中过失相抵的原理，注意区分受害人自身是否存在过错的不同情形。可依照如受害人无过错责任则对应获赔 100% 的比例，受害人其他过错责任则依现阶段审判实践中通行的酌定比例原则确定受害人所获的实际赔偿额。此外，对于名誉权等人格性权益遭受侵害时如何适用精神损害抚慰金的问题，可依据受害人精神性权益受侵害的程度，在各地所确立的精神损害抚慰金固定值的最高与最低值区间内予以参照适用，其具体操作模式尚需在今后的司法实践中进一步加以细化、完善。

（谢忠迎　广西壮族自治区河池市金城江区人民法院）

① 举例而言如构成一级伤残对应 100% 比例，二级伤残则对应 90%，三级伤残对应 80%……，依此类推，十级伤残对应 10% 的比例。

数人侵权最终责任份额的分配规则

【司法精要】

《侵权责任法》第12条和第14条以“责任大小”“承担相应的责任”和“相应的赔偿数额”等用语确定了数人侵权中最终责任份额分配的大原则，但操作性不强。相关司法条文对该问题鲜有规定或规定不统一；经梳理近300份最高院公报案例与近200份生效判决书，总结出实践中的特点：法条规定简单、实务案例复杂，法定分配规则单一、判决适用规则多样，按份责任主动分配、连带责任回避适用。针对实践中存在的问题，为确保类案的公正审理，笔者认为，法官需遵循一定的思路、方法、规则确定侵权数人的最终责任份额。从程序正义看，最终责任份额分配具有程序正当性，分配规则具有程序效率，可从分配主体与分配对象两方面提供程序保障；在实体方面，应遵循的规则有：比例分担为原则、平均分担为补充，过错和原因力为主、其他归责因素为辅，被侵权人过错减轻侵权人最终责任份额等。

司法实践中，法官对如何确定数人侵权最终责任份额充满困惑，不同法官对同一案件、上下级法院对类案亦会观点悬殊。《侵权责任法》第12条[①]和第14条[②]以“责任大小”“承担相应的责任”和“相应的赔偿数额”等用语指明了数人侵权中最终责任份额分配的大原则，但在纷繁鲜活的司法实践中，“大原则”需要“小规则”与之呼应发挥应有价值。笔者认为，为确保类案裁判公正，应从司法条文和先

---

① 《侵权责任法》第12条规定，二人以上分别实施侵权行为造成同一损害，能够确定责任大小的，各自承担相应的责任；难以确定责任大小的，平均承担赔偿责任。

② 《侵权责任法》第14条第1款规定，连带责任人根据各自责任大小确定相应的赔偿数额；难以确定责任大小的，平均承担赔偿责任。

判案例中探索相对具有可操作性的规则，以更好地适用上述二项条款解决实践问题。

一、问题提出：两则案例引发的思考

案例一　赵某在婴知岛购物后，婴知岛员工为其送货。两人共同乘坐手扶电梯下楼，赵某靠左侧站立、将装物品的纸箱堆放在身前的电梯传动带上，婴知岛员工靠右侧站立、将堆满物品的购物篮放在身后的电梯传动带上，原告蒋某右手握电梯扶手站立于该购物篮之后。电梯行至出口时，赵某踢了纸箱没踢动，反被该纸箱绊倒，身后的婴知岛员工和购物篮被赵某及纸箱阻挡，导致购物篮中物品跌落在传动带上。这时蒋某到达出口，被前两人及跌落的物品阻挡躲闪不及，卷入扶手与防攀爬装置的空隙处挤伤，损失包括医疗费等数万元。蒋某 77 岁。法院判决蒋某自负 10% 的责任，赵某和婴知岛各承担 40% 的责任，手扶电梯的管理人某超市违反安全保障义务承担 10% 的责任。①

案例二　某晚 18 时左右，陈某邀蒋某、孙某和董某吃饭，四人共喝了四瓶一斤装的 38 度白酒。饭后陈某、孙某先后回家。当晚董某失踪，两天后在河道内发现其尸体、经公安机关鉴定，董某系溺亡、血液乙醇含量 1.78mg/ml。根据蒋某陈述和监控内容查实：事发当晚蒋某和董某走到沿河。董某说要下河游泳并脱下衣服、裤子和鞋子，接着便跳下去。蒋某发现董某沉下去又冒上来，便跳入河中寻找董某未果。蒋某上岸后，把董某的衣服扔进一条水沟里，但因害怕未报警。法院判决董某自负 50% 责任，蒋某承担 35% 责任，陈某作为召集人承担 10% 责任，孙某作为酒席的参与人，未劝阻他人过量饮酒承担 5% 责任。②

上述二则均是数人侵权案例，分析如下：案例一因有监控录像佐证，事实查明较清楚，法官认为各被告的行为对损害后果的责任大小能够确定，适用《侵权行为法》第 12 条分配了 1∶4∶4∶1 的最终责任份额。笔者认为判决不错，但仍有可值思考之处，所涉及的问题有：1. 法官分配最终责任份额时考虑的规则是什么，是

---

① 江苏省苏州市姑苏区人民法院（2013）姑苏民一初字第 1133 号民事判决书。

② 江苏省苏州市姑苏区人民法院（2013）姑苏民一初字第 0349 号民事判决书。

否有不同的分配结果？2. 违反安全保障义务承担的责任是否应为最终责任[①]；3.《侵权责任法》第12条与第14条怎样选择适用？

案例二是数人侵权中共同饮酒者承担责任比较极端的例子。蒋某亲眼目睹董某落水，隐匿董某衣物，事后未报警，他的责任大小应当依据何规则分析？死者董某本身亦为饮酒或醉酒状态是否减轻他人责任？共同饮酒的陈某、孙某承担最终责任的依据是什么？

数人侵权责任有外部责任和内部责任之分：外部责任是风险责任[②]，解决部分侵权人赔偿能力不足时，受偿不能风险分配给受害人亦或侵权人的问题；内部责任是最终责任，关系到纠纷能否最终解决即数个侵权人之间分配正义实现。第12条和第14条的不同之处在于风险责任是按份责任和连带责任的区分；相同之处在于均为法官分配最终责任留下口子，但未明确分配规则，操作性不强。司法实践中，越来越多的案件涉及数人侵权最终责任份额的分配，那么，法官分配最终责任份额的规则应是什么？受害人过错又怎样在侵权人的赔偿中剔除？下文将继续对此考察、分析和求解。

二、实践困局：7个司法条文和20个典型案例

（一）类型化统计

根据实践中功能的不同，笔者将最终责任份额的分配规则分为法律、司法解释，司法性文件，最高院公报案例，先判发改案例等四种来源类型。对每种类型中

---

① 最高院《关于审理人身损害赔偿案件适用法律若干问题的解释》（以下简称“《人身损害司法解释》”）第6条第2款规定：……安全保障义务人有过错的，应当在其能够防止或者制止损害的范围内承担相应的补充赔偿责任。安全保障义务人承担责任后，可以向第三人追偿……该项条款赋予安全保障义务人向第三人的追偿权，可见违反安全保障义务承担的责任不是最终责任。另有学者亦认为安全保障责任是一种补充责任，在其他行为人无力赔偿时承担，参见杨立新：“论不真正连带责任类型体系及规则”，载《当代法学》2012年第3期，第62页。笔者认为，案例一中法官判决超市承担的是最终责任，但并不应表述为超市安全保障义务的违反。法官的裁判思路实际上依循数人侵权最终责任分配规则的过错和原因力标准，应表述为“超市因对电梯停止按钮未设明显的标志，对损失扩大有过错而承担10%责任。”

② 本文语境中的风险责任是与最终责任相对应而言，表现为侵权人对受害人承担多于自身应承担的最终责任份额的赔偿或者受害人仅能要求侵权人承担按份责任，多出或不足赔偿部分面临的追偿或求偿不能风险。设计目的是立法政策在平衡侵权人与受害人利益中的选择。连带责任中风险由侵权人承担，按份责任中风险由受害人承担。

的分配规则遵循原文进行精炼列表，表1、表2和表3中设置了风险责任和分配规则参考项，表4中列出原审和终审的分配规则便于比较异同[①]。具体如下：

表1 法律、司法解释中的最终责任份额分配规则[②]

实施时间	文件名称	具体规定	风险责任	分配规则
2009年	《侵权责任法》	第12条 第14条	按份 连带	责任大小、承担相应的责任、相应的赔偿数额
2004年	《人身损害司法解释》	第3条 第2款	按份	过失大小或原因力比例
2002年	最高院《关于郑某与宽城满族自治县电力局、宽城满族自治县孛罗台乡孛罗台村等损害赔偿一案的复函》	主文	按份	原因（主要责任、相应责任、一定责任）

表2 司法性文件中的最终责任份额分配规则

实施时间	文件名称	具体规定	风险责任	分配规则
2010年	《江苏省高级人民法院侵权损害赔偿案件审理指南》	第3部分	连带	过错比例或原因力大小
2007年	《重庆市高级人民法院关于当前民事审判若干法律问题的指导意见》	第20条	按份	原因力大小
2005年	《山东省民事审判工作座谈会纪要》	第3部分 第1条	按份	过失程度及原因力大小
2003年	《河南省高级人民法院关于当前民事审判若干问题的指导意见》	第9条	按份	过错大小以及原因力比例

① 表1和表2中的分配规则来自法条的表述，表3和表4中的分配规则来自判决书的表述。

② 除表1列举的法条以外，尚有两部已经失效的司法解释对最终责任分担有所规定，分别是2001年施行的最高院《关于审理触电人身损害赔偿案件若干问题的解释》和1984年施行的最高院《关于贯彻执行民事政策法律若干问题的意见》，其风险责任均为按份责任，分配规则分别为“原因力（主要责任、相应责任）”和“过错（责任大小）”。虽然失效，但未超出实践反思的范畴且对本文分配规则的构建仍有借鉴意义。

表3 最高院公报案例中的最终责任份额分配规则

案件名称	判决结果	判决理由	风险责任	分配规则
张春英财产损害赔偿案①	杨桃和新疆证券有限责任公司连带，工行昌吉州分行与二者部分连带	虽无共同的故意或过失，但过失行为与故意行为直接结合	连带 部分连带	过错
范茂生人身损害赔偿案②	范茂生：电信局 = 60%：40%	酒后驾车，产权单位明知有安全隐患怠于履行义务	按份	过错程度及原因力大小
吴文景人身损害赔偿案③	康辉旅行社（代导游）：牛姆林公司（代导游 + 自身） = 10%：（10% +80%）	不顾天气恶劣冒险带入林区，马尾松管理不善，救助不力	按份 部分连带	过失大小或原因力比例
厦门市粉末冶金商业秘密侵权案④	陈昆西：陈孟宗：横竹厂 = 40%：40%：20%	商业秘密擅用	连带	未明确

表4 先判发改案例⑤中的最终责任份额分配规则

案例名称	侵权数人	原审最终份额（%）	终审最终份额（%）	原审分配规则	终审分配规则
冯甲装修漏电案⑥	冯甲：蔡某：物业公司	20:80:0	20:55:25	未明确	各自过错程度

---

① 载《最高人民法院公报》2013年第2期。

② 载《最高人民法院公报》2011年第11期。

③ 载《最高人民法院公报》2006年第6期。

④ 载《最高人民法院公报》1995年第1期。

⑤ 表4中16个发改案例来自笔者对近200份侵权判决书的阅读梳理，从中摘选出改判、涉数人侵权、改判理由为最终份额比例分配不同的判决书辑录入表。目的是直观比较司法实践中两级法院对分配规则认识的异同，尤其关注上级法院作为改判理由的“新规则”。

⑥ 浙江省湖州市中级人民法院（2013）浙湖民终字第356号民事判决书。

续表

彭某工地受伤案①	彭某：建筑公司：（杨某+黄某+赵某）：张某	15：50：25（连带）：10	20：30：40（连带）：10	全案事实、过错程度、酌情	全案事实、过错程度、公平原则、酌情（无新事实、新理由）
孔某礼花炸伤案②	烟花制造公司：（批发者刘某+零售者孙某）：燃放者赵某	100:0:0	0:90（连带）:10	过错	过错（不具资质、未尽注意义务）
卢某受雇建房致伤案③	操作员范某：雇佣者吴某	70:30	50:50	过失大小、原因力比例	过错（选任过失）、原因
赵某旅行意外伤害致死案④	赵某：（开心旅社+龙辉旅社）：八里沟景区	20:40:40	20：（20：20连带）:40	过错	过错且内部责任应当区分
王某乘摩托车摔伤案⑤	王某：孙某：县公路管理局	20：30：20（原告放弃向单位索赔，固总计不足100%）	20:20:20	过错大小、实际情况	过错大小、实际情况
苏某劝架受伤案⑥	李某:伍某	90:10	50:50	过错原因	证据、过错（无新证据）

① 湖南省永州市中级人民法院（2013）永中法民二终字第200号民事判决书。
② 江苏省南京市中级人民法院（2013）宁民终字第1402号民事判决书。
③ 河南省新乡市中级人民法院（2013）新中民一终字第352号民事判决书。
④ 河南省濮阳市中级人民法院（2013）濮中法民开终字第116号民事判决书。
⑤ 河南省南阳市中级人民法院（2013）南民一终字第248号民事判决书。
⑥ 湖南省邵阳市中级人民法院（2013）邵中民一终字第51号民事判决书。

续表

徐某打架受伤案①	徐某：（余某+赵某）	40:60	20:80	过错、原因力	过错（上门寻衅、过错较大）、原因力
陈某受雇受伤案②	陈某：雇主王某	90:10	50:50	过错程度	公平合理原则
彭某液化气泄露烧伤案③	生产者公司：灌装者液化气站：销售者唐某：使用者罗某	60:35:2.5:2.5	80:15:2.5:2.5	原因力	证据、公平、原因力
欧阳某溺水死亡案④	（父欧阳某+母罗某）：管理人土地储备公司	90:10	70:30	原因力、过错	过错
曾某洗澡中毒案⑤	曾某：房屋承租人胡某：房屋出租人	50:30:20	30:50:20	过错	过错（承租人造成重大安全隐患）
许某烟花炸伤案⑥	燃放者庄某：爆竹公司	20:80	0:100	未明确	过错
杨某液化气泄漏烧伤案⑦	杨某：百江公司	80:20	40:60	过错	过错（应对燃气经营企业课以更高的安全管理责任）

① 浙江省衢州市中级人民法院（2013）浙衢民终字第47号民事判决书。
② 广东省广州市中级人民法院（2013）穗中法民一终字第4979号民事判决书。
③ 河南省濮阳市中级人民法院（2013）濮中法民一终字第29号民事判决书。
④ 福建省厦门市中级人民法院（2013）厦民终字第46号民事判决书。
⑤ 广东省东莞市中级人民法院（2012）东中法民一终字第1267号民事判决书。
⑥ 河南省市南阳市级人民法院（2012）南民一终字第575号民事判决书。
⑦ 江苏省南京市中级人民法院（2012）宁民终字第1296号民事判决书。

续表

潘某石灰池烧伤案①	潘某父母:(承租人刘某+施工人刘某某):出租人胡某	20:70(连带):10	20:45:25:10	原因	受益大小、酌情
卢某烟花炸伤案②	生产者鞭炮厂:消费者姚某:销售者涂某:销售者刘某	40:40:10:10	25:25:25:25	公平原则、过错	平均(不能查明烟花意外爆炸的原因)

(二)实证性分析

综合分析上表，可发现司法实践中最终责任份额的分配存在以下问题:

1. 法条规定简单，实务案例复杂

首先，涉及最终责任份额分配的法条数量少且以司法解释为主。目前较为清晰列举分配规则的为2004年《人身损害司法解释》，上位阶作为法律的《民法通则》没有具体规定，2009年《侵权责任法》亦未见补充规定。其次，实务案例数量多且复杂。随着社会发展和民事主体之间接触频繁，法院受理的数人侵权造成财损或者人损的案件数量居高不下，且案发经过查实困难：涉及主体往往三人以上、需要法官依职权调查取证的情况多、书证少人证多等。从表4的判决书中看出，无论一审还是二审，“审理查明”还原事发经过均用了较长的篇幅，“改判理由”有的也是抓住一审忽视或未查透的事实点。

2. 法定分配规则单一，判决适用规则多样

适用《侵权责任法》第12条和第14条判决侵权人承担“相应的责任”或“相应的赔偿数额”的依据是“责任大小”，那么法官认定“责任大小”依据的规则又是什么？如何适用？这点在实践中至关重要。在表1和表2中，司法解释确定的分配规则有“过错”，有“原因力”，有兼而有之，而在表3和表4中法官判决最终责任份额时适用的规则有的为一项，有的为两项，有的未说明，还有的适用了

① 湖南省岳阳市中级人民法院(2012)岳中民一终字第57号民事判决书。

② 湖南省益阳市中级人民法院(2011)益法民一终字第381号民事判决书。

“全案事实”“实际情况”“公平合理”“收益”等所谓“新规则”，且“新规则”成为上级法院改判下级法院案件的理由。如在“彭某工地受伤案”中，二审法院查明事实与一审法院一致，无新事实和新理由，依据“公平原则”重新分配了最终责任。笔者认为，对于大多数案件而言，一审判决并不一定错误、二审改判也有其道理，重要之处不在于个案认定的责任比例是多少，而在于法官寻求份额时遵循的分配规则能否既定、统一、内涵明确、具有可操作性，进而确保类案裁判公正。

3. 按份责任主动分配，连带责任回避适用

由表3和表4可见，当风险责任为按份责任时，判决往往主动分配最终责任份额；当风险责任为连带责任时，最终责任份额论及较少。根据笔者统计，从1985年《最高人民法院公报》创刊到2013年底，共公布了约300个侵权类案例①，其中判决承担连带责任的28份判决书中，仅有“厦门市粉末冶金商业秘密侵权案”和“张春英财产损害赔偿案”对连带责任的最终责任份额做出明确规定，其余26份判决书回避了对内部责任份额的分配。在表4的16个发改案例中，仅有“赵某旅行意外伤害致死案”对连带责任的内部责任份额做出分配，且上级法院正是以下级法院未分配内部责任份额为由改判。笔者认为，法官判决按份责任时对外部责任必然要按份区分，倒逼分配了责任份额，同时适用《侵权责任法》第12条；但法官判决连带责任时，往往不倾向适用《侵权责任法》第14条，而是适用《侵权责任法》第11条或第13条为止。究其缘由，一是法律没有强制性规定判决连带责任时必须同时确定内部的最终责任份额，二是《侵权责任法》第14条的“责任大小”实难操作，法官一旦认定改判风险较大。

三、建构求解：程序正义与实体规则

笔者认为，司法实践中如何适用《侵权责任法》第12条和第14条，应从程序和实体两方面厘清思路、建构求解。

---

① 数据来源“北大法宝”的“《最高人民法院公报》案例库”，访问时间：2014年8月21日。

（一）程序正义

1. 最终责任分配的程序正当性

正当性基础指依据侵权法承担责任的基础，它论证了侵权法的正当性，也引导着侵权法条文的解释、适用和补充。① 亚里士多德在论述侵权法哲学的正义理论时首先提出，公正就是守法和平等，不公正就是违法和不平等。② 公正范畴有两种类型：一类是在民事交往中起矫正作用的公正，即矫正正义，当民事主体的法益受到侵犯时回复、填平和补偿；一类是金钱、其他财产、名誉的分配，称为分配正义，对赔偿份额这种不利益的分配正是分配正义的实现过程。笔者认为，分配规则的确定由分配正义实现了矫正正义，保护了民事主体的权利和自由。

2. 分配规则的程序效率

第一，一般两诉合并较两诉分离审理更效率。《侵权责任法》第 14 条将其草案第 14 条第 1 款的“连带责任人承担连带责任后”删去，全国人大法工委给出的解释是利于将侵权之诉与连带责任人之间的份额分担之诉合并解决，保障被侵权人的利益、简化程序、减少成本、提高效率。③ 第二，避免了受害人的多重受偿且提供追偿请求权和分摊请求权④依据。第三，最终责任份额确定不影响受害人损害赔偿。当数个侵权人均具有充分赔偿能力时，最终责任份额的确定对受害人损害赔偿没有影响；当部分侵权人赔偿能力不足时，受害人的损害赔偿由风险责任担保。

3. 分配规则的程序保障

一是分配主体方面。法官应将全体侵权人作为整体考虑，对原告有释明追加被告或第三人的义务，对被告也有释明追加其他侵权人为第三人的义务。二是分配对象方面。分配对象不是财富和利益，主要是赔偿责任、受偿不能风险和程序负担等不利益。

---

① See Alan Calnan, Justice and Tort Law, Durham, North Carolina; Carolina Academic Press, 1997, p. 5.

② 亚里士多德著，廖申白译注：《尼各马可伦理学》，商务印书馆 2005 年版，第 128～129 页。

③ 王胜明：《中华人民共和国侵权责任法解读》，中国法制出版社 2010 年版，第 64 页。

④ 分摊请求权与追偿请求权内涵不同，前者诉求的是受偿不能风险在侵权人之间再分配，目的是不将受偿不能风险分配到某一个侵权人头上；后者是前者的一个实现过程，后者的行使离不开前者比例的确定。参见王竹：《侵权责任分担论》，中国人民大学出版社 2009 年版，第 206－208 页。

（二）实体规则

1. 比例分担为原则，平均分担为补充

法条解释可从文义解释入手，做到遵从法律的内在体系，保持法的价值衡量。《侵权责任法》第12条和第14条均规定了法官确定各侵权人责任份额时应先依据其“责任大小”，穷尽司法手段不能确定责任大小时再判定平均赔偿，从而确立了现代侵权法比例分担与平均分担的主从关系。此外，国外立法还规定法官应遵从当事人之间关于责任分配的约定。我国法律虽然未做此规定，但根据“法无明文禁止即可行”的法理，我国法官亦应遵循以下三步骤：第一，责任人在事前或者事后对责任分配达成一致，法官遵从其约定；第二，依据分配规则确定最终责任份额；第三，平均分担赔偿责任。

2. 过错和原因力为主，其他归责因素为辅

最终责任份额分配首先要考虑的是过错、原因力[①]规则，其次还有其他因素。比较法上，《美国第三次侵权法重述》第8条规定即是我国理论和实践中的过错和原因力，如下规则可供参考：一是行为的性质，包括行为人对行为造成后果的认识或者漠视，以及期望或者放任的心理意图；二是行为与损害之间的因果关系的强度。[②]

（1）责任与过错相等

侵权司法最理想和公平状态即是“责任与过错相等”[③]，其法理依据根源于分配正义，实践依据是当事人对于最终责任分担的公平感受。王泽鉴教授也力主依照过错的大小确定责任份额。[④] 笔者认为，按照过错分配最终责任份额时关键是寻找确定侵权人之间责任大小的方法，确定过错的量化比例。不论最高院公报案例还是

---

① 学者意将“过错和原因力”规则写入《侵权责任法》司法解释，见杨立新教授组织编写的《侵权责任法司法解释草案建议稿》（讨论稿，2010年6月30日），第20条规定“确定侵权责任法第14条规定的‘各自责任大小’，应当根据各连带责任人的过错程度和行为的原因力大小综合判断；无法判断过错程度或原因力不可分的，平均分担责任。但法律另有规定或当事人另有约定的除外。”

② Restatement (Third) of Torts: Apportionment of Liability, 2000. § 8 Factors for Assigning Shares of Responsibility Comment; c. Factors in assigning shares of responsibility.

③ See Hoffman v. Jones, 280 So. 2d 431, 436 (Fla. 1973).

④ 王泽鉴：《民法学说与判例研究（三）》，中国政法大学出版社2005年版，第65页。

先判发改案例，有说服力的裁判莫过于抓紧过错的主线，条分缕析地查明过错、陈列过错、比较过错的大小进而确定最终责任份额。

尽管过错内涵存在主观说、客观说和综合说的理论争议，但学说指导实践必须具有可操作性。第一，明确过错的效力等级。效力等级从大至小依次是故意、重大过失、一般过失、轻过失。第二，明确过失种类。一是疏忽大意的过失，二是过于自信的过失。第三，"注意义务"的检验。法官判断过错时会选定参照，即一般人的"注意义务"。笔者认为，"注意义务"的范围会有特殊性和变化，当数人间行为相互影响较大时，当事人应当以超出一般人的义务来注意自己行为对他人的影响，如开篇案例二中共同喝酒人之间的"注意义务"。英美法系于此创设了经典的"邻人检验标准"①。

（2）责任与原因力强度正相关

原因力是指在导致损害后果的发生或扩大的所有原因中，每一个行为发挥的比较作用力。② 原因力越大，行为人行为导致损害后果的"贡献"率越大，行为人要承担的责任越大。③

实践中可以先确定原因力量化的计算标准，不同原因力对应不同的比例额，比如，主要原因是对损害结果的发生起关键作用的原因，次要原因是起辅助作用的原因，通常情况下二者对损害后果"贡献"的比例介于80%与20%或70%与30%之间；而同等原因是50%与50%，有特殊情形可以上浮5%到10%。

法官依据过错和原因力规则确定最终责任时，"平均加权法"④ 是经典的做法，操作性较强，具体步骤如下：第一，将责任整体确定为100%；第二，依照上述过错效力等级，确定行为人过错对损害后果影响的百分比；第三，依照上述原因力的比例，确定行为人原因力对损害后果影响的百分比；第四，将第二步所得过错百分比与第三步所得原因力百分比相加之和除2，以此确定该侵权人的责任份额，依此方法类推其余侵权人的份额。一般最终份额和是100%，在被侵权人过错减轻侵权

---

① 邻人检验标准，即你不得侵害当你从事该行为时，可预见到会因该行为而受到密切而直接影响的人。Donoghue v. Stenenson (1932), A. C. at 580.

② 杨立新：《侵权法论》，人民法院出版社2012年版，第247页。张新宝、明俊："侵权法上的原因力理论研究"，载《中国法学》2005年第2期，第98页。

③ Restatement (Third) of Torts: Apportionment of Liability &8. (2000).

④ 王利明、杨立新：《侵权行为法》，法律出版社1996年版，第198页。

人责任的情况下，再相应扣除其自负部分。下面，笔者适用“平均加权法”对开篇所述案例一的最终责任份额分配具体分析：

表5 适用“平均加权法”确定案例一的最终责任份额

步骤	求比与加权	赵某（%）	婴知岛（%）	超市（%）	合计（%）
1	整体责任拟定	?	?	?	100
2	过错比例	65	30	5	100
3	原因力比例	45	50	5	100
4	相加和除2	50	40	10	100
5	乘90%（扣除蒋某自己负担的10%）	45	36	9	90
6	最终责任比例	45	36	9	90

（3）其他因素的影响

虽然过错和原因力是基本分配规则，但法官在判决中另有“综合具体案情”“根据实际情况”“依据公平合理原则”等表述。这些术语是法官行使自由裁量权前的惯用术语，从文义似乎看不出法官的思维推导过程，但当上级法院增加考虑上述因素改判下级法院案件时，是否符合适法一致性和类案公正的要求？如“潘某石灰池烧伤案”，上级法院新考虑了“受益大小”规则而改判。笔者认为，法官考虑其他因素并无不可，但两级法院均应参考，以实现法的既定和统一，且此类因素并不应成为改判的主要理由。这些因素包括保险有无及比例、经济状况、负担能力、非法受益等。此外，危险责任情况下“过错”标准不妨理解为“可责难性”，如德国法规定法官应考虑运营风险，具体如速度、重量、车辆大小等因素以分配交通事故案件中的最终责任份额。①

3. 被侵权人过错减轻侵权人最终责任

依据“不得以自己过失所生之损害，转嫁与他人”② 的原则，在分配最终责任份额时，被侵权人的过错可以减轻侵权一方的赔偿责任，该原则适用于各种侵权责任类型。考察英美法系司法实践，被侵权人过错减轻侵权人责任的区间一般是25%

---

① 迪特尔·梅迪库斯：《德国债法总论》，杜景林、卢谌译，法律出版社2003年版，第521页。

② 史尚宽：《债法总论》，中国政法大学出版社2000年版，第303页。

至75%，其次是10%至25%和75%至90%，少有小于5%或高于90%。[①] 我国《民法通则》第131条和《侵权责任法》第26条对此亦有规定，适用《侵权责任法》第12条和14条前不妨先排除该部分责任。值得注意的是，法律明确规定仅有受害人过错可减轻侵权人责任，受害人自身体质等原因力一般不成为减轻侵权责任的法定理由。[②]

（杜娟　江苏省苏州市姑苏区人民法院）

人身损害赔偿标准中“上一年度”条款的适用

【司法精要】

“上一年度”是最高人民法院在《关于审理人身损害赔偿案件适用法律若干问题的解释》中规定的赔偿费用计算标准之一。由于它衡量和左右着当事人所诉求的误工费、丧葬费、残疾赔偿金、死亡赔偿金等与当事人切身利益息息相关费用的多少，因此，这个标准成为当事人之间日益激烈的争议焦点。但囿于最高人民法院在上述司法解释中并没有对这一标准的适用作出精细化的规定，因此，审判实践中法官围绕“上一年度”标准的理解和适用也存在着与当事人之间同样的争议：有人认为这里的“上一年度”标准是指“实然”状态的适用，有人认为这里的“上一年度”标准是指“应然”状态的适用。本文从关于“上一年度”标准适用的“实然”与“应然”之间的关系着眼，对此“上一年度”标准适用的可塑性进行了全面探讨，从而为消除司法实务中“同案不同判”现象提供参考。

---

① 克里斯蒂安·冯·巴尔：《欧洲比较侵权行为法》，焦美华译，张新宝校，法律出版社2005版，第612页，注释270。

② “荣宝英诉王阳、永诚财产保险股份有限公司江阴支公司机动车交通事故责任纠纷案”，最高人民法院指导案例第24号，2014年1月26日发布。

2003年12月，最高人民法院《关于审理人身损害赔偿案件适用法律若干问题的解释》（以下简称《人赔解释》）的施行，使这类案件的审理和裁判有了一个较为统一的依据。然而，面对纷繁复杂的社会情境，该解释表现出诸多不确定性，其条文中屡屡提及的人身损害赔偿标准“上一年度”[①] 的适用，便是一个较为突出的问题。

一、实务困惑：“上一年度”条款的适用存在弹性空间

（一）问题提出：两则“同案不同判”案例引发的思考

【案例一】2010年9月，原告张某某、戴某某因其子张某伟触电死亡（张某伟驾驶挖掘机搭乘陈某平板运输车行进过程中，因挖掘机勾住电线导致触电）而向Q区法院提起诉讼，要求陈某等被告按上一年度即2009年度城镇居民人均可支配收入标准赔偿死亡赔偿金等各项费用。Q区法院经审理于2011年3月按2009年度城镇居民人均可支配收入标准计算相关费用后作出一审判决，判决由被告陈某承担50%赔偿责任。后陈某不服上诉，H中院二审认为该一审事实不清，遂裁定将案件发回重审。2012年5月，该案重审期间，原告变更诉讼请求，要求各被告按重审时上一年度即2011年度城镇居民人均可支配收入标准重新计算并赔偿死亡赔偿金等各项费用。被告陈某等对原告变更的诉讼请求予以拒绝并辩称：重审案件仍应适用原审案件审理时上一年度即2009年度的赔偿标准。Q区法院重审后认为：根据

---

① 《人赔解释》涉及上一年度的规定主要有：1. 误工费：受害人不能举证证明其最近三年平均收入状况的，可以参照受诉法院所在地相同或者相近行业上一年度职工的平均工资计算（第二十条第三款）；2. 残疾赔偿金：根据受害人丧失劳动能力程度或者伤残等级，按照受诉法院所在地上一年度城镇居民人均可支配收入或者农村居民人均纯收入标准，自定残之日起按二十年计算（第二十五条第一款）；3 丧葬费：按照受诉法院所在地上一年度职工月平均工资标准，以六个月总额计算（第二十七条）；4. 被扶养人生活费：根据扶养人丧失劳动能力程度，按照受诉法院所在地上一年度城镇居民人均消费性支出和农村居民人均年生活消费支出标准计算（第二十八条）；5. 死亡赔偿金：按照受诉法院所在地上一年度城镇居民人均可支配收入或者农村居民人均纯收入标准，按二十年计算（第二十九条）；6. 本解释所称“城镇居民人均可支配收入”“农村居民人均纯收入”“城镇居民人均消费性支出”“农村居民人均年生活消费支出”“职工平均工资”，按照政府统计部门公布的各省、自治区、直辖市以及经济特区和计划单列市上一年度相关统计数据确定。‘上一年度’，是指一审法庭辩论终结时的上一统计年度（第三十五条）。

《人赔解释》第三十五条关于"'上一年度'，是指一审法庭辩论终结时的上一统计年度"的规定，本案虽系发回重审案件，但适用的审判程序仍是一审法律程序，故原告主张按重审时上一年度即2011年度城镇居民人均可支配收入标准计算相关费用不违反规定，遂判决支持了原告的变更请求。被告陈某等不服再行上诉，H中院二审认为Q区法院重审适用法律正确，遂作出维持原判的终审判决。

【案例二】原告李某与被告齐某一家因宅基地地界纠纷而发生打斗，原告在打斗中受伤致残。2011年10月，原告向S县法院提起诉讼，要求被告齐某按2010年度农村居民人均纯收入标准赔偿残疾赔偿金等各项费用。S县法院经审理于2012年4月按2010年度农村居民人均纯收入标准计算相关费用并判决由被告齐某承担70%赔偿责任。齐某不服上诉，该案被Y中院以遗漏当事人而发回重审。案件重审期间，原告及其代理人以重审立案已经是2012年6月，根据相关司法解释规定"上一年度"应是2011年为由，主张以2011年度农村居民人均纯收入标准重新计算相关费用并判决由被告赔偿。S县法院重审后认为：《人赔解释》第三十五条明确规定"上一年度"是指"一审"法庭辩论终结时的上一统计年度，而非"重审"法庭辩论终结时的上一统计年度，故原告要求按重审时上一年度标准重新计算相关费用的主张法律依据不足，遂作出不予支持该变更主张的重审判决。重审判决后，原、被告均未上诉，判决发生法律效力。

上述两则案例的法律适用前提条件基本相同，然而两个法院却"对相似的法律事实作出了大相径庭的裁判"①。从两个法院的裁判理由看，一个似乎是法官灵活适用司法解释，追求实质公平正义的结果；一个似乎是法官严格依法办案，恪守"法无明文规定不为法"司法原则的结果。因此，从客观上来说，好像难以对它们作出一个谁对谁错的判断；但无论如何，人民法院的司法公信力是不可能通过这种"同案不同判"得到人民群众认同的。这就带来一个问题：司法实务中到底怎样才能准确把握该"上一年度"规定的司法内涵和正确适用该条款呢？

（二）两难选择：应然与实然的矛盾与冲突

亚里士多德说过："我们一直在追求法律的应然，但是我们得到的却是法律的

① 江必新："切实让人民群众在每一个司法案件中都感受到公平正义"，载《人民法院报》2013年5月29日第5版。

实然”。所谓应然，通常是指在相应条件下事物应当具有或达到的状态；所谓实然，则是事物客观存在的实际状况。一般来说，实然作为事物的现实样态，总是与应然之间或多或少存在着某些偏差。从上述两个案例所涉及的《人赔解释》第三十五条所规定的情况看，规则的制定者将“一审法庭辩论终结时”设定为“上一年度”的衡量基点时，无疑是基于对正常案件的应然情形判断认为不会产生什么异议；但事实情况是，审判实践中不仅存在着正常情形下的一审案件，而且还存在着发回重审等特殊情形下的一审案件；从而形成司法条文所规定应然情形与审判实践中实然样态的矛盾与冲突，并最终导致审判实务中出现仁者见仁、智者见智的司法效果。

再者，这种应然情形与实然样态的矛盾不仅在“上一年度”条款时间衡量基点“一审法庭辩论终结时”中存在，就是“上一年度”本身的确定也同样存在着这样的矛盾：因为《人赔解释》第三十五条规定“‘上一年度’，是指一审法庭辩论终结时的上一统计年度”，由此，法官对赔偿费用进行计算时应然方法是以上一统计年度的数据作为参数，但审判实践中的实然状态却是有不少案件在一审法庭辩论终结时政府统计部门尚未公布相对应的上一统计年度数据，从而造成了应然与实然之间脱节。上述种种矛盾与冲突的存在，表明“上一年度”条款的适用客观上存在着较大的弹性空间，使得法官适用该条款时往往陷入两难的境地。

二、属性思辨：“上一年度”条款适用的可塑性分析

司法规定存在一些不圆满在所难免，从其属性来说，应当归入“规范漏洞”① 的范畴。面对《人赔解释》由于漏洞留下的司法弹性空间，我们不能指望每一个矛盾或冲突都以新解释或立法的出台来改进、弥补或完善，因为，这既不现实，也不经济。“司法权作为司法机关代表国家所行使的一种判断权，它是国家在引导一定社会秩序形成过程中最具有决定性的力量，一切外在的社会冲突与社会矛盾都可以

① 法律漏洞存在如下种类或类型：（1）规范漏洞，即某个规范是不完整的或者不清楚的；（2）法律漏洞，即从立法者的规整计划来看，在法律中缺少对某类规整对象的必要规则；（3）冲突漏洞，即若某个法律的两条规则可能涵摄同一事实，并且因此导致相反的法律效果；（4）法漏洞或领域漏洞，即法律对某一生活领域完全没有作出规定，而这一领域根据法律往来的结果和法律共同体的期待必须在法律上有所规定。参见王纳新：“论司法裁判中的法律发现”，载 http://hubeigy. chinacourt. org，于 2014 年 6 月 6 日访问。

通过司法裁判的方式得以最终解决”[1]，所以，我们应当而且必须考虑的是，如何在现有的司法框架内合理、合法地灵动适用既定的规则来应对复杂多变的社会形势，来解决应然与实然之间的矛盾与冲突。因此，我们有必要对“上一年度”这一人身损害赔偿计算标准的可塑性进行研究和思考。

（一）“上一年度”推算时间基点的可塑性

1. 一般案件推算时间基点的变数

从上述两则案例所反映出来的问题可以看出，一般人身损害赔偿案件推算“上一年度”是以“一审法庭辩论终结”为时点来衡量和确定的。对照此规定，如果一个案件只进行一次庭审，那么“一审法庭辩论终结”时点是显而易见和确定的；但由于审判实务中有很多一审案件并不能够做到“一庭结案”，特别是一些法官在前次庭审中已经宣布法庭辩论终结后，由于制作裁判文书时又发现有重要的案件事实尚未能查清、疏漏或证据质证不够深入，便往往再行启动庭审和法庭辩论程序，这就会形成多个“一审法庭辩论终结”时点。因此，对于多次庭审，多次进行法庭辩论程序的案件，“一审法庭辩论终结”这一时点则变得不确定，增加了衡量变数。

2. 特殊案件推算时间基点的变数

二审法院对一审法院的民事上诉案件依法作出发回重审的裁定后，原一审法院须另行组成合议庭对该案件进行重新审理。根据法律规定，一审法院重审案件时适用一审程序，故重审案件同样存在一个“一审法庭辩论终结”时点。那么，在对重审案件裁判时是依原审时“一审法庭辩论终结”时点还是重审时“一审法庭辩论终结”时点来确定“上一年度”的推算基点呢？对这个问题，《人赔解释》没有给出一个确切的答案。审判实践中，有人主张适用原审的时点，认为“一审法庭辩论终结”时点在原审已经确定，不存在重新选择的问题；有人主张适用重审的时点，认为重审就是重新再来，包括重新选择“一审法庭辩论终结”时点。这两种观点在不同地区法院的裁判中均有一定的反映，呈现出司法尺度不一的态势，如上述两个“同案不同判”之案例。

司法解释规定的空白表明，“一审法庭辩论终结”时点存在着可塑性

---

① 贺小荣：“论当前中国司法改革的价值取向及路径选择”，载 http：// www. 110. com，于 2014 年 6 月 26 日访问。

（二）“上一年度”推算统计数据的可塑性

根据《人赔解释》第三十五条规定：“本解释所称‘城镇居民人均可支配收入’……按照政府统计部门公布的各省、自治区、直辖市以及经济特区和计划单列市上一年度相关统计数据确定”。由于各省、自治区、直辖市以及经济特区和计划单列市上一年度相关统计数据的汇总、形成通常需要一定的时间，难以在新年伊始即确定和公布出来。从各地的实际情况看，上一年度的统计数据通常都要延迟至本年度3、4月份甚至更迟的时间才能向社会公开，而各地高级人民法院再据此发文通知辖区内下级法院适用的时间则往往还要后延。这就带来一个问题：如果一个案件一审辩论终结时自然年度已是新的一年，而该自然年度的上一年度的统计数据尚未公布，那么法官裁判时应当如何确定适用上一年度的基准就变成了争议的焦点。司法实务中对此同样存在相当大的争议，而司法解释显然没有细化到如此程度，从而年度数据的适用也有了一定的柔性空间，故“上一年度”推算统计数据也存在着可塑性。

三、裁量之度：“上一年度”条款可塑性适用的衡量原则与技术抉择

著名的立法学家波尔塔利斯认为：“裁判法官面对很多法律没有规定的事项是必然的。在这种场合，应允许裁判法官有根据正义、良知的睿智光辉补充法律的权能”。[①] 即法官在司法裁判活动中，在不违反法律基本原则的情况下，可以于现行法律渊源范围内寻找、识别、选择或提炼能够作为待决案件之裁判适用的方法或规则。

（一）衡量原则——规则补充和法益衡量原则

“法律如果没有法院来阐明和界定其真正含义和实际操作，就是一纸空文”。[②] 法官基于司法实务中对法律和司法解释的具体运用，容易发现法律和司法解释存在的不足和瑕疵，故法官补充这些漏洞的司法活动便具有了非常重要的意义。作为现代社会的法官，不仅需要全面了解现行法律、法规，娴熟地运用法律条文；而且要

---

① 何鹏等：《外国刑法学》（上），北京大学出版社1983年版，第23页。

② ［美］汉密尔顿等：《联邦党人文集》，程逢加等译，商务印书馆1980年版，第111～112页。

善于挖掘法律条文背后的意义和效果，工于弥补法律规范与社会生活之间的缝隙，勤于从社会生活、司法实践中发现、挖掘和提炼符合法益并利于裁判的规则，通过有机的、科学的规则补充来消弭法律、法规或司法解释的滞后和不周延性。但任何权力都应当受到约束，法官的规则补充功能并不是任意和无限制的。法官的衡量和判断标准，一方面取决于受保护的法益受到影响的程度，另一方面取决于当某种利益须作出让步时，其受害的程度如何；最后，利益衡量的适用，应遵循最轻微损害或尽可能微小限制的原则。

“上一年度”条款适用的可塑性，既涉及当事人诉讼权利的保障和期限利益损失问题，又涉及法院的司法是否合法、公平、公正问题，任何偏颇都会给法院及其法官带来一定的负面效果。在这种情况下，法官应当运用规则补充和法益衡量原则，审察人身损害赔偿案件中所涉及的各种利益，以自己从社会生活和司法实践中提炼的规则来弥补司法解释的漏洞，对当事人诉讼权利、期限利益损失和法院公正司法进行利益权衡，全面考虑和比较各方利益得失大小、轻重缓急及各种法益受影响程度情况，按照利益力和利益量，以“小让大”“少让多”“轻让重”“一般利益让根本”的衡量原则进行选择和取舍，并“赋予特定利益优先地位，而他种利益相对必须作一定程度退让”①，从而以最微损害或最小限制作出合理、合法的裁决，尽最大努力和诚意让人民群众感受到司法的温暖和公正性②，以实现和维护“上一年度”条款适用的可塑性所能产生和带来的最大法益。

（二）技术抉择——相机抉择

应然和实然的关系，实际就是主观愿望和客观实际的区别。很显然，二者既有矛盾又有联系，是辩证统一的范畴。看不到它们的辩证关系，把它们绝对对立起来的观点是不正确的。只讲应然，不讲实然难免使法律适用陷入机械形式主义；只讲实然而不讲应然必定导致法律适用蛮横无理。同时，应然与实然在一定条件下可以相互转化，某时的实然可能就是彼时的应然，反之，应然也可能随时成为实然。法律适用应当是动态的协调，是应然目标与实然过程的互动与和谐。司法实务不能只满足于条文的简单套用，而需要更多的深邃和理性，从客观现实出发来研究法律适

---

① ［德］卡尔·拉伦茨：《法学方法论》，陈爱娥译，商务印书馆2003年版，第1页。
② 陈增宝：“司法公正的心理学分析”，载《人民法院报》2011年7月22日第5版。

用所可能面临的若干问题，找出应然层面和实然层面之间的差距，使二者相结合，努力实现法律规范与司法实践的有机统一。

1. 从应然到实然的抉择——“一审法庭辩论终结”时点的实然择定

（1）一般案件的择定。从《人赔解释》第三十五条第二款规定的司法本意看，以法庭辩论终结为时点主要是基于法庭辩论终结后，当事人的诉讼请求、争议焦点和法院查明的案件事实均已得到固化，审判人员从此时起即可着手对案件进行裁判的考量。因此，这里的法庭辩论终结应当是指真正、彻底、实际地终结，而非一时辩论终结。如果一个案件需要进行多次庭审及辩论，那只能说明法庭辩论并没有真正、彻底、实际地终结。倘若法官简单、机械地以第一次庭审法庭辩论终结时为推算“上一年度”的基点，显然不符合司法解释条文规定的内在精神。因此，当我们面对多个“一审法庭辩论终结”时点时，应立足于司法解释的本意，选择适用最后一次庭审法庭辩论终结时即实然的“法庭辩论终结时”为推算“上一年度”基点时间。

（2）重审案件的择定。首先，从法律程序上看，对于发回重审的案件，由于二审法院对原一审案件发回重审的前置条件就是撤销原一审裁判，这就意味着该案件的原一审审理过程、案件事实认定和裁判结果对当事人和法官均不再具有拘束力。重审时，原告依《民事诉讼法》关于一审程序的规定可以增加自己的诉讼请求、重新举证，而被告则同样可以变更自己的答辩意见、提供新的证据，重审即是推倒重来。因此，从法律程序规定看，重审时应该适用重审“一审法庭辩论终结”时点为推算基点。其次，从司法效能上看，由于原一审裁判尚未生效即已被撤销，赔偿义务人通常也并未进行任何赔偿，而案件从原审一审法庭辩论终结到发回、重新立案、重新审理结束，往往需要经历较长的时间（很多重审案件通常是跨年度案件，了结周期有的长达数年以上），受害人的损失没有得到及时有效的司法救济，如果仍按原审时“一审法庭辩论终结”时点来确定“上一年度”的推算基点，则会造成受害人期限利益损失的扩大，从而构成对受害人权利保护的不公，更使司法的效果大打折扣。因此，从司法效能上来说，重审时也应该适用重审期间实然的“一审法庭辩论终结”时点为推算基点。

当然，上述思维的统一，是建立在不损害受害人利益基础上的。如果重审期间，由于社会经济衰退等原因导致作为人身损害赔偿计算基准的年人均收入、支出等经济统计数据较原审相关数据为低时，则应当允许受害人按“就高不就低”原则进行取舍或选择。

（3）再审案件的择定。对于再审案件，由于法院对原审案件裁定再审时并未撤销原判决，而是通过再审方式使案件回到原审时的状态再次审理，以查明原审是否存在错误及是否需要纠正。它是对生效案件的重温，赔偿义务人往往在再审前就已经作出了赔偿，受害人通常不存在期限利益损失，因此应该适用原审“一审法庭辩论终结”时点为推算基点。即使赔偿义务人未在再审前作出赔偿，受害人存在期限利益损失，故仍应适用原审“一审法庭辩论终结”时点为推算基点。此种情形下，受害人所受的期限利益损失只能通过执行程序由赔偿义务人承担迟延履行责任的方式予以救济。

（4）再审重审案件的择定。案件经再审裁判后，当事人如对再审裁判不服仍可以提起上诉；当然，二审法院同样也可以依法对再审案件发回重审，由此便形成了再审重审案件。对于再审重审案件，由于其适用的审判程序及法律规定相对原审案件来说，仍是实质上的再审，故这类案件推算“上一年度”的基点时间与再审案件的做法应当是一致的，即适用原审“一审法庭辩论终结”时点为推算基点。

2. 从实然到应然的抉择——年度统计数据适用的应然追及

首先，《人赔解释》中所称“上一年度”是指上一统计年度，而非日历年度，相关法律、法规或司法解释也并无要求上一统计年度与日历年度必须保持一致的规定。因此，认定“上一年度”时不能僵化地以日历年度的前一年来确定。

其次，对上“一”年度也不能机械地认为就是上“一个”年度。当一个案件一审法庭辩论终结时，其上一个年度的统计数据尚未公布，只能说明实然的该上一个年度的统计数据暂时没有，但并不代表没有应然的“上一”年度统计数据，因为一审法庭辩论终结时点前面总有最相近的某一年度（即“上上一个”）的统计数据已经是毋容置疑的存在了。在没有实然的“上一个”年度统计数据前提下，该“上上一个”年度的统计数据相对于一审法庭辩论终结时点来说就是应然选择的“上一年度”统计数据，就应视它为《人赔解释》中所称上一统计年度数据，故裁判时完全可以追及适用该“上上一个”年度的统计数据。譬如，某案2013年1月一审法庭辩论终结，其时2012年度统计数据尚未公布，在这种情况下，由于没有2012年度统计数据，那么，与该案一审法庭辩论终结时点实质对应的、已公布的

"上一年度"统计数据就是2011年度统计数据，故应当适用2011年度统计数据作为基准进行裁判。

3. 应然与实然的融合——"上一年度"裁、执分离机制的有机互补

《人赔解释》既然确立了以"一审法庭辩论终结"为时点来推算和适用"上一年度"基准，那么它对法官的裁量就具有拘束力。法官裁判时就必须严格执行这项规定，并在它允许的范围选择适用"上一年度"基准。即便审判实务中在一审辩论终结时点之后、判决书制作之前，上一个年度的统计数据恰巧公布了，法官也不能适用该新公布的上一个年度的统计数据来进行裁判；否则，就会导致当事人或法官人为拖延案件进程以等待新统计数据的公布，从而影响司法工作的效率和损害另一方当事人的利益。另外，《人赔解释》之所以以"一审法庭辩论终结"作为时点来推算和适用"上一年度"基准，也是考虑到一审法庭辩论终结时当事人通常已丧失了变更诉讼请求的权利，法官进行裁判的案件事实、证据及裁判标准至此固化，裁判条件已经成熟、稳定，不存在动态或变更问题。如果允许法官自此以后仍可采用一审辩论终结后新公布的统计数据，则既会造成法官违背诉讼程序擅自变更当事人诉讼请求（因为原告诉讼时或一审法庭辩论终结前，其赔偿请求往往根据已有的上一个年度或上上一个年度的统计数据计算、固定）的现象，更会造成司法裁判标准的严重不确定性，从而给案件走向及当事人诉讼情绪均带来动荡和不安。

当然，对那些结案周期较长的案件，司法如果一味以"一审法庭辩论终结"时点来确定赔偿义务人的责任，难免会对部分赔偿权利人的实质利益造成一定损害。为了平衡这种不公，《人赔解释》对此采取了年度统计数据适用的裁、执分离互补机制：即法官裁判时必须严格执行"一审法庭辩论终结"时点的衡量标准，但在案件进入执行程序时可以根据个案情况进行适时调整。这种法律适用思维在《人赔解释》第三十四条中得到了一定的体现：法院裁判赔偿义务人以定期金方式承担残疾赔偿金等费用的，如执行期间有关统计数据发生变化，给付金额应当适时进行相应调整。

（王新阳　张广见　江苏省淮安市清浦区人民法院）

好意同乘损害赔偿的责任分担

【司法精要】

当前，由于好意同乘无法定概念和损害责任分担裁判规则，司法实践中，各地法院对其事实认定存在分歧，裁判尺度差异较大普通民众难以理解，甚至对好意同乘望而却步。笔者认为，应当将无证驾驶、酒后驾驶、违法超载、违法超速和超车情形下的免费搭乘行为排除于好意同乘范畴，确立导引人性向善的好意同乘法定概念和损害责任分担规则。也就是说，确立好意同乘法定概念和损害责任分担规则时，既应立足民情事理，确认好意同乘的情谊性质，倡导社会善良风俗，也应遵循审慎介入原则，体现法的谦抑及裁判的弥合、教化、导引功能，以引导好意施惠人和同乘人趋利避害地进行好意同乘，使好意施惠人不因自己的善良之举而背负不能承受之重，也使同乘人不因他人的好意施惠而受伤，从而引导人们向善从法，实现好意施惠人和同乘者以及整个社会利益的共融。

一、从实证角度观察好意同乘损害赔偿纠纷的事实认定与损害责任分担

好意同乘指乘车人在运行供用者好意并无偿地邀请或允许下同乘于运行供用者之车的现象。[①] 笔者在中国裁判文书网以好意同乘为关键字，检索出了165份好意同乘损害赔偿民事判决，通过对其进行抽样对比分析，得出以下结论：

（一）好意同乘事实认定存在分歧

好意同乘损害赔偿纠纷虽早已成为民事审判领域常见案件，但好意同乘却非

① 李薇：《日本机动车事故损害赔偿法律制度研究》，法律出版社1997年版，第100页。

严格的法律术语。正因如此，司法实践中，如表1所示，各地法院法官对好意同乘概念及其构成要件存在认识分歧，有的法官认为免费搭乘即构成好意同乘，而有的法官则认为好意同乘除无偿性外，还应具备驾驶合法性，违法的免费搭乘不应认定为好意同乘，还有的法官认为好意同乘非法律概念，无法律依据，不应予以认定。

表1

序号	案号	判决内容
1	（2014）天民一终字第58号	事发时，被告驾驶摩托车无偿搭载原告，双方已形成好意同乘关系，且原告乘车时系成年人，明知被告无证驾驶无号牌摩托车，仍乘坐该车，自身存在一定的过错，应减轻被告的赔偿责任。
2	（2014）达达民初字第210号	原告顺路搭车，被告也未反对，虽然未收取车费，但违章搭载乘客，不构成“好意同乘”，“好意同乘”的基本构成要件应是在合法驾驶的前提下，出于好意帮助他人，在不收取费用的情况下，顺路搭载他人，故被告应当承担本次事故的全部责任。
3	（2014）信中法民再终字第5号	被告辩称其属好意同乘应减轻其赔偿责任的请求，因无法律依据，不予采纳。

各地法院法官对好意同乘概念及其构成要件的认识分歧，反映到好意同乘事实认定上的分歧，引发同案不同判现象，如表2所示。

表 2

案号	判决认定事实	判决结果	
(2014)信中法民再终字第5号	原、被告系同事，2007年9月13日晚，原告乘坐被告的轿车，途中因爆胎，车辆翻入路边水塘中，造成原告受伤。《交通事故责任认定书》认定被告负交通事故全责。	一审	原告乘坐被告驾驶的车辆，被告负有安全保障义务。途中被告车辆发生交通事故，致使原告受伤，对此后果被告应当赔偿。被告辩称其属好意同乘应减轻赔偿责任，因无法律依据，不予采纳。判决被告赔偿原告200541.8元。
		二审	被告出于好意同意原告搭车符合好意同乘的要件，应予认定。途中发生交通事故致原告受伤，被告应对原告遭受的经济损失进行适当赔偿。但因该交通事故发生的原因系“轮胎爆裂”，属意外事件，应适当减轻被告的赔偿责任。原审根据《民法通则》相关规定，判决被告承担全部责任不当，基于被告出于善意而让原告搭乘，并因意外造成事故的实际，本院酌定被告赔偿原告各项损失的70%，判决被告赔偿原告各项损失158379.26元。
		再审	关于原告无偿乘坐被告车辆问题，二审按好意同乘，变更被告、原告分别承担损失70%和30%适当。关于精神抚慰金，鉴于原告受伤致残左臂功能丧失50%以上，为八级伤残，原审酌定为5000元偏低，可酌情调整为10000元。

（二）好意同乘施惠人被无界分地普遍科以重责

表3①

<table>
<tr><th rowspan="3">序号</th><th rowspan="3">案号</th><th colspan="9">判决内容</th></tr>
<tr><th colspan="2">事故认定书认定责任</th><th rowspan="2">判决认定同乘人责任情况</th><th rowspan="2">同乘人过错相抵比例</th><th rowspan="2">同乘人风险自负比例</th><th rowspan="2">施惠人对同乘人损害的担责比例</th><th rowspan="2">施惠人对同乘人是否赔偿精神损失费</th><th rowspan="2">施惠人对同乘人赔偿金额（元）</th></tr>
<tr><th>好意施惠人</th><th>同乘人</th></tr>
<tr><td>1</td><td>（2013）莱城民初字第2369号</td><td>无证驾驶，负同等责任</td><td>无责</td><td>无过错</td><td colspan="2" rowspan="2">法院认为好意同乘无法律依据，不予认定免费搭乘事实为好意同乘</td><td>100%</td><td>是</td><td>15980.5</td></tr>
<tr><td>2</td><td>（2013）雁民初字第398号</td><td>违法超车，负主要责任</td><td>无责</td><td>无过错</td><td>100%</td><td>是</td><td>22611.98</td></tr>
<tr><td>3</td><td>（2013）河市民一终字第321号</td><td>紧急处理重大失误，负全责</td><td>无责</td><td>无过错</td><td>/</td><td>20%</td><td>80%</td><td>是</td><td>385560.48</td></tr>
<tr><td>4</td><td>（2013）青法民三初字第618号</td><td>无证驾驶，负全责</td><td>无责</td><td>无过错</td><td>/</td><td>30%</td><td>70%</td><td>是</td><td>55179.45</td></tr>
<tr><td>5</td><td>（2014）清民初字第00016号</td><td>紧急处理不当，负次要责任</td><td>无责</td><td>无过错</td><td>/</td><td>30%</td><td>70%</td><td>是</td><td>257158.74</td></tr>
</table>

① 该表中的16份民事判决系笔者从中国裁判文书网165份好意同乘损害赔偿纠纷民事判决书中随机抽取的，除第1、2份判决外，其余14份为已确认好意同乘事实的民事判决。

续表

6	(2014)莱州民初字第214号	无证驾驶无牌车，负同等责任	无责	明知无证驾驶而乘坐，风险自负	/	60%	40%	是	24216.69
7	(2013)阳民三民初字第239号	无证驾驶无牌车，法院认定被告负事故主要责任		明知无证驾驶而乘坐，风险自负	/	50%	50%	是	73004
8	(2014)蒙民初字第127号	酒后驾驶，负全责	无责	有过错，明知酒驾而搭乘。	40%	/	60%	否	16235.38
9	(2013)徽民一初字第185号	酒后无证驾驶无牌车，负全责	无责	有过错，明知酒驾和无证驾驶无牌车而乘坐	20%	/	80%	否	152305.9
10	(2014)日民一终字第176号	无证驾驶，负全责	无责	有过错，明知无证驾驶而乘坐	30%	/	70%	否	34974.80
11	(2014)鄂洪山王民初字第00018号	酒驾，负主要责任	无责	有过错，明知酒驾而搭乘，并与驾驶人不断讲话	40%	/	60%	否	121010.5
12	(2013)锡法民初字第0637号	醉驾，负主要责任。	无责	有过错，明知酒驾而搭乘	20%	/	80%	是	382703.89

续表

13	（2014）嘉盐民初字第1319号	超载，负次要责任	无责	有过错，明知超载而乘坐	30%	/	70%	否	5466.74
14	（2014）信中法民再终字第5号	爆胎，负全责	无责	无过错	/	30%	70%	是	108379.26
15	（2014）达达民初字第210号	车厢上载人，负全责	无责	无过错	/	/	100%	是	43349.86
16	（2014）天民一终字第58号	无证驾驶无号牌车，负同等责任	无责	有过错，明知无证驾驶而乘坐	30%	/	70%	是	100379.80

当前，虽然学界和司法实务界，对于好意同乘损害责任分担早已形成了对施惠人科以补偿责任，免除精神损害赔偿的倾向性意见，[①] 但通过表3，可以清楚地看到，司法实践界并未采用该规则。各地法院对好意同乘损害赔偿纠纷多采用参照一般道路交通事故处理规则适用侵权赔偿责任，但在适用具体裁判规则时却有较大差异，有的法院直接根据交通事故认定书认定的责任适用过错责任对施惠人科以赔偿责任，有的法院则根据施惠人和同乘人的过错大小适用过错责任和过失相抵原则减轻施惠人承担的责任，还有的法院认为同乘人无偿搭乘他人车辆是明知有风险而搭乘，应引入风险自负原则减轻施惠人承担的责任，大部分法院未免除精神损害赔偿。尽管所适用具体裁判规则迥异，但仔细观察表3提示，好意同乘损害赔偿纠纷

① 2004年全国“人身损害赔偿疑难问题暨司法解释适用研讨会”综述明确指出：完全的好意同乘，即无偿的同乘人遭受交通事故损害，基本规则是车主适当补偿，而不是赔偿，若事故发生纯属意外，补偿标准应适当降低。

的裁判结果具有一致的倾向性——好意同乘施惠人无界分地被普遍科以了重责，不论事故是由第三方引起，还是由施惠人引起，或者是由意外事件引起，也不论同乘人是否有过错及法官具体适用何种规则，其最终结果均是施惠人承担了同乘人的损害赔偿责任，且该赔偿责任比例普遍高于同乘人自己所承担的比例。表3中16份民事判决显示，与同乘人相比，施惠人承担的损害责任比例比同乘人平均高出46.25%，施惠人承担责任比例最高的达到100%，最低的也有40%，平均承担责任比例为73.13%，且仅有1份判决书判决施惠人承担责任比例低于有过错的同乘人，施惠人赔偿最多的达38万余元，赔偿最少的也有5000余元，平均赔偿金额达到112407.37元。

在好意同乘交通事故中，驾驶人与同乘者处于同一空间，同乘人受到损害的同时，施惠人一般情况下也在遭受车毁本人伤的严重后果，让施惠人无界分地承担同乘人的大部分甚至全部的损害赔偿责任，无异于是在其不幸之上雪上加霜，使施惠人承受不能承受之重，这样的结果对施惠人的打击无疑是毁灭性的。司法实践证明，对施惠人科以重责，过分强调保护同乘人的利益，不仅有违社会的善良风俗和公平原则，会抑制好意同乘行为发生，导致人与人之间的关系陷入冷漠沼泽，而且还会伤害民间正义，削弱司法公信力。

二、好意施惠人缘何被无界分地普遍科以重责

（一）“优者危险负担原则”普遍适用于好意同乘损害赔偿案件是施惠人被无界分地普遍科以重责的直接原因

司法实践中，法官往往采用“优者危险负担”原则审理道路交通事故损害赔偿纠纷，这一原则又被普遍运用于好意同乘案件处理中。[①] 所谓“优者危险负担”原则，指在受害人有过失的情况下，考虑双方对道路交通注意义务的轻重，按机动车危险性的大小以及危险回避能力的优劣，分配交通事故的损害后果。“优者危险负担”理论源于日本的司法实践，是过失相抵原则在各类交通事故中的具体运用，其基本理论是根据行为的危险大小及危险回避能力的优劣来决定过失的轻重，优越者

① 刘晓蕊：“论风险自负对好意同乘中利益失衡的救济”，载《法制与社会》2008年第8期（下），第176页。

的行为的危险性更大、危害回避能力更强，发生交通事故后，在等同的情况下，危险性大的一方应承担较大赔偿责任，原因在于，优越者所需注意之程度较高，过失重且原因力强。① 仔细观察表3，显然其中的16份民事判决无一例外地都适用了这一原则，即在划分同乘人损害赔偿责任时，考虑了施惠人与同乘人对道路交通注意义务的轻重，按危险性的大小以及危险回避能力的优劣，分配交通事故的损害后果，认为施惠人行为的危险性更大、危害回避能力更强，比同乘人更优越，其对道路交通注意义务应更重，发生交通事故后，应当比同乘人承担更多的赔偿责任。也就是说，在分配交通事故损害赔偿责任时，除非事故是由对方车辆引起并由对方全部赔偿，否则施惠人都要对同乘人承担更重的赔偿责任。因而，“优者危险负担原则”普遍适用于好意同乘损害赔偿案件是施惠人被无界分地普遍科以重责的直接原因。

（二）无法定好意同乘概念和损害责任分担裁判规则是施惠人被无界分地普遍科以重责的根本原因

缘何“优者危险负担原则”会成为好意同乘损害赔偿责任划分的普遍规则？究其根本原因，笔者认为在于好意同乘无法定概念和损害责任分担裁判规则。如前所述，学界和司法实务界对好意同乘虽早已达成对施惠人科以补偿责任的倾向性意见，但2011年正式颁布实施的《侵权责任法》和《最高人民法院关于审理道路交通事故损害赔偿案件适用法律若干问题的解释》却没有好意同乘条款。这就导致司法实践中，各地法院法官对好意同乘的概念、性质和损害责任分担难以达成共识。例如，《福建省高级人民法院关于审理人身损害赔偿案件若干问题的意见》第46条规定，车主应对无偿乘车人在交通事故中遭受的损害承担赔偿责任，若无偿乘车人明知机动车有缺陷或驾驶员无证驾驶而坚持搭乘，可减轻车主的赔偿责任，主张对车主一方实行完全赔偿责任，只有同乘人有过失才减轻责任；而重庆、陕西、云南、江苏、河南等高院则主张对机动车一方实行减轻责任，规定无偿搭乘他人机动车，因该机动车发生道路交通事故受到损害的，应当酌情减轻机动车方的赔偿责任。这些相互冲突的指导性意见，混淆了各地法院法官对好意同乘概念和归责原则

---

① 李明义：“‘优者危险负担’原则在认定交通事故损害赔偿责任中的运用”，载http://www.lawtime.cn/article/lll29314622936556oo188207，2014年7月3日访问。

的认识，反映到司法实践中，即表现为各地法院对好意同乘在事实认定上存在重大分歧，在损害责任分担上裁判尺度差异较大。从而，也给了“优者危险负担”原则适用的空间。最高人民法院民一庭的倾向性意见即认为，同乘者无偿搭乘的行为并不意味着其甘愿冒一切风险，驾驶者对于同乘者的注意义务并不因为有偿与无偿而加以区分，对于驾驶者同样应当适用无过错责任，搭乘者有过错的，应减轻驾驶者的民事责任，搭乘者无过错的，可以适当酌情减轻驾驶者的民事责任，① 即主张对好意同乘损害赔偿纠纷适用“优者危险负担原则”。导致各地法院在审理好意同乘损害赔偿纠纷中普遍适用“优者危险负担原则”，其最终结果就是施惠人被普遍无界分地科以重责。因而，无法定好意同乘概念和损害责任分担裁判规则是好意同乘事实认定存在分歧和施惠人被无界分地普遍科以重责的根本原因。

三、确立导引人性向善的好意同乘法定概念和损害责任分担规则

通说认为，好意同乘是一种典型的好意施惠情谊行为，② 是现实生活中人们追求私人间美好情谊与社会善良风俗的表现。从理想的状态而言，好意同乘不应与法律责任发生关联，但好意同乘损害不可避免地会发生。当好意同乘的情谊行为给同乘人造成了损害后果时，同乘人为了保护其自身利益，往往会起诉好意同乘的施惠人。施惠人的温情与同乘人“冰冷”的诉求，实为情与法的博弈，法院裁判尺度把握不好，不仅会造成一方流血一方流泪的尴尬局面，还会影响善良风俗。如前所述，好意同乘无法定概念及损害责任分担裁判规则是好意同乘事实认定存在分歧和施惠人被无界分地普遍科以重责的根本原因。因而，衡平好意施惠人和同乘者以及整个社会利益的冲突，应从确立好意同乘法定概念及损害责任分担规则入手。

好意同乘本为情谊行为，在情谊行为面前，法律应当保持谦逊与克制，正所谓“法律的沉默不语是对生活的最大尊重，也是立法者对自己有限理性的最好注解”。③ 即好意同乘行为在通常情形下，不应进入法律调整的范畴，只有当好意同

① 最高人民法院民一庭：“最高人民法院解答交通事故典型问题”，载 http：//www.110. com/ziliao/article－311649. html，2014 年 7 月 9 日访问。

② 王泽鉴：《债法原理》，中国政法大学出版社 2002 年版，第 199 页。

③ 王雷：“好意同乘中的车主责任问题”，载《云南大学学报》2009 年第 5 期，第 67 页。

乘行为发生致人损害的严重后果，当事人双方仅凭其自由意志难以厘清权利、义务及责任时，才需要法律施以救济，且法律在施以救济时，也应保持谦逊与克制，进行有限度地介入。即确立好意同乘法定概念及损害责任分担规则时，应遵循审慎介入原则明确好意同乘施以法律救济的边界。慎子曰：“法非从天下，非从地出，发于人间，合乎人心而已。”① 管子说：“明主之道，立民所欲，而求其功…立民所恶，以禁其邪”。② 确立好意同乘法定概念和损害责任分担规则时，亦应如此，既应立足民情事理，确认好意同乘的情谊性质，倡导社会善良风俗，也应遵循审慎介入原则，体现法的谦抑及裁判的弥合、教化、导引功能。也就是说，应当确立导引人性向善的好意同乘法定概念和损害责任分担规则，以引导好意施惠人和同乘人趋利避害地进行好意同乘，使好意施惠人不因自己的善良之举而背负不能承受之重，也使同乘人不因他人的好意施惠而承受伤害，从而引导人们向善从法，促进整个社会和谐友爱，实现施惠人和同乘者以及整个社会利益的共融。

四、好意同乘法定概念和损害责任分担规则的具体内容

（一）导引人性向善的好意同乘概念

当前，关于好意同乘概念，有三种定义：第一观点认为，好意同乘是指搭乘人经车辆所有人、使用人、管理人同意并无偿搭乘的行为；③ 第二种观点认为，好意同乘是指搭乘人经非营运性机动车辆的保有人或驾驶人同意后无偿搭乘的行为；④ 第三种观点认为，好意同乘是指免费搭车或支付部分费用的搭车。⑤ 即好意同乘通说的表现形式是无偿搭车，好意性体现在免费上。从字面理解，“好意”指良好的意愿和善良的心意，“同乘”指共同一起乘坐车辆，其日常表现形式是免费搭车。但，笔者通过对表3中16份判决进行事故发生原因对比分析（见表3和图1），发现好意同乘损害赔偿案件中，有43.75%的案件存在施惠人无证驾驶情形，有18.75%的案件存在施惠人酒后驾驶情形，有12.5%的案件存在施惠人违法超载情

① 慎子：《慎子·逸文》，《诸子集成第2册》，长春出版社1999年版，第286页。
② 管子：《管子·明法解》，《诸子集成第5册》，中华书局2006年版，第53页。
③ 王泽鉴：《侵权行为法》，中国政法大学出版社1999年版，第273页。
④ 吴国平：《侵权责任法律制度比较研究》，人民法院出版社2010年版，第380页。
⑤ 杨立新：《侵权法论》，人民法院出版社2003年版，第461页。

形，有6.25%的案件存在施惠人违法超车情形，有12.5%的案件存在施惠人紧急处理失当情形，有6.25%的案件是由于车辆爆胎引发交通事故，即好意同乘交通事故中施惠人违法驾驶比例高达81.25%。

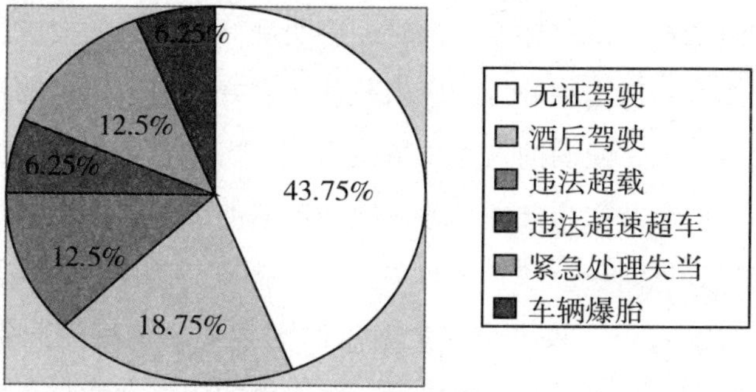

图1

面对这一现状，根据“既立足民情事理，倡导社会善良风俗，又遵循审慎介入原则，体现法的谦抑”原则，法定好意同乘概念中的“好意”应不仅仅体现在善良的心意和免费的搭乘上，还应体现在引导施惠人审慎驾驶、趋利避害地发扬助人为乐精神的法的谦抑上。也就是说，好意同乘的法定概念，其字里行间不仅应合乎人心，劝导世人达仁向善，更应体现法的谦抑、教化、导引功能。换句话说，就是要通过确立好意同乘法定概念，来界分法律施以救济的好意同乘边界，以引导好意同乘施惠人审慎地驾驶，趋利避害地助人为乐。《道路交通安全法》之所以将无证驾驶、酒后驾驶、违法超载、违法超速和超车行为认定为违法行为，是因为这些行为是引发道路交通事故的主要因素，图1所示也充分印证了这一点，即无证驾驶、酒后驾驶、违法超载、违法超速和超车行为引发道路交通事故的概率极大。在此四种情形下，出于善良的心意去免费搭乘他人，其实是对自己生命和他人生命均不负责的行为，一旦发生交通事故无疑会扩大损失，且该种扩大损失可以预见。法律认可该四类免费搭乘行为为好意同乘，即等于默认了违法驾驶的合法性和正当性。因而，笔者认为，无证驾驶、酒后驾驶、违法超载、违法超速和超车情形下的免费搭乘行为不应认定为好意同乘。将此四类免费搭乘行为排除于好意同乘范畴，既有利于引导施惠人审慎驾驶、趋利避害地发扬助人为乐精神，又有利于帮助同乘人正确选择同乘车辆降低损害风险，还有利于提高法院裁判的社会认可度，促进和谐友善良好社会氛围的形成。综上，法定的好意同乘概念应明确为：无无证驾驶、酒后驾驶、违法超载、违法超速和超车情形的非营运车辆驾驶人基于本人良好的道德风尚或者与人方便的助人为乐情谊目的，而自愿放弃经济利益，免费或低于汽车运营成本为他人提供乘车服务的行为。

为统一好意同乘司法认定标准，同时还应明确好意同乘的构成要件：(1）目的情谊性。好意施惠人提供搭乘的目的应当是基于良好的道德风尚或旨在出于增进与同乘人的情感或者与人方便的助人为乐情谊目的，出于不正当目的或出于商业目的的超市班车、看房班车及作为合同义务或福利待遇的厂车、校车等均不具有目的情谊性，不应认定为好意同乘。(2）主体特定性。搭乘行为的主体应具有特定性，即决定好意施惠的车辆驾驶人和接受好意施惠的同乘人应为好意同乘行为的特定主体。因为，好意搭乘行为发生具有随机性、合意性和施惠主体自主性的特点，施惠行为体现的是好意施惠人的个人意志，当好意同乘损害赔偿纠纷发生而施惠人非车主且未得到车主的授意时，认定车主为责任主体有失公允。除非车主在施惠人做出决定时产生了影响或发挥了作用，否则其不应承担他人意志决定所产生的法律后果。(3）搭乘合意且非契约性。即施惠人与同乘人之间就情谊性质的搭乘达成了一致合意，且无意设定法律上的权利义务关系。不知情的暗中同乘或未经允许的强行同乘则不构成好意同乘。(4）驾驶合法性。如前所述，为引导好意同乘施惠人审慎驾驶、趋利避害地发扬助人为乐精神，应将无证驾驶、酒后驾驶、违法超载、违法超速和超车的违法搭乘行为排除于好意同乘范畴。(5）无偿性。即施惠人的施惠应是纯粹的不以营利为目的的放弃经济利益的情谊行为，其中应包括支付少量成本费用的搭乘行为。(6）排除目的巧合性。目的巧合性应否成为好意同乘的构成要件，学界有肯定说、折衷说、否定说。[①] 笔者持否定说，好意同乘强调的是好意施惠人出于助人为乐的情谊目的而让他人同乘车辆，目的的巧合仅可证明“好意”，而不能成为认定“好意”的必要条件。因为，并非只有目的巧合才是“好意”，出于同乘人需要的专程运送更是好意同乘的基本价值体现，不应被排除。

（二）导引人性向善的好意同乘损害责任分担裁判规则

当前司法实践中，无证驾驶、酒后驾驶、违法超载、违法超速和超车类免费搭

---

① 孙莹、肖瑶：“关于好意同乘问题的困惑与思考”，载《人民司法》2013年第9期，第98页。

乘道路交通损害赔偿案件所占比例达到了80%。笔者将其排除于好意同乘范畴，并非否定该类提供免费搭乘人的善良好意，而是为了更好地引导有实施好意同乘愿望的施惠人审慎地驾驶，尽可能地控制和缩小风险，趋利避害地助人为乐。其目的在于要通过对此类好意提供搭乘人漠视自己和同乘人生命安全的过错行为科以更重责任，以示法律对此类好意施惠行为的否定。根据举重以明轻原理，要实现这一目的，应当首先明确无证驾驶、酒后驾驶、违法超载、违法超速和超车类免费搭乘事故的损害责任分担裁判规则。

1. 应当明确的无证驾驶、酒后驾驶、违法超载、违法超速和超车类免费搭乘事故的损害责任分担裁判规则

（1）根据《道路交通安全法》第19条、第22条和《侵权责任法》第16条规定，驾驶人明知其属无证驾驶、酒后驾驶、违法超载情形未告知同乘人而搭乘同乘人发生损害事故的，应由驾驶人承担全部损害责任。因为，无证驾驶、酒后驾驶、违法超载必然会导致事故风险提高，驾驶人对此应当明知，且应当能够预见事故后果，其有义务向同乘人披露，未披露而产生损害后果的，应由施惠人承担全部赔偿责任。

（2）根据《道路交通安全法》第42条、第43条和《侵权责任法》第16条规定，超速和超车系违法驾驶行为，如引发事故，应由施惠人承担全部损害责任。因为施惠人是车辆控制人，超速、超车行为受其主观控制。

（3）根据《道路交通安全法》第19条、第22条和《侵权责任法》第16条、第26条规定，驾驶人已告知同乘人其属无证驾驶、酒后驾驶、违法超载情形，同乘人仍要求搭乘发生损害事故的，是对其本人生命安全的漠视，应由其对损害后果自负风险。但应当明确的是，同乘人的风险自负不能成为驾驶人责任免除的理由。因为损害后果是双方过错共同合意的结果，应当由双方各半负担。

无证驾驶、酒后驾驶、违法超载、违法超速和超车类
免费搭乘事故的损害责任分担和赔偿限度一览表

免费搭乘情形	适用原则	责任分担规则	赔偿限度
驾驶人明知其属无证驾驶、酒后驾驶、违法超载情形未告知同乘人，而搭乘同乘人发生损害事故	过错责任原则	承担全部责任	驾驶人100%赔偿损失

续表

驾驶人违法超速和超车引发事故（排除同乘人唆使情形）	过错责任原则	承担全部责任	驾驶人100%赔偿损失
驾驶人已告知同乘人其属无证驾驶、酒后驾驶、违法超载情形，同乘人仍要求搭乘，驾驶人同意搭乘	过错责任原则	各半承担责任	驾驶人赔偿50%的损失

2. 应当确立的好意同乘损害责任分担裁判规则

按事故类别确立如下好意同乘损害责任分担裁判规则，可充分发挥裁判的弥合、教化、导引功能，引导人们趋利避害地向善从法。

（1）施惠人故意类。当事故完全是由施惠人的故意行为引起时，根据《侵权责任法》第6条，应由施惠人负担同乘人的全部赔偿责任。

（2）同乘人故意类。当事故完全是由同乘人的故意引起的，如实施抢方向盘等危险行为，根据《侵权责任法》第27条，应由同乘人负担事故的全部赔偿责任，包括施惠人的全部损失。

（3）施惠人过失类。指施惠人主观上不存在故意情形，因紧急处理失当等过失行为在交通事故中承担主要责任的重大过失情形和承担次要责任的轻微过失情形。在施惠人过失类交通事故损害赔偿纠纷中，施惠人和同乘人都应当对自己的行为负责。施惠人负有谨慎驾驶的注意义务，施惠人对他人生命健康的注意义务，不能因其好意施惠而免除；同乘人应对自己行为负责，不能因为施惠人的过错而免除其本人应当承担的责任。在好意同乘中，同乘人应当承担的责任有两类，一为汽车固有风险责任，二为过错责任。所谓汽车固有风险责任，是指汽车在运行中存在爆胎、刹车失灵等车辆机械本身所固有的风险。该固有风险是施惠人所不能控制，而同乘人应当预见的。因而，当乘车人决定搭乘施惠人的车辆时，理应认为其自甘承担该部分风险。也就是说，一旦发生交通事故损害，乘车人首先应当自行承担汽车固有风险责任。如图1所示，现实中汽车固有风险引发的事故比率约为6.25%，据此，并参照道路交通安全法第76条规定，同乘人承担汽车固有风险责任比例宜确定为10%。所谓同乘人过错责任，则指排除抢方向盘之类的故意情形外，同乘人对与司机讲话、未系安全带等一般不足以直接导致事故发生的过错情形所应承担的责任。

因同乘人非车辆的控制者，一般的、不足以直接导致事故发生的过错行为，更多的是会造成损失的扩大，因而，同乘人的过错责任宜确定在20%以内。综上，施惠人在驾驶过程中有重大过失，负主要责任，应当承担较重赔偿责任，具体赔偿限度可控制为：好意同乘人有与司机讲话、未系安全带等一般不足以直接导致事故发生的过错的，施惠人最后承担同乘人道路交通事故实际损失赔偿责任比例应不超过70%，即同乘人应自行承担10%的汽车固有风险责任和20%的过错责任；好意同乘人无过错的，施惠人最后承担的同乘人道路交通事故实际损失赔偿责任比例应不超过90%，即同乘人应当自行承担10%的汽车固有风险责任。施惠人在驾驶过程中有轻微过失，负事故次要责任，应当承担较轻赔偿责任，具体赔偿限度可控制为：同乘人没有过错的，施惠人负担的同乘人道路交通事故实际损失赔偿责任比例不应超过50%（施惠人负事故次要责任一般说明事故系施惠人与第三方碰撞发生的，此时系双方的共同侵权行为，按照相关法律规定，事故次要责任方应承担的事故责任不应超过50%）；同乘人具有与司机讲话、未系安全带等一般不足以直接导致事故发生的过错的，施惠人负担的同乘人道路交通事故实际损失赔偿责任比例应不少于20%，即同乘人自负风险比例10%，承担过错责任20%。

（4）意外事故类。指完全是因为车辆驾驶人不可控的不可归责的意外因素引发的交通事故。包括车辆固有的如爆胎、刹车失灵等施惠人无法控制的车辆固有机械风险引发的事故。也就是说，施惠人在行车过程中尽到了注意义务，仍因不可控的因素无法避免地发生了事故。此施惠人应当无需对同乘人承担任何赔偿责任。但，当同乘人的损失重大到不适用公平原则予以救济显失公平时，法律应当对同乘人施以救济。即应适用《侵权责任法》第24条对施惠人科以补偿责任，该补偿责任应限定在全部损失的20%以内，并要排除精神损害赔偿，否则对施惠人而言该补偿就是不能承受之重。

好意同乘损害责任分担和赔偿限度一览表

<table>
<tr><th rowspan="2" colspan="2">事故类型</th><th colspan="2">过错情形</th><th rowspan="2">适用原则</th><th rowspan="2">施惠人承担责任规则</th><th rowspan="2">施惠人损害赔偿限度</th><th rowspan="2">是否精神损害赔偿</th></tr>
<tr><th>施惠人</th><th>同乘人</th></tr>
<tr><td rowspan="2" colspan="2">施惠人故意类</td><td rowspan="2">故意实施</td><td>有过错</td><td>无过错责任原则和过失相抵原则</td><td>同乘人自负过错责任 20%</td><td>最后承担责任比例不应低于80%</td><td>是</td></tr>
<tr><td>无过错</td><td>无过错责任原则</td><td>施惠人担全责</td><td>100%赔偿</td><td>是</td></tr>
<tr><td colspan="2">同乘人故意类</td><td>无过错</td><td>故意</td><td>过错原则</td><td>施惠人不担责</td><td>零赔偿</td><td>否</td></tr>
<tr><td rowspan="4">施惠人过失类</td><td rowspan="2">重大过失</td><td rowspan="2">有过错，负主要事故责任</td><td>有过错</td><td>过错责任原则和风险自负原则</td><td>同乘人自负风险比例 10%，过错责任 20%</td><td>最后承担责任比例应不超过70%</td><td>否</td></tr>
<tr><td>无过错</td><td>过错责任原则和风险自负原则</td><td>同乘人自负风险比例 10%</td><td>最后承担责任比例应不超过90%</td><td>否</td></tr>
<tr><td rowspan="2">轻微过失</td><td rowspan="2">有过错，负次要事故责任</td><td>有过错</td><td>过错责任原则和风险自负原则</td><td>同乘人自负风险比例 10%，过错责任 20%</td><td>最后承担责任比例应不低于 20%</td><td>否</td></tr>
<tr><td>无过错</td><td>过错责任原则和风险自负原则</td><td>同乘人自负风险比例 10%</td><td>最后承担责任比例应不超过 50%</td><td>否</td></tr>
<tr><td colspan="2">意外事故类</td><td>无过错</td><td>无过错</td><td>公平责任原则</td><td>一般损失不补偿，重大损失适当补偿</td><td>适当补偿责任比例应不超过损失的20%</td><td>否</td></tr>
</table>

（彭海杰　彭璇　江西省吉安市中级人民法院）

侵权法框架下之纯粹经济损失赔偿

【司法精要】

纯粹经济损失指非因人身或所有权等权利受侵害而产生的经济或财产损失。纯粹经济利益的民法保护问题，涉及民法的诸多重要领域，国内外的立法及司法实践亦不尽相同。本文以对纯粹经济损失不同裁判的三个案例，引出所要讨论的问题，即如何界定对纯粹经济经济损失的保护范围。在比较研究的基础上，辩证地分析对纯粹经济损失“赔”与“不赔”的政策考量及理论依据，得出问题的关键在于二者之间界限的划分，并对经济损失赔偿问题之规制提出意见和建议，即对纯粹经济损失应遵循有限赔偿、利益衡平、正面导向三项原则，同时应在充分考量行为人注意义务的违反、因果关系、可预见性、损害的确定性等因素的前提下确定相应的赔偿范围。对纯粹经济损失的类型化处理尚需要司法实践的积累，以尽可能在最大限度内实现法律的公平与正义。

引言：

“纯粹经济损失”并非一个法律概念，而是一个理论概念，是不因受害人（主张损害赔偿的人）的身体或财产损害而产生的损失，是一种间接性损害。其概念的提出，目的是突出对间接受害人利益的保护。一般情况下，只有侵权行为的直接受害人有权主张损害赔偿，但是在有些侵权案件中，不仅直接受害人受到财产或人身方面的损害，而且第三人如直接受害人的近亲属（可称作间接受害人）也会遭受类似的损害。[①] 损害的存在随之带来的是赔偿的问题，纯粹经济损失能否像人身权和

① 张新宝、李倩：“纯粹经济损失赔偿规则：理论、实践及立法选择”，载《法学论坛》2009年第1期。

财产权一样受到法律的保护，获得赔偿？下面列举几个具有代表性的关于纯粹经济损失赔偿的案例。[①]

案例一：王保富诉三信律师事务所见证遗嘱无效案。[②] 2001 年，王守智聘请被告三信律师事务所为自己所立遗嘱进行见证。遗嘱内容包括：将自己享有的某房屋的共有部分以及部分其他财产留给儿子王保富继承。三信律师事务所所指派的律师出具了见证书。2002 年王守智去世后，王保富在法院起诉请求按照王守智的遗嘱继承遗产，但是，法院终审认定遗嘱不符合法定形式要求而无效，并判决王守智的遗产按法定继承处理。王保富因遗嘱无效而少继承遗产合计 11 万余元。北京市第二中级人民法院二审依据《民法通则》第 106 条第 2 款、《律师法》（2001 年）第 49 条，判决三信律师事务所赔偿上述 11 万余元的损失。

案例二：重庆电缆案。[③] 建筑公司在某河堤工程的施工过程中，不慎损坏埋藏在该地段的某供电公司的电力电缆，致使输电线路中断，造成某医院停电 26 小时，影响其正常营业。医院主张其营业收入减少，要求建筑公司、供电公司赔偿 3 万余元。一审法院判决建筑公司赔偿 25000 元。二审重庆市第四中级人民法院终审判决认为，除经济损失系因用户的人身或所有权遭受侵害而发生外，原则上不予赔偿，因此驳回医院对建筑公司的诉讼请求。

案例三：助力自行车虚假标识案。[④] 宋正辉购买重庆华帆科技有限公司（简称华帆公司）生产的四冲程助力自行车，该车使用说明书中载明发动机排量为 29.9ml（虚假标识）。宋正辉认为该车为非机动车，未办理机动车登记，并未投保交强险。后宋正辉与黄国栋发生交通事故致黄国栋死亡。经检验，认定宋正辉购买的四冲程助力自行车为机动车。交警部门认定黄国栋承担事故主要责任，宋正辉承担次要责任。死者黄国栋家属将宋正辉诉至法院，法院认为宋正辉未投保交强险，应在交强险死亡伤残赔偿限额内先行赔付 11 万元，余下部分由宋正辉按次要责任承担 8.7 万元，共计赔偿 19.7 万元。宋正辉以华帆公司提供虚假标识为由要求华

---

① 案例一和案例二转引自葛云松：“纯粹经济损失的赔偿与一般侵权行为条款”，载《中外法学》2009 年第 5 期，第 689 ~ 736 页。

② 《最高人民法院公报》2005 年第 10 期。

③ 重庆市高级人民法院编：《重庆审判案例精选》（第二集），法律出版社 2007 年版，第 191 ~ 196 页。

④ 江河：“纯粹经济损失具有可赔偿性”，载中国法院网，于 2014 年 3 月 30 日访问。

帆公司赔偿其在此次事故中的经济损失 19.7 万元。重庆市沙坪坝区人民法院经审理认为，宋正辉在交强险范围内承担的 11 万元经济赔偿系因应投保交强险而未投保所致，其原因与华帆公司的虚假标识直接相关，华帆公司应予以赔偿。责任划分方面，华帆公司明知而违法对车辆发动机排量加以虚假标识，且能够合理预见将损害购买者经济利益，应承担主要责任。宋正辉疏于注意而未投保交强险，承担次要责任。判决：华帆公司赔偿宋正辉经济损失 9.6 万元。

通过上述三个案例可以发现，在我国，纯粹经济损失可以获得赔偿，但并非一概予以赔偿。那么，司法实践中"赔"与"不赔"的界限该如何掌握，以及在何种范围内进行赔偿，理论界和实务界都不无争议。

一、初识：纯粹经济损失的内涵及样态

（一）内涵及特征

"纯粹经济损失"（pure economic loss）系英美法用语，在德国法称为"纯粹财产损害"，前者已成为比较法通用的概念，[①]指非因人身或所有权等权利受侵害而产生的经济或财产损失。[②] 对于这样一个理论概念，由于各国学者都是从本国法律规定及司法实践出发来进行研究，所以对于其定义，不同国家及不同学者给出的表述不尽相同。

纯粹经济损失具有以下特征：[③] 第一，受损主体可以是直接（或第一）受害人，也可能是次级受害人。如前述案例一、案例三中受损主体均为直接受害人，而案例二中则为次级受害人。若受损主体是直接受害人，则损失必须是不依赖于对直接受害人的财产或人身损害，否则构成间接损失。第二，受损客体是有别于财产损失和人身损害的独立经济利益集合。表现为营业损失或生产损失等可得利益损失，也表现为机会损失，如案例二中医院主张的损失即为营业损失。第三，纯粹经济损失往往具有不确定性。随着人们之间的经济联系日趋紧密，彼此间依存程度越来越

---

① 王泽鉴：《侵权行为》，北京大学出版社 2009 年版，第 296 页。

② Van Dam 在 European Tort Law（p. 711）所提出的定义，转引自王泽鉴：《侵权行为》，北京大学出版社 2009 年版，第 296 页。

③ 顾斌："试论纯粹经济损失——从案例入手探讨纯粹经济损失的赔偿问题"，载中国民商法律网，2014 年 4 月 6 日访问。

高，几乎每一事故的发生都会导致一系列连锁反应。但并非所有的纯粹经济损失案件的受害人或损害赔偿范围都不确定，一律不予补偿在某种程度上放任了加害人的过错，而且很多时候这种过错与损害结果间的联系是非常明显的。[①] 如案例一中律师事务所见证遗嘱无效案便是如此，遗嘱继承人王保富的损失与律师的过错行为具有相当因果关系，且受害者是有限的，赔偿范围也是确定的。

纯粹经济损失与直接经济损失、间接经济损失的主要区别在于受害人的人身权和财产权等绝对权利是否遭受损失。直接经济损失又称积极的财产损失，是指受害人现有实际财产的减少，如房屋被侵占、动产被毁损。间接损失又称消极财产损失，是指受害人可得利益的减少，系受害人的人身或有形财产（物）遭受损失后间接引起的损失。由此，三者的区别就不难辨别。

（二）样态

纯粹经济损失的外延非常之广，理论上并没有对其种类划分形成一致的意见。引用王泽鉴先生对纯粹经济损失样态的总结，[②] 经济损失包括因人身或所有权等权利受侵害而发生的经济上不利益（结果损失）和“纯粹”经济损失两大类，而后者又可分为直接侵害和间接侵害，直接侵害包括：营业竞争、引诱违约、阻塞道路交通、制造销售有缺陷商品、专门职业者提供不实资讯或不良服务等，间接侵害包括：侵害某人人身，致第三人受有经济损失；以及侵害某人之物，致第三人受有经济损失。

关于纯粹经济损失的样态（类型），除上述分类外，学者们对此可谓仁者见仁，智者见智。在《欧洲法的纯粹经济损失》（Pure Economic Loss in Europe）一书中，意大利学者毛罗·布萨尼和美国学者弗农·瓦伦丁·帕尔默教授将纯粹经济损失分成四大类：反射损失（指第一受害人受到实际损害，引起连锁反应，进一步引致原告经济利益损害，也称关联经济损害[③]）；转移损失（指基于法定或者约定原因，

---

① 张新宝：“纯粹经济损失的几个问题”，载《欧洲法中的纯粹经济损失》（中译本序），法律出版社2005年版。

② 顾斌：“试论纯粹经济损失——从案例入手探讨纯粹经济损失的赔偿问题”，载中国民商法律网，2014年4月6日访问。

③ 顾斌：“试论纯粹经济损失——从案例入手探讨纯粹经济损失的赔偿问题”，载中国民商法律网，2014年4月6日访问。

原本应由初始受害人承担的损失被转移至次级受害人承担[①])；由公共市场、运输通道或者公用设施的关闭引起的纯粹经济损失；信赖错误信息、建议及专业服务所致的纯粹经济损失。葛云松教授将其分为：债务人不履行债务，使债权人发生的损害；第三人侵害债权；第三人因填补他人侵权行为所致损害而发生的损失；其他纯粹经济损失，包括缔约过程中的行为，不履行债务导致第三人订约机会减少，侵害他人财产权导致第三人订约机会减少或者发生其他损失等。也有人将其分为：合同法范围内的纯粹经济损失；缔约过失上的纯粹经济损失；侵害他人之物对物之所有人造成的纯粹经济损失；侵害他人之物给第三人造成的损失；不实陈述引发的纯粹经济损失；不正当竞争等原因引发的纯粹经济损失六类。

二、探微：域内外立法及司法现状

（一）域外考察[②]

1. 法国法：概括保护的开放模式

法国民法典第1382条规定，“任何人因其行为致人损害，如果对其发生有过错，应承担赔偿义务。”对受保护的法益没有设定限制，包括权利和利益，当然也包括了纯粹经济损失。这一条规定可能是世界上最开放、最自由的侵权责任条款。[③]但实务上，则通过过错、因果关系等构成要件对纯粹经济损失的赔偿加以限制。任何损害，包括纯粹经济损失，都必须与加害行为之间存在因果关系。因果关系是否成立，则通过考察损害本身的确定性、损害与加害行为之间的直接性来确定。实务中，诸多请求赔偿纯粹经济损失的诉讼被法院以损害欠缺确定性或者直接性为由而驳回。

2. 德国法：区别法益保护的保守模式

德国民法典第823条第1款规定：“因故意或过失，不法侵害他人之生命、身

---

① 张新宝、张小义：“论纯粹经济损失的几个基本问题”，载《法学杂志》2007年第4期，第5~19页。

② 顾斌：“试论纯粹经济损失——从案例入手探讨纯粹经济损失的赔偿问题”，载中国民商法律网，2014年4月6日访问。

③ 张民安：《过错侵权责任制度研究》，中国政法大学出版社2002年版，第623~624页。

体、健康、自由、所有权或其他权利者，对所生之损害应负赔偿责任。”这里所规定的“权利”仅指绝对权。第2款规定：“违反以保护他人为目的之法律者，亦负同一义务。依其法律之内容无过失亦得违反者，仅于有过失时始生赔偿责任。”第826条规定：“故意以悖于善良风俗加损害于他人者，应负损害赔偿责任。”823条第2款和826条都具有广泛的适用范围，当加害行为造成纯粹经济损失时，受害人可以据此请求赔偿。此外，德国还以特别法或特别条款的方式对部分纯粹经济损失的赔偿作出了专门性规定。

实务中，判例和学说通过扩张解释德国民法典第823条第1款中的“权利”对纯粹经济损失提供额外的保护。如德国法院相继创设了“一般人格权”“营业权”，并在解释上置于“其他权利”之下。①

3. 英国法：实用型的模式

英美法对纯粹经济损失的救济主要体现在三个方面：（1）各类故意侵权行为。（2）违反制定法上的义务的侵权行为。（3）过失侵权。对过失侵权行为造成的纯粹经济损失的保护，其关键在于如何认定行为人负有注意义务。英美两国的法院基本上采取过失纯粹经济损失责任排除原则。英国曾经在几种不同的案型中承认纯粹经济损失的赔偿，但是逐渐又出现了相反的潮流，诸多先前的案型遭到推翻。现在，只有过失虚假陈述、过失提供服务等少数案型作为排除性规则的主要例外。②

（二）我国的现状

1. 相关法律规定梳理

我国法律规定中存在许多涉及纯粹经济损失赔偿的内容，下面仅对其“冰山一角”作一简单梳理：

（1）概括性规定

我国《民法通则》第一百零六条第二款规定，公民、法人由于过错侵害国家的、集体的财产，侵害他人财产、人身的，应当承担民事责任。对该规定中“财产”的理解，意见不一。有观点认为，“财产”仅指绝对权性质的财产权，不包括

---

① 王泽鉴：“契约关系对第三人的保护效力”，载《民法学说与判例研究》（第二册），中国政法大学出版社1993年版，第32页。

② ［意］毛罗·布萨尼，［美］弗农·瓦伦丁·帕尔默：《欧洲法中的纯粹经济损失》，张小义、钟洪明译，法律出版社2005年版，第181页。

债权，当然更不包括纯粹经济利益。也有学者认为，该款规定并无排除纯粹经济损失之本意。也正因为此，在我国相关的法律、行政法规、司法解释有关规定中，出现了实质内容为纯粹经济损失之损害赔偿。①

我国《侵权责任法》第二条第一款规定，侵害民事权益，应当依照本法承担侵权责任。用“民事权益”的表述，使得侵权法可适用于广泛的保护对象，个人认为，理论上讲，纯粹经济损失应当包括在内，尽管对此仍存在争议。

（2）具体规定

关于侵权致人伤残、死亡时，应赔偿丧葬费、护理费、交通费、住院伙食补助费、被扶养人生活费的相关规定。包括《民法通则》第一百一十九条，《最高人民法院关于贯彻执行〈中华人民共和国民法通则〉若干问题的意见（试行）》第一百四十五条、一百四十七条，《最高人民法院关于审理人身损害赔偿案件适用法律若干问题的解释》第十七条、二十一条、二十二条、二十三条、二十七条、二十八条，《产品质量法》第四十四条，《消费者权益保护法》第四十九条等等。

各种专业服务机构对利害关系人的损害赔偿责任。《产品质量法》第五十七条第二款、第三款关于产品质量检验机构、认证机构的损害赔偿责任，第五十八条关于社会团体、社会中介机构的损害赔偿责任；《公司法》第二百零七条第三款关于资产评估、验资或者验证机构的损害赔偿责任；《证券法》第六十九条关于违反信息披露义务的法律责任、第一百七十三条关于证券服务机构文书出具义务的规定；《注册会计师法》第四十二条关于会计师事务所的损害赔偿责任；《公证法》第四十三条第一款关于公证机构及公证员的损害赔偿责任。

此外，《物权法》第二百四十五条明确了对占有造成妨害时的纯粹经济损失的赔偿责任，《保险法》第四十五条规定因第三者对保险标的损害而造成保险事故的情形下，保险人对致被保险人损害的行为人享有代位求偿权，即作为保险人的受害人对行为人享有纯粹经济损失的求偿权。

2. 司法实践

关于纯粹经济损失，对于法律及司法解释有规定的，司法实践中自应依法予以

① 张新宝教授、张小义博士持此观点，张新宝、张小义：“论纯粹经济损失的几个基本问题”，载《法学杂志》2007年第4期，第5～19页。

赔偿。对于法律没有明确规定的，实践中有的是驳回了原告的诉讼请求，如前文所引案例二；有的会依据诚实信用、公序良俗等一些原则性规定判决赔偿，如山东省高级人民法院二审终审判决的莒县酒厂诉文登酿酒厂不正当竞争纠纷案。[①] 莒县酒厂生产的“喜凰牌”白酒在当地十分畅销。文登酿酒厂为了与其争夺市场，自1987年2月至1988年8月，在自己生产、销售的白酒上采用在构图、字形、颜色方面均与莒县酒厂的设计近似的瓶贴，并以“喜凤酒”作为自己白酒的名称。同时，文登酿酒厂在同一市场中还采取压价的手段与莒县酒厂竞争，造成消费者误认误购，使莒县酒厂的产品销量下降、库存积压。但文登酿酒厂未仿冒莒县酒厂的“喜凰牌”注册商标。山东省高级人民法院二审依据《民法通则》第四、五、七条判决文登酿酒厂停止侵害、赔偿损失。本案中，莒县酒厂的商标权并没有受到侵害，二审法院也没有援引《民法通则》第一百零六条第二款的规定，原因大概是认为莒县酒厂的财产并没有受到侵害，故直接依据《民法通则》第四、五、七条判决。

简而言之，在诸多关于纯粹经济损失的案例中，我国各地的司法实践有的判决支持，有的予以驳回。但不管赔或者不赔，在法律对相关损失没有明确规定的情况下，法院裁判都是持非常慎重的态度。

（三）比较分析

通过上述简单梳理可以发现，域内外立法及司法实践并没有将纯粹经济损失的赔偿问题完全否定或者完全肯定，而是采取了相对灵活和变通的方式，大致可分为三类：一类是通过对赔偿要件的严格认定来限制纯粹经济损失的赔偿范围，如法国和英国。第二类是通过相对类型化的处理，对部分纯粹经济损失以特别法形式作出专门规定，如我国。第三类是通过法律的原则性条款加特别法的形式对纯粹经济损失的赔偿问题进行规定，如德国法。

三、思辨：“赔”与“不赔”的法律政策分析

在承认纯粹经济损失的法域里，纯粹经济利益大都没能像人身权、财产权等绝对权一样获得法律的同等对待和保护。这其中隐藏着法律政策的考量和技术工具的意义。

---

① 《最高人民法院公报》1990年第3期。

（一）“不赔”的政策考量和理论依据

1. 责任排除规则

责任排除规则是英国法院处理纯粹经济损失之过失侵权赔偿的基本原则，主要包括诉讼闸门理论、价值序列理论和可预见性理论等。支持该规则的理由为，纯粹经济损失具有偶发性，受害人的范围和损失的大小难以确定，行为人对损失的结果往往难以预见。如果支持该纯粹经济损失赔偿的诉求，将使法院面临“像阀门打开后，洪水般的诉讼疯潮”，不仅消耗了有限的司法资源，导致无穷无尽的诉讼，而且对责任承担者亦不公平。显然该规则设立的初衷是为了避免诉讼泛滥，减少侵害人不可预见的责任，保护位阶较高的法益，严格控制各种利益相关的第三人提起有关纯粹经济损失赔偿请求。①

2. “不确定的责任”理论

现代的责任法要求科以责任的一个条件是责任应具有一定的确定性。其法理基础在于：一个人只有事前知道别人权利的边界在哪里，才可以据此确定自己行为的边界。如果潜在的责任大小是不确定的，那么行为人也将不能计算自己行为的成本和利益，如一概予以赔偿，将产生过大的行为阻却效应。责任的不确定性甚至使被告无法事前通过一系列手段将损失的风险予以转移或防止损失的发生。② 与实体损害一般局限在确定的时间、空间和主体范围内不同，纯粹经济损失的本质和特征决定了其引发的责任往往具有不确定性，犹如“一石激起千层浪”，责任的“涟漪”效应往往非常明显，所涉及的受害人甚至和被告根本不存在直接接触。受害人范围的不确定也进一步加剧了赔偿责任的不确定。

3. 维护人们的基本行动自由

拉伦茨和卡纳里斯教授指出，“任何侵权规范的基本问题都存在于法益保护与行为自由之间的冲突上。……侵权法的目标就是根据最合理的平衡或实际合理性来解决这一冲突。”③ 对于纯粹经济损失，法律是否予以保护，在何种范围内进行保

---

① 宋忠胜：“纯粹经济损失赔付与第三人利益保护”，载《河北法学》2011 年第 7 期，第 142～143 页。

② 转引自杨雪飞：“纯粹经济损失之赔偿与控制——以行为人对受害人责任为视角”，中国政法大学博士学位论文 2008 年，第 25 页。

③ 李昊：《交易安全义务论》，北京大学出版社 2008 年版，第 19～20 页。

护，直接影响到人们的行动自由。现代社会，人与人之间的关联度日益提高，人们的每个行为都有可能对周围产生或好或坏的影响，亦可能给他人带来纯粹经济损失。如果每个人都因此处于动辄得咎的窘境，自由意志将很难发挥，社会也将因无穷的相互追诉而秩序大乱。

4. 正常风险理论

罗马法上有一种法律观念：损害原则上应视为一种不幸，法律不应该试图去改变这种不幸；只有当他人实施了不正当的行为时，才应当代替受害人来承担这种损失。欧洲当代多数国家也都认为纯粹经济损失原则上只能视为一种坏运气，即将纯粹经济损失视为一种正常的风险。① 基于这样一种理念，要求加害人进行赔偿就有违公平正义了。

（二）“赔”的辩证分析

应该说前述理论对实践中约束和规范纯粹经济损失赔偿具有积极意义，然而，事物都具有两面性，随着经济社会的发展和大量纯粹经济损失案件的发生，我们也应该辩证地看到其不尽合理的一面。

首先，关于对诉讼泛滥之担忧。这种担忧不无道理，但现实情况是，即便在法国等对纯粹经济损失赔偿作宽泛性规定的国家，也没有出现诉讼泛滥、社会秩序混乱的局面。正如不能“因噎废食”，我们不能以一种设想的状态来完全否定和漠视损害的存在。

其次，关于责任的不确定性。并非所有的纯粹经济损失案件的受害人和损害赔偿范围都是不确定的，文章引言部分的案例一和案例三便是最好的例证。

再次，关于权利与自由的衡平。一个人权利的边界同时也是他人自由的边界，关键在于二者的平衡。过分地张扬行为人的自由在某种程度上就会放任其过错，降低其审慎注意义务，对受害人造成不公。

最后，关于正常风险理论。现实社会中，不幸事件和非法行为的界限有时很模糊，人们甘愿将损害视为不幸事件而加以忍受的情况越来越少，所以这种理论难以服众。

---

① 伍颖妍：“纯粹经济损失问题研究——以比较法为视角”，中国政法大学硕士学位论文 2010 年，第 23 页。

在“个人”观念和“权益”观念日益彰显的当下，每个人都在为自己的权益而斗争，然而权益是很容易遭受侵害的。“有损害即有赔偿”，这句古老的法谚最终在法律上体现为损害赔偿制度。侵权责任法最基本的功能是补偿损害和预防损害，损害赔偿制度的设计，必须符合侵权法的价值取向和社会最基本的正义观念，而有损害不赔偿显然是与之相违背的。

（三）解决问题的关键所在

通过上述正反两方面的分析不难发现，对于纯粹经济损失，绝对地“赔”或绝对地“不赔”都有失合理，问题的关键在于，通过一种什么样的技术工具将纯粹经济损失在赔与不赔之间划出分界线，既能剔除不确定的责任，避免诉讼泛滥，保护人们的权利和自由，又能最大程度地实现公平正义。通过各国立法及司法实践我们也看到，即使是在一开始完全奉行责任排除规则的英国，司法实践中也在不断作出例外性地调整，以尽量符合社会正义。

四、解题：规制纯粹经济损失赔偿的路径

任何一个法律制度都需要一个过滤器，将可赔偿的损害与不可赔偿的损害区别开来，避免诉讼链条的无限延伸和无限责任的可能性。纯粹经济损失赔偿的过滤器可从基本原则和赔偿要件两方面来把握。

（一）基本原则

1. 有限赔偿原则。即对纯粹经济损失并非一概予以赔偿，而应对损失类型、权利主体、赔偿的范围等划定一定的界限，设立一定的限制条件。换言之，对纯粹经济损失的保护程度和范围应有别于对财产权、人身权等绝对权的保护。

2. 利益衡平原则。基于纯粹经济损失的远因性和无形性，对其赔偿与否应做好利益平衡，规则的制定和个案裁判应在受害人与行为人之间、个人利益与社会利益之间、利益保护与行为自由之间做好权衡与价值判断。

3. 正面导向原则。法律具有规范、评价和引导的作用，司法裁判在很大程度上亦是如此。博登海默认为，正义的基本目标是在满足个人的合理需要和主张的同时，有助于促进生产进步和提高社会内聚性程度。对个人利益的保护不能损害社会公共利益，不能扰乱社会公共秩序。法律的制定和适用亦应传递这样一种理念，从而引导社会公众正确认识和对待无处不在的纯粹经济损失。

（二）赔偿要件

纯粹经济损失的赔偿要件，可从以下几方面来把握：

1. 加害行为。在纯粹经济损失案件中，行为人的加害行为具有间接性，表现在多数情形下，行为人的行为在客观上并非直接指向受害人这一主体范围或受侵利益。受害人之所以遭受损害，是由于系争利益赖以实现的经济关系链因加害行为的影响而发生断裂，导致其期待利益受损。①

2. 损害。有损害才有救济。纯粹经济损失自身固有的特征决定了这种损害并非是既有财产的有形损害，而是一种无形的经济利益受损。

3. 因果关系。因果关系在责任控制上发挥着重要作用，纯粹经济损失赔偿责任的成立，同样适用侵权责任成立的相当因果关系理论。②

4. 过错。故意导致的纯粹经济损失自然应当获得赔偿，在过失的条件下，则应考量行为人是否违反了谨慎注意义务，这是判断行为人有无过错的客观标准。如果能够明确行为人对受害人的损失具有防免的义务，则说明行为人违反了合理行为的谨慎注意义务，具有过错，应当承担责任。

5. 可预见性。如果受害人及其损失不易被识别，无法让行为人有所预见，则很难确定行为人行为前有相应的注意义务。至于行为人对损失预见的程度，个人认为不要求具体到特定的受害人和损失的具体数额，只要具有概括性的预见即可。

6. 损害的确定性。包括受害人确定和受害人的损失确定两个方面。损害不确定，则赔偿请求无法明确，影响到诉讼程序的启动，进而难以从法律上予以保护。

（三）纯粹经济损失的类型化处理

由于纯粹经济损失涉及的问题复杂，发生的领域广泛，损失的形态多样，寄希望于通过法律一般条款的规定得出赔偿或不予赔偿的结论并不现实。因此，我们可尝试对其作类型化处理，以便于实践操作，况且从我国现行法律的特别条款和特别立法中已能够看到类型化处理的影子。至于纯粹经济损失的具体分类，理论上观点

---

① 转引自杨雪飞：“纯粹经济损失之赔偿与控制——以行为人对受害人责任为视角”，中国政法大学博士学位论文2008年，第175页。

② 王泽鉴先生认为，相当因果关系指“无此事实，虽必不发生此结果，但有此事实，通常足生此结果”。见《王泽鉴法学全集》第七卷，中国政法大学出版社2003年版，第108页。

不一，前文已述。分类的目的不在于另辟蹊径，类型化的建立需以大量的实例为研究前提。目前，我国缺乏相应的实例作为类型化划分的基础。① 因此，对纯粹经济损失的类型化有待于司法实践对典型案例的积累，进而在时机成熟时推动立法的完善。

（王华　山东省东营经济技术开发区人民法院）

情谊行为致害的司法规制

【司法精要】

情谊行为致害是施行人在实施情谊行为的过程中对接受人产生的特殊结果，因损害结果的客观存在，所以诉诸于司法的情形日见增多。然而对其特殊性的考虑在现行司法规制中由于立法的空白而缺乏统一的处理。本文结合致害的过程与现实处理的特点，指出司法规制的实质是法官在处理该类侵权纠纷时进行的价值判断，即判断现行法律规则能否以及在何种程度上得以适用，并是否考虑情谊行为本身的特性对责任构成及其承担产生的影响。通过实证研究，文章提出了在利益平衡视角下构建统一司法处理规则的主张：首先，应当以一般过错责任作为归责原则；其次，当施行人违反因情谊行为作为先行行为所引发的对接受人的注意义务时，则认定其存在过错；第三，在裁判责任承担时对不同情谊行为的价值特性需进行考量，只有当其蕴含的好意性、无偿性与社会公益的趋向较为一致时，才产生责任减免的可能；第四，在施行人与接受人均不存在过错时方可按照案情实际适用公平责任。

情谊行为作为学术概念的出现是基于我国对于德国以及台湾地区学术成果与实

① 陈帆：“论纯粹经济损失的法律救济——《侵权责任法》相关条款之研究”，浙江大学硕士学位论文2011年，第40页。

务判例的吸收借鉴。[①] 从文意解释的角度，其含义为：为建立、维系、增进与他人之间的感情并以达到有利于他人之后果为目的而施行的行为。其特点为无偿性、好意性与不受法律约束的意思表示。[②]

社会交往中，好心办坏事的现象并不鲜见：比如搭乘便车过程中因驾驶人的过失酿成车祸致使搭乘人受伤。对于前述行为，由于我国立法在情谊行为领域的空白，使得司法中法律适用责任判定的尺度不一。为了实现司法的权威性与可预期性，有提出体系化解决方案之必要。本文限于篇幅有限性与情谊行为表现形态多样性的矛盾，为了尽可能从中得出一般性的司法规制原则，笔者将以生活中常见的三类情谊行为引发的侵权赔偿之诉作为分析样本。

一、概念阐释与问题界定

（一）情谊行为致害及其司法规制

情谊行为致害是指施行人在情谊行为的实施过程中对接受人造成了损害。依据学界通说，情谊行为本身被视作是“社会层面上的行为”，在施行人与接受人之间不存在接受法律约束的意思表示，不是民事法律行为，所以法律一般不会介入发挥其调整作用。[③] 但是接受人的损害作为一种客观存在，意味着其人身权或者财产权遭受了侵犯，法律理当对其进行保护。司法实践一般以机动车交通事故责任纠纷和人身权损害赔偿纠纷为由立案审理。

情谊行为致害的司法规制是指运用法律手段对前述情谊行为致害这一结果进行

---

① ［德］迪特尔·梅迪库斯：《德国民法总论》，邵建东译，法律出版社2013年版，第149～158页。我国台湾地区称之为好意施惠关系，见王泽鉴：《债法原理》，北京大学出版社2009年版，第156～157页。笔者在本文中选择情谊行为这一称谓，是认为好意施惠一般是指出于好意给予他人恩惠的意思，相比于情谊行为外延更窄，比如宴饮中的劝酒可以视作我国传统宴饮文化中宾主尽欢、客随主便等要素的表现，但如果说该类行为是“施惠”，则不甚恰当。情谊行为本身外延较宽，利于包容相关问题进行讨论。相应地，笔者将“施惠人”与“受惠人”这一对称谓转换成“施行人”与“接受人”。

② 王泽鉴：《债法原理》，北京大学出版社2009年版，第156～158页。

③ 情谊行为中存在施行人作出某种行为的意思表示，也存在施行人与接受人相互之间的意思表示一致（主动邀请他人搭车，他人同意后上车），但是都不能将此认为是接受法律的约束。关于个中区别的简明分析可参见郭平宜：“好意施惠之法律思考”，载《法学杂志》2008年第1期，第140页。

调整与控制。一方面，情谊行为本身与情谊行为所引发的后果应当作为两个独立的评价对象，在此过程中的情谊行为符合侵权责任的构成要件时就会转化成一种特殊的侵权行为，情谊行为成为民事法律中的事实行为，继而引发了民事法律关系，这是司法规制的成立逻辑。另一方面，当情谊行为致害的情形被诉诸法院时，其外在形式与一般侵权之诉十分相似，但又有其特殊性。例如作为乘客在朋友驾驶的机动车发生交通事故中受伤，其作为受害者享有与一般交通事故受害人同样的权利，可以把驾驶人作为被告要求赔偿，但其无权享受交强险的赔付。

基此，本文重点讨论的问题有二：第一、情谊行为作为侵权之诉进入司法视野，我国现行侵权责任法相关的实定法规则能否以及在何种程度上适用。第二、情谊行为中的利他因素是否对其责任构成和责任承担产生影响？如果产生，则裁判的尺度该如何确立。

（二）司法价值判断与分析框架的确立

两大重点问题在司法实践的过程中可以被转化为司法价值判断的问题。这是指法官在审理案件时面对立法没有明确其含义的概念以及没有明确规定的情况下，通过在现有体系框架内寻找并决定是否采用某条法律作为裁判依据的一种取舍以及是否需要进行实质推理来对某一问题进行明确。①

上述司法价值的判断问题融入法院处理侵权赔偿案件过程中，可以分解为如下两个层面及其各自包含的层次：

第一、情谊行为致害的责任认定

1. 适用的归责原则

2. 构成要件及其判断标准

第二、情谊行为致害的责任承担

1. 是否对接受人适用过失相抵原则

2. 是否对施行人进行责任减免

（上述两项判断都是肯定的前提下是否叠加适用）

3. 责任的分担是否有适用的可能

---

① 王雷：《民法学视野中的情谊行为》，北京大学出版社2014年版，第65~66页、第68~69页。

以下，将以此作为分析路径对三类典型行为引发的现实案例进行梳理与总结。[①]

二、搭乘便车中的情谊行为致害：好意同乘中的交通事故

（一）概念与转化条件

“好意同乘”是目前理论界与实务判决中惯用的称谓，其基本含义为“出于良好的意愿而让他人与自己一同乘车前往某地”。[②] 日常生活中的“顺风车”“无偿搭乘”等皆属其类，其作为典型的互助行为集中体现了中华民族友爱互助、乐善好施的传统美德。但，在搭乘过程中如果发生交通事故致使搭乘人人身财产遭受损害的，就往往会引发搭乘人（即接受人）起诉驾驶人（即施行人）要求赔偿的案件。

（二）审理现状与特点

1. 在责任认定方面

（1）归责原则的适用倾向于过错责任，其为大部分案件所适用，但一般不会区分一般过失与重大过失，而是结合《道路交通事故认定书》上的事故成因分析与责任比例对施行人的过错程度进行认定。

（2）在适用过错责任进行归责的前提下，安全注意义务的履行到位与否成为责任认定的关键要素。因为机动车的行驶本就是具有一定危险性的行为，车内乘客与车外人员一样面临潜在威胁，驾驶员注意安全通行的义务并不因免费搭乘而消减[③]；即使是驾驶非机动车，也需遵循交通法规，保障同乘人的人身财产安全。[④]

2. 在责任承担方面

（1）过失相抵原则普遍得到运用。例如搭乘人未注意驾驶人的驾驶资质、明知

---

① 案例的查找系通过键入关键词，如情谊行为、好意同乘等，在北大法宝数据库和上海法院法律文书检索中心进行全文检索与摘录。

② 孙莹、肖瑶：“关于好意同乘问题的困惑与思考”，载《人民司法·应用》2013 年第 9 期，第 98 页。

③ 福建省龙岩市中级人民法院（2007）闽岩民终字第 016 号民事判决书。

④ 河南省郑州市中级人民法院（2012）豫郑民二终字第 140 号民事判决书。

驾驶人酒后驾车的情况下仍然乘坐、未带安全头盔①等情形均被视为搭乘人自身存在过错，从而减轻驾驶人之责任。

（2）好意同乘的认定与驾驶人责任的减轻一般呈现出正相关的态势：即如果交通事故中驾驶人与搭乘人之间的好意同乘关系得到确认，则驾驶人的责任将得以减轻。对于减轻原因的分析，一般从情谊行为的无偿性出发②或者结合无偿性的同时根据社会公序良俗以及公平观念③进行证成。但是相关表述都较为简单，形同把情谊行为直接作为一种法定减责事由进行运用。

（3）过失相抵与情谊行为的认定带来的对驾驶人责任减轻的叠加效果也普遍得到运用。④ 值得注意的是叠加减轻的呈现形式是酌情确定施行人的一个总体责任比例，而不是分别对应不同减免比例后再得出代数和式的总值。

（4）公平责任有不当的适用。在相关案例中交通事故的发生系车轮爆胎的意外或者第三人负全部责任，所以施行人承担了相应的责任或者分担了损失⑤。但是判决书在论证时，没有说明具体比例的由来。另外在前述河南信阳市的案件中一方面认为构成好意同乘，施行人应负有注意义务，另一方面又根据车祸系意外起因而得出“适当减轻赔偿责任”，这实际是将过错原则与公平责任混合运用，在逻辑上不能成立。

三、宴请款待中的情谊行为致害：共同饮酒酿成人员伤亡

（一）情形细分

宴请饮酒是我们这个人情国度中经常发生的情谊行为。此种行为较之好意同乘，侧重于交流人际感情与进行社会交往，而与助人为乐的高尚情操没有关联。喝酒本来是活跃宴会气氛、共享快乐的事，但如果毫无节制，则可能酿成悲剧。同样

---

① 河南省鹤壁市中级人民法院（2014）豫鹤民一终字第27号民事判决书、福建省厦门市海沧区人民法院（2013）闽海民初字第2400号民事判决书、甘肃省张掖市甘州区人民法院（2013）陇甘民初字第3746号民事判决书。

② 上海市浦东新区人民法院（2013）沪浦民一初字第271号民事判决书。

③ 上海市虹口区人民法院（2012）沪虹民四初字第523号民事判决书。

④ 上海市浦东新区人民法院（2013）沪浦民一初字第271号民事判决书。

⑤ 河南省信阳市中级人民法院（2011）豫信中法民终字第927号民事判决书、江西省萍乡市中级人民法院（2005）赣萍民一终字第157号民事判决书。

与好意同乘不同的是，共同饮酒致害的情形因参与宴请的人数较多以及宴请结束后的情况不同而存在不同的情形，大致区分如下：

1. 在宴请中因劝酒、拼酒、灌酒等行为导致某同饮者人身伤亡。

2. 虽无上述行为，但明知某同饮者过度饮酒，却未加以有效制止或提醒，该同饮者发生人身伤亡。

3. 虽无上述行为，但明知某同饮者已经醉酒，却未妥善安全将其送返住所，该同饮者在自行返回途中发生人身伤亡。

（二）审理现状与特点

1. 在责任认定方面

（1）过错的归责原则得到最普遍的适用。在笔者通过北大法宝查阅到的30个案例中，无一例外全部运用该原则作为论证被告是否需要向原告承担赔偿责任的依据。与好意同乘致害类似，一般过失还是重大过失的状态没有得到论证与细分。

（2）在对于过错的认定上，情形1中的行为一般作为造成受害的同饮者陷于醉酒危险的表现①；情形2与情形3的行为均被认定为没有对受害的同饮者尽到善意的提醒、劝诫、照顾义务，这些义务可以表现为：未对其酒后驾车进行制止、未及时将其送往医院救治、未将其安全送回家等等，前述不作为本身都构成侵权行为，因此需要承担相应责任②。即使原告无法就情形1中的行为进行举证，但只要原告举证存在情形2或者情形3中的行为，法院一般就认定其他同饮者的过错责任成立。

2. 在责任承担方面

（1）过失相抵原则成为必然适用的原则。不同于好意同乘中需要被告举证原告存在可归咎于其自身的行为，进而导致交通事故损失的发生或者扩大，从而减免自身的责任。在共同饮酒中，受害同饮者过量饮酒本身成为一种无需被告举证的抗辩事由。这是因为：首先，作为受害的同饮者，在除被恶意灌酒之外是否饮酒以及饮

---

① 河南省漯河市郾城区人民法院（2009）豫郾民初字第332号民事判决书。

② 可分别参见江苏省南京市雨花台区人民法院（2013）苏雨板民初字第291号民事判决书、安徽省休宁县人民法院（2014）皖休民一初字第30号民事判决书、河南省新乡市中级人民法院（2010）年豫新中民一终字第547号民事判决书、河南省息县人民法院（2011）豫息民初字第1356号民事判决书。

用多少都应自负其责，对于因过量饮酒而可能造成的危害应当能够预见，如因此造成了人身伤亡，其本身需承担主要责任。其次，原告为证明被告存在过错，必然要先证明自身或者死者已经达到饮酒过量的程度，这一点反而同时为被告的抗辩提供了依据。

（2）共同饮酒的认定不会直接产生对其他同饮者责任的减轻效果。因为饮酒并不是一种助人的好意，相较于好意同乘，其中仅蕴含利于社交的积极性，却缺乏鼓励善良风俗的正当性。

（3）当存在多个同饮者时，其他同饮者对受害同饮者应当承担共同侵权责任。限于原告难于举证证明他们之间的责任大小和相关事实难以还原，法院一般不会区分其他同饮者各自行为与受害同饮者损害结果的原因力，而是认定构成共同侵权行为并判令其在过失相抵后的范围内平均承担赔偿责任。

（4）公平责任不恰当的适用。在某案例中，尽管原告未能证明死者的死亡是被告恶意劝酒所致，也没有证明被告对死者负有劝阻和照顾的义务，但是法院仍然认为被告作为饮酒邀约人，“从社会公序良俗和一般社会公众所能接受的公平理念出发，应当承担适当道义责任，给予适当经济补偿。”①

四、自助旅游中的情谊行为致害：结伴邀约后的损害

（一）情形限定

随着旅游出行作为大众休闲方式得到普及，多种形态的组织方式也应运而生。其中，亲朋好友之间的相约游玩或者通过网络邀约而随机组合的“驴友行”因其自由性与便利性等特点成为具有较强代表性的自助旅游方式。此类活动不存在营利的动机，能使同游者加深了解，增进感情——符合情谊行为的特征，在此过程中如果发生同游者人身财产损失，就将产生因情谊行为引发的侵权法律关系。

（二）样本分析

该类行为虽然在现实中广泛存在，但是很少真正进入诉讼程序。所以笔者将被冠以“中国驴友第一案”之称的广西南宁案例作为样本。

---

① 河南省巩义市人民法院（2013）豫巩民初字第2902号民事判决书。

1. 案情概述①

2006年7月，当地自助游爱好者梁某某在南宁时空网的旅游论坛上发帖，邀约网友参与赵江峡谷旅游，费用由参与者自负。包括召集者与本案受害者骆某在内的13人确认参与，于当年7月8日成行出发。到达目的地后，众人分组进行露营，其中骆某与陈某共用一个帐篷。当时正值雨季，次日凌晨的大雨导致峡谷山洪暴发，由于扎营地位于河床处，骆某不幸被冲入河中，后遇难。骆某的父母以梁某某作为组织者收取费用系无照经营及其未对团队成员履行安全防范义务、以其他同游者与骆某形成相互关照之关系却未履行救助义务为由向法院提起侵权赔偿之诉。

2. 法院判决

此案经过两审定案，其中一审法院对于原告主张之理由几乎全部支持，并考虑受害人自身对于风险的认知而应自行承担一定责任，最终判决受害人、梁某某与其他同游者分别承担25%、60%、15%的过错责任。而二审法院对于一审判决进行重大修正，认定梁某某等同游者对于骆某死亡不存在过错所以不承担赔偿责任，仅依照公平原则，对于骆某父母给予适当补偿，其中梁某某作为发起人，应适当多分担责任。②

3. 结果评析

在认定受害同游者与其他同游者之间存在注意义务的问题上，一审法院与二审法院同样是从认定双方之间因此次结伴出游形成了临时互助团体出发，认定双方因情谊行为产生了结伴互助的信赖。

二审法院的判决部分回应了梁某某等同游者是否存在过错的判断。从裁判文书中说理部分的“上诉人已尽必要的救助义务，主观上并无过错”可以认为在对于过错的判断上，二审法院认为不应当在自助同游者之间设置过高的注意义务标准，不能以最终救助结果是否成功进行判断，而采纳同游者只需采取力所能及的救助措施即可。而在本案中骆某的损害系遭遇山洪后发生的意外死亡，所以梁某某等同游者不需承担赔偿责任。③

---

① 广西壮族自治区南宁市青秀区人民法院（2006）桂青民一初字第1428号民事判决书。

② 广西壮族自治区南宁市中级人民法院（2007）桂南市民一终字第124号民事判决书。

③ 戴景华：《AA制自助游索赔第一案评析》，湖南大学2011年硕士学位论文，第7~8页。

但是本案依照公平责任进行处理，笔者难以认同。因为受害者作为完全民事行为能力人，应对自己的行为负责。其对于参与案涉地点的活动本身带有一定的风险是明知的，但其仍然选择在河床扎营。这属于将自身置于危险之中，所以其本身具有过错，这也就丧失了适用公平责任的基础。

五、统一司法处理规则之构建——以利益平衡为视角

通过对上述三类典型行为处理的归纳，可以发现目前司法实践中存在的共性特点：1. 责任认定方面：（1）过错责任成为基本归责原则，但过错状态未得到细分；（2）过错判断的重点在于施行人是否违反注意义务。2. 在责任承担方面：（1）对接受人普遍适用过失相抵原则进行衡量；（2）不同类型情谊行为致害产生的责任减免效果不一致；（3）公平责任存在不当适用。

笔者认为，无论是上述达成的广泛共识还是存在的实践争议，都可以运用利益平衡的视角予以合理化论证或者协调化解。因为司法是立法的实施过程，审判的基本前提是依法裁量，而不是恣意妄为。而立法是对于各种相冲突的利益进行排序、取舍与调整的制度安排，这本身就是一个利益衡量的过程，即该不该保护、如何保护的价值判断问题。所以当司法进行价值完善或漏洞填补时尤其需要进行利益衡量。

如前所述，情谊行为致害将引发特殊的侵权行为，从而将其纳入侵权责任相关法律体系的规制范畴。侵权责任法首先要实现的是通过提供救济的方法来保障受害人被侵害的权益，但正如学者所指出的，它的主要任务在于如何构建法益保护与行为自由之间的矛盾关系，[①] 所以行为自由也是该法需要保障的利益。二者的辩证关系在于：法律通过预防并制裁侵权行为来保障法益的同时也为行为自由划定了边界，这一边界将随着社会的发展不断演变。而法律本身又带有稳定性的特点，这就要求司法在处理具体纠纷时贯彻平衡的理念。

关照到情谊行为致害而言：于接受人是因为致害而受损的人身权益或财产权益；于施行人是进行社会交往的便利宽松度，所以“接受人权益保护与救济”与

---

① ［德］马克西米利安·福克斯：《侵权行为法》，齐晓琨译，法律出版社 2006 年版，第 4 页。

"施行人行为自由与保障"是情谊行为致害的司法规制所要实现的利益平衡。统一处理规则应在前述目的之下构建。

（一）应以一般过错责任作为基本归责原则

对于归责原则中过错状态的确立将决定接受人权益受到法律保护可能性的大小，同时也将影响施行人履行注意义务程度的深浅。选择一般过错责任的理由在于：

第一，情谊行为致害侵犯的是接受人的绝对权，其中对于人身权这样一种作为享有其他民事权益的基础性权利，法律的保护力度理应加强。如果限于故意和重大过失，则将对接受人权利救济产生不公平之结果。

第二，如果采无过错责任，则无论施行人对于损害的发生是否存在过错，只要其致害行为与损害后果之间存在因果关系，就需承担侵权责任，对于施行人而言要求过苛，尤其不利于鼓励如好意同乘中的助人善举。而且情谊行为致害并不属于法律有特殊规定的责任类型，所以无过错责任无其直接适用的正当性。

第三，采取一般过错责任原则将重大过失与故意囊括其中，可以最大限度地应对因情谊行为所引发的各种侵权纠纷，为司法的动态调整预留空间。

由上观之，在现行法律体系下，选择《民法通则》第106条第2款或《侵权责任法》第6条第1款作为裁判依据恰如其分。

（二）当施行人有预见可能却仍违反对接受人人身财产进行保护的注意义务时，则认定其存在过错

司法对侵权责任构成要件的审查与归责原则的确立具有密切联系，因为后者系前者的基础和前提。在确立了一般过错责任原则之后，过错作为归则基础成为了最需进行认定的要件。

过错的认定重点在于施行人对于损害的发生是否能够预见，即所谓"过错客观化"——"把过失界定为一种对法定或者约定的注意义务的违反行为而非一种主观心理状态，用注意义务的违反对受害人权益的侵害作为行为人承担侵权责任的标准"。[1] 德国学界的通说认为施行人在实施情谊行为的过程中虽无主给付义务，但

---

① 屈茂辉："论民法上的注意义务"，载《北方法学》2007年第1期，第35页。

是负有因主行为附随带来的对他人人身和财产的注意与保护义务。① 可以说，尽管情谊行为的出发点都是积极乃至善意的，但是法律给予接受人权益的保护并不因此削弱。因此施行人存在过错的证成逻辑如下：

因施行人实施了情谊行为，该情谊行为作为先行行为决定他对于接受人的人身或财产应该承担维护其安全，预防、减轻乃至排除危险发生的作为或者不作为的义务。

当施行人在上述在先行为的实施过程中因缺乏注意而导致接受人的权益处于某种危险状态并造成了损害后果时，此时的情谊行为致害构成了侵权行为。

所以司法认定的原则是：当施行人在情谊行为实施过程中的某一特定行为将接受人置于危险状态时，则可以认定其未尽注意义务。

然而，情谊行为致害需要法官做的是在施行人与接受人这样一对互动关系中进行裁决，只依凭“过错客观化”理论进行判断有可能科加施行人无限的义务，造成利益失衡的危险。所以还应当把违反注意义务的判断进一步落实于判断“预见可能性”上，并结合情谊行为的特性考虑如下要素：

第一，施行人与接受人之间形成的特殊关系及其彼此的亲疏远近。在情谊行为中，双方可以被认为形成了一种临时性的特殊关系，这在人数较多的共同饮酒、出游场景下尤甚。而特殊关系是否处于紧密的状态，则要结合双方的亲疏关系进一步考量。通常而言，双方关系越亲近，情谊行为建立的频率越高，施行人对于接受人情况了解的程度越高，因此施行人预见自身行为危险的可能性和接受人对其合理的信赖度都会增强，这也就决定施行人注意义务程度的提高。

第二，施行人的资质、能力、经验是否足以预见。在此可分为基本资格与特定标准两个角度进行把握。前者如在好意同乘中，驾驶人系无证驾驶的，则可以认为其未尽合理注意义务；后者如在自助出游中，假使组织人为常年从事户外活动的导游，则对其注意义务应当提出较高的要求；假使群体中并无具有专业技能之人，那么对于其他同游者则只能在不超出一般人对户外活动危险的认知程度内进行考虑。

第三，行为发生的客观环境与类型。前者如在共同饮酒中，宴请发生在寒冷的

---

① Wolfgang Fikentscher, Andreas Heinemann, *Schuldrecht*, De Gruyter Recht, Berlin, 2006, 10 Auflage, S. 22 ~ 23，转引自王雷：《民法学视野中的情谊行为》，北京大学出版社 2014 年版，第 218 页。

冬季且进行至深夜，则同饮者对彼此可能未安全返家以至于留宿户外而冻伤能够预见；后者如在自助出游中，对于如前述案例中由自身行为导致的危险所造成的后果以及因外力因素介入导致损害的发生要加以区别对待，同游人彼此不应对意外伤亡承担注意义务。

（三）情谊行为本身并不必然产生责任减轻的效果，其蕴含的利益价值越趋向社会公益，则对施行人责任减轻的正当性越强

目前理论界对于施行人责任的减免有多种方案及其理由①：

第一种，施行人仅对其故意或者重大过失承担责任。因为施行人的行为带有无偿性、好意性，要求其与一般侵权行为同样担责，违背社会情理，有失公平。

第二种，类推适用合同法中关于无偿合同责任减轻的规定。因为根据举重以明轻的法律原理，既然无偿合同都有责任减轻的规定，那么不具有法律约束力的情谊行为就更应当减轻责任。

第三种，拟制施行人与接受人之间存在默示减免责任的协议。此种做法系德国部分司法案例层面的一种操作，作为法律介入情谊行为的技术。

第四种，直接扩大公平责任的适用，使得施行人承担相应补偿责任。其理由与第一种做法相类似。

对于上述第二、三种做法，笔者认为，类推适用忽视了情谊行为本身非系民事法律行为的特性，两者不具有类推的相似性基础；而既然双方没有接受法律约束的意思表示，那也就更不可能预先存在对于责任减免默示意思的创制。

对于上述第一、四种做法，笔者认为其理由忽视了不同类型情谊行为所蕴含的价值特性，有失客观全面。

首先，责任减轻正当性的依据来源于利益平衡。在笔者看来，不同类型情谊行为所指向的行为自由与接受人的合法权益相比，其价值位阶不同——社交是天然的自由，行善是更高级的自由——这才能解释现行实践中对于三类行为施行人责任减轻不同处理的原因。例如共同饮酒、自助出游中，令其他共同参与者承担注意义务

① 张家勇："因情谊给付所致损害的赔偿责任"，载《东方法学》2013 年第 1 期，第 21 页。另可参见：谢鸿飞："论创设法律关系的意图：法律介入社会生活的限度"，载《环球法律评论》2012 年第 3 期，第 21～22 页。

可能会限制其个人的享乐自由，但是却能够保护其中每一个人的基础权益。通过后者所代表的基本法益来限制前者所代表的享乐利益，符合比例原则。而在好意同乘中的两大利益则分别为“人身或财产的权益”与“助人行善的自由”，两者虽然往往会外化为私人权益，但却都和社会公共利益相联系——前者作为个人存在于社会最重要的基础、后者是实现社会团结协作的基石，所以两者不存在价值位阶的绝对高下，因此出于维护社会公益导向的考虑，防止法律对生活的过渡漠视，在进行平衡时存在责任减轻的可能。

其次，情谊行为中的好意性、无偿性也存在利益衡量的必要，不能作为减免责任的当然理由。因为好意也是有价值位阶的：共同饮酒与自助旅游中的好意至多只是为建立、巩固社交，而好意同乘则蕴含助人为乐的道德情操，孰轻孰重一目了然。如果说无私助人而要承担全部责任于情理上难以信服，那么为了娱乐导致伤亡却还可以减轻责任则更令人无法认同——即从社会的一般观念出发，过量饮酒伤身误事所以需要节制才是题中之意。同时，在没有明确接受人是否存在过错时，仅依据无偿受益就一律苛责接受人自担责任，有失公平。而且如果导致形成“接受他人邀请/帮助就要自担风险”的认知，对于公众产生忌惮社交活动的行为指引，属于法律对生活的不当介入。

最后，不把情谊行为本身作为当然的责任减轻因素是司法规制的必然结果。因为司法作为对实定法的践行，应结合现实中广泛存在的接受人自身过错的前提，在利益平衡时首先通过一般过错责任原则的确立、过错标准的认定以及过失相抵原则的运用，这属于“法定裁量事项”，而包括考虑好意、助人为乐在内运用公平原则进行衡平则属于“酌定裁量事项”。法定裁量事项的优先序位在有利于避免自由裁量权滥用的同时更是对社会一般公平观念的回应，有助于起到良好的社会效果。①

（四）施行人与接受人经认定都不存在过错时，才能适用公平责任

公平责任存在不当适用的原因在于把该原则与公平原则进行了混淆。事实上，公平责任在我国不是一种独立的归责原则，其“解决的是损害的分担问题，……其目的在于在当事人双方对造成的损害均无过错的情况下，由当事人适当分担损失。

① 王雷：《民法学视野中的情谊行为》，北京大学出版社 2014 年版，第 225～227 页。

它是损害赔偿的原则。”①

在情谊行为致害中，必须先确定施行人不存在过错，也不存在接受人的过失相抵时，才能考虑公平责任的适用。具体而言，尽管双方均无过错，但是施行人的行为与接受人的损害确实存在一定的事实上的联系，从平衡利益出发，让其分担损失具有合理性。例如好意同乘中，交通事故的发生系天气状况、突发爆胎等意外事件导致的，则属于适用的场景。

（钟锐　上海市虹口区人民法院）

《侵权责任法》适用于刑事附带民事诉讼的可行性

【司法精要】

《侵权责任法》第十六条、第二十二条对侵权民事赔偿范围作了相对统一的规定，并明确了“同命同价”的原则。刑事附带民事诉讼是在刑事犯罪案件中，被害人或其近亲属对自身权益受损后的一项重要救济手段，本质仍是民事诉讼。犯罪行为是一种社会危害性更为严重的侵权行为，因此，如何正确理解《侵权责任法》在刑事附带民事诉讼案件中的适用对于维护被害人或其近亲属的权益，平衡各种社会关系便有着重要意义。笔者从故意杀人罪、交通肇事罪附带民事诉讼的赔偿范围比较，发现《侵权责任法》在刑事附带民事诉讼案件适用中存在的问题，通过厘清死亡赔偿金的性质，从正、反两方面分析《侵权责任法》适用于刑事附带民事诉讼的可行性，以期为将死亡赔偿金纳入所有刑事附带民事诉讼赔偿范围提供思路。

① 奚晓明主编：《〈中华人民共和国侵权责任法〉条文理解与适用》，人民法院出版社2010年版，第47页。

一、现行刑事附带民事诉讼赔偿范围的法律规定

《刑事诉讼法》第九十九条第一款规定：被害人由于被告人的犯罪行为而遭受物质损失的，在刑事诉讼过程中，有权提起附带民事诉讼。被害人死亡或者丧失行为能力的，被害人的法定代理人、近亲属有权提起附带民事诉讼。第一百零一条规定：人民法院审理附带民事诉讼案件，可以进行调解，或者根据物质损失情况作出判决、裁定。该两条规定了提起附带民事诉讼的条件及主体，并未对刑事附带民事诉讼原告主张的范围作出明确规定。

《最高人民法院关于适用〈中华人民共和国刑事诉讼法〉的解释》第一百五十五条规定：对附带民事诉讼作出判决，应当根据犯罪行为造成的物质损失，结合案件具体情况，确定被告人应当赔偿的数额。

犯罪行为造成被害人人身损害的，应当赔偿医疗费、护理费、交通费等为治疗和康复支付的合理费用，以及因误工减少的收入。造成被害人残疾的，还应当赔偿残疾生活辅助具费等费用；造成被害人死亡的，还应当赔偿丧葬费等费用。

驾驶机动车致人伤亡或者造成公私财产重大损失，构成犯罪的，依据《中华人民共和国道路交通安全法》第七十六条的规定确定赔偿责任。

附带民事诉讼当事人就民事赔偿问题达成调解、和解协议的，赔偿范围、数额不受第二款、第三款规定的限制。

《中华人民共和国道路交通安全法》第七十六条第一款规定：机动车发生交通事故造成人身伤亡、财产损失的，由保险公司在机动车第三者责任强制保险责任限额范围内予以赔偿。

《最高人民法院关于审理道路交通事故损害赔偿案件适用法律若干问题的解释》第十四条第一款规定：道路交通安全法第七十六条规定的“人身伤亡”，是指机动车发生交通事故侵害被侵权人的生命权、健康权等人身权益所造成的损害，包括侵权责任法第十六条和第二十二条规定的各项损害。

通过分析上述规定，可以得出以下结论：1. 普通刑事附带民事诉讼赔偿范围包括：医疗费、护理费、交通费、康复费、误工费、残疾生活辅助具费、丧葬费；2. 因交通肇事引起的附带民事诉讼赔偿范围适用《侵权责任法》第十六条的规定，含残疾赔偿金、死亡赔偿金；3. 刑事附带民事诉讼调解赔偿范围也可含残疾赔偿

金、死亡赔偿金。

笔者在此虚拟一发生在新疆生产建设兵团的案例：甲、乙系夫妻（30 岁），双方均无父母、子女、兄弟姐妹等近亲属，如甲系因在故意杀人罪案件中当场死亡，此时除对行为人施以刑事处罚外，乙可得到赔偿只有丧葬费 44043 元 ÷ 2 = 22021.5 元（兵团 2013 年度在岗职工平均工资 44043 元）。如甲系因在交通肇事案件中当场死亡，乙最多得到的赔偿除含有丧葬费外还包含死亡赔偿金 14313 元 × 20 年 = 286260 元（兵团 2013 年度农牧工家庭纯收入 14313 元）或 23138 元 × 20 年 = 462760 元（兵团 2013 年度城镇居民人均可支配收入 23138 元）。显而易见，对被害人近亲属来说，因交通肇事罪和故意杀人罪死亡获得的民事赔偿相差甚远，导致“死法不同，获赔不同”。

有人会指出，故意杀人罪中的被告人受到了更严重的刑事处罚，其已经为自身的行为付出了代价。可现实情况并非如此，对故意杀人罪中的被告人进行刑事处罚是因其侵犯了刑法所保护的公民人身权的社会关系，是刑法对其进行的“公罚”。而附带民事赔偿是对被害人进行的损害赔偿，是民法对其进行的“私罚”。对被害人近亲属来说，在被害人死后能获得更多的经济赔偿才是王道。因此，附带民事赔偿范围是否包含死亡赔偿金对于是否能够抚慰被害人近亲属、维护社会和谐显得弥足珍贵。

二、死亡赔偿金的性质

（一）关于死亡赔偿金的沿革及现行法律规定

1992 年 1 月 1 日起实施的《道路交通事故处理办法》第三十六条规定，损害赔偿的项目包括：医疗费、误工费、住院伙食补助费、残疾用具费、丧葬费、死亡赔偿金、被扶养人生活费、交通费、住宿费和财产直接损失。

1994 年 5 月 1 日起实施的《中华人民共和国国家赔偿法》第二十七条第一款第三项规定：造成死亡的，应当支付死亡赔偿金、丧葬费，总额为国家上年度职工平均工资的二十倍。对死者生前扶养的无劳动能力的人，还应当支付生活费。该法较为具体地规定了死亡赔偿金的计算方法。

1994 年 1 月 1 日起实施的《消费者权益保护法》第四十二条规定：“经营者提供商品或者服务，造成消费者或者其他受害人死亡的，应当支付丧葬费、死亡赔偿金以及由死者生前扶养的人所必需的生活费等费用，构成犯罪的依法追究刑事责任。”

2001 年 3 月 10 日起实施的《最高人民法院关于确定民事侵权精神损害赔偿责任若干问题的解释》（以下简称“法释【2001】7 号”）第九条规定：精神损害抚慰金包括以下方式：一、致人残疾的，为残疾赔偿金；二、致人死亡的，为死亡赔偿金；三、其他损害情形的精神抚慰金。这是我国在司法实践中首次对死亡赔偿金的性质给予明确规定。

2004 年 5 月 1 日起实施的《最高人民法院关于审理人身损害赔偿案件适用法律若干问题的解释》（以下简称“【法释【2003】20 号】”）第一条第一款规定：因生命、健康、身体遭受侵害，赔偿权利人起诉请求赔偿义务人赔偿财产损失和精神损害的，人民法院应当受理。第十七条第三款规定：受害人死亡的，赔偿义务人除应当根据抢救治疗情况赔偿本条第一款规定的相关费用外，还应当赔偿丧葬费、被扶养人生活费、死亡补偿费以及受害人亲属办理丧葬事宜支出的交通费、住宿费和误工损失等其他合理费用。其中死亡补偿费的性质更偏向于财产损失赔偿。第十八条第一款规定：受害人或者死者近亲属遭受精神损害，赔偿权利人向人民法院请求赔偿精神损害抚慰金的，适用《最高人民法院关于确定民事侵权精神损害赔偿责任若干问题的解释》予以确定。第二十九条规定：死亡赔偿金按照受诉法院所在地上一年度城镇居民人均可支配收入或者农村居民人均纯收入标准按二十年计算。但六十周岁以上的，年龄每增加一岁减少一年；七十五周岁以上的，按五年计算。该司法解释第十七条称为“死亡补偿费”、第二十九条则称为“死亡赔偿金”，一定程度上将“死亡赔偿金”的性质变得更加模糊迷离。

2010 年 7 月 1 日起施行的《侵权责任法》第十六条规定：侵害他人造成人身损害的，应当赔偿医疗费、护理费、交通费等为治疗和康复支出的合理费用，以及因误工减少的收入。造成残疾的，还应当赔偿残疾生活辅助具费和残疾赔偿金。造成死亡的，还应当赔偿丧葬费和死亡赔偿金。第二十二条规定：侵害他人人身权益，造成他人严重精神损害的，被侵权人可以请求精神损害赔偿。该法将死亡赔偿金与精神损害赔偿并列规定，说明其不属于精神损害范畴，但对于死亡赔偿金的性质未给予明确的界定。

我国死亡赔偿金制度在逐步完善，但现行《侵权责任法》仍未对死亡赔偿金的性质给予明确的定性。关于死亡赔偿金的性质争论主要集中在一点，即死亡赔偿金究竟是属于精神损害赔偿的范畴还是属于物质损害赔偿的范畴，对此学者们持有不同的观点。①

（二）精神损害赔偿说

有学者认为死亡赔偿金的性质为精神损害赔偿。法释【2001】7号第九条便是该学说的最直接证明，该学说的观点以梁慧星教授为代表，他主张死亡赔偿金适用的目的在于对死亡受害者的近亲属由于亲人死亡所遭受的精神痛苦进行慰藉。法释【2001】7号第九条明确规定，精神抚慰金包括以下情形，致人死亡的，为死亡赔偿金。② 精神损害赔偿说认为死亡赔偿金就是对受害人近亲属作出的因受害人的死亡而造成的精神痛苦的损害赔偿，被视为传统意义上的生命权赔偿金。③

（三）财产损害赔偿说

死亡赔偿金是致害人因其侵权行为给被害人及其近亲属所造成的物质性财产损失的一种补偿。④ 国家赔偿法和人身损害相关司法解释均规定了死亡赔偿金的计算标准，而精神损害赔偿并无相应的标准，法官自由裁量权较大，因此，死亡赔偿金是对受害人收入损失的补偿，其性质是财产损害赔偿。另外，死亡赔偿金是对死者如果不死亡可能获得的收入进行赔偿，该“收入”对死者及其近亲属是一项重要的经济损失，故死亡赔偿金属于财产性损失赔偿，而不是精神慰藉。⑤ 根据死亡赔偿金的计算方法可以看出，死亡赔偿金是由被害人的年龄、经常居住地或户籍所在地、受诉法院所在地等因素决定，而并非依据被害人近亲属的精神损害程度计算，其数额是对被害人财产损失的赔偿，故死亡赔偿金属于物质损害赔偿。

（四）死亡赔偿金性质的厘清

通过对上文关于死亡赔偿金的历史沿革、现行法律规定及理论界关于其性质的两种主流观点的分析，笔者认为将死亡赔偿金的性质界定为财产损害赔偿是比较适

---

① 崔寒梅：“死亡赔偿金性质和归属权问题”，载《佳木斯大学社会科学学报》2008年第26卷第4期，第15页。

② 夏从杰：“‘侵权责任法’第16条之我见—对残疾赔偿金与死亡赔偿金的解读”，载《河南科技大学学报》2011年第29卷第1期，第104页。

③ 丁海俊：“论我国‘侵权责任法’上的死亡赔偿制度—兼谈对‘侵权责任法’第16条、17条、18条和第22条的理解”，载《法学杂志》2010年第3期，第13页。

④ 刘宇宁：“试论死亡赔偿金的性质”，载《山东省工会管理干部学院学报》2007年第3期，第73页。

⑤ 龙凤：“浅谈死亡赔偿金”，载《改革开放》2010年第8期，第21~23页。

宜和准确的，理由如下：

1. 法律适用的基本原则：上位法优于下位法、新法优于旧法。《侵权责任法》第十六条、第二十二条将死亡赔偿金与精神损害赔偿并列作为侵权人应赔偿的损害项目，其虽未明确死亡赔偿金的性质，但立法者的意图已经表明死亡赔偿金的性质系物质损害赔偿，否则可将死亡赔偿金与精神损害赔偿在同一法条合并规定，而非在两个法条并列规定。理论界将死亡赔偿金的性质界定为精神损害赔偿的观点的主要法律依据是法释【2001】7号。《侵权责任法》是由全国人民代表大会常务委员会通过的法律，法释【2001】7号是最高人民法院的司法解释，当不同的法律文件对同一法律问题的规定发生冲突时，法律适用的基本原则是：在不同位阶上，上位法优于下位法。同时，将死亡赔偿金定性为财产损害赔偿的观点还有2004年5月1日起实施的法释【2003】20号作为依据，而法释【2001】7号是2001年3月10日起实施的，根据法律适用的基本原则，同一位阶上的法律对同一法律问题的规定发生冲突时，新法优于旧法，两个司法解释均由最高人民法院下发，故应适用法释【2003】20号。因此，关于死亡赔偿金的性质问题根据法律的基本原则，应适用《侵权责任法》和法释【2003】20号。

2. 根据法释【2003】20号第二十九条的规定，死亡赔偿金的赔偿数额由以下三方面决定：(1) 受诉法院所在地；(2) 死者的户籍所在地或经常居住地；(3) 死者的年龄。由此可以看出，不同的人死亡，其近亲属获得的死亡赔偿金的数额可能相去甚远，虽然我国《侵权责任法》确定了“同命同价”的原则，但此原则适用的基础是因同一侵权行为产生的后果。死亡赔偿金的计算方法进一步表明其性质是对死者可预见的利益期待，也就是说假定死者在未死亡的情况下，按其户籍所在地或经常居住地的平均收入计算所得在其未来的生存年限中能够给其近亲属带来的预期收入。因此，死亡赔偿金的性质应为财产损害赔偿。

3. 假定死亡赔偿金的性质为精神损害赔偿，因我国现行法律已对死亡赔偿金的计算标准进行了明确的规定，这就意味着精神损害赔偿的计算标准相对同一，只是因死者不同，其赔偿数额亦不同，即：城镇人口、年轻人死亡对近亲属的精神损害赔偿数额较大；农村人口、老年人死亡对近亲属的精神损害赔偿数额较小。那么我们便可得到如下结论：(1) 城镇人口和农村人口的精神损害利益有高低贵贱之分；(2) 年轻人和老年人的精神损害利益有高低贵贱之分，这显然是违背人人平等原则的。因此，把死亡赔偿金的性质设为精神损害赔偿是荒谬的，死亡赔偿金的性质当然是物质损害赔偿。

三、刑事附带民事诉讼不支持死亡赔偿金的原因及问题

1999 年，全国法院维护农村稳定刑事审判工作座谈会纪要中首次对附带民事诉讼赔偿范围作出原则性规定：（1）最大限度地补偿被害人的物质损失。（2）赔偿范围只限于犯罪行为直接造成的死亡物质损失，不包括精神损失和间接物质损失。

2000 年，《最高人民法院关于刑事附带民事诉讼范围问题的规定》又一次明确规定了刑事附带民事诉讼的赔偿范围不包括精神损失。

2006 年，最高人民法院第五次全国刑事审判工作会议上姜兴长副院长的讲话指出：确定附带民事诉讼的赔偿数额应当以犯罪行为直接造成的物质损失为基本依据，并适当考虑被告人的实际赔偿能力。死亡补偿费不能作为人民法院判决确定赔偿数额的依据。

从以上三个文件不难看出，人民法院在刑事附带民事诉讼中不支持死亡赔偿金有两个方面的原因：一是死亡赔偿金的性质为精神损害赔偿；二是考虑被告人的经济能力，担心被告人的履行能力产生执行难问题。

四、刑事附带民事诉讼不支持死亡赔偿金的原因及问题

（一）原因

1999 年，全国法院维护农村稳定刑事审判工作座谈会纪要中首次对附带民事诉讼赔偿范围作出原则性规定：（1）最大限度地补偿被害人的物质损失。（2）赔偿范围只限于犯罪行为直接造成的死亡物质损失，不包括精神损失和间接物质损失。

2000 年，《最高人民法院关于刑事附带民事诉讼范围问题的规定》又一次明确规定了刑事附带民事诉讼的赔偿范围不包括精神损失。

2006 年，最高人民法院第五次全国刑事审判工作会议上姜兴长副院长的讲话指出：确定附带民事诉讼的赔偿数额应当以犯罪行为直接造成的物质损失为基本依据，并适当考虑被告人的实际赔偿能力。死亡补偿费不能作为人民法院判决确定赔

偿数额的依据。

从以上三个文件不难看出，人民法院在刑事附带民事诉讼中不支持死亡赔偿金有两个方面的原因：一是死亡赔偿金的性质为精神损害赔偿；二是考虑被告人的经济能力，担心被告人的履行能力产生执行难问题。

（二）问题

1. 违背公平原则。生命权是人的基本权利，当生命权受到侵犯时，应对其受害人给予充分的物质性、精神性赔偿。关于这一点，《侵权责任法》已对赔偿范围做出了明确规定，体现了法制的进步。侵犯生命权的犯罪行为属于严重的侵权行为，行为人不仅要承担刑事责任也要承担民事责任。一般的侵权行为致人死亡不仅包含赔偿死亡赔偿金还要赔偿精神抚慰金。而犯罪行为不仅不赔偿精神抚慰金，就连物质性损失死亡赔偿金都不赔，明显违反了公平原则。

2. 法律适用上的不统一。根据上文的分析，因交通肇事罪引起的附带民事诉讼被告人需赔偿被害人近亲属的死亡赔偿金，而在故意杀人罪中赔偿项目不包括死亡赔偿金，导致同为刑事附带民事诉讼的两种不同类型的犯罪却产生了法律适用上的不统一。这难免让人费解，为何在过失性的交通肇事罪中需要赔偿死亡赔偿金，而在故意性侵犯他人生命的故意杀人罪中就不需要赔偿。

3. 易引起被害人近亲属及社会丧失对法律的信仰。被害人近亲属在自己的亲人因犯罪行为终结生命后，不仅希望被告人得到相应的刑事处罚，还希望得到合法公正的赔偿。然而，在大多数故意杀人罪中被害人近亲属获得的赔偿数额甚少。如药家鑫案中，被害人近亲属只获得4.5万元的民事赔偿。试想若是被害人因交通事故死亡，其亲属获得的赔偿金又会是多少？长此以往，势必造成被害人近亲属及社会对法律失去信心。如遇到极端的当事人，还会引起不必要的申诉上访，再加上舆论的推波助澜，可能引起社会的不稳定。

五、《侵权责任法》适用于刑事附带民事诉讼的可行性及建议

（一）可行性

1. 根据《最高人民法院关于适用〈中华人民共和国刑事诉讼法〉的解释》第一百五十五条第二款关于赔偿范围“等费用”的规定来看，立法者并未将死亡赔偿金走进刑事附带民事诉讼之门关闭。从第三款来看，关于交通肇事罪的附带民事诉

讼，最终引用《侵权责任法》第十六条。其第四款关于刑事附带民事诉讼调解的规定进一步表明死亡赔偿金列入刑事附带民事诉讼赔偿范围是可行的。因而，为规范、统一法律适用，避免体系内双轨制现象，将死亡赔偿金列入故意杀人罪等犯罪的附带民事诉讼赔偿范围极为必要。

2. 执行难并非排除死亡赔偿金的理由。首先，司法实践中，并非所有的被告人都没有履行能力，以笔者所在法院为例，近三年审结刑事附带民事诉讼案件 79 件，申请执行 2 件，大多数被告人是有赔偿能力的，并未出现想象中的执行难问题。其次，根据《最高人民法院关于刑事附带民事诉讼范围问题的规定》第三条规定：人民法院审理附带民事诉讼案件，依法判决后，查明被告人确实没有财产可供执行的，应当裁定中止或终结执行。因而关于附带民事诉讼案件的执行，和民事诉讼相同，经查实被告人确无财产可执行的情况下，被害人近亲属也能理解。再次，被告人确无财产的，可通过司法救助的方式解决被害人近亲属在生活上的困难。

（二）建议

对于精神损害赔偿，司法解释已明确规定附带民事诉讼中不予支持，而附带民事诉讼是否支持死亡赔偿金，司法解释的前后差异使司法实践无所是从。① 针对现行法律规定及司法实践中存在的问题，笔者认为可以从以下几方面加以完善。

1. 对《侵权责任法》作出相应解释，明确死亡赔偿金的物质性赔偿性质。《侵权责任法》关于死亡赔偿金的性质已给出倾向性意见，但未从根本上解释关于死亡赔偿金性质的争议。笔者认为，最高人民法院有必要针对这一问题作出相应的司法解释，或者通过案例指导的方式对司法实务作出导向，明确死亡赔偿金的物质性赔偿性质，这是解决死亡赔偿金法律适用的前提。

2. 完善《最高人民法院关于适用〈中华人民共和国刑事诉讼法〉的解释》。交通肇事罪与其他犯罪的附带民事诉讼赔偿范围不一致，导致“同命不同价”的状况发生下，故对刑事诉讼法作出进一步解释显得非常必要。具体可明确第一百五十五条第二款中的“等费用”包含伤残赔偿金、死亡赔偿金，进而规范附带民事诉讼赔

---

① 刘璐：“刑事附带民事诉讼物质损失赔偿范围研究”，载《人民检察》2003 年第 6 期，第 23 页。

偿范围。最高人民法院亦可通过案例指导方式，明确附带民事诉讼范围包括死亡赔偿金，统一司法裁判标准。

3. 建立被害人国家补偿制度。被害人国家补偿制度，即在被告人缺乏赔偿能力的情况下，对于被害人遭受的无法从被告人处得到弥补的损失，由国家拨出一部分资金作为对被害人赔偿的资金，这样可在一定程度上对由于犯罪而发生生活困难的被害人予以援助和保障也有利于缓解被害人的仇恨情绪。[①] 建立被害人国家补偿制度，对于在精神上和经济上陷入双重打击的被害人或其近亲属来说，可以帮助其重树生活信心，恢复正常生活。

（宋高波　新疆生产建设兵团莫索湾垦区人民法院）

① 符浩云："刑事附带民事诉讼中的侵权纠纷疑难问题研究—死亡赔偿金的可适用性问题分析"，载《特区法坛》2012 年第 2 期，第 29 ~ 30 页。

二、机动车交通事故责任

交通事故认定中用人单位的权利救济

【司法精要】

《工伤保险条例》第十四条第六项对“途中工伤”作了规定，并限定劳动者在事故中负“非主要责任”。实践中常有劳动者出于认定工伤的利益冲动，在交通事故认定时与其他交通事故责任人恶意串通更改责任划分的情形。此时，用人单位的权利救济就面临着困境。一方面，现行法中并未明确用人单位在交通事故认定中的参与权及事后复核权。另一方面，进入工伤认定阶段后，人力资源和社会保障局（简称人社局）一般直接以交通事故责任书或交通事故判决书中对主次责任的结论作为工伤认定依据。不服工伤认定提起行政诉讼时，法院只审查人社局行政行为的合法性，不审查其合理性。用人单位即便对交通事故责任认定不服，因其不是交通事故民事诉讼的当事人，而不具有再审的主体资格；因其没有参与事故责任认定，很难提供证据推翻劳动者的责任认定，从而难以启动第三人撤销之诉。

用人单位参与作出交通事故认定书的行政行为、交通事故民事诉讼有一定的正当性。目前工伤赔偿采用工伤保险基金与用人单位共担的模式，交通事故责任认定影响着劳动者能否认定工伤，从而影响着用人单位是否应该承担部分工伤赔偿责任，因此交通事故认定与用人单位存在着利害关系。

具体到用人单位权利救济的重构上，应当从增加劳动者的“串通”成本、增加民事诉讼中法院纠正错误认定的可能性、降低用人单位参与事故认定的成本三个方面进行考虑，充分保障用人单位在交通事故认定书作出阶段和法院纠正阶段中的参与权，限制交警的自由裁量权及增加其违法认定的成本、完善交通事故认定的标准及现场勘查证据的固定。

2012年某卫东在下班途中逆行发生交通事故，交警认定事故双方承担同等责任。某卫东申请工伤认定，其用人单位某公司以《上海市道路交通事故当事人严重过错行为认定与事故责任认定特别规则》第一条“违反右侧通行规定，与本车道顺向通行一方发生事故的，一般负事故主要以上责任”之规定，对《道路交通事故认定书》提出异议。人社局以此不属于行政职能范畴未予采纳。某公司不服工伤认定，提起行政诉讼，法院一审、二审因只审查行政行为的合法性，故均对工伤认定予以维持。[①] 类似某公司在工伤认定中遇到的权利救济困难的案例并不少见。

《工伤保险条例》第十四条第六项规定“途中工伤”的同时，也限定劳动者在事故中为“非本人主要责任”。劳动者出于认定工伤的利益冲动，存在与其他交通事故当事人恶意串通更改责任划分的情形，但用人单位作为基于分担工伤赔偿责任而与事故责任认定存在利害关系的一方却面临着权利救济上的困境，用人单位作为交通事故的案外人参与事故认定是否具有正当性？必要性基础何在？如何保障用人单位在交通事故认定中的权利？

一、用人单位在交通事故认定中的司法困境

依据《人力资源和社会保障部关于执行〈工伤保险条例〉若干问题的意见》，确定劳动者在交通事故中的责任有两种途径：

（一）公安机关交通管理部门（简称交管部门）制作的交通事故认定书。依据目前的相关规定，此行为不属于具体行政行为，事故当事人只可申请复核，不能提起复议或行政诉讼。如果事故双方直接在交管部门的主持下达成调解，没有进入交通事故民事诉讼，那么交通事故认定书对劳动者的责任划分则没有机会再被推翻，工伤认定时用人单位即使有异议，也没有救济途径。

---

① “上海某塑料制品有限公司与上海市某区人力资源和社会保障局等工伤认定行政行为纠纷案”，上海市第一中级人民法院（2012）沪一中行终字第344号行政判决书。

（二）在交通事故民事诉讼中，当事人对交通事故认定书提出异议，由法院对事故责任的大小重新进行划分。依据《最高人民法院关于审理道路交通事故损害赔偿案件适用法律若干问题的解释》第二十七条的规定，除了当事人向交管部门申请复核后改变责任认定外，交通事故民事诉讼是推翻交通事故认定书认定结果的唯一途径。但如果劳动者与事故相对人已经对存在错误的交通事故认定书达成合意，均不提出异议，法院一般会予以确认。不论法院是否重新确定交通事故责任划分，用人单位即便存有异议，也很难在具有纠错功能的审判监督程序中获得救济。一方面，因用人单位不是交通事故民事诉讼的当事人，而不具有再审的主体资格。另一方面，因用人单位没有参与事故责任认定，其很难提供证据推翻已在前诉中确定的责任划分，从而难以启动第三人撤销之诉。

进入到工伤认定阶段，交通事故认定书的证明力一般大于其他书证，因用人单位并没有亲历之前的交通事故，其提供相反证据的可能性极小。而且，学界对于类似民事裁判文书中关于交通事故责任划分的法律效果，也有“已确认事实预决力”“裁判既判力”“争点效”的争论。因此，在用人单位举证困难的情况下，尽管部分地方规章要求人社局对道路交通事故认定书或交通事故法院生效裁决进行审核①，但人社局却很少对事故认定予以否认，而更多的是直接采信。

案例一：“上海某服饰有限公司与上海市某新区人力资源和社会保障局工伤认定具体行政行为上诉案”② 中，某人社局辩称，“用人单位某公司不是交通事故当事人，对事故认定无权提出异议。人社局对交通事故责任认定书只作程序和形式上的审查，无权审查实质内容，也不作实质审查”。

用人单位即便对工伤认定不服提起行政诉讼，但行政诉讼审查的仅是人社局工伤认定行政行为的合法性，无需审查交通事故认定。如果用人单位申请调取交通事故责任认定的相关材料，因与审查合法性无关，法院也不会调取。用人单位仍然难以推翻交通事故认定书或法院生效裁决对事故责任的认定。

案例二：“济南朗硕电子科技有限公司与济南市人力资源和社会保障局等工伤行政认定上诉案”中③，二审法院认为，“上诉人朗硕公司申请调取证据（交通事

---

① 河南省人力资源和社会保障厅下发的豫人社工伤【2011】12 号文件第 5 条。

② 上海市第一中级人民法院（2013）沪一中行终字第 22 号行政判决书。

③ 山东省济南市中级人民法院（2014）济行终字第 51 号行政判决书。

故的相关证据材料）不符合上述规定，一审法院不予调取并无不当”。

案例三：“上海某服饰有限公司与上海市某新区人力资源和社会保障局工伤认定具体行政行为上诉案”中①，二审法院认为，“本案系对被上诉人（人社局）作出被诉工伤认定行为的职权、主要证据是否充分、适用法律是否正确、执法程序是否合法进行合法性审查。上诉人（上海某服饰有限公司）对交通事故责任认定不服，要求在被诉工伤认定行为行政诉讼案件中对公安交警部门作出的交通事故责任认定是否正确进行审查，缺乏依据”。

因此，一旦在交通事故认定书作出阶段或交通事故民事诉讼阶段确定了劳动者的事故责任，进入工伤认定、赔偿阶段后，用人单位即使对责任认定有异议，也没有救济的机会。当用人单位在交通事故认定中面临事后权利救济阻碍时，进行事前救济则可能起到更好的效果，即赋予用人单位在交通事故认定中的参与权。

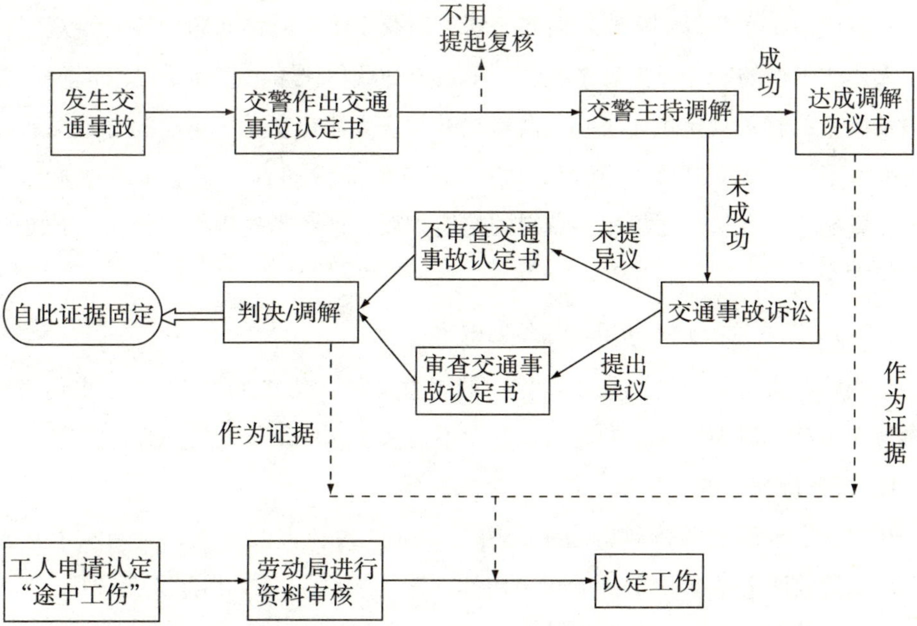

二、正当性基础——用人单位参与权之检讨

交通事故中的责任认定从本质上是判断事故当事人间承担责任份额的重要依

---

① 上海市第一中级人民法院（2013）沪一中行终字第22号行政判决书。

据，用人单位作为这一相对关系的案外人，如果想参与，甚至对事故当事人均已认可的交通事故责任认定提出异议，就必须有其正当性基础，而这一基础主要来源于其与事故认定结果存在利害关系。

（一）用人单位与事故认定结果间的利害关系

交管部门或法院作出的劳动者是否承担“非本人主要责任”的认定直接影响着能否认定为“途中工伤”，用人单位是否应当对劳动者给予工伤赔偿。

交通事故认定除了对工伤认定产生影响外，也间接影响着用人单位的赔偿责任。我国目前工伤赔偿采用工伤保险基金与用人单位共担的模式，停工留薪期内的工资福利待遇、生活护理、五六级伤残职工的伤残津贴、一次性伤残就业补助金仍然是由用人单位支付。在“途中工伤”的赔偿责任上，学界有兼得说、择一说、补充说的讨论[①]，司法实践中做法也不尽相同。《最高人民法院关于因第三人造成工伤的职工或亲属在获得民事赔偿时是否还可以获得工伤赔偿问题的答复》规定，因第三人造成工伤的职工或其近亲属，从第三人处获得民事赔偿后，可以依照《工伤保险条例》的相关规定主张工伤保险待遇补偿。天津市、重庆市、湖北省、浙江省等均采取了“工伤补差额”赔偿方式[②]。因此，对劳动者在交通事故中责任的认定，会影响劳动者从交通事故中获得的赔偿数额，进而影响用人单位工伤补充赔偿责任的大小。

（二）程序参与权的正当性及驳斥

正当程序具有导向“结果正当化”的能力，即使经过程序产生的结果仍然对程序参与人不利，但却增加了参与人接受而不是抵制这一结果的可能性。

1. 行政行为中的程序参与权

在交通事故认定的行政行为中，用人单位作为利害关系人，应当赋予其参与权。依据行政法上“善治”理念引申出的“参与原则”及“程序正当原则”，为了防止行政机关滥用权力，行政相对人有权参与行政行为的作出。利害关系人参与行

---

① 如，谢增益：“工伤保险赔偿与第三人侵权赔偿关系的再认识”，载《法商研究》2011年第3期，第154～160页；刘慧频、黄本莲：“工伤事故损害分担模式探析”，载《湖北师范学院学报》2013年第1期，第109～114页。

② 如《天津市工伤保险若干规定》第29条；重庆高院《关于审理工伤赔偿案件若干问题的意见》第3条。

政程序使传统意义上的行政程序多了一方新的当事人，这方当事人可以作为一个独立的因素对行政程序发挥作用，进而使行政程序最大限度地接近于司法程序。①

质疑与驳斥：用人单位的参与可能会导致行政效率的降低，因此这种参与不能泛化。笔者认为，不能以影响行政效率为借口，剥夺当事人的救济途径。提高行政效率的目的是为了更好地保护人民权益和增进人民幸福，如果把提高行政效率放在首位，可能效率越高，对人民权益的损害越大。法律的基本价值在于保护人权，行政效率与保护人权相比，保护人权是第一位的。②

2. 民事诉讼中的程序参与权

在交通事故民事诉讼中，用人单位属于具有利害关系的无独立请求权第三人的范畴，应当享有程序参与权。基于一次性解决纠纷的必要性和可能性，多种法律关系可以处于同一诉讼法律关系中。因此，《中华人民共和国民事诉讼法》第五十六条第二款规定："对当事人双方的诉讼标的，第三人虽然没有独立的请求权，但案件的结果同他有法律上的利害关系的，可以申请参加诉讼，或者由人民法院通知他参加诉讼。"但对"法律上利害关系"的内涵，并没有作具体规定。笔者认为，交通事故认定直接决定着交通事故民事诉讼的结果，而用人单位会因审判理由（即对事故责任的认定）可能成为工伤赔偿的责任主体，也会因审判结果（即交通事故侵权人对劳动者赔偿的数额）而在补充赔偿责任的大小上受到影响。因此交通事故民事诉讼决定着用人单位可能承担法律责任、增加法律义务或减少法律权益，用人单位作为第三人与交通事故主诉是有法律上的利害关系的，应当参加到交通事故民事诉讼中。

质疑与驳斥：用人单位与无独立请求权第三人略有不同。无独立请求权第三人与主诉某一方当事人间已经存在权利义务关系是明确的，而用人单位是否需向劳动者承担责任则具有不确定性。笔者认为，无独立请求权第三人与主诉结果之间的"法律上的利害关系"应理解为一种预决关系，即主诉案件的裁决结果将对第三人与主诉一方当事人之间可能发生的权利义务争议具有预决作用，其中就包括类似劳

---

① 梁玥："论利害关系人对行政程序的参与"，载《学习与探索》2013 年第 9 期，第 81 页。

② 万尚庆、毕可良："论道路交通事故认定行为的救济途径"，载《法学杂志》2013 年第 7 期，第 94 页。

动者基于主诉以交通事故责任的认定结果向用人单位主张工伤赔偿权利的预决。

三、必要性论证——博弈论视角下的利益碰撞及改善

正如法学界对公平与效率的探讨，用人单位参与交通事故认定虽然有一定的正当性，但如果这种参与权的行使并不会起到任何效果，那就是无效率的，因此我们还应对用人单位参与权的必要性进行论证。

假设，劳动者A与事故相对人B发生交通事故，为了简化模型，将以下几个因素作简化考虑：1. A与B为驾驶机动车互撞，且A应承担70%的主要责任，B承担30%的次要责任；2. 因A途中工伤，用人单位承担工伤补充赔偿[①]；3. 对交通事故中的财产损失不予考虑；4. 只对比交通事故侵权的人身损害赔偿与工伤赔偿，两种赔偿项目不重叠的部分因数额不大，忽略不计；5. A与B均投保交通事故强制责任险，在人身伤害中的损失均超过交强险的最高赔偿限额（即12万元）[②]。

（一）用人单位未参与时，各方的利益博弈

1. 受伤的劳动者

劳动者A在交通事故中损失为X；事故相对人B的损失为Y。劳动者A应负主要责任，则其在扣除交强险赔偿B的12万元后还需给付B：（Y－12万）×70%，B给付A：12万＋（X－12万）×30%，则劳动者在交通事故中的收益S_1为：12万＋（X－12万）×30%－X－（Y－12万）×70%。

假设，劳动者A通过恶意串通，将责任认定变更为同等责任，并因此能够获得工伤赔偿Z，此过程中说服交警违法认定的成本为T_1，说服B串通的成本为T_2。A在扣除交强险赔偿B的12万后还需给付B：（Y－12万）×50%，B给付A：12万＋（X－12万）×50%，则劳动者在交通事故中的收益S_2为：12万＋（X－12万）×50%＋Z－X－（Y－12万）×50%－T_1－T_2。当$S_2 > S_1$，劳动者才会有恶意串通改变交通事故认定结论的动力，整理可得$T_1 + T_2 < Z + 20\% X + 20\% Y - 4.8$万。因此只要劳动者A向交警及B支付的成本小于Z＋20%X＋20%Y－4.8万，A就有

---

① 这既是考虑到补充模式在目前司法实践中更为普遍，也因兼得模式、择一模式下，劳动者与事故相对人恶意串通的成本更小。

② 因为交强险的赔偿不区分责任大小，如果双方人身损害的损失均不足12万元，则完全由交强险进行赔偿，事故双方进行恶意串通的成本将非常小。

通过恶意串通改变交通事故认定的动力。

2. 交通事故相对人

对于交通事故相对人B，其本应承担次要责任，此时在扣除交强险12万的赔偿后还需给付A：（X－12万）×30%，A给付B：12万＋（Y－12万）×70%，则B的收益为12万＋（Y－12万）×70%－Y－（X－12万）×30%。此时劳动者A愿意向B支付T_2来达成双方负同等责任的合意，B的收益变为12万＋（Y－12万）×50%＋T_2－Y－（X－12万）×50%。当且仅当恶意串通后B的收益大于其应有收益时，B才会接受劳动者A的条件，整理可得T_2＞20%X＋20%Y－4.8万。因此，只要劳动者向B支付的金额大于20%X＋20%Y－4.8万，B就有接受恶意串通的动力。而且恶意串通后，虽然B由次要责任变为同等责任，但只需要与A签订和解协议，就可避免日后A继续向其追偿的风险。

3. 作出交通事故认定书的交警

"个人为何以及如何选择了违法行为，取决于违法行为的成本和收益及其比较"。[①] 除极少情况下劳动者可能会给予物质补偿外，交警的收益可能更多地体现为非物质收益，例如：劳动者被认定为非主要责任即可获得工伤赔偿，且事故相对人无力赔偿时，感情上倾向于帮助弱者；碍于人情关系或事故当事人的强烈请求，不想因此惹麻烦；按照当事人合意作出责任认定，有利于开展调解工作；等等。而相较于收益，交警失职行为的成本却很小，主要体现在：（1）违法行为被发现的几率低。由于当事人已经恶意串通，对交警的错误认定持赞成态度。即便一方会有异议，交通事故认定具有一定的专业性，当事人因报警、抢救等原因不一定掌握现场情况，即便认定错误也难以被发现。（2）违法行为的惩罚成本低。交通事故认定书只能复核，即便复核阶段进行了纠正，交警也不会被追究法律责任。因此，对于交警来说，其有动力对事故当事人间就责任认定的恶意串通采取默许态度，甚至积极配合。

4. 交通事故民事诉讼中的法院

一方面，法律明确规定了交通事故认定书作为公文书证，其证据效力大于一般的书证。而且交通事故认定虽然不同于纯技术鉴定，但与专业性很强的道路交通管

---

① 冯玉军：《法经济学范式》，清华大学出版社2009年版，第462页。

制业务联系密切，法官对于其中涉及的车辆安全技术指标、状况等问题的专门技术标准并不熟悉，很难对合理性作出判断。基于此，除非确有强有力的证据推翻，否则法官倾向于认可交通事故认定书。何况，一旦法官对责任认定作出更改，进入二审程序被改判的概率也会大于直接确认交通事故认定结论的情形。另一方面，当交通事故当事人均认可交通事故认定书时，法官不应主动质疑其合理性。因此，在唯一可以改变交通事故认定结论的民事诉讼阶段，法官并没有动力去主动审核交通事故认定书是否合法合理。事实上，在司法实践中，人民法院的确很少改变事故认定书中的责任认定。①

（二）用人单位参与后，博弈模型的改善

用人单位参与交通事故认定后，相当于引入了第三方监督。劳动者作为最具有动力去恶意更改事故认定结论的一方，其对策行为会有所改变，这种改变主要归因于其恶意串通成本的上升、串通被发现概率的上升，即通过用人单位参与后，对交管部门、法院的影响来实现的。

1. 对交管部门行政行为的改善

假设，交警故意作出错误的交通事故认定书，其违法收益（在此等同于劳动者A为说服交警支付的成本）为 T_1，违法行为被发现后损失为G（$G>0$）。用人单位参与事故认定付出的成本为H（也可视为监督成本，$H>0$），发现并纠正错误认定后收益为M（即未纠正错误认定时产生的损失的负值）②。用人单位未参与认定时，交警违法认定收益为 T_1，用人单位因错误认定产生损失 $-M$；而交警依法认定则收益为0，用人单位损失也为0。用人单位参与认定后，实现了监督，交警的违法认定因用人单位的监督产生的收益为 $-G$，而用人单位的收益则为 $M-H$；交警进行依法认定其收益为0，但用人单位因参与付出成本，其损失为 $-H$。因此，在用人单位未参与时，交警倾向于进行违法认定；在用人单位参与时，交警倾向于依法认

---

① 万尚庆、程宏谟："道路交通事故认定行为法律性质分析"，载《法学杂志》2013年第11期，第76~84页。

② 收益实为被正确裁决的可能性与投入该案标的的正函数。参见理查德·波斯纳著，蒋兆康译：《法律的经济分析》，法律出版社2012年版，第641页。

定。但程序的供给亦需要一个底线①，即在交警进行违法认定时，用人单位参与的收益要大于其未参与的收益，M－H＞－M。具体博弈模型如下：

		用人单位	
		不参与认定，未监督	参与认定，实现监督
交警	违法认定	（T_1，－M）	（－G，M－H）
	依法认定	（0，0）	（0，－H）

2. 对法院司法行为的改善

在用人单位未参与交通事故民事诉讼时，法院没有主动审查交通事故认定书的内在动力。而用人单位行使参与权时，由于会提出异议，法院则必须启动审查程序。虽然鉴于交通事故认定书的专业性，法院可能在发现认定错误的能力上存在不足，但至少激发了法院审查的主动性，提高了纠正错误认定的可能性。

四、救济路径的重构及程序选择

根据交通事故认定中各方的利益博弈，实现对用人单位的权利救济，保障其参与权，应当从三个方面入手：1. 增加劳动者的串通成本（T_1、T_2）；2. 增加民事诉讼中法院纠正错误认定的可能性，从而使劳动者恶意串通后获得工伤赔偿 Z＝0；3. 降低用人单位参与事故认定的成本（H）。

（一）责任认定形成阶段：增加劳动者对交警的说服成本

交警违法认定的成本越高，越倾向于依法认定，劳动者要想实现被认定非主要责任的意图就要付出更多的成本。劳动者支付的说服成本与交警违法认定的成本相关，主要受两个因素的影响：（1）违法认定被发现的可能性；（2）违法行为被发现后受到的惩罚。

用人单位参与交通事故认定书的作出时，因加入了第三人的监督，使违法认定被发现的可能上升。在具体的参与形式上，笔者认为，可以赋予用人单位交通事故认定书的受送达权及异议复核权。交警在处理交通事故时，应当询问当事人发生事

① 具体成本模型，参见郑晓珊：“工伤认定的程序理性”，载《甘肃政法学院学报》2013年5月，第14页。

故是否为工作期间、上下班途中、具体的工作单位（包括单位的联系方式及地址），并记载于询问笔录中。这个询问笔录可以作为后期工伤认定的重要证据。同时，交警在发现可能属于途中工伤时，需释明劳动者有义务通知用人单位到达事故现场及不尽通知义务的不利后果。交警在制作交通事故认定书后，对可能属于工伤的事故当事人送达两份，并释明一份为劳动者自行留存，另一份劳动者需于几日内告知用人单位。依现行法规定，事故当事人对道路交通事故认定书不服，唯一的救济途径是向上一级公安机关申请复核。如果用人单位对事故认定书有异议，同样应享有申请复核权。

法律对于公职人员违法行为的法律责任作了规定，但“制裁的有效性取决于制裁得以实施的可能性和其可行性程度”①。鉴于交通事故认定中劳动者恶意串通的隐蔽性，不能因交通事故认定书存在错误就得出交警存在违法行为。因此对交警的惩罚成本更多的应是对其错误认定率的考核，即如果交警对交通事故认定错误的案件达到一定的比例，则对其考核、任免、奖惩等人事事项产生影响。

（二）责任认定固化阶段：增加法院纠正错误认定的可能性

诉讼当事人及相关第三人的程序参与权属于古典的程序基本权，被称为“诉讼程序的大宪章”，大体上包括“诉讼知情权”和“诉讼听审权”②。用人单位的“诉讼知情权”主要有赖于劳动者的通知。劳动者的通知义务除应存在于“责任事故发生”的阶段，也应当存在于“向事故相对人索赔”的过程中，不仅应在法律上明确规定，法院也应主动向劳动者释明该义务的存在以及未通知的不利后果。劳动者为了证明已经履行了通知义务，需提交相应的证据。

一般第三人参加诉讼的方式有：法院依职权通知参加、第三人申请参加、主诉一方当事人申请追加。笔者认为，交通事故人身损害赔偿诉讼解决的主要是事故当事人间的赔偿问题，并不解决其与用人单位间的赔偿问题，因此应当严格法院依职权通知参加的条件，而主要采取后两种方式。这也与民事诉讼法的不告不理原则和处分原则相符。

---

① ［美］斯蒂文·沙维尔著，赵海怡等译：《法律经济分析的基础理论》，中国人民大学出版社2013年版，第506页。

② 邵明：“论民事诉讼程序参与原则”，载《法学家》2009年第3期，第115、116页。

用人单位在交通事故民事诉讼中享有“诉讼听审权”，除了申请回避、举证质证、辩论等权利外，应只限于对交通事故认定书提出异议的权利，不能提起上诉。这既有利于保障用人单位的参与权，又防止交通事故当事人因第三人的参与而导致不必要的诉讼之累。从诉辩力量的对比上，虽然作为被告的事故相对人、交强险的保险公司、商业三者险的保险公司均希望得到劳动者承担事故主要责任的结果，用人单位的参加更加强了对抗劳动者的被告方力量，但由于交通事故认定书本身极强的证据效力，用人单位的参加并不会在实质上打破事故责任认定争议焦点上的诉辩平衡。当用人单位提出异议时，法院应依法对交通事故认定书作程序性、形式性审查。但交警的询问笔录已经明确提示劳动者应通知用人单位、交通事故认定书应告知用人单位，而劳动者未尽该义务时，法院可对交通事故认定书进行实质性审查，此时应赋予法院启动重新认定的权力。另外，当用人单位申请调取交管部门的勘查资料时，法院需依法调取，从而保障用人单位从中查找可推翻交通事故认定书的证据。

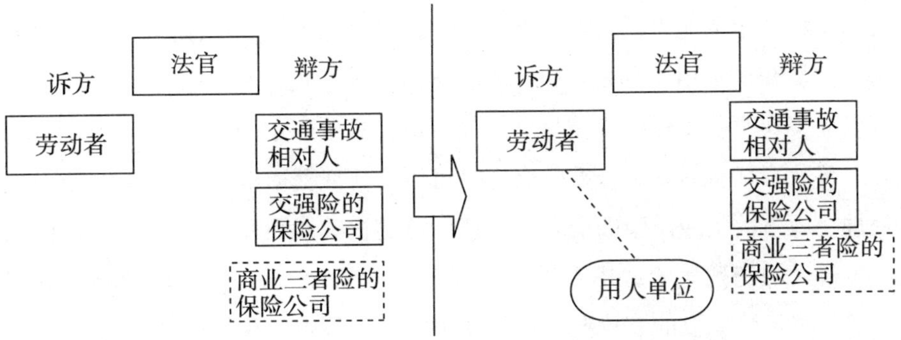

劳动者履行通知义务后，用人单位经通知而未参加，应视为其主动放弃了参与权，自愿承担不利后果，理应受交通事故认定书或民事裁决书对劳动者事故责任认定结论的约束。劳动者故意或重大过失未及时通知用人单位，致使用人单位无法参加交通事故认定的，即便人社局对事故认定结论予以采信并认定为工伤，用人单位也可以劳动者未尽通知义务为由提起行政诉讼，请求撤销工伤认定。法院可对事故责任重新认定，并以重新作出的责任认定为依据来审查劳动者是否为“非本人主要责任”。而且，在工伤赔偿诉讼阶段，法院可结合劳动者未尽通知义务的情况，酌定减轻用人单位的赔偿责任。

（三）辅助性措施：降低用人单位行使参与权的成本

用人单位行使参与权的成本包括时间成本、搜集证据的成本、委托处理的人力成本等。其中，搜集证据对参与结果影响最大，难度也最大，主要难点在于：(1)相关资料不全导致难以还原交通事故现场，或者查阅事故现场资料困难；(2) 基于交通事故认定的专业性，用人单位即便查阅了事故认定资料，也难以发现是否认定错误。因此，降低用人单位搜集证据的成本也应从这两个方面着手。

固定和完善交通事故认定依据的证据材料。用人单位要想推翻交通事故认定书，更多的是要以交警对事故现场进行调查时搜集的证据作为基础。固定、保全事故现场的证据材料越完善，对客观事实的还原程度就越高。因此，应当详规定交警在勘察事故现场时需要查明的事项至少应当包括：查明事故车辆、当事人、道路及其空间关系、事故发生时的天气情况、对当事人及证人的询问笔录、拍摄现场照片或摄像、绘制现场图、提取痕迹、物证等，且这些事项方面的证据必须固定、提取。

交通事故认定书能否反映事故客观情况，受多方面因素的制约，例如民警的实践经验、法律知识及相关专业知识、职业道德因素、认定的程序及取证办法。因此可尝试设立交通事故责任认定委员会，该委员会具有一定的独立性、中立性，接受委托并对事故责任重新认定。委员会人员可以为研究交通事故方面的专家学者和有多年处理交通事故实践经验的交警，保持一定的权威性和公正性。具体操作可以类似于民事诉讼的伤残鉴定，用人单位对交通事故认定书提出异议，申请重新鉴定的，由法院将依法调取的事故勘察材料交由交通事故责任认定委员会进行鉴定，其结论可作为法定证据使用。

（郭蟲　天津市第二中级人民法院）

交通事故侵权责任的量责规范化

【司法精要】

鉴于现行交通事故司法实务中运用原因力裁判案件存在不规范、责任确定随意之弊，笔者提出应当对交通事故案件运用过错、原因力归责进行规范。首先，通过对无意思联络数人竞合侵权的交通事故案件、受害者存在与有过失案件以及“蛋壳脑袋规则”类案件的原因力适用分析，建议将原因力规则广泛适用于交通事故类案件。其次，建议建立以过错为主、原因力为辅综合归责原则。并按过错60%权重、原因力40%权重，归纳总结出三条过错、原因力责任确定规则。最后，对交通事故责任确定的加重情形进行分析论证，提出对情节加重型和优者危险负担型两类责任加重型的适用规则。

交通事故案件已然成为侵权案件的最主要案件类型，且呈现迅猛上升态势。[①]笔者曾分析多份交通事故案件判决书，发现除了直接依据交通事故责任认定书外，还有以过错或原因力以及法律义务等作为裁判依据，裁判结果体现出较大的随意性。为了解原因力在交通事故案件的适用情况，笔者从中国裁判文书网搜索2013年7月1日至2014年7月1日期间的判决书，以“侵权”作为关键词搜索出147853份判决书，以“侵权”加“交通事故”作关键词的判决书共计97782份，而以“交通事故”和“原因力”作关键词的判决书仅1544份，[②]约占整个交通事故类判决书的0.85%，不到百分之一。笔者又随机在交通事故判决书中选取10份，

---

① 2010年全国法院一审受理的道路交通事故损害赔偿案件为612596件，2011年为744570件。见最高人民法院民一庭负责人就《关于审理道路交通事故损害赔偿案件适用法律若干问题的解释》答记者问。http：//wenku. baidu. com/，2014年6月28日访问。

② 中国裁判文书网www. court. gov. cn/zgcpwsw/，2014年6月28日访问。

其中9份直接按交通警察出具的交通事故认定书认定的责任判决①；有1份判决书因公安交通部门未确定责任，由法院基于双方法律义务直接进行责任划分②。为规范交通事故责任确定规则，笔者认为可以以原因力、过错作为支柱建立统一合理的交通事故责任确定体系。

一、交通事故案件原因力的适用

1. 无意思联络数人竞合侵权的交通事故案件应适用原因力

“原因力是指在构成损害结果的共同原因中，每一个原因对于损害结果发生或扩大所发挥的作用力。”③ 作为侵权责任法的重要概念，2001年《最高人民法院关于审理触电人身损害赔偿案件若干问题的解释》第2条第2款首次以司法解释确立了在多因一果的情况下，按原因力确定各自责任的原则，随后2003年《最高人民法院关于审理人身损害赔偿案件适用法律若干问题的解释》第3条第2款也确立了二人以上没有共同故意或者过失，但分别实施的数个行为间接结合发生同一损害后果的，即无意思联络数人竞合侵权的，按过错或原因力大小确定责任的原则。据此，原因力适用于无意思联络数人侵权的交通事故案件应无争议。这也符合《侵权责任法》第12条的规定，即二人以上分别实施侵权行为造成同一损害的，其责任大小的确定有两个基本因素，首先考虑过错，其次考虑原因力大小。④

2. 受害者存在与有过失情况适用原因力

《侵权责任法》第26条规定受害者对损害的发生存在过错，可以减轻侵权责任。张新宝等教授认为，原因力规则适用于加害人的加害行为与受害人的行为共同导致损害结果发生的场合。⑤ 笔者认同该观点，有如下理由：

首先，原因力适用于受害人存在与有过错的交通事故案件更符合公正与效益的要求。原因力相对过错来说，是对事实的客观判断，它要解决的是造成损害的各原因对于该损害的作用力，而对受害者存在与有过错的交通事故来说，加害者的过错

---

① 如河南省郑州市二七区人民法院（2014）二七民一初字958号民事判决书。

② 参见山东省莱州市人民法院（2013）莱州民初字第4733号民事判决书。

③ 杨立新：《侵权法论》（第二版），人民法院出版社2004年版，第525页。

④ 最高人民法院侵权责任法研究小组：《〈中华人民共和国侵权责任法〉条文理解与适用》，人民法院出版社2010年版，第98条。

⑤ 张新宝、明俊：“侵权法上的原因力理论研究”，载《中国法学》2005年第2期。

行为和受害者的过错行为都对损害的发生存在原因力，且原因力与过错在量上虽通常为正比关系，但也经常呈现非正比关系。

其次，原因力适用于受害人存在与有过错的交通事故案件有法律依据。《最高人民法院关于审理人身损害赔偿案件适用法律若干问题的解释》第3条第2款的规定同样能适用于交通事故受害人存在与有过错的情况。理由是：首先，受害者与侵害者之间不存在共同的故意和过失；其次，损害后果是共同的；最后，导致损害发生的原因是两者的过错行为间接结合。

3. 存在交通事故认定书的情况下原因力的适用

《道路交通安全法实施条例》第91条明确了原因力的适用，即公安机关交通管理部门应当根据交通事故当事人的行为对发生交通事故所起的作用以及过错的严重程度，确定当事人的责任。《道路交通事故处理程序规定》第46条进一步规定公安机关交通管理部门应当根据当事人的行为对发生道路交通事故所起的作用以及过错的严重程度，确定当事人承担全部责任、主要责任、同等责任、次要责任。由此可见，交通事故责任认定书确定责任的依据是原因力及过错。而对法院审理交通事故案件来说，根据1992年最高人民法院和公安部联合下发的《关于处理道路交通事故案件有关问题的通知》[①] 规定，人民法院审查认定的事实与公安机关关于事实及责任认定有冲突的，以人民法院审理认定的案件事实为准；此后，2012年最高人民法院《关于审理道路交通事故损害赔偿案件适用法律若干问题的解释》第27条也规定人民法院应依法审查交通事故认定书并确认其相应的证明力，但有相反证据推翻的除外。

因此，法院应当对交通事故认定书进行原因力与过错等方面的审查。首先，交通事故认定依据原因力与过错，因此，法官审理案件只有回到案件基本事实，通过审查事故发生时各当事人行为对事故发生和损害的原因力，以及各当事人的过错情况，才能合理判断交通事故责任认定书认定的合法性和合理性；其次，交通事故责

① 该通知第4条规定："当事人仅就公安机关作出的道路交通事故责任认定和伤残评定不服，向人民法院提起行政诉讼或者民事诉讼的，人民法院不予受理。当事人对作出的行政处罚不服提起行政诉讼或者就损害赔偿问题提起民事诉讼的，以及人民法院审理交通肇事刑事案件时，人民法院经审查认定公安机关所作出的责任认定、伤残评定确属不妥，则不予采信，以人民法院审理认定的案件事实作为定案依据。"

任认定书经常出现主要责任和次要责任，在这种情况下，理论上存在51% -99%巨大可调节空间，因而法官以事故的原因力与过错对交通事故责任认定书进行审查适用显得尤为重要；最后，对交通事故责任认定书的相反证据的审查确认，法官也只能还原到案件事实中的原因力与过错的相关证据审查，才能判断出相反证据能否推翻交通事故责任认定书的认定。综上，笔者认为法院的审查应当包括如下内容：(1) 审查交通事故的有关基本事实，包括交通事故现场勘验、检查、调查情况和有关的检验、鉴定结论；(2) 各当事人的行为对交通事故发生所起的原因力及对损害后果的原因力大小；(3) 各当事人的过错程度；(4) 对相反证据的审查。

4. “蛋壳脑袋规则”在交通事故案件中的运用

“蛋壳脑袋规则”指若伤害了脑壳薄如鸡蛋壳者，即使侵害者不可能知晓受害人这一特殊性也须为此损害承担赔偿责任。① 杨立新教授认为“蛋壳脑袋规则”确定赔偿责任须考虑受害人自身特殊体质的原因力，并以加害人行为的原因力确定其赔偿责任。② 笔者认为“蛋壳脑袋规则”适用于交通事故案件，必须将受害人自身的体质或疾病的特殊性对损害的原因力，与受害人的行为对损害的原因力进行区别，前者是确定损害赔偿范围的重要依据，后者是确定损害赔偿责任比例的重要依据。在考量受害人自身体质或疾病对损害后果的因果关系时，可以通过鉴定受害人自身体质或疾病相对于损害的原因力，按相当因果关系理论，在受害人自身体质或特殊性为主要原因力的情况下，适当减轻损害赔偿责任。

二、道路交通事故案件的归责——过错、原因力综合说

1. 过错、原因力综合归责原则的确立

《民法通则》第106条第2款确立了侵权责任的过错原则，第131条确立了受害人的与有过错原则，过错原则系交通事故侵权责任的一般归责原则。2003年《道路交通安全法》第76条对机动车与非机动车、行人之间发生交通事故的实行无过错原则，除证明非机动车、行人违法外，尚须证明机动车驾驶员已采取必要处置

---

① 杨立新：《侵权法论》，人民法院出版社2005年版，第558页，第354~355页，第193页。

② 杨立新等：“关于处理民事损害赔偿案件的几个问题”，载《法学研究》1981年第6期。

措施方可减轻机动车一方责任。[①] 但因为阻碍太大，2007 年修法时对《道路交通安全法》第 76 条改为推定过错原则，即除非证明非机动车、行人有过错或者证明机动车一方没有过错，否则不能减轻赔偿责任。由于公安交通部门就交通事故进行责任认定时，已将过错与原因力均纳入考量范围，因此，对交通事故案件，我国事实上已然采取过错、原因力综合归责原则。这与美国《统一比较过失法》第 2 条（b）规定的归责原则类似，即采取综合考虑过错与原因力的做法。[②]

2. 建立过错为主、原因力为辅的综合归责原则

过错、原因力综合归责原则又主要存在两种主张，第一种以原因力为主、过错为辅确立归责原则，如张新宝等教授基于民法损害填补功能理由主张，在确定共同侵权行为人内部各自责任份额及多因一果情况下各行为人责任份额时，应当以原因力大小为主、过错为辅；[③] 第二种主张以过错为主、原因力为辅确立归责原则，如杨立新教授通过考察日、美等国立法及国外各家之主张，分析过错比较说、原因力比较说和过错、原因力综合比较说三种侵权归责原则，得出过错、原因力综合比较说为必然侵权归责原则，并主张按过错比较为主，原因力比较为辅原则进行归责。[④] 笔者赞成杨立新教授观点：

首先，过错为主更有利于预防减少交通事故。从经济学视角出发，道路交通事故是交通运输作业所具有的外部性（对周围环境产生的危险性）在物理意义上的变现，导致社会财富和福利的减少，是一个负效于个人、家庭、社会与国家的行为，[⑤] 而法经济学通过模型分析证明，过错责任原则能够为施害人或受害人提供有

---

① 该条类似日本《汽车损害赔偿责任保障法》第 3 条规定的无过错归责原则，即除非机动车一方能够证明同时具备对机动车的运行未怠于行使注意义务、受害人或者第三人对损害的发生有过错以及机动车不存在结构缺陷三个条件，否则机动车一方对损害负赔偿责任。参见王胜明：《道路交通事故赔偿制度的演变和立法思考——“民商法前沿”系列讲座现场实录第 312 期》，中国民商法律网 http：//www. civillaw. cn，2014 年 6 月 28 日访问。

② 张新宝、明俊：《侵权法上的原因力理论研究》，载《中国法学》2005 年第 2 期。

③ 张新宝、明俊：《侵权法上的原因力理论研究》，载《中国法学》2005 年第 2 期。

④ 杨立新：“客观与主观的变奏：原因力与过错——原因力主观化与过错客观化的演变及采纳综合比较说的必然性”，中国民商法律网 http：//www. civillaw. cn，2014 年 6 月 28 日访问。

⑤ 陈界融：《中国民法学·债法学源论》，人民法院出版社 2006 年版，第 571 页。

效的预防激励。[①]

其次，强调过错为主更符合归责的道德要求，如同耶林名言："使人负损害赔偿的，不是因为有损害，而是因为有过失，其道理就如同化学上之原则，使蜡烛燃烧的，不是光，而是氧，一般的浅显明白。"[②]

三、过错为主、原因力为辅归责的具体构想

当前司法实务中有很多案件审理过程中并未进行原因力审查和适用分析，但在裁决时却引用原因力作为裁判依据，这主要是因为缺乏较细致的原因力适用的规则。对如何适用原因力、过错规则，杨立新教授认为，在确定整体责任是100%的基础上，通过确定各机动车保有人的过错在整体过错中的百分比和各机动车保有人的行为对损害发生的原因力的百分比，最后通过对过错比较和原因力比较的结果，综合判断，确定每一个机动车保有人的责任份额。[③] 笔者认为按照过错比较为主、原因力比较为辅的归责原则，可以建立这样的具体办法：将100%责任划分为，60%按过错确定，40%按原因力确定，如两机动车互撞，一方过错为60%，原因力为80%，则其承担责任为：60%×60%+40%×80%=68%。由于交通事故发生的原因复杂多样，我们可以进一步将交通事故分为两因交通事故和三因以及三因以上交通事故，分别论述如下：

1. 两因交通事故的责任确定和处理

两因交通事故指交通事故造成的损害是由两个行为人的两种可归责任行为造成之情形，包括一个侵权人造成损害且受害人存在与有过失之情形，以及两侵权人致人损害，需确定两者之间的责任承担比例情形。两因交通事故归责可以采取如下方式：

首先，过错包括故意和过失，故意可分为直接故意和间接故意，过失分为缺乏最普通人注意义务的重大过失、缺乏善良管理人注意义务的一般过失和缺乏与处理

---

① ［美］罗伯特·考特、托马斯·尤伦：《法和经济学（第五版）》，史晋川等译，上海人民出版社2010年版，第317～323页。

② 王泽鉴：《民法学说与判例研究》第2册，中国政法大学出版社1998年版，第144～145页。

③ 杨立新："论机动车交通事故的基本责任形态"，载《河北学刊》2009年第3期。

自己事务时相同注意程度的轻微过失。① 在多因一果场合，须对各行为的过错情况进行两两比较，其结果分为全部过错、主要过错、同等过错、次要过错和无过错，可对应百分比为100%、75%、50%、25%、0%。原因力比较是将双方当事人的行为对于损害事实的发生或者扩大所具有的原因力进行比较，确定双方当事人应当承担同等责任、主要责任或者次要责任，并且确定适当的责任份额比例。② 笔者认为其结果也可分五种情况，全部原因力、主要原因力、同等原因力、次要原因力和无原因力，而对应百分比为100%、75%、50%、25%、0%。

接着，将上述五种过错和原因力进行排列分类：

（1）过错100%情形的责任确定

100%的过错为极端情况，在这种情况下，排除了与有过错的适用，又分两种情况：

一是侵权人100%过错。在这种情况下，根据《道路交通安全法》第76条的规定，应由侵权人承担全部责任，但这种情况下并未排除原因力的适用，因为这种责任确定系推定侵权人之侵权行为与损害之间存在因果关系，但如果侵权人能证明其行为与损害之间不存在原因力则不承担侵权责任。例如：甲在乙饮料中下毒，乙在绿灯情况下通过路口时毒发倒地死亡，随后被闯红灯行驶的丙碾压，这种情况下，表面看来丙无疑存在全部过错，但丙如能证明其行为与损害后果之间并不存在原因力，则不承担赔偿责任。

二是被侵害人存在100%过错情形。如果损害是被侵害人故意造成的，侵害一方不承担赔偿责任；除此之外，《道路交通安全法》第76条规定，损害全部是被侵害人的过错造成的，且机动车一方没有过错的，承担不超过10%的赔偿责任。

（2）原因力0%情形的责任确定

当原因力0%时，即行为与损害无因果关系，这时无论侵害者主观上存在怎样的过错情况，即便侵害者存有故意，均不得要求侵害者承担责任，换言之，当损害不是由所诉之侵害者造成的，无论侵害者的过错如何，均不承担责任；但是如果不

① 程啸：《侵权行为法总论》，中国人民大学出版社2008版，第338～344页。

② 杨立新："论对机动车交通事故无过错责任的必要司法补救——机动车致害非机动车驾驶人或行人无过错责任中的过失相抵"，载中国民商法律网 http：//www.civillaw.cn，2014年6月28日访问。

能确定真正的侵害行为时，可以参照《道路交通安全法》第 76 条规定，对故意和重大过错的侵权人承担不超过 10% 的赔偿责任。

（3）存在与有过失和原因力的责任确定。

有的地方性法规对公安交通部门作出的责任认定进行了明确，如《四川省〈中华人民共和国道路交通安全法〉实施办法》第 52 条规定，对超过责任限额的部分，机动车一方有证据证明非机动车驾驶人、行人违法的，机动车一方负主要责任的，承担 80% 的赔偿责任；负同等责任的，承担 60% 的赔偿责任；负次要责任的，承担 40% 的赔偿责任；没有事故责任的，承担不超过 10% 的赔偿责任。此外，有些法院内部规定对机动车之间发生交通事故，主次责任按三七分，同等责任五五分。①笔者认为上述规定虽然对司法起到了指导和规范作用，但失之于罔顾交通事故案件事实，过度依赖公安交通部门的责任认定，有“公安司法”之嫌，因此，并不足取。笔者主张基于交通事故案件事实，将 100% 责任划分，其中 60% 按过错确定，40% 按原因力确定，则：

1）侵害者主要过错且全部原因力的，承担 75% ×60% +100% ×40% =85% 责任；

2）侵害者主要过错且主要原因力的，承担 75% ×60% +75% ×40% =75% 责任，即，当过错与原因力相一致的时候，无论依据过错或原因力判决，其结果均是同一的；

3）侵害者主要过错且同等原因力的，承担 75% ×60% +50% ×40% =65% 责任；

4）侵害者主要过错且次要原因力的，承担 75% ×60% +25% ×40% =55% 责任；

5）侵害者同等过错且全部原因力的，承担 50% ×60% +100% ×40% =70% 责任；

6）侵害者同等过错且主要原因力的，承担 50% ×60% +75% ×40% =60% 责任；

---

① 如成都市中级人民法院对机动车之间，按过错责任原则，主次责任一般是三七分，同等责任按五五开；机动车与非机动车、行人发生事故，适用过错相抵原则，部分责任或次要责任按二八开；同等责任是四六开。

7）侵害者同等过错且同等原因力的，承担 50% ×60% +50% ×40% =50%责任；

8）侵害者同等过错且次要原因力的，承担 50% ×60% +25% ×40% =40%责任；

9）侵害者次要过错且全部原因力的，承担 25% ×60% +100% ×40% =55%责任；

10）侵害者次要过错且主要原因力的，承担 25% ×60% +75% ×40% =45%责任；

11）侵害者次要过错且同等原因力的，承担 25% ×60% +50% ×40% =35%责任；

12）侵害者次要过错且次要原因力的，承担 25% ×60% +25% ×40% =25%责任。

综合上述 12 种情形，在按过错 60%、原因力 40% 权重的处理模式下，我们可以归纳出如下结论：当过错等级与原因力等级相同时，按过错或原因力比例确定责任比例；当侵害者的过错等级低于其原因力等级时，按低一级增加 10% 责任的方式确定其应承担的责任；当侵害者的过错等级高于其原因力等级时，按高一级减 10% 责任的方式确定其应承担的责任。

2. 三因或三因以上交通事故的责任确定和处理

三因或三因以上交通事故在过错 100%、原因力 0% 的情况下的责任确定无疑与二因交通事故责任确定相同，兹不赘述。三因或三因以上交通事故存在与有过失和原因力情形下的责任确定，按过错 60%、原因力 40% 权重的处理模式，分别计算各行为之过错和原因力，然后按过错 60%、原因力 40% 权重计算，其得数即为其应承担之责任份额。

3. 加重责任情形

（1）情节加重型

即因侵害者存在法定加重责任之情节，如《道路交通安全法实施条例》第 92 条规定当事人发生交通事故后当事人逃逸的或者故意破坏、伪造现场、毁灭证据的，承担全部责任。但发生事故后逃逸的行为人有证据证明对方当事人也有过错的，可以减轻责任。

(2) 优者危险负担型

交通事故案件受害人有过失的，各国普遍按“优者危险负担”原则来分配交通事故的损害责任，如日本法律认为，汽车比行人优越，性能好的车比性能差的车优越，而优越者的行为的危险性更大、危害回避能力更强，因此所需注意之程度更高，过失既重且而原因力亦强，并具体化为：加害车辆为四轮车，受害人为步行者时为9∶1，受害人为自行车骑行者时为8∶2，受害人为机动三轮车骑行者时为7∶3，受害人为三轮车骑行者时为6∶4。[①] 而我国《道路交通安全法》第76条对非机动车和行人采取同等对待原则，并采取过错推定，除非机动车一方能证明非机动车驾驶人、行人有过错可适当减轻赔偿责任外，均承担赔偿责任；而对机动车一方没有过错的，承担不超过10%的赔偿责任。而一些地方性法规，如《四川省〈中华人民共和国道路交通安全法〉实施办法》第52条则对机动车与非机动车、行人之间发生交通事故，大致加重了机动车一方承担10%的赔偿责任。笔者认为依据优者危险负担原理，非机动车不宜与行人同等对待，而应加大对行人的保护，故建议采取如下规则：交通事故受害人有过失的，机动车一方对超过责任限额的部分，有证据证明非机动车驾驶人、行人的行为违法，机动车一方对行人可增加15%～20%的赔偿责任；机动车一方对非机动车可根据具体案情增加5%～15%的赔偿责任。

(陈洲　四川省成都铁路运输法院)

① 参见〔日〕舟木：《过失相低之斟酌过程》，转引自王利明：《侵权行为法研究》(上卷)，第621页。

交通损害赔偿纠纷中道路交通事故认定书之救济

【司法精要】

在道路交通损害赔偿案件中，公安机关制作的道路交通事故认定书作为一项关键证据，直接决定着当事人是否承担民事赔偿责任以及承担赔偿责任的大小。然而，由于现阶段公安机关交通管理部门事故认定程序的“封闭性”及进行事故责任划分的“主观性”，导致事故责任划分不适当的问题不可避免，但是，在实践中，当事人对事故认定书不服，却不能有效地对事故认定书进行救济。本文使用法律文本分析、问卷调查、数据统计等研究方法，对现阶段当事人可以寻求的救济途径进行了梳理，分析阐述了行政救济途径的“阻断”及原因、诉讼救济途径的“乏力”及其原因。文章认为相比较而言以诉讼救济途径为突破口解决道路交通事故认定书“救济难”问题具有合理性，并提出了以实现诉讼中对事故认定书的有效审查为路径选择解决诉讼救济途径“乏力”问题的观点。

引　言

公安机关交通管理部门在处理交通事故后制作的道路交通事故认定书（以下简称事故认定书），作为记录本次交通事故发生过程、事故成因以及当事人之间事故责任划分的信息载体，对事故当事人权利义务的影响毋庸置疑。然而，作为法院审理交通事故损害赔偿类案件的关键证据，现阶段当事人在对事故认定书存有异议的情况下却无法对其进行有效救济。因此，如何使交通事故类民事案件中的当事人实现对事故认定书的有效救济是本文旨在论述的主题，对公安机关事故责任认定行为的行政可诉性问题及刑事诉讼中事故认定书的审查认定问题本文则不予涉及。

一、现阶段可供当事人选择的事故认定书救济途径

（一）行政救济途径

2009年1月1日颁布实施的《道路交通事故处理程序规定》第六章第二节就道路交通事故认定的复核问题专门进行了规定，其中包括事故当事人提出复核申请的时间、提出申请的途径、复核审查的内容及复核结果的作出等方面，这些规定构成了事故认定书的行政救济途径。事故当事人对事故认定书不服的，可以依照事故认定书复核程序的规定向上一级公安机关交通管理部门申请复核。

（二）诉讼救济途径

现阶段对事故认定书在诉讼活动中进行救济的法理依据主要是基于其在民事诉讼中的证据属性。2012年12月21日起施行的《最高人民法院关于审理道路交通事故损害赔偿案件适用法律若干问题的解释》第27条规定，“公安机关交通管理部门制作的交通事故认定书，人民法院应依法审查并确认其相应的证明力，但有相反证据推翻的除外”。该条规定不仅直接赋予事故当事人在庭审中可以通过取证、举证和质证等诉讼环节阐明其主张，尽力推翻该事故认定书的权利，更明确了事故认定书在性质上是书证，属于公文书证的一种，人民法院应当根据公文书证的规则对事故认定书进行审查判断，当事人有相反证据足以推翻事故认定书的，人民法院应当对相反的事实予以确认。①

二、选择诉讼救济途径解决事故认定书救济问题的合理性考量

（一）事故认定书行政救济途径的“阻断”

我们对X市H县公安局交通警察大队近三年来所作出的事故认定书的总数、当事人对事故认定书申请复核的数量、上一级公安机关交通管理部门对原事故认定书予以维持的数量及责令重新调查认定的数量进行了统计②，见图表1。

---

① 奚晓明主编：《最高人民法院关于道路交通损害赔偿司法解释理解与适用》，人民法院出版社2012年版，第357页。

② 以上数据均来源于X市H县公安局交通警察大队的内网统计数据。

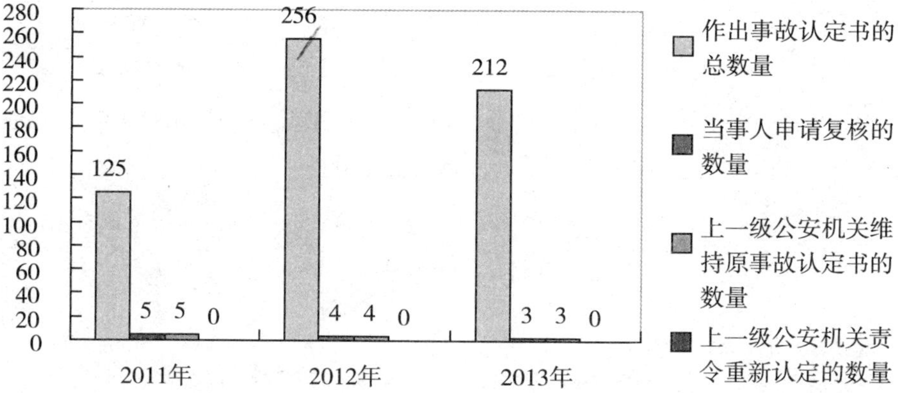

图表 1　公安机关交通管理部门对事故认定书进行复核的情况调查

通过以上数据我们看出，在 H 县公安局交通警察大队作出的事故认定书中，当事人对事故认定书申请复核的比例极小，并且对于进入复核程序的事故认定书，上一级公安机关交通管理部门在审查后全部予以维持，无一责令重新进行调查认定。

这是否意味着统计样本中的事故认定书完全正确，而且绝大多数情况下事故当事人对事故认定书无异议呢？我们随机抽取 100 位刚刚被送达事故认定书的当事人①，设计调查问卷为：你对事故认定书的内容持何种意见：A 完全认同；B 不认同但可以接受；C 不认同并想通过一定的程序重新划分事故责任；D 无所谓，损失赔偿问题有保险公司处理。对该问题的回答情况，见图表 2.

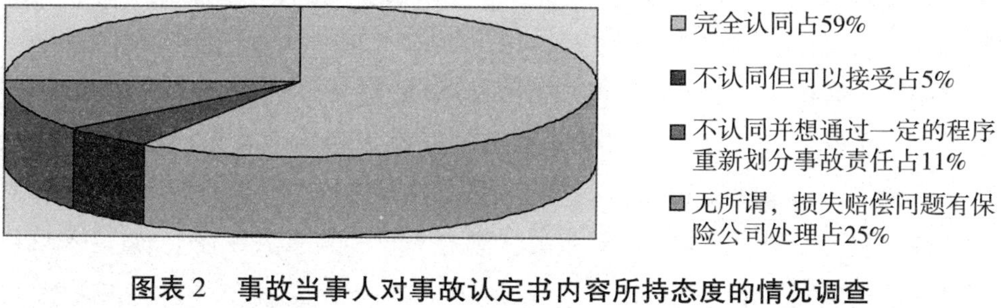

图表 2　事故当事人对事故认定书内容所持态度的情况调查

图表 2 显示，事故当事人对事故认定书并不是“绝对信任”，可以说有 40% 左右的当事人对事故认定书不服。

① 之所以选取“刚刚被送达事故认定书的当事人”作为研究样本，主要是为了最大程度地体现事故当事人本人的意愿和想法，避免过多的干扰因素影响事故当事人的选择。

通过比较以上两项调查结果，可以看出，对事故认定书明确选择“想通过一定的程序重新划分事故责任”的人数比例达11%；与此形成鲜明对比的是，图表1统计样本的事故认定书中被当事人申请复核的比例（当事人申请复核的事故认定书数量/交警大队作出的事故认定书总数量）最高是2011年仅为4%，而且已经进入复核程序的事故认定书，均被上一级公安机关交通管理部门维持。这说明事故认定书的复核程序并不是事故当事人对事故认定书进行救济的一条有效途径，并未发挥其应有的作用。

（二）事故认定书行政救济途径“阻断”的原因分析

为何事故认定书的复核程序会“形同虚设”，导致事故认定书行政救济途径的“阻断”？笔者认为主要有以下几方面原因：

1. 行政救济途径在制度层面的“退让”。《道路交通事故处理程序规定》第52条规定，“上一级公安机关交通管理部门收到当事人书面复核申请后五日内，应当作出是否受理决定。有下列情形之一的，复核申请不予受理，并书面通知当事人。（一）任何一方当事人向人民法院提起诉讼并经法院受理的；（二）……”。依据该条第一项的规定，当事故当事人对事故认定有异议而启动复核程序时，如果对方当事人同时向人民法院提起诉讼且被受理，则其复核申请将不被受理。此外，《道路交通事故处理程序规定》第53条还规定，“……复核审查期间，任何一方当事人就该事故向人民法院提起诉讼并经法院受理的，公安机关交通管理部门应当终止复核。”

从这两条规定可以看出一个很明显的立法倾向，即事故认定书的复核程序与诉讼程序二者发生冲突时，规则制定者对公安机关内部的复核程序采取了“退让”的态度，将当事人提起民事诉讼的交通事故排除在复核程序之外，而把划分事故责任的权力交给了法院。而对事故认定有异议的当事人往往会通过民事诉讼程序解决赔偿问题，由此也“阻止”了对方当事人通过复核程序去重新认定事故责任的机会。所以这样的立法倾向就使事故认定书的复核程序不能有效地发挥其救济功能。

2. 公安机关交通管理部门对考核指标的“顾虑”。上级公安机关交通管理部门对下级部门、各级公安机关交通管理部门对本单位民警进行业务考评时，当事人对事故认定书申请复核的数量和事故认定书被上一级部门责令重新认定的数量是相当重要的考核指标。在实践中，如果当事人坚持通过复核程序进行救济，办案民警出于考核指标的压力会极力说服当事人不要对事故认定书申请复核，甚至会说服另一方当事人提起民事诉讼，从而使上一级公安机关交通管理部门对其复核申请不予受理或终止复核程序。还有一种情况，就是办案民警在对一些比较复杂的交通事故进行认定时，往往会先和上一级公安机关交通管理部门进行沟通，然后再根据其意见制作事故认定书，确保将来当事人有异议向上级机关申请复核时，上一级机关能够予以维持。

3. 行政机关内部监督的“不力”。通过上一级公安机关交通管理部门对下级制作的事故认定书进行复核属于行政机关内部监督的范畴。总体来说行政系统内部监督一般比较薄弱。由于我国的行政系统实行垂直领导体制，下级行政机关受上级行政机关的领导，许多行政行为是在上级的指导下做出的，所以上级对下级行使自由裁量权的行为缺少关注，只是对下级的报告资料进行查阅，很难发现问题。[①] 加之行政机关上下级之间沟通密切、业务往来频繁，存在着财务、人事、考核等利益联系，容易形成利益共同体，导致行政机关上下级之间制约的力度不够、监督“动力”不足。可以说，对事故认定书的复核只是公安机关内部的一种监督机制，这一行为实际上成为公安机关最终决定的行政行为，缺乏应有的法律监督。[②]

（三）从诉讼救济途径入手解决事故认定书救济问题的合理性

笔者认为，由于立法层面的约束及事故认定书“证据化”趋势的影响，从行政救济途径入手解决事故认定书“救济难”问题，不仅面临着对现有交通事故认定复核程序进行制度重构，还要解决复核程序与诉讼程序的冲突问题，解决问题的成本过于巨大。

由于司法权对行政权进行监督和制约有着得天独厚的优越性，而且，通过诉讼途径对事故认定书进行救济，有助于大大降低事故当事人的维权成本，有助于交通事故损害赔偿纠纷的高效化解。因此，从诉讼救济途径入手解决事故认定书“救济难”问题，是较为合理且有效的选择。

---

① 杜蓓蕾、胡巧思：“论行政自由裁量权的内部监督”，载《经济师》2008 年第 1 期，第 25 页。

② 万尚庆、毕可良：“论道路交通事故认定行为的救济途径”，载《法学杂志》2013 年第 7 期，第 94 页。

三、现阶段事故认定书诉讼救济途径中存在的问题及原因分析

（一）当前事故认定书诉讼救济途径的“乏力”

以下是笔者统计的 X 市 H 县人民法院从 2013 年 1 月 15 日至 2014 年 1 月 15 日[①]之间机动车交通事故责任纠纷案件的相关数据[②]：该院 2013 年全年共受理机动车交通事故责任纠纷案件 522 件，其中交警大队作出事故认定书的有 518 件，交警大队由于无法查明事故原因而出具事故证明书的有 4 件（见图表 3）；在交警大队出具事故认定书的 518 件案件中，当事人在审理中对事故认定书均无异议的为 354 件，对事故认定书提出异议的为 164 件（见图表 4）；在交警部门出具事故认定书的 518 件案件中，法院经过审查对事故认定书予以认定的数量为 513 件，对事故认定书不予认定而重新划分事故责任的为 5 件（见图表 4）。

	交警部门制作事故认定书的案件数	交警部门无法查明事故事实出具事故证明书的案件数
案件数量	518	4
所占比例	99.23%	0.77%

图表 3　交通事故案件中交警部门制作事故认定书的案件比例情况

① 选取 2013 年度作为统计时间段，是为了研究《最高人民法院关于审理道路交通事故损害赔偿案件适用法律若干问题的解释》实施后的相关情况；选取 1 月 15 日作为节点是因为 H 县法院以每月 15 日为报结案时间。

② 该统计数据来自 X 市 H 县人民法院 2013 年度司法统计报表。

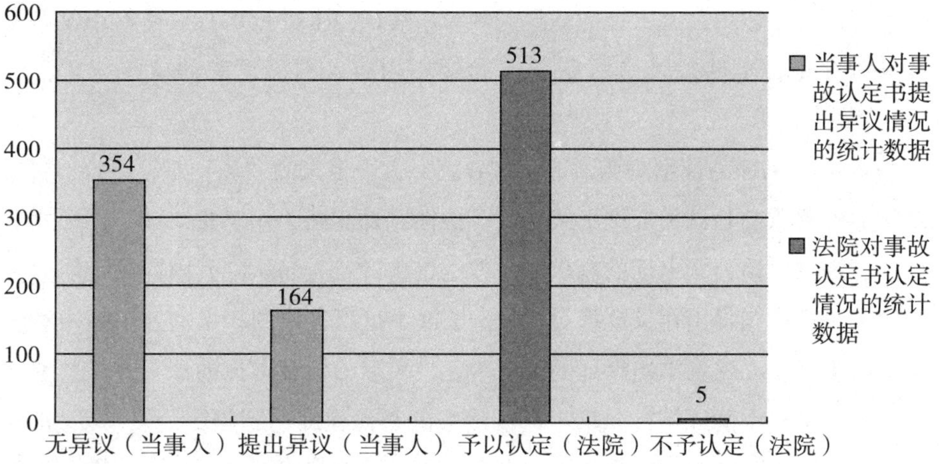

图表4 当事人对事故认定书提出异议的情况与法院对事故认定书的认定情况

从以上数据我们得出，在法院受理的机动车交通事故责任纠纷案件中，涉及对事故认定书进行审查的案件比例高达99.23%，可以说，几乎每个交通事故类案件都涉及事故认定书的审查。而从图表4我们得知，即使当事人对事故认定书提出异议的案件比例达31.66%，但人民法院在审查后认为事故认定书错误，对其不予认定的比例仅为0.97%。当然，当事人提出异议的事故认定书未必就是错误的，但人民法院不予认定的事故认定书的比例仅为0.97%，显然与现实中事故认定过程问题丛生、公信力不足的实际情况不符。这说明在诉讼活动中，事故当事人未能对持有异议的事故认定书获得有效的救济。

（二）事故认定书诉讼救济途径"乏力"的原因分析

1. 适用公文书证的证据规则导致法院对事故认定书的审查"流于形式"。《最高人民法院关于审理道路交通事故损害赔偿案件适用法律若干问题的解释》第27条明确了在民事诉讼中应当以公文书证的证据形式对事故认定书的证明能力和证明力大小进行审查。这意味着，只要当事人提交事故认定书的原件或者经制作机关确认的副本，人民法院就应当推定事故认定书的内容为真实。对方当事人认为事故认定书的内容不真实的，应当对其主张承担本证的证明责任，即应当证明事故认定书的内容为虚假。①

① 奚晓明主编：《最高人民法院关于道路交通损害赔偿司法解释理解与适用》，人民法院出版社2012年版，第366页。

笔者认为，适用公文书证的证据规则对事故认定书进行审查，使审查仅局限于形式和程序上，不能触及事故认定书的核心内容，不是正确的审查方式。理由如下：

（1）公文书证的证据规则造成了有异议一方当事人的“举证难”。“公文书证”的认定标准看重的是该类证据形式上的合法性、真实性，基于此才赋予其形式上的推定力，即只要该公文书证的制作程序合法，法官就应当认定其内容的证明力；而有异议的一方应当提出相反证据足以推翻公文书证所证明的事实。这不是指对此有争执的对方当事人仅仅承担反证的证明责任，实际上负有本证的证明责任。也就是说对方当事人提出的证据，如果不能使法官的心证程度达到相信公文书证为虚假，仅仅使法官陷入真伪不明的状态，对方当事人并没有完成举证责任，法官必须采信公文书证为真实。① 交通事故现场保存时间短、取证困难，几乎所有的证据材料均在公安机关交通管理部门处理交通事故的卷宗里，有异议一方当事人很难取得能够推翻事故认定书的充足证据。加之，交通事故的当事人从收集证据的权利、技术手段、法律知识水平等方面都难以具备相应的条件，当事人聘请律师也由于时过境迁等原因不能收集相应的证据。② 这就导致对事故认定有异议的当事人难以向法官提供充足的证据证明其主张。

（2）公文书证的单一证据规则与事故认定书内容的多样性不相适应。根据《道路交通安全法》第 73 条的规定，公安机关交通管理部门制作的交通事故认定书应当载明交通事故的基本事实、成因和当事人的责任三个部分。其中事故基本事实和事故成因这两个部分是办案民警通过现场勘验、检查、鉴定等一系列手段力图对交通事故客观事实的一种还原；而事故责任划分部分则是办案民警基于其已查明的事故过程对当事人事故责任的一种主观评价，包含着办案民警的价值判断。不同部分的内容所形成的过程、依据以及对事故当事人权利义务所产生的影响是不同的，如果对事故认定书中的不同内容统一适用公文书证的证据规则进行审查，明显与事故认定书的客观情况不符。

---

① 张永泉：“书证规则的内在机理及外化规则研究”，载《中国法学》2008 年第 5 期，第 43 页。

② 王秉洪：“道路交通事故认定救济的研究”，载《黔西南民族师范高等专科学校学报》2009 年第 2 期，第 10 页。

（3）公文书证的证据规则不能有效审查事故责任划分的适当与否。公文书证的证据规则看重的是证据来源与形式的合法性、规范性，只要该公文书证的制作程序规范、形式合法有效，即推定其内容为真实有效。就事故认定书来说，由于相关法律法规对交警部门认定事故责任这个关键环节没有进行细致地规定，使得事故责任划分缺乏严格的标准和有效的约束，导致办案民警的自由裁量权过大，使事故责任划分主观性较强，不同的人可能得出不同的结论。质言之，事故认定书责任认定部分的形式上的合法性、认定程序的规范性与内容上的真实、正确性没有必然的联系。

举例说明，甲无证醉酒驾驶无牌二轮车辆上路行驶，在正常行驶过程中，被同向行驶的乙所驾小型客车追尾，造成甲当场死亡，二者责任如何确定争议较大。一种观点认为，甲无证醉酒驾驶无牌车辆，应承担事故的次要责任，乙未保持安全车距应承担事故主要责任；一种观点认为，甲无证醉酒驾驶无牌车辆，应承担事故的同等责任，乙未保持安全车距应承担事故同等责任；也有观点认为，甲的违法行为与事故的发生没有直接因果关系，不应当承担事故的责任，由乙承担事故全部责任。本案中，对交通事故基本事实、证据等问题不存在争议，但如何确定当事人的责任却产生了影响案件性质的根本性分歧，若是认定乙承担事故的全部或者主要责任，就应追究乙的刑事责任，而认定乙承担同等责任，则只是产生行政、民事责任。[①] 在这种情况下，办案民警制作的事故认定书虽然程序合法、形式要件规范，但事故责任划分则不一定正确合理。如果通过公文书证的证据规则推定其真实将导致法院对事故认定书的审查演变成了对公安机关划分的事故责任的“简单确认”，极有可能对当事人的利益造成侵害。

2. 事故责任认定的专业性导致法院审查事故认定书及重新划分事故责任的“能力不足”。交通事故具有偶发性和随机性，原因复杂多样，过程千差万别，在认定交通事故过程中涉及法学、交通工程学、汽车工程学、道路工程学、法医学、物证技术学等多学科的知识，不经过专门的训练并从事这方面工作的专业人员，很难胜任这方面的工作。交通事故认定包括交通事故事实的认定、成因分析和当事人责任认定三个主要环节，从本质上看，交通事故事实的认定是一个证明过程，交通事

① 周建：“交通事故认定书的证据属性与重构思路”，载《法制与社会》2008 年第 3 期。

故成因分析是一个判断过程，而当事人责任的认定是一个适用法律的过程。[①]

事故认定书形成过程的专业性、复杂性决定了法官仅仅可以就其形式上是否规范、制作过程是否合法进行审查，而很难从事故成因、事故责任划分等实质层面对事故认定书进行审查。然而，恰恰是事实的认定、事故责任的划分才是当事人最关心、也是最容易出现争议的问题。

3. 办案法官对推翻事故认定书、重新划分事故责任的“消极心态”。通过查看庭审笔录，我们发现90%以上的交通事故类民事案件的庭审中，法庭调查部分没有关于交通事故事实及成因的查明，而仅仅围绕赔偿项目及损失数额进行法庭调查；即使不少案件的当事人都在庭审中提出对事故认定书的责任划分有异议，也只有不到10%的庭审涉及交通事故事实的调查。

这是由于有的法官对专业机构的文书之类的证据习惯于专门问题由专业人士“说了算”，即使有其他相反的证据。因此，有的法官只得不顾当事人对事故认定书的质疑，采信事故认定书作出裁判，降低自己作出裁判的风险。[②]

此外，由于法官掌握证据的有限性及自身专业领域的局限，导致其在推翻事故认定书时信心不足。为了回避推翻事故认定书后来自当事人的质疑，法官往往选择较为稳妥的做法，即确认公安机关的事故认定书。

四、解决诉讼救济途径“乏力”问题的路径选择

从上文分析可以得知，当前诉讼救济途径未能充分发挥作用的根本原因在于诉讼中法官未能对公安机关制作的事故认定书进行有效审查。因此，要解决事故认定书诉讼救济途径“乏力”问题，就必须以实现诉讼中对事故认定书的有效审查为路径选择。

（一）从“质证程序”的角度解决诉讼中对事故认定书的审查问题

1. 改变单一适用公文书证的证据规则对事故认定书进行审查的现状。笔者认为，对事故认定书应当结合其不同部分的内容分别予以认定。具体而言，对于事故基本事实和事故成因分析部分，由于办案民警是依照法律赋予的职权借助现场勘

---

① 杨润凯：“交通事故认定复核的难点在哪里”，载《人民公安报》2009年3月19日，第008版。

② 王秉洪：“道路交通事故认定救济的研究”，载《黔西南民族师范高等专科学校学报》2009年第2期，第10页。

验、检查、鉴定及询问证人等手段对事故进行了初步还原，对这两部分采取公文书证的证据规则，强调形式上的合法性、真实性，从而推定其内容为真实，符合事故认定书证据本身的客观情况，能够准确认定其证据能力与证明力大小。

对于事故认定书的责任认定部分不应单独进行审查。因为事故责任的划分是民警在对事故现场处理后制作的勘验笔录、证人证言、鉴定意见等证据进行分析、判断的基础上，凭借自身经验和主观判断对事故当事人之间的过错大小进行的评价。因此，对事故责任认定部分的审查不是对事故认定书纸面上短短的“某某负事故全部（或者主要、次要）责任”这几句话的审查，而是对公安机关处理交通事故所收集的全部证据资料的审查。如果对事故责任认定部分仅仅就当事人提供的一纸事故认定书进行审查，未免极不严肃。

因此，对于事故责任划分部分的审查模式，笔者作如下设想：

第一种情形，当事人在庭审中未对事故认定书提出异议，首先，法官应采用公文书证的证据规则对事故事实和事故成因部分进行审查，只要形式真实有效、制作程序合法，即应当对这两部分内容予以认定，作为认定案件事实的证据；对于事故责任划分部分，由于双方当事人均无异议，直接予以认定。

第二种情形，当事人在庭审中对事故认定书提出异议，法官应首先允许有异议的一方当事人对其主张的事实进行举证。其次，法官应调取交警部门处理本次交通事故的案卷，作为法庭依职权调取的证据，由双方当事人对办案民警处理事故期间制作的勘验笔录、证人证言、鉴定意见等证据进行质证，并适用与各自的证据种类相对应的证据规则一一进行审查认定。即适用何种证据规则进行认定依据该证据的具体形式而定。例如，对勘验笔录适用勘验笔录的证据规则，对证人证言，适用证人证言的证据规则。最后，法官通过对当事人提交的和法官依职权调取的所有证据进行审查，综合认定该事故认定书的内容是否正确、事故责任划分是否适当。如果事故认定书认定事实正确、划分责任适当，则法官应当对该事故认定书予以认定；如果事故认定书中的事故事实、成因或责任划分与法官所认定的结论不符，则法官应当对该事故认定书不予认定，而以庭审中查明的事实为准，并依据查明的事实重新划分事故责任。

2. 完善办案民警作为“专家辅助人”出庭接受询问的制度。我国《民事诉讼法》第 79 条规定，当事人可以申请人民法院通知有专门知识的人出庭，就鉴定人作出的鉴定意见或者专业性问题提出意见。依据该规定，当事人可以就事故认定书中的专业性问题向人民法院提出申请，要求民警出庭就该专业问题进行说明。但该条规定仅针对当事人申请的，人民法院可以通知“专家辅助人”出庭；而法官在审查事故认定书过程中如果发现问题需要民警出庭进行说明，可不可以依职权通知其出庭呢？这个问题《民事诉讼法》第79条本身无法给出答案。笔者认为，相关法律将来可以加以完善，从制度上保障法院在庭审中可依职权通知作出该事故认定书的交警部门，要求其指派处理该事故的民警出庭，接受法官及双方当事人的询问，并对相关专业问题作出说明。

（二）从“裁判者专业化”的角度解决诉讼中对事故认定书的审查问题

1. 成立专业化法庭或者组成专业合议庭。法官长期固定地处理某一类型的案件，有助于把握审理该类案件的规律和裁判尺度，提高处理该类案件的信心和正确率。由于交通事故处理过程的专业性与复杂性，基层法院可以设立交通事故法庭，或组成专门审理交通事故损害赔偿案件的“专业合议庭”。对事故认定书进行审查需要具备一定的专业知识和经验，法官经过长时间的审理实践，有助于更加准确地发现事故认定书中的纰漏，更好地掌握交通事故事实认定及成因分析的原理，也有助于法官提高依据查明的事实准确划分事故责任的能力，并据此合理确定当事人之间的民事赔偿责任。

2. 吸收相关专业人员作为人民陪审员参加庭审。正是事故处理中一些专业领域的限制，使法官在审查事故认定书时显得“心有余而力不足”。由人民法院聘请相关领域专业的人员“陪审”，特别是针对不同案情吸收具有相应专业知识背景的“专家”陪审员参与庭审则不失为一个简便易行的方法。例如，当事人因对车辆性能方面有争议而对事故认定书不服的，可以邀请汽车工程方面的专家作为人民陪审员参与庭审。“专家”陪审员在审理案件时比法官在相关专业领域更有优势，更容易就所争议的专业问题在庭审中对事故认定书及相关证据进行充分地质证，帮助主审法官“跨过”专业领域的限制，对事故认定书进行充分地审查。

（三）从“规范法官自由裁量权”的角度解决事故认定书的审查问题

1. 对法官可以直接不采信的事故认定书的具体情形作出指导性规定。法官在审查事故认定书时，势必会面临行使自由裁量权的问题。实践中法官在行使自由裁量权决定是否确认该事故认定书时，普遍趋向“保守”的选择，即选择对事故认定书予以确认，鲜有选择不予认定的情况。

对事故认定书的审查适用何种证据规则为法官的审查过程确立了一般性准则，但还有必要对应当不予认定的事故认定书的常见情形进行列举，明确地规定哪些情形法官可以直接对事故认定书不予认定，从而有效遏制目前法官在审查事故认定书方面的“保守”趋向。

笔者认为，法官可以直接不予认定的事故认定书包括：（1）适用法律错误的；（2）认定的事故事实与各方当事人的表述均不相符的；（3）关于事故成因的表述经过质证发现有明显错误、纰漏的；（4）事故责任的划分明显违背科学规律及生活常理的。

2. 通过案例指导对法官审查事故认定书起到示范作用。在对事故认定书进行审查的过程中，法官有着相当大的自由裁量的空间，因此，需要引入指导性或参考性案例，引导法官行使自由裁量权，防止法官在没有明确规范指引的情况下“盲目地”对事故认定书予以认定。

（王佑勋　石萌　陕西省户县人民法院）

“车撞宠物狗”案件引发的法律思考

【司法精要】

当今社会，饲养宠物已经成为我国城市居民生活消遣的一种新方式。人们在与宠物互动过程中获得快乐和满足的同时，也产生了一系列的问题，特别是当宠物在与人类关系中成为受伤害主体时，由于人们认识上的差异和国家立法上的空缺，法律界的认识难以统一。

文章结合“车撞宠物狗”的三起案例，提出并分析该类案件中涉及的三个焦点法律问题：案件的定性、宠物狗价值的认定以及精神损害赔偿问题。文章的最后，针对现有法律对宠物动物保护的不明确，建议尽快出台《中华人民共和国动物保护法》，以加强对动物的保护，并给法院审理此类案件提供明确法律依据。

案例一：2011 年 9 月 22 日早上 6 时，居住在西安市某小区的原告携带以市场价 500 元购买的“雪纳瑞”观赏犬（已办理养犬许可证）由东向西通过星火路，因看见路对面有熟人，便加快脚步通过星火路。恰逢此时，被告驾驶一小型普通客车以每小时大约 40 公里的速度由北向南行驶至星火路东巷，撞伤了原告的狗的右后腿。事故发生后，原告立即带狗治疗；被告车辆的保险公司对本次事故进行记录；2011 年 10 月 6 日，交通管理部门对本次事故出具交通事故事实证明。后因狗腿部感染，转至另一家宠物医院治疗，经宠物医务人员建议，该狗被截肢。原告于 2012 年 9 月诉至法院，要求被告赔偿给狗治疗的医疗费 7970 元；狗被撞伤后，因极度紧张，将其咬伤的医疗费 488.41 元；给狗治疗期间的误工费 1100 元，交通费 300 元。

被告认为：自己按照城市道路该路段限定时速正常行驶，事发路段只有斑马线，没有红绿灯，自己并没有过错。

被告律师认为：狗没有路权，本就不能上路，且原告将其狗带上公路的同时，没有采取任何约束或牵引措施，致使狗意外被撞，原告对事故的发生具有过错，应自行承担全部责任；本案是交通事故，原告应当将事故车辆的保险公司列为被告；狗作为原告的财产，其购买价为 500 元，事故发生后，被告已经垫付 700 元给原告，该狗的现在市场价也不过千元，原告主张近万元的赔偿明显不合理；本案中遭受伤害的是狗，并非人，原告主张误工费无法律依据。

法院经审理认为：本案是侵权责任纠纷，不是交通事故。原告出门遛狗不拴狗链，在横过交通干道时因与熟人打招呼，对狗不加管理。原告对自己行为的危险性应当预见，故原告对狗被撞伤主观上有重大过失，其应当对损害的结果承担主要责任，即 75%。被告驾驶车辆通过人行横道时，未注意观察具有一般过失，其应当对损害的结果承担次要责任，即 25%。故被告应当向原告支付狗的治疗费 1992.5 元，被告先行垫付了 700 元，还应当向原告支付医疗费 1292.5 元。原告因抱狗被狗咬伤，支出的治疗费用自行承担；原告要求被告支付的误工费、交通费，因其未举证证明，该诉讼请求，本院不予支持。①

法院判决后，原告对该结果不满，但没有上诉。被告按照判决之内容将钱款给付原告。

案例二：2012 年 6 月底一天的傍晚，陕西省泾阳县农民刘某驾驶一辆小型客车行驶至西安一小区门口时，与带宠物狗横过马路的张女士相撞，导致该犬死亡。交警经现场勘验作出道路交通事故认定书，认定刘某驾驶车辆在道路上未确保行驶安全，造成此次事故的发生，应承担事故全部责任。宠物狗主人张女士无过错，无责任。事故发生后，张女士提起诉讼，要求刘某赔偿其损失 7.6 万余元。张女士的宠物狗为边境牧羊犬，事发时不足两岁，办理了相关养犬证照。

一审法院经审理认为：张女士所饲养犬只因交通事故死亡，侵权人应当赔偿其因此产生的财产损失。张女士出具其所有犬只的购买付款收据及喂养该犬所购买的狗粮、疫苗等付款收据，不具有证据的合法性，且刘某不认可，因此，法庭对以上证据不予认可；但该犬只系张女士所有，其财产权益应当予以保护。结合该犬只品种、大小及饲养年限，经市场询价，市场价值酌情确定为 6000 元。张女士未牵狗绳携犬横穿马路，其作为管理人对该事故负有一定责任，应减轻侵权人的赔偿责任。故判决：保险公司在交强险限额内赔偿张女士 2000 元、刘某在交强险限额内赔偿张女士 2500 元，其余由张女士自行负担。

宣判后，张女士提起上诉，请求二审撤销原判，改判刘某和保险公司承担她的各项损失 4 万元及诉讼费。二审法院驳回了张女士的上诉，维持了一审判决。②

案例三：张默然饲养了一条“雪纳瑞”犬，取名“沙娜”，并办理了养犬证。“沙娜”经主人长期训练，与主人建立了深厚的感情。2010 年 2 月 16 日上午 7 时 40 分许，张默然牵着“沙娜”在南京三步二桥附近的一条巷道上由东向西遛达，刘某驾驶其单位的轿车突然从后面急驶而来，将躲避不及的“沙娜”撞飞。交警赶到现场后，明确刘某对该起事故负全部责任。“沙娜”被送至宠物医院检查后，发现右侧髋骨骨折、坐骨骨折且膀胱内有积液，需要手术治疗。2 月 22 日，张默然将

---

① 陕西省西安市莲湖区人民法院（2012）莲民三初字第 00695 号民事判决书。

② 雷恺：“西安终审判决一起车撞宠物狗案 当事人各担责任”，载中国广播网，访问时间 2013 年 4 月 25 日。

“沙娜”送至南京农业大学动物医院手术。治疗后，“沙娜”落下终身残疾，对其仍需护理并需后续治疗。张默然为犬花去医疗费3.6万余元。

张默然将刘某、肇事车辆所在单位某商贸公司及车辆投保的保险公司诉至法院，主张三被告赔偿医疗费、交通费等总计3.6万余元。案件审理中，保险公司辩称，可在交强险限额内承担财产损害赔偿责任，对护理费、交通费、精神损害抚慰金、诉讼费等不予承担。刘某及所在公司的答辩意见同保险公司。

法院审理后，参照目前市场销售“雪纳瑞”犬种的平均价格，酌定张默然的财产损失为2000元。张默然主张的精神损害抚慰金，法院酌定为1000元。①

结合上述案例，我们总结其中涉及以下焦点法律问题：第一，案件定性上，是机动车交通事故责任纠纷还是一般民事侵权责任纠纷？机动车投保的保险公司是否应当承担赔偿责任？如果应当赔偿，赔偿的范围是多少？超出赔偿范围的部分，又应当如何承担？第二，宠物狗的价值如何认定？是宠物狗的市场价还是包括远超过宠物狗本身市场价的医疗费？第三，宠物狗遭受伤害，饲养人或管理人（以下简称饲养人）主张精神损害赔偿是否有法律依据？

一、案件的定性以及赔偿责任的承担

案件的定性直接关系到责任的承担，所以定性显得尤为重要。从上述三个案例的判决结果来看，一个将案件定性为一般民事侵权纠纷，按照过错原则划分原被告双方责任，两个将案件定性为机动车交通事故责任纠纷，由保险公司和当事人双方承担责任。

（一）凡在道路上发生的侵害应定性为机动车交通事故责任纠纷

1. 定性为机动车交通事故符合交通事故的构成要素

根据《中华人民共和国道路交通安全法》第一百一十九条的规定，交通事故是指车辆在道路上因过错或者意外造成的人身伤亡或者财产损失的事件。据此，交通事故的构成有四要素：事故主体是车辆、事故空间是道路上、事故原因系车辆的过错或意外、事故后果是人身伤亡或财产损失。该条同时规定了何为《道路交通安全

---

① 李德胜：“南京市首例宠物索赔案 狗被撞残花了3.6万医治”，载中国网资讯中心，2012年2月3日。

法》中所称的“道路”的含义，其是指公路、城市道路和虽在单位管辖范围但允许社会机动车通行的地方，包括广场、公共停车场等用于公众通行的场所。根据上述定义，结合上述案件事实，机动车在交通干道和小区门口等公共场所因过错或意外将饲养人的宠物狗（“动物，因其物理性的存在，在我们的法律体系中，均被看作是个人的财产。”①）撞伤或撞死（财产损坏或灭失），饲养人为此遭受财产损失，完全符合上述交通事故的定义。因此“车撞宠物狗”案件应定性为交通事故。

2. 定性为机动车交通事故符合特别优于一般的法律适用原则

首先，“车撞宠物狗”案件符合一般民事侵权的构成要件，亦符合机动车交通事故特殊侵权②的构成要素。机动车交通事故责任的性质是民事侵权责任，属于特殊侵权责任，在法律适用上，应当适用侵权责任法的特殊规则。“不论是道路交通事故责任，还是医疗损害责任、学生伤害事故责任、工伤事故责任以及火灾事故责任，他们都属于特殊侵权责任，都属于侵权责任法特殊侵权责任的调整范围。……因此，对于事故责任不仅要适用侵权责任法的一般规则，而且要适用特别侵权责任归责，以及其他法律规定的侵权特别法”。③

其次，根据《最高人民法院关于印发修改后的〈民事案件案由规定〉的通知》［法〔2011〕42号］第三部分“适用修改后的《民事案件案由规定》时应注意的几个问题”规定，“第一审法院立案时应当根据当事人诉争法律关系的性质，首先应适用修改后的《民事案件案由规定》列出的第四级案由；第四级案由没有规定的，适用相应的第三级案由；第三级案由中没有规定的，适用相应的第二级案由；第二级案由没有规定的，适用相应的第一级案由”。而《民事案件案由规定》［法（2011）41号］在第九部分“侵权责任纠纷”的一级案由下，列二级案由“侵权责任纠纷”，在该案由下列三级案由“机动车交通事故责任纠纷”。从“车撞宠物狗”的案情来看，该类案件属于“侵权责任纠纷”中的“机动车交通事故责任纠纷”。

3. 定性为机动车交通事故符合交管部门和民众的一般认识

近几年，随着类似案件的不断增多，个别地方专门出台文件对此类案件定性。

---

① 高利红：“动物作为‘物’的法律本质”，载《郑州大学学报（哲学社会科学版）》，2005年第1期。

② 王利明等：《民法学》，法律出版社2008年版，第790页。

③ 杨立新：《侵权法分则》，人民法院出版社2009年版，第188页。

比如，2006年5月，天津市公安交管局发布解释称，车狗相撞应按交通事故处理，交管部门接警后应当受理，并做必要的现场记录，核实事故损失，判定当事双方责任。如果将此类案件定性为普通侵权纠纷，显然与交管部门对此类事故性质的认识不一；另一方面，也有悖于民众的一般性认识，发生在道路上的车撞狗事故就应当属于交通事故，由交管部门处理，否则此类事故应当如何解决，由哪个部门负责，容易引起不必要的扯皮纠缠。而定性为交通事故，并由交管部门处理就会顺理成章。

4. 对相反观点的分析

有人认为此类案件应定性为一般民事侵权，原因是《中华人民共和国道路交通安全法》第七十六条规定，交通事故发生在机动车之间或机动车与自然人、非机动车驾驶人之间，机动车一方将饲养人饲养的狗撞伤，不符合交通事故的主体条件。笔者对该观点不予认同，理由如下：

（1）宠物狗是物，是法律关系的客体，其实体责任的承担者是饲养人

从法理上讲，法律关系由主体、内容、客体三要素构成。而法律关系的主体只能是承担权利义务的自然人和法人。法律关系的客体可以是物、行为、智力成果等。《中华人民共和国道路交通安全法》和《中华人民共和国道路交通安全法实施条例》对机动车驾驶人、非机动车（包括畜力车）驾驶人、行人、乘车人以及道路交通活动有关的单位和个人的通行作了规定，并没有对宠物通行作出规定，但饲养的宠物属于具体的人所有，且属于该人的个人财产。宠物作为该类案件中被损坏的财产，是物，是该法律关系的客体，相应的权利义务由其饲养人享有和承担。

（2）该案件中，责任主体是机动车方和对宠物狗负有管理义务的人

有论者认为："宠物狗是牲畜，当然不能作为当事人，作为对狗具有管理和控制职责的人，狗主人能否作为当事人，主要看其行为是否与交通事故的发生有必然的关系。"①以西安为例，按照《西安市限制养犬条例》第二十七条规定，携犬出户时，为犬只挂上犬牌，由完全民事行为能力人使用牵引带牵领；牵引带不得超过两米，在行人拥挤时自觉收紧牵引带。也就是说，携狗出户必备的合法条件是为狗挂

---

① 高树起："车辆与宠物狗发生交通事故的处置原则及法理分析"，载《道路交通管理》2006年第9期。

牌、由完全民事行为能力人用牵引带牵领。如果是饲养人携狗出户，使狗上路发生事故或者饲养人将宠物狗交由无民事行为能力人或限制民事行为能力人管理上路发生事故，饲养人的行为与交通事故的发生有必然关系，应作为交通事故的当事人；如果是饲养人以外的完全民事行为能力人牵引狗上路发生交通事故，则由直接对狗实施控制的牵引人作为当事人。

本文上述案例，均是饲养人携带宠物狗上路发生交通事故，案件的责任主体为机动车方和宠物狗的饲养人。该主体符合《中华人民共和国道路交通安全法》第七十六条关于交通事故主体的规定。

（二）保险公司在第三者责任强制保险责任限额内承担赔偿责任，超过责任限额的部分，当事人按照过错责任原则承担

1. 机动车方和宠物狗的饲养人之间适用过错责任原则

既然案件定性为交通事故责任纠纷，其归责原则就应适用《中华人民共和国道路交通安全法》第76条，该条由保险公司在机动车第三者责任强制保险责任限额范围内承担无过错责任的前提下规定了两种归责原则：（1）机动车之间发生交通事故的，适用过错责任原则；（2）机动车与非机动车驾驶人、行人之间发生交通事故的，适用过错推定责任原则。但是，案件中“宠物狗”的主体存在问题：首先，狗上路不能按照行人来看待；其次，尽管对狗负有管理义务的人作为事故的当事人，但不是饲养人本身发生交通事故，而是因其管理控制不到位，致使狗发生了交通事故。[①] 如果机械地适用过错推定原则，无疑是对上述案例一、案例二中饲养人未对宠物犬进行牵引、管理的纵容，同时也是对机动车一方的严重不公。根据杨立新教授的观点：机动车一方造成非机动车驾驶人或者行人人身损害的，实行过错推定原则。这是我国道路交通事故责任的法律价值和对弱者的保护。机动车与非机动车驾驶人或者行人之间造成财产损害的，应当适用过错责任原则。因为机动车与非机动车驾驶人或行人之间发生交通事故造成财产损害的，不涉及对人的特殊保护问题。应将机动车与非机动车驾驶人或行人发生交通事故中的不同情形区别开来，分别适

---

① 高树起：“车辆与宠物狗发生交通事故的处置原则及法理分析”，载《道路交通管理》2006年第9期。

用不同的归责原则，以更好地平衡各方的利益关系，取得最佳的调整效果。[①]

所以，笔者认为，鉴于“车撞宠物狗”案件的特殊性，按照公正、公平的原则，对于超过机动车第三者责任强制保险责任限额范围的赔偿，应当适用过错责任原则，即机动车和狗的饲养人之间谁有过错谁承担责任，无过错则不承担责任。

2. 机动车方和宠物狗的饲养人之间过错的界定

《中华人民共和国侵权责任法》第八十四条规定，“饲养动物应当遵守法律，尊重社会公德，不得妨碍他人生活”。如果是狗的饲养人违反相关规定，未对狗约束牵引或将狗带入禁止进入的区域，机动车一方正常行驶，无违法行为和过错，则饲养人对事故的发生具有全部过错，应承担全部责任；如果饲养人违反相关规定，机动车一方也有违法行为或过错，则根据饲养人和车辆驾驶人之间过错的大小比例来确定双方责任；如果饲养人无过错，因机动车一方的违法行为或过错致使发生交通事故，则机动车一方承担全部责任；如果双方都无过错，则按照意外事件处理。

上述案例一和案例二，均发生在西安市，根据《西安市限制养犬条例》不得携带犬只进入公共场所，禁止携带犬只进入城市主要交通干道，携犬出户时，应使用牵引带牵领之规定，饲养人违反条例规定将宠物狗带入道路等公共场所，且未对宠物狗进行牵引，其对事故的发生具有全部或主要过错，应承担全部或主要责任。对于机动车方来说，案例一中的机动车按照该路段限定时速行驶，且事发路段无红绿灯，其对事故的发生并无过错，故其不承担责任；案例二中机动车一方未确保行驶安全，致使发生交通事故，其与饲养人按照双方过错的大小承担责任。

二、宠物狗价值认定问题

在“车撞宠物狗”案件中，如果事故造成宠物狗当场死亡，那么该如何确认财产损失的数额？是宠物狗的购买价还是现行市场价？这往往成为原被告双方的争议焦点，如案例二；如果事故造成了宠物狗受伤，狗的治疗费用远远超过狗本身的价值时，是应当以宠物狗本身的价值来计算财产损失，还是应当以治疗费为标准计算财产损失？如案例一和案例三。

---

① 杨立新：《侵权法分则》，人民法院出版社2009年版，第220~222页。

（一）宠物狗的财产价值应当包括其初始购买价及必要的饲养成本

宠物狗的市场价因其自身的种族、毛色、产地等因素和买家的实际购买力、喜好程度等原因相差悬殊，实际成交价格可能远远高于狗的价值。因此，在诉讼中，即便饲养人有购买时的单据来证明狗的购买价，机动车一方也往往不认可。根据《中华人民共和国民事诉讼法》第七十六条“双方当事人可以就查明事实的专门性问题向人民法院申请鉴定”之规定，当事人有权申请对宠物狗的价值进行鉴定。但因对动物价值的鉴定并未纳入司法鉴定范畴，没有司法鉴定机构能对该项目进行鉴定。[①] 鉴于目前的实际情况，法院可以进行一定的市场调查测算，结合涉案犬种的品种、年龄、饲养期限、通常的饲养费用等进行综合评估，必要时法院可根据《中华人民共和国民事诉讼法》关于专家证人的规定，邀请专家证人对涉案宠物狗的价值进行鉴定，并出庭陈述鉴定方法和依据。[②]

（二）高于宠物狗本身价值的医疗费属于饲养人的财产损失

宠物狗作为饲养人的特殊财产，当其遭受损害，即便治疗费远超过宠物狗本身的价值，也应当以治疗费为标准计算饲养人的财产损失。

1. 对受伤宠物进行救治是各国立法通例，也体现了人文关怀

动物具有生命，与其他财产具有本质的不同，在对它们行使权力的时候，理当尊重它们的生命，保护它们的健康。尤其是作为人类伴侣的宠物，与人类关系最为密切，它给饲养人带来精神上的愉悦和慰藉，在法律地位上也处于最高的法律物格[③]地位，尽管它不具有法律人格，不能成为权利主体，但是它受到民法的除了人之外的最高的法律保护，任何人都要尊重它的生存、健康和生命，不得任意剥夺。[④]

---

① 何春晓：“宠物狗被撞死 损失如何认定 厦门法院引入专家证人鉴定宠物价值”，载《人民法院报》2013 年 12 月 11 日。

② 何春晓：“宠物狗被撞死 损失如何认定 厦门法院引入专家证人鉴定宠物价值”，载《人民法院报》2013 年 12 月 11 日。

③ “法律物格”：动物在法律中的客体地位称为“法律物格”。它描述了一个不拥有法律权利资格的实体，该实体被作为法律上的人对其建立权利义务关系的财产来对待。动物仅具有法律物格这一点起源于已知的最早的法律制度，历经希腊、罗马、中世纪教会的法律制度，直至近现代，无论普通法系还是大陆法系的诸国莫不如此。

④ 杨立新、朱成义：“动物法律人格之否定—— 兼论动物之法律‘物格’”，载《法学研究》2004 年第 5 期。

虽然目前我国尚未对超过宠物本身价值的治疗费是否应当赔偿作出有效的法律规定，但是社会观念普遍认同《中华人民共和国动物保护法（专家建议稿）》第三十五条（动物的医疗救助）所明确的意见，即动物患病、受伤或者生命垂危时，应当得到毫不延迟的必要医疗救助。

在同属于大陆法系的德国民法典对此有明确规定，即1990年8月20日《关于在民事法律中改善动物的法律地位的法律修正案》新增的第90条“动物”规定：“动物不是物。他们由特别法加以保护。除另有其他规定外，对动物准用有关物的规定。”该《修正案》第251条第2款新增后段：“因救治动物而产生的费用，并不因其大大超过动物本身的价值视为是不相当的”。[①] 1988年3月10日，奥地利国民议会通过一部关于动物法律地位的联邦法律，专门对奥地利民法典作出修正。原民法典第1332条原为：“由于轻微程度的失误或疏忽造成的损害，依损坏事物所具有的一般价值赔偿”，其下新增的第1332a条规定：“动物受伤害的，救治或者试图救治该动物所实际发生的费用超过其价值也是应该的，只要在这种损害情形下一个明智的动物饲养人也会支出此费用”。[②]

2. 对受伤宠物进行救治是饲养人情感需要的必然结果

有相反观点认为：狗没有行为能力，是一种物，只能作为主人的财产，其不具有人格权，肇事司机撞伤狗造成的是财产损失而非人身损失，治疗费用超出狗本身价值时，超出的支出是原告自愿扩大的财产损失。笔者对此持相反观点。

在法律上，我们说，动物仍然是物，只不过是一种特殊物而已。[③] 法学上根据是否具有不可替代性将物分为种类物与特定物。种类物是指具有同一品种、规格、质量、价格等共同特征而可以相互替代的物。特定物是指因物固有的特定性或因权利人的选定而具有特殊性，不能以其他物替代的物。[④]

“车撞宠物狗”案件中，遭受伤害的宠物与饲养人长时间相处，对于饲养人来

---

① 杨立新、朱成义：“动物法律人格之否定—— 兼论动物之法律‘物格’”，载《法学研究》2004年第5期。

② 杨立新、朱成义：“动物法律人格之否定—— 兼论动物之法律‘物格’”，载《法学研究》2004年第5期。

③ 陈本寒、周平：“动物法律地位之探讨——兼析我国民事立法对动物的应有定位”，载《中国法学》2002年第6期。

④ 韩松：《民法总论》，法律出版社2006年版，第197页。

说，宠物狗已是其精神寄托的对象或家庭生活中的一员，是特定物，是其他同种类的宠物所不可替代的。在宠物狗遭遇车祸的情况下，饲养人第一反应是为宠物狗治疗。如果选择购买一条同种类的狗，但却无法复制其与饲养人之间的感情。

在现阶段，对人类而言，宠物最重要的已经不再是其商品价值，而是非商品价值，特别是美学价值、精神价值等。精神价值、美学价值等都是无法用商业性价值来计算的。[①] 我们不能因宠物狗是物，是饲养人的财产，而机械性地认为为宠物狗治疗的费用超出狗本身价值时，是对财产损失的不合理扩大。

三、精神损害赔偿的问题

宠物狗遭受伤害，无疑给饲养人造成精神痛苦。这种精神痛苦是否可以请求精神损害赔偿，理论界和司法实践中争论较多。

笔者认为，宠物狗遭受伤害，可以请求精神损害赔偿，但赔偿数额不宜过高。理由如下：

前已述及，宠物对人类而言，最重要的是精神价值。宠物通人性、有感情，它与饲养人之间经长时间的相处，在精神上存在着难以割舍的联系。“尤其是 1. 系与孤寡老人相依为命的宠物；2. 已成为盲人日常生活中导路工具的导盲犬；3. 经饲养并参加重大比赛获奖的；4. 因公开的正面报道成为公认的名犬或名宠物的”，[②] 这些宠物或与饲养人生命、健康息息相关，或给予饲养人带来的社会评价明显提高，这些都与饲养人的人格利益密切相关，因此可以称这些宠物狗为‘有人格象征意义’的物品。如案例三，饲养人年近 70 岁且退休在家，与宠物狗“沙娜”朝夕相处已逾三年，“沙娜”已经成为饲养人的“伴侣型”宠物[③]，是饲养人生活中不可缺少的部分，宠物狗遭受伤害，势必给饲养人造成极大的精神损害。

根据《最高人民法院关于确定民事侵权精神损害赔偿责任若干问题的解释》第四条中所述“具有人格象征意义的特定纪念物品”，因侵权行为而永久性灭失或

---

① 陈本寒、周平：“动物法律地位之探讨——兼析我国民事立法对动物的应有定位”，载《中国法学》，2002 年第 6 期。

② 严海涛：“因饲养的动物受损请求精神损害赔偿应否支持”，载《人民司法·案例》2010 年第 8 期。

③ 田浩：“金毛犬托运后死亡 法院认定南航担责”，载《人民法院报》2013 年 7 月 27 日。

者毁损，物品所有人以侵权为由，向人民法院起诉请求赔偿精神损害的，人民法院应当依法予以受理。

《中华人民共和国动物保护法（专家建议稿）》第一百七十九条（民事责任）中规定，违法伤害或者杀害动物的，应当向动物所有人承担赔偿损失的民事责任。伤害或者杀害宠物动物的，赔偿责任人还应当向动物所有人支付宠物动物经济价值10%的精神补偿金。

但是，我们也应该注意，宠物狗虽然是饲养人精神生活不可或缺的一部分，是具有人格象征意义的物，支持因宠物遭受伤害所致精神损害赔偿的请求，一方面体现了对人精神利益的关怀，另一方面也体现了对动物生命的尊重。但由于宠物的特殊性，宠物被撞所致精神损害赔偿的数额不能过高，否则与我国经济发展水平不符，而且也有悖于伦理道德。

小结：人类社会的法律是由人制定的，也是为人制定的，动物对于人而言具有多重价值，保护动物是当今社会提倡人与自然和谐相处的重要组成部分。我国一部分学者对动物在民法中的地位的表述中，认为“我国民法典应当把物分为普通的物和动物，并明确规定，对于动物，则应适用关于保护动物（包括普通动物）的特别法，这样规定可体现出生态时代的绿色主义精神，有利于协调人与自然之间的关系，有利于维护生态系统之平衡，有利于尊重和保护动物的权利”。[①] 所以，笔者呼吁《中华人民共和国动物保护法》尽快出台，给宠物动物的保护提供全面的、明确的法律依据。

（何斌朝　郑况纳　陕西省铜川市中级人民法院）

---

① 曹明德、徐以祥：“中国民法法典化与生态保护”，载《现代法学》2003年第4期。

三、医疗损害责任

因果关系判定法则在医疗诉讼中的适用

【司法精要】

《侵权责任法》结束了我国长期存在的医疗纠纷处理机制二元化的混乱现象，为医疗纠纷的解决提供了相对统一的适法标准。在举证责任分配上，赋予了医患双方平等的诉讼地位，以“谁主张，谁举证”为主，区分类型确定举证责任。由于司法实践中法官不能正确厘清因果关系的证明对象、不能准确界定因果关系的证明标准、举证责任分配的反复演变以及对司法鉴定的过度依赖，导致法院在因果关系的判定上存在着混乱。本文从实际案例出发，基于实现正义、维护秩序、提高效率和发展医学四个价值的考量，提出在我国医疗侵权领域引入新的因果关系判定法则，即在通常情况下，患者如果能证明其在医院就诊期间受到了损害，并且医疗行为与其所受的损害之间具有因果关系的可能性，那么就可以被认定为达到了相当的程度，法院就可以斟酌案情，综合考虑各项因素，免除原告对医疗行为与损害结果之间存在因果关系的高度盖然性的证明义务，从而推定两者之间存在因果关系，此时医疗机构只有证明不存在因果关系才能推翻该推定，从而免除或者减轻自己的责任。

引　言

在医疗纠纷案件中，法院要认定侵权责任的成立，前提是确定因果关系的成立，即必须明确患者所受损害是由医疗行为所造成的。然而，因果关系的证明历来是侵权判定中最困难的问题，关于因果关系证明的学说也是侵权法理论中最复杂的部分，例如在“丙肝案件”中，受感染途径多样性、病毒潜伏性及举证高难度性等因素的影响，因果关系的证明更为困难。一般的因果关系判定方法在面对诸如类似“丙肝案件”时已不适应，本文拟对此进行研究，力争为困扰司法实务界的这一难题提供有益的解决思路。

一、材料与问题：由四则“丙肝案例”引出的司法实践之惑

案例一　2008年10月，张某因患流行性出血热在某医院输血治疗，共输血400ml。输血两周后，张某被诊断出患有丙型病毒性肝炎。2009年9月，张某向法院起诉，要求医院和血站连带赔偿其因输血感染丙肝发生的各项费用。被告方辩称，张某未能提交输血前肝功检验为阴性的证据，存在住院前已感染丙肝的可能。诉讼过程中，血站未能提供献血者的健康档案，也未能提供血液检测合格的报告。医院认为，其所输血液来源合法，操作行为无过错，张某患丙肝感染途径不明。法院审理认为，血站的采血行为未违反规定，医院的输血行为亦未违反规定，两被告在采血与输血过程中不存在过错，张某所患丙肝不能排除其他感染因素。故驳回张某的诉讼请求。

案例二　1994年9月，江某因右侧输卵管妊娠伴腹腔内出血在医院行右侧附件切除术、左侧输卵管结扎术，术中输血400ml。1995年1月，江某在该院被检查出丙肝抗体阳性。江某自2002年起因慢性丙型病毒性肝炎多次入住该院治疗，后于2014年向法院提起诉讼，要求医院赔偿其因患丙肝所造成的各项损失。医院辩称，丙肝检测资料依法只需保存10年，医院现无法提供，按照《侵权责任法》的规定，江某应当举证证明医院存在过错，以及其感染丙肝与1994年输血存在直接因果关系；江某从输血至诉讼已接近20年，在此期间存在其他感染丙肝的途径。因此，江某感染丙肝与医院的输血行为之间不能确定有因果关系。诉讼中，法院委托司法鉴定中心进行医疗过错的鉴定。鉴定意见认为医院的医疗行为存在过错，但考虑到

丙肝疾病的特殊性、患者个体差异性等因素，确定过错参与度为70%，法院据此判决医院对江某感染丙肝承担70%的责任。

案例三　2011年11月，周某因交通事故受伤后在医院行左臂内固定术，术前常规筛查丙肝抗体、肝功能等各项指标均正常。同年12月，周某突感身体不适，后被诊断为急性丙肝。周某母亲及丈夫同时也做了丙肝检查，结果显示丙肝抗体为阴性。周某认为其在医院术前筛查丙肝病毒抗体结果为阴性，肝功能各项指标均正常，但术后43天且仍在住院期间就出现肝功能异常并感染急性黄疸型丙肝，且也排除了母婴传播和性传播的可能性，故认为其感染丙肝与医院的诊疗行为有直接关系，故诉至法院要求医院赔偿损失。法院委托司法鉴定所进行鉴定，该鉴定所以无法出具明确的鉴定意见为由作退卷处理。法院审理后认为，周某没有提供证据证明医院的诊疗行为存在过错，也无法证明诊疗行为与损害后果之间具有因果关系，故驳回了周某的诉讼请求。

案例四　2006年4月，邢某因腿部受伤在医院施行手术治疗并输血，后病愈出院。2011年9月，邢某在单位组织的体检中发现感染丙肝，并经多家医疗机构检查确诊。随后邢某提起诉讼，要求该手术医院赔偿其患丙肝造成的损失。医院认为，邢某没有提供其感染丙肝系2006年住院手术输血所致的直接证据，且输血至今已达5年之久，其间存在大量的其他途径感染丙肝的可能性，故请求驳回邢某的诉讼请求。2011年11月，法院判决认为，依据《侵权责任法》关于医疗损害责任的规定，医院在给邢某输血时，违反了卫生部《采供血机构和血液管理办法》的规定，在邢某的住院病历中对献血者情况没有任何记载，医院也没有举出邢某丙肝是由其他途径感染的证据，故医院对邢某感染丙肝应承担全部责任。

上述四个案例都是因患丙肝引起的医疗纠纷案件。众所周知，丙肝是一种由丙型肝炎病毒（HCV）感染引起的病毒性肝炎，HCV主要通过血液、性和母婴等途径传播。丙肝具有潜伏期，潜伏期大致为60天－180天。上述案件的争议焦点在于原告所患丙肝与医院的诊疗行为之间是否存在因果关系，四个案例的审理法官均将因果关系存在或排除的证明责任交由原告负担。案例一中法官以丙肝不能排除其他感染因素为由作因果关系不能确定之判断，其实质是要求原告对因果关系的证明标准达到唯一且确定；案例二中法官未明示因果关系成立的理由，最后依赖医疗鉴定的分析结论作出判决；案例三中法官通过原告所提供的证据尚不能形成因果关系成立的内心确信，对案件作了驳回处理；案例四与案例一相反，法官大胆地采用了因果关系推定之方法，将因果关系不存在之证明责任转交被告承担，因被告无法证明，遂判决其承担全部赔偿责任。四个相似的案件，由于因果关系的判定各有不同导致裁判结果不一。笔者认为，应加强司法实践中医疗纠纷案件因果关系判定方法之研究，相对统一医疗纠纷案件因果关系的判定标准和尺度。

二、检视与澄清：医疗纠纷案件因果关系判定之影响因素

医疗纠纷案件中，以下四个因素影响着法官对因果关系的判定，即证明对象的厘清、证明标准的界定、举证责任分配的演变以及对司法鉴定的依赖程度。

（一）因果关系证明对象的厘清

“因果关系是指侵权行为与损害之间的引起与被引起的关系”①，因果关系的证明看似简单，实则极为困难，由于医疗行为的专业性以及医患双方距离证据的远近程度相差悬殊，在医疗侵权中，因果关系对患者而言往往是一个难以证明的要件。那么，因果关系的证明对象到底是什么？其实，侵权行为的因果关系可以分为侵权行为与损害发生之间的因果关系及侵权行为与损害赔偿范围之间的因果关系。② 前一个被定义为事实上的因果关系，后一个被定义为法律上的因果关系。就侵权行为与损害结果之间的法律上的因果关系而言，无论采用何种方法判断，都是法官基于证据所进行的政策考量和价值判断，其判断过程与法律适用过程无异，因此，笔者认为，它不属于原告举证证明的对象。“条件因果关系的探究，须借助专业鉴定。但终极言之，仍需由法院依据经验法则综合所有证据人为认定，从多数的事由中认定何者对一定结果应该负责的条件。此乃法之判断，属于法律问题，而非事实问题。”③ 因此，笔者认为，只有事实上的因果关系属于证明对象，当事人亦仅需对事实上的因果关系负担证明责任。可见图 1。

---

① 张新宝：《侵权责任法原理》，中国人民大学出版社 2005 年版，第 60 页。
② 王泽鉴：《侵权行为》，北京大学出版社 2009 年版，第 182 页。
③ 王泽鉴：《侵权行为》，北京大学出版社 2009 年版，第 241 页。

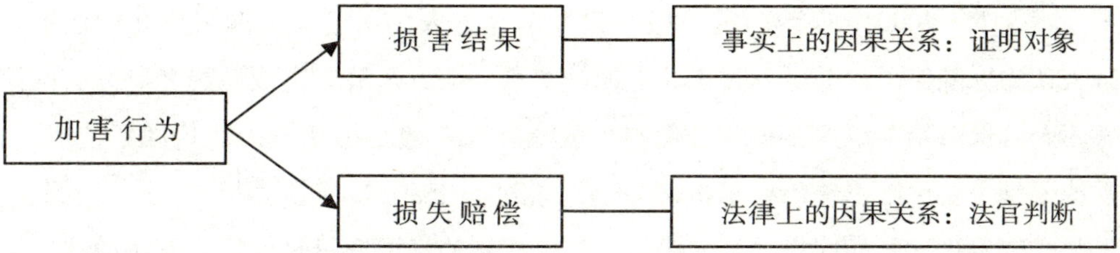

图1 因果关系的二分法

（二）因果关系证明标准的界定

仍然以丙肝为例。从医学角度上讲，任何一种途径与丙肝感染的因果关系永远只是一种或然性，而非必然性。如果因为医学上不能提供明确的因果关系判断所需要的因果法则，那么，被告就不会承担民事法律责任，如案例一，患者的权利将无法得到救济。这一假设如果成立，那么，这个结论就等于将现代自然科学发展过程中存在的未知所造成的不良后果转嫁给患者承受。医学探寻的是病因真相，其目的是为了对疾病采取有效的治疗方法，所以，在医学上要求有严密的因果关系以找到准确的病因。然而，从法律角度上讲，判定民事责任中的因果关系，是为了判断如何将患者的损害在患者与医疗机构之间进行合理的分配，在这个过程中不可避免地带着法对各种因素的价值判断，所以有一点必须明确，即在法律上追究民事责任的因果关系的证明标准要低于严密的自然的因果关系的判断标准。

（三）因果关系举证责任的演变

正如上文所述，有时从医学上无法确定是医疗行为还是其他原因导致患者遭受损害，此时法律却不能听任因果关系的或然性，它必须在可能性中寻求司法的确定性。因此，在医学上“说不清楚”的问题在法律上就置换为“由谁来说清楚”的责任分配的问题。举证责任是“民事诉讼的脊梁”①，医疗纠纷诉讼中举证责任的分配是否合理，直接影响着患者是否能够理性、合法维权，影响着医方是否愿意积极探索新的医疗方法、减少防御性医疗现象，也影响着法院对医疗纠纷诉讼中事实真相的查明。② 我国在医疗纠纷案件的因果关系举证责任分配上出现过两次转变。

---

① 张卫平：《诉讼的架构与程式》，清华大学出版社2000年版，第63页。

② 彭浩晟、贺红强：“‘侵权责任法’视野下的医疗侵权诉讼举证责任价值审视”，载《证据科学》2011年第5期。

案例五　2000年底，两脑瘫患儿起诉湖北省人民医院，该两名患儿的法定代理人认为医院保温箱断电导致患儿受凉、窒息、缺氧，最终造成两患儿脑瘫，医院并不否认保温箱断电这一事实，但提出脑瘫患者一般是由于先天遗传因素造成的，受凉不是主要原因。法院要求医院对这一说法提出证据，即适用了举证责任倒置。但是，许多疾病的病因目前还未搞清，有些疾病的病因还只是停留在假说阶段，脑瘫的病因就是如此。最后，法院判决医院败诉，两患儿获赔。

该案例发生在《最高人民法院关于民事诉讼证据的若干规定》实施之前，按照常理，法官应当适用谁主张、谁举证的一般举证规则，但该案法官为了保护患者的利益，尝试性地以举证责任倒置来解决因果关系证明中的真伪不明问题。实际上，在该案件中，原告方也没有能力证明受凉与脑瘫之间存在因果关系，如果按照通常的举证责任分配规则，那么原告会承担败诉的后果。

由于患者自身知识水平有限，距离证据较远，患者通过诉讼途径寻求救济的大门被堵死，为了解决患者因不能证明医疗行为与损害后果间的因果关系而得不到救济的问题，《最高人民法院关于民事诉讼证据的若干规定》第4条第1款第8项对医疗责任因果关系规定了举证责任倒置，即由医疗机构对医疗行为与损害后果之间不存在因果关系承担举证责任，这一规则的改变给患者诉讼带来了较为有利的条件，患者将不会因无法搜集证据而处于投诉无门的境地，患者的生命和身体健康权利在更大程度上得到了法律的切实保护，同时医院也被迫将此视为对自己的行为限制，即时更新观念、完善制度、规范管理，从而促进了医院服务质量、技术水平、操作规范的提高。

然而，经过几年来的司法实践，医疗纠纷案件中实行因果关系举证责任倒置也带来新的问题。有学者指出，举证责任倒置必然会对医疗机构造成过重的诉讼压力以及赔偿责任压力，进而会导致医疗机构的防御性医疗行为，并最终导致患者的负担，形成一种双输的结果。①因此，经过学者的努力和立法者的重新政策考量，《侵权责任法》第7章专门规定了医疗损害责任，在举证责任分配上，赋予了医患双方平等的诉讼地位，以“谁主张，谁举证”为主，区分各种情形确定举证责任，见表1。有学者指出，《侵权责任法》只是对医疗损害责任的有关实体内容进行了规定，

---

① 杨立新：《医疗损害责任研究》，法律出版社2009年版，第82~83页。

没有对医疗侵权中因果关系的举证责任承担作出规定，是因为相关程序法及最高人民法院的司法解释对这一问题已有规定，所以应当适用这些规定，《证据规定》中的因果关系推定规则应该继续适用。① 但是，从法理上来讲，《侵权责任法》是法律，比司法解释《证据规定》的法律位阶更高，《侵权责任法》在立法过程中已经删除了因果关系推定的条款，表明了立法者对《证据规定》中因果关系规定的否定。② 笔者认为，《侵权责任法》实质已经取消了医疗纠纷案件中因果关系举证责任倒置的规定，回归到“谁主张、谁举证”的证明责任分配规则。

表1 《侵权责任法》第58条中过错和因果关系的举证责任及认定方式

情形	证据与举证	过错	因果关系	责任
违反法规（明显）	患者举证 医方反证	可直接认定	需鉴定	原因力责任
违反法规（不明显）	患者举证 医方反证	需鉴定	需鉴定	原因力责任
隐匿或拒绝提供病例	患者表明该病例应当存在	可直接认定	无法鉴定	举证不能 承担全部责任
伪造、篡改病历	患者申请文书鉴定	可直接认定	无法鉴定	举证不能 承担全部责任
销毁病历	患者举证存在并销毁事实	可直接认定	无法鉴定	举证不能 承担全部责任

（四）对司法鉴定的依赖程度

一般来说，医疗行为与损害后果之间的因果关系认定必须经过医学上的评价和法的评价两个过程。作为理想的处理模式，如果能够根据病例记载的内容和医学文献资料确定医学上的评价，那么，法官就能够顺利地在法的评价阶段对事实因果关系作出判断。然而，在司法实务中由于大多数法官没有医学专业知识，难以对诊疗行为作出客观的医学评价，所以，对于法官来说，司法鉴定是对法官判断能力的补充，也是发现案件争议事实的一种方法。然而，在目前的司法实践中，凡是医疗纠

① 刘凯、应魏：“医疗损害责任的举证责任分配——‘侵权责任法’视野下的分析”，载《南方论刊》2010年第9期。

② 颜霏：“医疗纠纷中举证责任问题研究（一）”，载《基层医学论坛》2012年第4期。

纷案件，几乎都要进行鉴定。[①] 笔者通过对 A 市 B 区近两年 106 件医疗纠纷案件的统计发现，仅有 5.3% 的案件没有进行司法鉴定，见图 2。

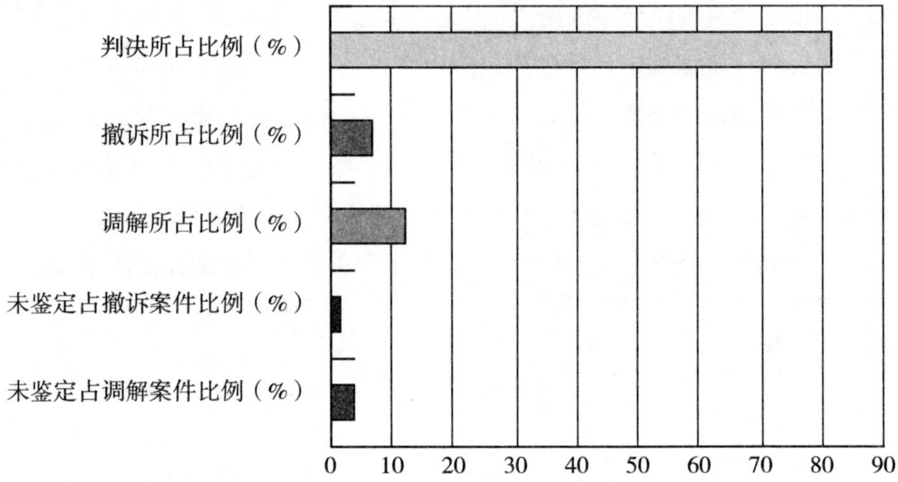

图 2　医疗纠纷案件中各类结案方式所占比例及未进行司法鉴定在撤诉、调解中所占比例的分析

由于绝大多数法官将鉴定作为自己的保护机制，因果关系的证明责任实质上已经变成了鉴定由谁发起、如何发起及如何完成的程序问题。司法鉴定俨然已经成为医疗纠纷案件必经的程序和核心问题。这一现状让笔者感到些许的忧虑，法官对司法鉴定意见的依赖和轻信，其实是在让渡司法裁判权，这正好印证了美国著名学者马斯卡的话："正在蔓延的担心是，法庭正暗地里将作出裁决的权利托付给没有政治合法性的外人，难道法庭名义上的助手成了它背后的主宰吗?"[②] 法官在因果关系判定上的过于保守似乎是将法的裁判者变得更加工具化。

---

① 经验表明：司法实践中不需要鉴定的案件，多数都是被告行为的瑕疵根据常理就能够判断的瑕疵，这类案件多由医院和患者自行解决。此类案件之所以进入诉讼程序，基本上都是医患双方事先已达成调解协议，由于各种原因需要法院出具调解书的案件。

② ［美］米尔建·R. 达马斯卡：《漂移的证据法》，李学军等译，中国政法大学出版社 2003 年版，第 210 页。

三、借鉴与创新：医疗纠纷因果关系判定法则之设计

（一）判定因果关系的价值考量

1. 正义的实现

正义是个十分抽象的概念，“有着一张普罗米修斯的脸①”，正义是法律追求的永恒价值，正义或非正义是法学家论及法律时使用最频繁的词语，实体正义和程序正义是正义最为核心的两个方面。② 程序正义是实体正义的保障，严格遵守正当程序，能够保障结果合乎正义。③ 在医疗纠纷案件中，因果关系判定的目的是为了发现客观真实以实现实体正义，通过举证责任的合理分配，使得医患双方分配的举证责任大致均衡，不增加举证责任者的额外负担，以实现程序正义。

2. 秩序的维护

秩序，即有条理，不混乱，是指在自然进化和社会发展过程中存在着某种程度的一致性、连续性和确定性。④ 医疗纠纷诉讼中，在设计因果关系判定法则时，不仅要考虑医患双方各自的举证能力、知识结构，还应当考虑社会大众的接受度，因为只有设计出一个被绝大多数人认为合理的判定法则，才能被大众所接受，才能使医患双方正确预判自己的行为后果，从而依法、理性地维护自身合法权益，避免医疗滥诉行为，实现维护医疗秩序的目的。

3. 效率的提高

效率已是我国审判工作的重要价值目标。在医疗纠纷诉讼中，医患双方资源和司法资源的共同投入，也要讲究效率。因果关系判定法则的设计直接影响着医疗纠纷诉讼的节奏，因此，为提高诉讼效率，判定法则应当条理清晰、标准明确，同时也要能彻底解决医患双方之间的纷争，实现公平正义，也就是说，要使诉讼效益和

---

① ［美］博登海默：《法理学：法律哲学与法律方法》，邓正来译，中国政法大学出版社1999年版，第252页。

② ［英］哈特：《法律的概念》，张文显等译，中国大百科全书出版社1996年版，第155页。

③ ［日］谷口安平：《程序的正义与诉讼（增补本）》，王亚新、刘荣军译，中国政法大学出版社2002年版，第5页。

④ ［美］博登海默：《法理学：法律哲学与法律方法》，邓正来译，中国政法大学出版社1999年版，第219页。

公平正义达到最佳配置。①

4. 医学的发展

医疗纠纷是一种涉及法学与医学两个学科的特殊纠纷。由于病因的复杂、体质的差异、新疾病的不断出现等因素，医学科学的发展具有相对性，虽然医疗水平在不断发展，但仍有很多疾病无法医治。所以医疗服务是一种专业性强、风险性高的特殊服务。因此，在设计因果关系判定法则时，应当考虑当时的医疗发展水平和各种疾病的复杂性，为医学科学的发展留下空间，使医疗卫生事业良性、健康、持续地发展。

（二）盖然性说——因果关系判定法则之基础理论

盖然性说是日本学者德本镇教授提出的一种证明因果关系的学说，它是对日本传统技术“事实上推定”的运用。所谓“事实上推定”，是指当（间接）事实X与要件事实Y具有以下关系时——X的存在被证明时，就能够推测Y的存在具有高度盖然性，XY之间就是可以进行“事实上推定”的关系。② 例如：存在路面淋湿的事实，在经验法则上可以推测路面淋湿与下雨之间有因果关系。德本镇教授认为，“如果在损害行为与损害结果之间存在着盖然性联系，就可以认定为两者之间存在因果关系，而盖然性是指如果侵权行为不存在就不会有此种损害结果，其实存在因果关系也是一种可能性而非必然性”。③ 该理论可以用于我国的医疗纠纷案件中因果关系的判定，即在通常情况下，原告只要能证明其在医院就诊期间受到损害，并且医疗行为与其所受的损害之间具有因果关系的可能性，那么就可以被认定为达到了相当的程度，法院就可以根据案件情况综合判断，免除原告对医疗行为与损害结果之间存在因果关系的高度盖然性的证明义务，从而推定两者之间存在因果关系。此时医疗机构只有证明不存在因果关系，才能推翻该推定，从而免除或者减轻自己的责任。④

因果关系判定法则可分三步走，见图3：

---

① 李浩：《民事举证责任研究》，中国政法大学出版2003年版，第131页。

② 夏芸：《医疗事故赔偿法——来自日本法的启示》，法律出版社2007年版，第181～182页。

③ 杨立新：《医疗侵权法律与适用》，法律出版社2008年版，第67页。

④ 环建芬：“论我国医疗损害举证责任缓和规则的建立”，载《政治与法律》2011年第5期，第146页。

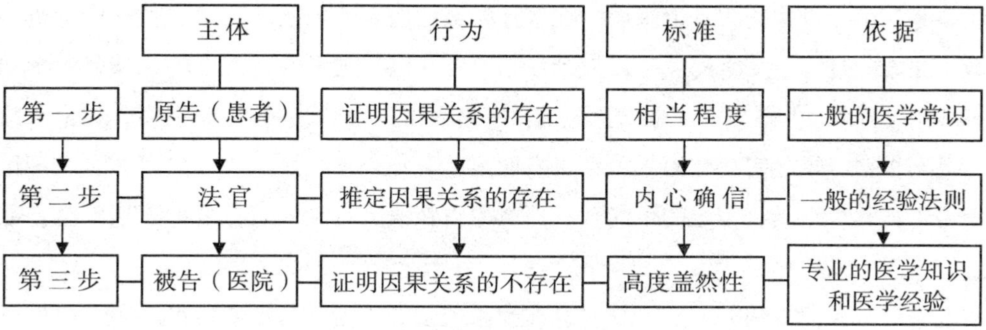

图3 因果关系判定之步骤演示

首先，原告应当证明因果关系的存在是具有相当程度的盖然性。这种相当程度的盖然性是指在该领域内具有中等技能、知识的医务人员以通常的知识、经验加以观察和判断即可发现二者之间较有可能存在因果关系。例如，患者在接受肩部手术时，其腿部却遭受损伤，根据一般的知识、经验，患者在手术室中，处于昏迷状态，即使原告未能证明医务人员的过错以及医疗行为与损害结果之间存在因果关系，也可以推知医疗行为与损害结果之间具有因果关系①。原告只要证明其在手术房进行过手术，且从手术室出来后就存在这样的损伤，即可认为两者之间存在的因果关系是具有相当程度的盖然性。反之，如果原告不能证明医疗行为与其所受的损害之间存在相当程度的盖然性，法官就不能推定医疗行为与损害结果之间存在因果关系。至于何为相当程度的可能性，则应根据个案进行判断，以案例一为例，对献血者的血液进行丙肝检测是血站的法定义务，然而血站未提供献血者健康档案，也未能提供血液检测合格的报告，根据该判定法则，可以认定血站没有进行血液检测，进而推定血液不合格。

其次，法官在原告做出上述证明的情况下，便可作出因果关系的推定。该推定需要具备以下前提：第一，无此行为通常便无此结果。即确定医疗行为与损害事实之间是存在客观的、合乎规律的联系；分清医疗违法行为与损害事实之间的先后顺序。第二，在通常情况下，不太可能存在其他足以导致或者扩大损害的原因，尤其是要排除损害是由于患者自己或者第三人行为的介入而发生或者扩大的可能性。第三，医疗损害结果是在医疗机构对患者应尽的义务范围内发生的。该范围是指损害

① 朱柏松等：《医疗过失举证责任之比较》，元照出版公司2008年版，第180页。

结果是在医疗机构的职责范围内、在医疗机构的医务人员的参与下、且在医疗机构救治原告的过程中发生的。第四，判断是否存在因果关系的可能性的标准是医学知识和医学经验。[①] 即基于该领域内具有通常水平的医务人员的直观判断，如果医疗行为与损害结果之间存在因果关系具有明显的疑点，且该疑点普遍地存在，在理论上可论证其存在具有较大的可能性，那么原告在没有排除该疑点之前，法院就不能推定因果关系的存在。[②]

最后，医疗机构如果要推翻对存在因果关系的推定，其证明标准应当是高度盖然性标准，即医疗行为与损害结果之间不存在因果关系具有极大的可能性。因此，医疗机构必须通过举证让法官确信医疗行为与损害结果之间不存在因果关系，方可推翻存在因果关系的推定。医疗机构如果要否认因果关系的存在，应当从否定上述四个推定因果关系存在的前提条件入手。第一，即使没有该医疗行为，损害也会发生。第二，有原告或者第三人的行为介入或者存在其他原因，足以导致损害的发生或扩大。第三，损害发生在医疗机构的职责范围之外。第四，从实践经验或者医学理论的角度观察，存在因果关系的推论具有较大矛盾，且这种矛盾无法合理排除。如果医疗机构的证明可以推翻法官对因果关系的推定，则医疗机构就不承担医疗赔偿责任；如果提供的证据没有达到能够证明因果关系不存在的高度盖然性，从而不足以推翻存在因果关系的推论，[③] 则法院对存在因果关系的推定成立。

（三）概率因果关系说——因果关系判定法则之补充理论

概率因果关系说是日本的新美育文教授提倡的。它指在无法确定是侵权行为还是其他客观因素导致损害结果发生，也不能以确实的心证度对事实因果关系作出肯定判定时，应当根据心证度的概率（法官对侵权行为是事实因果关系的原因这一心证的确信度）肯定事实因果关系的存在，使被告承担相应的损害赔偿。例如，当心证度概率达到80%时，被告就承担全部损失的80%。该因果关系的判定法则可以适用于药物致害等无法期待现代科学或一般医疗水平能够对个别因果关系作出认定的情形。

---

① 杨立新：《医疗损害责任研究》，法律出版社 2009 年版，第 106 ~ 107 页。

② 曾淑瑜：《医疗过失与因果关系》，翰芦图书出版有限公司 2007 年版，第 380 页。

③ ［日］德本镇：《企业的不法行为责任之研究》，一粒社 1974 年版，第 130 页。

结　语

在医疗纠纷案件中应当适度降低原告对因果关系的证明标准，强化法官的自由心证，在符合因果关系判定标准时，由医疗机构举证证明不存在因果关系。这不仅可以有效解决医疗损害责任中因果关系证明困难的问题，实现医患双方举证责任分配的有效平衡，而且对于缓解现今紧张的医患关系，保障广大患者和医疗机构各自的利益上都大有益处。

（张晔　安徽省马鞍山市花山区人民法院）

医疗领域“告知后同意规则”的司法适用

【司法精要】

《侵权责任法》第55条规定了医方的告知义务及未尽义务时的损害赔偿责任，由此确立了医疗领域的告知后同意规则。但是由于立法过于原则，司法实践中又缺乏权威、统一的标准，各地法院裁判尺度不一，同案不同判现象严重。司法实践须重新审视法院在调整医患关系中的角色作用。法院在适用告知后同意规则时，应当通过合理确定医方违反告知义务的判断标准及赔偿范围，一方面促进医务人员尽到合理、充分告知义务，以保护患者的知情同意权，另一方面以此限定义务的边界，尊重医方的医疗裁量权。在违反告知义务的判断标准上应当采取双重标准说，并通过建立统一的权威司法裁判尺度，对告知内容范围进行适度细化和扩张。在因果关系的判断上，法官应对鉴定意见依法进行审查，同时考量患者自主决定因素进行综合考量。在赔偿范围上，应区分医疗技术损害责任和医疗伦理损害责任，进而将患者知情同意权作为独立的人格权益进行保障，从而合理确定赔偿范围。

现代社会是高风险的社会，基于医疗行为的高度风险性和专业性，一般患者在没有得到医疗相关信息详尽告知的情况下，很难理解其间的利害关系，进而作出权衡决定，于是医疗过程中往往形成了以医务人员为主的决策导向，但是患者却是这种决策所产生的风险的真正承受者。基于患者的需要和医疗的专业性与风险性，“告知后同意规则”应运而生。告知后同意规则包含了医务人员的充分告知义务和患者的知情同意权两项内容，而医务人员告知义务的履行是患者知情同意权得以实现的前提。因此，告知后同意规则的重点不在于“患者的同意”，而是医务人员的

“告知”，及医务人员与患者之间的沟通。①

我国《侵权责任法》第55条、第56条确立了此规则，课以医疗机构和医务人员的告知义务。但是现实医疗实践中，在传统的医疗观念下，医务人员对告知后同意规则在认识上存在误区，以为只要患者签署同意书即可免责，而往往疏于与患者进行有效的交流沟通，导致告知并不充分。由于医院未履行或未充分履行告知义务，在医疗行为无法达成预期的效果时，患方和医院就容易形成冲突，诉诸法院的侵犯患者知情同意权的医疗损害赔偿纠纷日益增多，涉及的问题也日益复杂。

一、现实检视：缺乏统一标准导致裁判结果各异

（一）立法现状及检讨

目前涉及医疗告知后同意规则的法律规范主要有《侵权责任法》第55、56条，《执业医师法》第26条，《医疗事故处理条例》第11条，《医疗机构管理条例》第26、30、33条和《医疗机构管理条例实施细则》第62、88条等。

《侵权责任法》第55条、第56条在对以往相关规定进行总结和区分的基础上，确立了告知后同意规则。第55条将医务人员的告知义务区分为一般性告知义务和特殊性告知义务。由于一般诊疗活动对患者伤害的可能性较低，所以医务人员告知方式较为简单，通常也无需患者的同意；而在手术、特殊检查和特殊治疗活动中医务人员则需承担特殊性告知义务。第56条规定了告知的例外情况：因抢救生命垂危的患者等紧急情况以及不宜向患者说明的情形。我国的其他法律、法规基本上都在重述《侵权责任法》所规定的这项规则。

从现有法律条文来看，立法还是过于原则、简单，医务人员告知的范围及例外过于宽泛，缺乏判断医务人员告知义务履行的详细标准，另外对医务人员违反告知义务侵害了患者何种权利也是语焉不详。这些直接影响到医务人员过失责任的判定以及侵权损害的赔偿范围，由此也导致了司法裁判标准不一、保护尺度差别较大等问题。

（二）卫生管理部门的执行与反思

为了落实医务人员的告知义务，2010年伊始我国医疗机构陆续使用卫生部意图

---

① 黄芬：“告知后同意规则的法律构造”，载《时代法学》2012年第6期，第60页。

增进医患沟通而推荐的、由北京大学人民医院整理、修订的《医疗知情同意书》。这份新版的《医疗知情同意书》共有287种，覆盖九成疾病，并按科室与病种为每一种需要手术、穿刺或介入治疗的疾病都制订了知情同意书，同时还推出了入院须知等10种公共告知书，统一的告知范围无形中也为法官处理此类案件提供了依据。

但是，《医疗知情同意书》只是格式化的书面文本，医务人员仍然要根据患者的阅读和理解能力进行口头等方式的沟通交流。正如美国学者Deber的研究结论，患者签署《医疗知情同意书》仅仅停留在"解决问题"阶段，并没有真正参与"医疗决策"过程，只是被动地接受医师已经决定的治疗方案。① 故而，在司法实践中，有患者或其家属签名的《医疗知情同意书》仅是医方是否依法履行告知义务的主要证据，但并不意味着医方就此免责，对于医方是否充分适当地履行了说明义务，法官还要审查同意书记载的内容及其他相关证据，进而判断医患之间是否进行了有效沟通、患者是否有能力充分理解同意书上的说明事项。

（三）司法实践的适用状况及其展开

1. 裁判态度分析：重视对患者知情同意权的保护

最高人民法院在2011年修订的《民事案件案由规定》中增加了"侵害患者知情同意权责任纠纷"的子案由。各地法院亦陆续出台了一些相关司法指导文件，试图解决实际中存在的问题。在司法实务中，法院通过此类案件的审理，不断厘清并扩展了医务人员告知义务的内容，进一步保护了患者知情同意权。以下将结合中国裁判文书网中公开的相关案例进行分析。

（1）从法院所确认医务人员未履行或未充分履行告知义务的类型上看，被法院认可的告知内容正在不断扩张，且逐渐涵括了诊疗的全部过程。

第一，替代性治疗方案的告知，目的是确保患者自主选择最有利于自己的治疗方案。如2010年7月1日浙江省高院出台的《关于审理医疗纠纷案件若干问题的意见（试行）》第2条规定医疗机构在"对患者施行其他可能产生严重不良后果的诊断、治疗活动"及"存在多种治疗方案且有较大风险"的情况下的告知义务。

---

① 杨玮嶷："医师告知义务判断标准研究——以美国法为中心"，载《民商法论丛》第48卷（2010年10月第1版），第531页。

在“石运锋诉中山南华医院等”一案中,[①] 法院认为，医方在术前知情同意书中未对替代性方案的详细情况及各种术式的优缺点和并发症进行告知，导致患方无法履行对自身术式的选择决定权，并以此认定医方在术前未尽充分告知义务，判决医方承担赔偿责任。

第二，医方资质的告知和及时转诊告知义务，目的是为了保障患者获得最佳的治疗时机。2011 年 8 月 15 日安徽省高院出台的《关于审理医疗纠纷案件若干问题指导意见》第 16 条规定了医院在有转诊必要情形时的告知义务。湖南省益阳市赫山区人民法院在（2009）益赫民一重初字第 4 号民事判决书中指出，“原告出生后在被告新生儿科住院期间，被告对原告的病情未予重视，既没有采取相对应的治疗措施，也没有提示原告往更高级别、更专业的其他医疗机构送诊，更未告知原告脑部往后可能产生的相关症状风险，完全忽略了患者的知情权。”

第三，对手术目的、性质以及医疗风险包括并发症、后遗症、不良反应等不良后果的告知，目的在于确保风险的合理分配。如在前述“石运锋诉中山南华医院等”一案中，法院就认为，医方“在术前知情同意书中未对排斥反应的发生、发展及可能导致的后果进行详细介绍”。2010 年 11 月 18 日北京市高院出台的《关于审理医疗损害赔偿纠纷案件若干问题的指导意见（试行)》第 38 条直接规定了“对患者施行其他可能产生严重不良后果的诊疗活动，未告知医疗风险”的兜底条款。

第四，在手术中更改手术方案、替换主治医师时的告知，确保患者的选择权。如在“余友凤等诉中国人民武警部队北京市总队医院”一案中,[②] 医方因在实施二次手术时未取得家属书面同意，被认定未尽告知义务而应承担赔偿责任。而在“陈志君等诉李惠利医院”一案中,[③] 法院认为，医方更换主刀医务人员未告知家属，侵犯了患者的知情权，存在过错，该行为在一定程度上导致患者家属对医院的医疗水平和医务人员的职业道德产生质疑，并据此判令医方予以适当补偿并承担鉴定费用。

第五，在药品治疗方面，对药品的使用剂量、副作用以及服用时注意事项等方面的告知。如苏州市姑苏区法院（2013）姑苏民一初字第 0836 号民事判决书中指

---

① 参见广东省中山市中级人民法院（2014）中中法民一终字第 238 号民事判决书。

② 参见北京市朝阳区人民法院（2013）朝民初字第 29864 号民事判决书。

③ 参见浙江省宁波市中级人民法院（2012）浙甬民一终字第 797 号民事判决书。

出，“患者自杀虽然与被告使用黛力新（药品）无因果关系，但考虑到被告在使用黛力新的过程中存在诊断‘肠易激综合症’缺乏鉴别诊断记录，未将黛力新可能的副作用及风险与患者沟通等不足，给患者精神上造成了一定的痛苦，对此应支付精神损害抚慰金。”

另外，为了确保疗效，在术后指导方面，北京市高院在上述《指导意见》第38条还规定了医务人员未向患者告知，导致患者在使用医疗产品方面出现错误及导致患者在进行功能恢复锻炼等方面出现错误的赔偿情形。

（2）从裁判态度上看，很多法院非常重视保护患者的知情同意权，在认定医务人员存在未履行告知义务的情形下会不同程度地支持患者的诉求。

第一，在告知义务的履行程度上，浙江省高院司法文件要求“合理告知”，一些法院判决中要求医务人员应尽“充分告知义务”。

第二，对医务人员履行告知义务的判断标准上，逐步由医务人员角度向患者角度转变，也有越来越多的判例采取双重标准。如在“李玄雪与广西医科大学第一附属医院案”中，[①] 法院从患者立场出发，指出“李玄雪作为一名不满14岁的儿童来说，手术毕竟是一种创伤，应当慎用，就其今后成长的利弊分析而言，医科大一附院作为专业的医疗机构应充分告知李玄雪及其父母可以进行保守治疗和手术治疗，让李玄雪及其父母充分考虑相关后果后进行选择。”法院据此认定医科大一附院承担20%的责任。2004年6月10日常州市中院发布的《关于审理涉医疗纠纷案件若干问题的意见》第34条则采取了双重标准：“应当立足一般医务人员根据具体患者的病情、精神状态、心理承受能力等客观因素而综合认定。”[②]

第三，对医务人员告知义务的履行方式上，很多法院不再仅停留在《医疗知情同意书》签署与否，还要求医务人员要促进医患之间的沟通。如前“李玄雪与广西医科大学第一附属医院案”中，法院认为手术同意书的签署并不意味着告知义务的充分履行。

2. 裁判分歧检讨：判断标准掌握松紧不一

由于缺乏统一的立法或司法解释规定，反映到具体个案中，各地法院对医务人

---

① 参见广西壮族自治区南宁市中级人民法院（2013）南市民一终字第757号民事判决书。

② 姜春玲：“论患者的知情同意权——判例调查基础上的理论与立法检讨”，载《南京大学法律评论》2006年秋季号，第126页。

员履行告知义务的判断标准及赔偿范围等宽严标准掌握不一，裁判结果亦并不一致。

（1）从裁判进路来看，对于是否将告知义务从医务人员的诊疗行为中独立出来、关于医务人员是否违反告知义务、因果关系是否成立等事项是否需进行鉴定、对鉴定意见的采信程度等问题，各地法院做法并不一致。究其根源则在于判断标准不一致。以北京、上海两地的判例来看，法官从医务人员角度，认为医务人员告知义务范围、内容应交由医疗专业机构根据医疗惯例来判断，即由医学会或鉴定机构进行鉴定，并在鉴定结论的基础上进行责任认定，而法官较少展开自由裁量，因此法院常常将医疗机构违反告知义务混为诊疗行为的一部分，当作引发不当诊疗后果的一个原因进行判断，有的裁判结论中以医方虽未履行告知或充分告知义务，但医方的诊疗行为与损害后果的发生无因果关系为由，免除医方的民事责任。当然，上海法院还创新地适用在医患沟通存在缺陷时要求医方承担患方维权费用的思路。如在“徐振林等诉上海中医药大学附属曙光医院”案中，[①] 法院认为，医院在医疗中存在沟通不畅的过错，虽然与患者死亡无因果关系，但会导致患方产生合理怀疑，以此判令医院承担该案的诉讼费和鉴定费。江苏、广东等地法院的裁判思路则是从患者的角度出发，考量医务人员的告知内容及方式，进而判断告知义务的违反是否影响了患者的自主决定权，故有诸多案例，虽然鉴定意见认为医方的诊疗行为与患者损害后果无因果关系，法院依然认定医务人员未履行或未充分履行告知义务影响了患者的意识决定，进而判令医方支付一定的精神损害抚慰金。

（2）由于判定标准尚未确立，各地法院把握的宽严尺度仍然有所差异，类似案件却有不同裁判结果的现象严重。以“周耀武等诉安徽医科大学第一附属医院”案为例，[②] 在病人明确拒绝手术方式的情况下医院应采取怎样的告知方式、在存在多种治疗方案时医务人员应进行何种程度的告知，各审级法院存在分歧。一审法院从患者角度出发，认为安徽医科大学第一附属医院未能履行告知义务，剥夺了周耀武的知情权和选择权，酌定该医院承担50%的赔偿责任。但是二审法院则回避了患者提出的医方未履行告知义务的诉讼理由，径直采纳鉴定意见，仅以医疗行为本身存

① 参见上海市浦东新区人民法院（2013）浦民一（民）初字第41576号民事判决书。

② 参见安徽省合肥市中级人民法院（2013）合民一再终字第00030号民事判决书。

在瑕疵为由判令医方承担部分民事责任。而再审法院则认为，周耀武的妻子已在《手术知情同意书》上签名，因此认定周耀武是明知且是同意的，进而驳回了再审申请。

（3）从举证责任的分配看，目前《侵权责任法》没有明确的规定，各地司法实践做法不一。如安徽省高院《关于审理医疗纠纷案件若干问题指导意见》即要求医疗机构就告知义务的履行情况进行举证。这种做法很值得司法实践借鉴，在信息不对称的情况下，由掌握信息优势方医疗机构来举证，有利于保障患者的利益，而且尽到告知义务是积极要件，由医疗机构承担举证责任符合证据法上的构成要件分类规定。

（4）从赔偿范围上看，各地法院一般遵循因果关系定律，即通过义务违反或侵害行为与损害事实之间的因果关系来认定具体的损害赔偿范围。[①] 在存在因果关系的情况下，法院一般根据与侵害行为存在因果关系的损害后果判令赔偿，此时与一般的医疗过错侵权损害赔偿无异，构成伤残等级时，除了财产性损害赔偿还会要求医方支付相应的精神损害赔偿。如果与身体损害不存在因果关系，有法院采取了精神损害抚慰金的赔偿责任方式，如前述苏州市姑苏区人民法院的判决，也有一些法院采取判令医方承担部分医疗费、诉讼费或鉴定费的方式。

总体而言，目前我国司法实践中对于医务人员告知义务的履行方式及告知内容等方面的理解不断深入，逐步发展和完善了《侵权责任法》所确立的知情同意规则体系，患者的知情同意权得到较好的保护。但是司法裁判实践也显示，由于法律规定过于原则，缺乏统一的判断标准，法官在适用时仍存在犹豫不决或理解差异，导致了各地判决尚有分歧，“同案不同判”现象尚存。

二、理论考察：告知后同意规则的价值目标及国外相关理论

立法的缺失和实践的分歧，让我们不得不重新回到制度的起点，认真考量制度设置的价值，并借鉴相关的外国理论和实践经验。

（一）告知后同意规则的价值目标

从法律意义上看，在医疗服务过程中，患者与医疗机构之间基于合同形成了委

---

① 周江洪：“违法医疗说明义务损害赔偿范围的界定”，载《法学》2011年第5期，第80页。

托-代理的平等关系，患者对医方存在强烈依赖。而根据信息沟通理论，医务人员和患者之间需要进行详细的信息沟通，这是实施医疗活动的需要，也是解决法律责任的需要。① 医务人员和患者之间的委托代理关系以及信息沟通关系见图1。

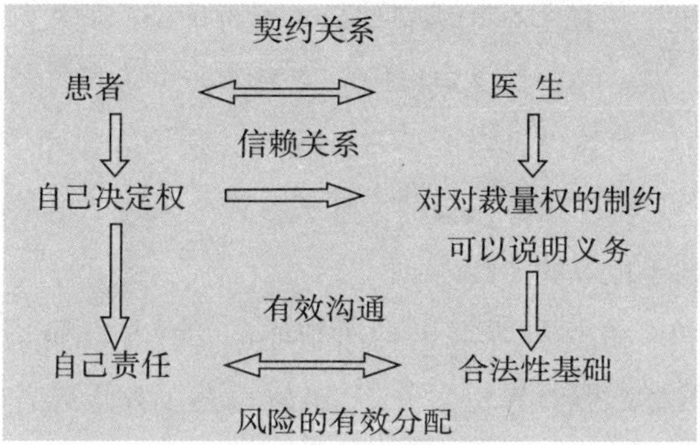

图1

因此，确立医患之间的告知后同意规则具有重要价值。由于患者处于弱势地位，为了保证患者的主体性，必须限制医务人员的自由裁量，故科以医务人员充分告知的义务，以此增进医疗决策中的风险沟通，保障患者自主决定权得以实现，进而由患者为自己同意范围内的医疗行为负责，而医务人员亦通过告知义务的履行使自己具有侵袭性的医疗行为取得合法性，进而对医疗行为产生的风险免责，在此过程中医疗责任和风险得到了合理、有效的分配。

（二）域外相关理论和司法实践

告知后同意规则源起于美国，美国理论和司法实践中关于医务人员告知义务的判断标准逐渐发展出合理医师标准、合理患者标准、具体患者标准和混合标准等。这也为许多国家和地区理论和司法实践所采用并发展。

1. 合理医师标准。根据此标准，法官应根据医疗行业的操作程式和惯例，考察一个正常的理性医师处于同样或者类似情况下会以何种方式向病人说明哪些方面

---

① 马齐林："论医疗告知义务——以经济学和法学为视角"，载《当代法学》2008年第1期，第85页。

的相关信息。[①] 其理论基于医疗行为的高度技术性和专业性。美国司法判例中，对于合理医师标准则由本地原则、相似地区原则发展到全国标准。该说对患者科以过重的举证责任，患者须通过专家证言证明医方没有达到合理谨慎医师的标准。

2. 合理患者标准。该标准基于医患信息不对称理论。如在 Canterbury v. Spence 一案中，法官认为，患者的自我决定权构成了医师告知义务的界限，凡是患者认为对其作出恰当决定具有实质性影响的信息，医师必须予以告知。[②] 但是由于患者的认知能力因人而异，忽略了医务人员的医疗裁量权，医师如不予取舍地告知大量医疗信息，不一定有利于患者的治疗。

3. 具体患者标准。此标准强调医师所披露的治疗信息范围由具体患者决定，即以患者个人偏好为标准履行告知义务。[③] 其理论基础在于患者的自主决定权。该标准被认为加重了医务人员负担，会导致防御性医疗行为，将束缚医疗技术创新。

4. 混合标准。如美国纽约州颁布的公共安全法，第 2805 条第 1 项规定，告知的标准既要考虑理性医师在类似情况下所为的说明，同时又要考虑患者作出一项明智（knowledgeable）的决定所需要的信息。[④]

应该说，混合标准倾向于兼顾医务人员和患者双方的利益，既能最大限度地尊重医务人员的专业见解，保护医务人员的积极性，也有助于患者获得充分告知实行自主决定权，成为了理论通说或实践通用标准。

就违反告知义务所侵害的客体及赔偿范围而言，各国的相关学说和实践也多有争论。如日本有学者认为，受侵害的客体是双重的，即个人的自主和身体或健康上的完整。[⑤] 典型案例是日本的“病人基于宗教信仰拒绝接受输血案”中，法院认为医方违反告知义务损害患者的意思决定权，应该就受害人所受的精神痛苦负担慰抚

---

① Laurel R. Hanson. Informed Consent and the Scope of a physician's Duty of Disclosure [J]. North Dakotal L. Rov, 2001, 75。转引自杨玮嶷：“医师告知义务判断标准研究——以美国法为中心”，载《民商法论丛》第 48 卷（2010 年 10 月第 1 版），第 531 页。

② 464 F. 2d 772 (1972)。转引自黄芬：“告知后同意规则的法律构造”，载《时代法学》2012 年第 6 期，第 61 页。

③ 杨玮嶷：“医师告知义务判断标准研究——以美国法为中心”，载《民商法论丛》第 48 卷（2010 年 10 月第 1 版），第 535 页。

④ 黄芬：“告知后同意规则的法律构造”，载《时代法学》2012 年第 6 期，第 61 页。

⑤ 周友军：“论中国侵权法上的知情同意规则”，载《北京航空航天大学学报（社会科学版）》2011 年 4 期，第 42 页。

金损害赔偿责任。[①] 而对于损害赔偿范围，日本学界和司法实践存在限定说和非限定说之争，前者认为损害赔偿应被限定在因丧失自我决定机会的抚慰金上；后者则主张在该抚慰金之外，对不良手术结果的逸失利益也应予以赔偿。[②] 对于赔偿的计算方式，还有“慰藉费说”“结果差说”“全赔说”等。[③]

三、实践探索：司法判断标准与医疗损害赔偿范围

通过对司法实务和理论的分析，鉴于目前紧张的医患关系，笔者认为，应重新审视法院在调整医患关系中的角色：在立法缺乏可操作性时，法官应当通过对告知后同意规则的填充解释及对审查标准和赔偿范围的确立积极回应现实的需要。法院应秉持公平合理的价值理念，在保障患者的知情同意权和尊重医务人员的专业见解之间架起平衡的支点，一方面向患者传达其具有参与医疗决策过程的主体地位，保障患者的知情同意权；另一方面可以向医疗机构和医务人员传递应重视患者对医疗信息的渴求，并通过审查标准的确立，尊重医疗行为的专业性，明确义务的边线，给予医疗机构必要的支持，并以此促进患者与医务人员之间的互动，增进相互信任和理解，缓解医患矛盾，从而实现矫正正义。

（一）判断标准上应当把握合理的尺度

医务人员告知义务认定标准不同，直接影响医方过错与否、责任有无与大小的差异。如果标准过宽，患者的自主决定权无法得到有效保护；如果标准过严，又将引发过多的侵害患者知情权的诉讼，而医务人员为了避免承担法律责任，必然过于谨慎和保守，不利于医学的发展和医疗技术水平的提高。基于医疗信息披露的价值是促进患者在充分知情的基础上做出适当的医疗选择，医务人员告知的边界在于保障患者的决定权，因此判断的标准应从普通患者角度出发，告知内容应为对患者的决定具有有效性和实质影响性的医疗信息，同时还需要尊重医务人员的专业性和技术性要求，必须是在当时的医疗水平下具有可预测性的信息，即应当以合理患者标

---

① 参见夏芸：“患者自己决定权和医师裁量权的冲突——评‘病人基于宗教信仰拒绝接受输血案’”，载《南京大学法律评论》2003 年第 19 期，第 249 ~ 252 页。

② 周江洪：“违反医疗说明义务损害赔偿范围的界定”，载《法学》2011 年第 5 期，第 81 页。

③ 夏芸：“医师的说明义务评说”，载《南京中医药大学学报（社会科学版）》2001 年第 4 期，第 202 ~ 203 页。

准为主，并结合合理医务人员标准，同时在个案中要尊重具体患者的明确要求，以此兼顾患者和医务人员双方的利益。而认定“实质影响性”的标准是患者如果被适当告知相关信息，将会有不同的决定，如选择替代方案等。

（二）内容扩张应当保持适度

明确了医务人员违反告知义务的判断标准，那么医务人员应当向患者告知哪些医疗信息呢？在疾病的诊断与治疗过程中将会产生大量的医疗信息，在双重标准下，医务人员需要尽可能充分告知所有具有实质性的潜在可能影响到患者决策的信息，当然主要达到合理性的标准，即足以使患者作出合理判断即可，而非事无巨细。目前法律对于医务人员告知义务的内容过于简略，最高法院有必要出台相关的司法解释或司法判例，对医务人员告知义务的内容进一步扩展和细化，以确保司法裁判的统一性。笔者认为，除目前侵权法所规定的内容外，医务人员告知义务的内容至少还应包含：

1. 风险的告知。包括治疗方案、治疗措施中所使用的药品和医疗产品等存在个体的副作用或风险。虽然目前药品和医疗产品的说明书都较为规范，但只是针对大众患者的概括性说明，具体到患者个体而言，医务人员仍应履行告知提醒义务。应该说风险越高，告知义务程度越高，但值得关注的是，如果风险或副作用的概率非常小，是否应当告知？例如在美国 Marchione v. State 一案中，两审法院均认为，被告在本案中不负有告知义务：本案中药物的副作用或风险发生的频率实在太小，以致于医师未予告知并非不合理。①

2. 存在多种治疗方案时对各种治疗方案、风险及选择该方案的理由等的告知。通过告知，给予患者比较清晰的选择范围。此时主要考察当时的条件下患者是否有选择机会。

3. 资质的告知、转诊的及时提醒以及术后指导，如功能恢复锻炼应注意的事项等信息。

（三）对鉴定意见的审查与判断

医疗事故鉴定意见或者医疗损害鉴定意见只是审理医疗纠纷案件的重要依据，

---

① 598 N. Y. 8. 2d592（App Dov 1993）．转引自黄芬：“告知后同意规则的法律构造”，载《时代法学》2012 年第 6 期，第 61 页。

而不应是当然的定案依据，[①] 法官仍需要对鉴定意见以及鉴定人证言内容进行实质性审查，并依法作出法律判断。早在 1975 年，日本最高法院判决就指出民事诉讼的因果关系不应完全依赖自然科学的证明，而应以法律评价作为根据："诉讼中的因果关系证明不是不允许丝毫异议存在的自然科学的证明，而是按照经验法则综合考察全部证据，证明特定事实导致特定结果发生的关系具有高度盖然性。这种判定必须具备一般人不会发生怀疑的真实确信度，而且达到这一程度即可"。[②] 因此在对鉴定意见进行审查时，应注意医学会或鉴定机构所判断的因果关系是必然的直接的因果关系，其证明标准远高于诉讼中的因果关系的证明标准。如果鉴定意见认为存在因果关系，其证明标准较高，如无其他足以推翻的证据，则应当予以认可；但如果鉴定意见认为不存在因果关系，则还需要结合相关证据，运用经验法则进行综合考量。

（四）因果关系的判断上应考虑自主决定因素

如前所述，医务人员告知义务分为一般性告知义务和特殊性告知义务，一般性告知义务不涉及患者的同意问题，而特殊性告知义务需要患者的同意。因此，在医务人员违反告知义务与患者损害后果的因果关系的判断上应当考虑患者的自主决定因素。

在一般性告知情况下，通常无需考量患者的意思决定，此时按一般因果关系进行判断即可。在特殊性告知义务的场合，法院应当判断医务人员违反告知义务是否影响了患者的自主决定权，这时可以引进日本的"相当因果说"和"结果差说"进行判断。[③]"相当因果说"考虑医务人员如果实施了充分合理的告知，患者是否会作出不同的决定；告知了会产生怎样的结果；这样的结果与已经发生的结果进行对比，是否损害更小；如果小，则医务人员违反告知义务增加了患者受损害的可能性，那么就具有相当的因果关系。那么，"医方就该治疗方法所引起的逸失利益及其损害应负赔偿责任。"[④] 当然，根据"相当因果说"，一旦因果关系被认定，那么赔偿范围上也是比较宽容的，赔偿也仅是"相当"的损失。

---

① 林一组编：《民事审判实务技能》，人民法院出版社 2013 年版，第 296 页。

② 日最高裁判所第二小法庭 1975 年 10 月 24 日判决，转引自夏芸："日本医疗诉讼改革及对鉴定结论的评价"，载《证据与科学》，2009 年第 17 卷（第 3 期），第 268 页。

③ 参见王旸："侵权行为法上因果关系理论研究"，载《民商法论丛》第 11 卷，第 527 页。

④ 周江洪："违反医疗说明义务损害赔偿范围的界定"，载《法学》2011 年第 5 期，第 83 页。

（五）类型化区分进而确定赔偿范围

“医疗损害责任的基本类型分为医疗技术损害责任、医疗伦理损害责任和医疗产品损害责任。”① 实践中，医疗产品损害责任一般可以根据产品侵权责任加以处理，而且经常被囊括进医疗技术损害责任。很多法院在审理医疗损害责任纠纷时，往往将医疗技术损害责任和医疗伦理损害责任不作区分，而实际上这两种责任在归责原则、构成要件、和举证责任等方面各有不同，见图2：

类型	过错	判断标准	认定方式	损害事实
医疗技术损害责任	违反科学技术方面的医疗规程方面的过失	医学专业标准	过错责任；原告负举证责任	人身损害事实
医疗伦理损害责任	违反医生良知、伦理道德的过失	普通患者标准为主	过错推定；医疗机构负举证责任	不仅包括人身损害，也包括其他如知情权等民事权益损害

图2

本文认为，只有在对医疗技术损害责任和医疗伦理损害责任进行区分的基础上，才能将属于医疗伦理赔偿责任的患者知情同意权作为独立的人格权益进行保障。这样，对医务人员违反告知义务引发的赔偿方式也有了一个清晰认识：如果医务人员违反告知义务造成患者人身损害，且违反告知义务的医疗行为与损害后果具有因果关系，医疗机构应当承担损害赔偿责任，此时应根据致害行为的参与度或对损害结果的原因力大小及过错比例，对损害后果承担相应赔偿责任；如果违反告知义务，与患者的人身损害不存在因果关系，仅是侵害知情同意权的，医疗机构仍应当承担相应的精神损害抚慰金赔偿。此时，为平衡医疗机构和患者之间的利益关系，医疗机构承担精神损害抚慰金的赔偿数额不宜过高。在确定精神损害赔偿金时应综合考量患者受损害状况、损害得以改善的可能性、选择的机会、患者的个体因素如年龄、性别、婚否等因素。

（李静婉　福建省泉州市丰泽区人民法院）

---

① 杨立新：《医疗损害赔偿责任研究》，法律出版社2009年版，第139页。

医疗损害鉴定结论中“过错参与度”的司法认定

【司法精要】

在医疗纠纷案件的审判中，鉴定结论往往成为“证据之王”，法官通常将鉴定结论中给出的过错参与度数值作为判定医院是否承担损害赔偿责任以及承担责任比例大小的直接依据，这种做法不够科学严谨，也有失公平公正。笔者认为对医疗鉴定结论中给出的医院过错参与度要在审判实践中辩证运用，不能基于鉴定机构及鉴定人员的专业性而对鉴定结论过于依赖，完全依据过错参与度来认定医院的过错承担比例，这样既忽视了其他证据的作用，也出让了法官对案件审理的主动权。同时，也不能因为鉴定机构中缺少临床医学专家、法庭审理中缺少对鉴定结论的质证环节、鉴定机构的社会性使得鉴定结论的公平公正性有待考验等原因对鉴定结论完全否定。应当牢牢把握鉴定结论的本质特征，有条件地对其进行采用，在确认医疗过错基本标准的基础上，合理运用原因力规则，将医疗过错行为在导致损害结果中发生的原因力分级认定，并厘清鉴定结论与判决运用之间的关系，才能对鉴定结论中的过错参与度更好地运用，使其更好地服务于审判实践。

由于医疗纠纷案件常常需要就医院诊疗行为是否存在过错及过错与损害后果之间是否存在因果关系等专门性问题进行认定，专业的医疗损害鉴定便成为医疗纠纷案件中法官确认医院是否承担赔偿责任的关键环节，医疗损害鉴定是指“人民法院在受理医疗损害赔偿诉讼案件中，依职权或应医患任何一方当事人的请求，委托具有专门知识的机构对患方所诉医疗损害结果与医院医疗行为有无过错及有无因果关系等专门性问题进行分析、判断并提供鉴定结论的活动。”[①] 经专业鉴定程序做出

① 周伟：《常见医疗事故的鉴识与纠纷处理》，人民法院出版社2003年版，第25~26页。

的鉴定结论，便成为医疗纠纷诉讼中的关键证据，关系到法官能否公正裁判案件、合理化解医疗纠纷。实践中，法官大多都会委托相关部门进行鉴定，笔者统计了所在人民法院2006年至2013年审结的医疗纠纷类案件，其中87.88%的案件都委托相关部门进行了医疗鉴定，而法官往往依赖鉴定结论，判决基本上对鉴定结论予以采信，甚至将鉴定结论中给出的医院“过错参与度”等同于判决书中医院的“责任程度”。本文即以该院2013年审结的一起医疗损害赔偿纠纷案件为例，对鉴定结论中“过错参与度”的司法认定进行分析。

一、典例分析——一个专业医疗损害鉴定结论的运用评析

（一）案情简介[①]

秦某某因“十二指肠占位，梗阻性黄疸及糖尿病”，于2009年4月22日到医院住院接受治疗。医院对其先后施行“剖腹探查术”及“胰、十二指肠切除术”。术后秦某某出现胰瘘、腹腔出血等手术并发症，经抢救无效于2009年6月4日死亡。

法院委托中山大学法医鉴定中心先后出具了《鉴定意见书》及针对双方当事人异议的《答复函》，鉴定文书中指出秦某某所患十二指肠乳头腺癌，病变严重，手术风险高，其主要死因系自身疾病所致。但医院在对其诊治过程中，存在对重大手术重视不够，准备不充分，术者手术经验不足，对术后出现的胰瘘处理不及时、欠规范等过错，与秦某某死亡存在间接因果关系，故建议医院的过错参与度为21%～40%。

虽然鉴定文书中鉴定机构认为患者死亡的直接原因可能主要是手术的并发症导致，且涉案手术操作复杂，即使医院不存在医疗过错，患者术后发生胰瘘的可能性也是存在的，但因上述两份鉴定文书均认可医院的上述过错行为增加了并发症发生的风险，而患者入院接受治疗本是为了治愈疾病并延续生命，如果因医院的诊疗行为加速了患者的死亡，则医院应对患者的死亡后果承担较大的过错责任。故案件主办法官认为鉴定文书中所建议的21%～40%的过错参与度与医院因其医疗过错行为所应承担的过错赔偿责任之间并不匹配，因此对鉴定机构提供的过错参与度数值不予采信并认定医院应承担70%的过错赔偿责任。

---

① 参见广西壮族自治区桂林市秀峰区人民法院（2010）秀民初字第719号民事判决书。

（二）对案件中医疗损害鉴定结论的运用评析

在鉴定结论中，鉴定机构指出秦某某的主要死因系自身疾病所致，直接原因可能主要是手术的并发症导致，但是医院的过错行为增加了手术后并发症发生的风险，也同时加速了秦某某的死亡。故主办法官认为医院的过错系秦某某病情恶化或加速其死亡之原因。秦某某虽因患病到医院住院治疗，但其并非死于原有疾病，而是死于因医院过错而导致的术后并发症，即医院的过错行为加速减少了其存活期限。

鉴定结论认可医院在诊疗过程中存在过错行为，并认可这一系列过错行为与损害结果之间有因果关系。主办法官对以上结论均在判决中予以采信，但对鉴定结论中给出的过错参与度数值未予以采信。在当前法官对医疗损害鉴定结论比较依赖，通常根据鉴定结论中给出的过错参与度数值作为判定医院承担医疗赔偿责任的标准的大背景下，本案主审法官如此运用鉴定结论，值得分析借鉴。

主办法官从原因力参与度合理分配原则的角度分析，秦某某自身的多种疾病、术后并发症以及医院的过错行为等多方面因素共同导致了其死亡的损害后果，各原因行为应承担的损害赔偿责任应当根据原因力的大小而予以确定。主办法官最后认定医院过错行为的原因力大，是基于医院未对秦某某进行充分的术前检查，对其患有糖尿病的基本事实未尽到应有的注意义务，才导致其术后出现并发症，病情不断恶化致死，故医院应对其死亡后果承担较大比例的损害赔偿责任。

笔者赞同该案的裁判思路和判案依据。实践中，大多数法官将鉴定结论中给出的过错参与度作为认定医院承担损害赔偿责任比例的依据，这种认定责任承担的做法是不够科学严谨的，也有失公平公正。医院赔偿责任的承担比例，不应仅由鉴定结论中给出的过错参与度数值所决定，而是应当依据医院在诊疗过程中有无过错行为以及过错行为占据导致损害后果的多种原因中的比例来确认。

二、医疗损害鉴定结论中认定“过错参与度”的法理基础

过错参与度，是指被诉过错行为在损害结果发生中所介入的程度或所起作用的大小。[①] 依据此概念，笔者认为，医疗过错参与度系指在被诉医疗过错行为造成的

---

① 何颂跃：“论医疗损害赔偿案件中医疗过错鉴定的特征”，载《人民司法》2002 年第 4 期。

损害结果与患者自身疾病等因素并存的情况下，前者在患者目前疾病状态中所介入的程度或所起到的作用。医疗损害鉴定中之所以采用过错参与度这一概念，是因为医疗损害赔偿责任的确定中，通常存在多因一果的情形，如医院过错行为、患者自身疾病、患者特殊体质、意外事件等多个因素共同造成医疗损害结果的发生，医院的过错行为并非导致损害结果发生的唯一原因和全部原因，因此在鉴定结论中载明医院的过错参与度，意在“解决医疗损害行为对损害结果的发生所起作用的比例和概率大小问题，进而确定医疗损害主体的赔偿责任范围和比例。”[①] 对鉴定结论中的“过错参与度”一词，笔者试从如下几点分析其存在的法理基础及认定依据。

（一）依据医疗过错行为的标准进行认定

若要认定医院承担赔偿责任，就要确定其具备医疗过错这一责任构成要件，即医方在诊疗过程中存在故意或者过失的主观心理。笔者将本文所论述的医疗过错限定为过失的主观心理，因为故意的主观心理不仅有违医学伦理的道德要求，也可能涉嫌刑事犯罪。若在诊疗过程中，医院及其医务人员均无过失，医院就不用对损害结果承担医疗损害赔偿责任。

在我国，学者梁华仁[②]、王敬义[③]、杨立新[④]等都对医疗过错给出了不同的定义。笔者认为杨立新对医疗过错下的定义过于全面和宽泛，而王敬义给出的定义比较符合本文的写作思路，即医疗过错是医院在诊疗过程中违反业务上的必要注意义务，导致患者身体受到伤害或者死亡的损害结果。

---

① 杨立新：“论医疗过失赔偿责任的原因力规则”，载《法商研究》2008 年第 6 期，第 38 页。

② 梁华仁：《医疗事故的认定与法律处理》，法律出版社 1998 年版，第 64～65 页。他认为，医疗过错是指医务人员应当预见到自己的行为可能发生严重不良后果，因为疏忽大意而没有预见或者已经预见而轻信能够避免的心理态度。

③ 王敬义：“医疗过错责任研究”，载梁慧星主编《民商法论丛》第 9 卷，法律出版社 1998 年版，第 673 页。他认为，医疗过错是指医护人员在医疗过程中违反业务上的必要注意义务，从而引起对患者生命、身体伤害的情形。

④ 杨立新：“医疗损害责任构成要件的具体判断”，载《法律适用》2012 年第 4 期，第 25～26 页。他认为，医疗过错是指医疗机构在医疗活动中，医务人员未能按照当时的医疗水平通常应当提供的医疗服务，或者按照医疗良知、医疗伦理，以及医政管理规范和管理职责，应当给予的诚信、合理的医疗服务，没有尽到高度注意义务的主观心理状态，以及医疗机构存在的对医务人员疏于选任、管理、教育的主观心理状态。

《侵权责任法》第57条的规定被认为是判定医方是否存在过错的标准条款①。根据全国人大法工委的解释，医务人员的“注意义务”就是应尽到“与当时的医疗水平相应的诊疗义务”，即“在一般情况下医务人员可以尽到的、通过谨慎的作为或者不作为避免患者受到损害的义务。②”根据该解释，第57条认可侵权法中注意义务违反才构成过失这一基本理念③。前述案例中，医院对秦某某自身患有糖尿病的事实重视不够，术前准备不充分，对术后并发症的处理不够及时等行为，都违反了作为医方应当达到的注意义务，因此医院存在过错是不争的事实。

专业鉴定机构依据已有的鉴定材料，在认定医院存在过错并且过错与损害结果有因果关系的前提下，在鉴定报告中给出一个医院“过错参与度”的参考数值，是对医院的过错行为在造成损害结果时参与程度的量化，目的是让法官更好地利用专业性较强的鉴定结论，从中合理认定医院依照过错参与程度应当承担的赔偿责任比例。

（二）依据因果关系理论进行认定

因果关系是医疗损害责任构成的另一基本要件。若要认定医院承担损害赔偿责任，则医疗过错行为与损害后果之间须存在因果关系。法院在审理医疗损害责任纠纷案件过程中，在确认医院损害赔偿责任大小时，应当认定该医院的“医疗违法行为与患者所遭受的人身损失结果之间是否具有因果关系。④”因为医疗纠纷案件因果关系的表现形式通常为多种原因共同作用导致一个损害结果的发生。例如在前述案例中，秦某某在入院就诊前就患有多种疾病，各种疾病的发展变化难以预料，术后并发症的出现导致了其在病情恶化后死亡，在审判实践中仅靠法官的力量去很难

---

① 《侵权责任法》第57条规定：医务人员在诊疗活动中未尽到与当时的医疗水平相应的诊疗义务，造成患者损害的，医疗机构应当承担赔偿责任。

② 全国人大常委会法制工作委员会民法室：《〈中华人民共和国侵权责任法〉条文说明、立法理由及相关规定》，北京大学出版社2010年版，第232页。赵西巨：“论我国立法和司法对法定外在标准的过度依赖——以我国医疗损害责任鉴定与诉讼实践为例”，载《证据科学》2012年第3期，第304页。

③ 杨立新：“医疗损害责任的因果关系证明及举证责任”，载《法学》2009年第1期，第36页。

④ 杨立新：“医疗损害责任的因果关系证明及举证责任”，载《法学》2009年第1期，第36页。

认定死亡原因是自身疾病所致还是医院存在医疗侵权行为，故在审理中需要借助专业鉴定机构的鉴定结论作为认定医院应当承担损害赔偿责任比例的参考。

依据英美法系中因果关系的理论，在医疗侵权案件中，应当首先考虑医院的过错行为在事实上是否促成了患者所受损害的发生，即医院的过错行为是否是造成损害结果的重要因素，这就是事实上的因果关系。患者只需要证明有损害结果以及诊疗行为与损害结果之间存在因果关系的可能性，就完成了患者作为原告的举证行为。之后由法官推定事实因果关系的存在，医院对此进行反证，若医院不能证明事实因果关系不存在，就认定事实因果关系成立，反之则不成立。在认定事实因果关系成立以后，由法官基于法律规定、各种利益的考量和价值的判断，确定医院由于过错行为应在多大范围内承担赔偿责任，这就是法律上的因果关系。医院的诊疗行为只要违反了对患者通常的注意义务，即使患者具有特殊体质或者疾病状态，医院的行为也构成损害结果发生的原因之一，就应当认为医院的过错行为与损害结果之间存在法律上的因果关系。

至于医院因诊疗过程中的过错行为而需要承担的损害赔偿责任比例，则需要分析医院因过错行为对损害结果的发生所起作用的比例大小，医院的过错行为对损害结果的发生所起作用的比例越大，那么医院将承担越重的损害赔偿责任，反之则越轻。

（三）对医疗过错认定权归属的分析

在我国现阶段的医疗纠纷中，法院常利用医疗专家的鉴定作为一种自我保护机制①。法官在审理医疗纠纷案件时普遍存在对鉴定结论这一证据过度依赖的现象，导致司法裁判权的部分出让和异化②。法官应当抛弃对鉴定结论的崇拜和依赖，只将其作为一项普通的民事诉讼证据来看待，因为鉴定机构仅具有“确认医疗行为是否违背医疗常规，以及如果违背时该行为是否是原告所称损害后果的原因，以及原因力大小的权力”③，法院在鉴定结论认定医院“是否违背医疗常规”的基础上，

---

① 王成：“医疗侵权行为法律规制的实证分析——兼评《侵权责任法》第七章”，载《中国法学》2010 年第 5 期。

② 余明永：《医疗损害赔偿纠纷》，法律出版社 2010 年版，第 168 页。

③ 郭升选、李菊萍：“论医疗注意义务与医疗过失的认定”，载《法律科学》（西北政法大学学报）2008 年第 3 期，第 132 页。

审理认定医院是否存在过错行为，另结合其他因素来确定医院民事赔偿责任的承担。因此，法院应当是且只能是医疗过错的唯一认定者，鉴定结论中对医院是否存在医疗过错的认定以及存在过错前提下对过错参与度的数值判断不具有最终效力。

与此同时，还应当由双方当事人通过对医院是否已尽到医疗注意义务展开充分证明，在法庭上进行公开质证和辩论，以便让法官对医院是否存在医疗过错做出司法判断和认定。当然，将医疗过错认定权回归至法院，并不是对医疗损害鉴定制度存在价值的否定，而是期望在该制度的设计上，“既能最大限度地提高鉴定的科学性、公正性，又能加强法院对医疗过错独立判断的地位和能力”①。

三、医疗损害鉴定结论中的“过错参与度”在审判运用中存在的问题

（一）医疗过错参与度标准的缺失

审判实践中，同一医疗损害赔偿案件存在着重复鉴定和多次鉴定的情形，不同的鉴定单位和鉴定专家对相同的鉴定材料有可能得出不同甚至相反的鉴定结论，其中的医院过错参与度的参考数值也不尽相同。即使一个案件只进行了一次鉴定，由于医疗过错参与度内在标准的缺位，对这些鉴定结论如何取舍、如何采用，成为横在法官面前的一道难题。对一次鉴定后的一份鉴定结论，法官出于对科学权威的崇拜，将鉴定结论处于优势的证据地位，往往直接将鉴定机构给出的过错参与度数值等同于医院承担损害赔偿责任的比例；而对多次鉴定后的多份鉴定结论，法官通常以鉴定机构的等级来确定鉴定结论的证明力等级，即采用等级高的鉴定机构出具的鉴定结论来认定医院的过错，这种“唯等级论”的认证方法违反了鉴定结论的采信规则，也歪曲了鉴定结论作为法定证据的本质特征。

另外，医疗过错参与度外在形式的不统一，也导致鉴定结论中给出的过错参与度数值具有随意性。鉴定结论中有的用大写字母 A、B、C，有的用罗马数字 I、II、III 或者另以百分比的形式来表示过错参与度，外在形式的不统一易造成法官对鉴定结论采信程度的不统一。

---

① 郭升选、李菊萍：“论医疗注意义务与医疗过失的认定”，载《法律科学》（西北政法大学学报）2008 年第 3 期，第 132 页。

（二）过错参与度与责任承担比例的挂钩失衡

法官通常不能仅仅通过对双方当事人提供的证据进行审查后得出有无因果关系或原因力大小的结论，故依赖专业人员的鉴定结论对上述问题作出判断成为必然选择。而鉴定结论的本质特征是法定证据，其仅仅是法官认定医疗损害民事赔偿责任的证据之一，并非是唯一的判案证据。理论上，作出医疗损害鉴定结论的临床医学专家或法医专家都是中立的，他们能完成鉴定所需项目都是建立在自身专业知识的基础上。故法官依据医疗损害鉴定结论作出的裁判，即使存在偏差或者错误，也不完全是由自己的原因造成。“因为放弃掉专业的鉴定结论去追循法官心证感知存在着相当大的风险，故对外在标准的依赖降低甚至转移了法官裁判的风险。[①]”所以在审判实践中，大多数法官的做法是将鉴定结论中给出的过错参与度数值直接用来判定医院承担赔偿责任的比例，这种将某一证据内容与民事责任的划定挂钩的做法，是不够科学和严肃的，也不利于司法公平和正义的实现。

原因在于，第一，从判断标准方面来看，鉴定机构对于因果关系的认定往往是从医学的角度出发，从诊疗的全过程着眼，紧紧围绕医疗侵权行为的四个构成要件来进行考量，所以要求医院的过错行为与损害结果存在直接且必然的因果关系；对于法院而言，对医疗损害责任纠纷案件因果关系的认定往往依据“相当因果关系”说，该说认为医疗过错行为在损害结果的发生中起到一定作用即可视为存在因果关系。第二，从审查范围方面来看，鉴定结论中只需要对是否存在因果关系的事实进行判断，无需对原因力和可预见性进行判断，而法院必须对原因事实、原因力比例以及可预见性等三项内容进行审查。故法院对鉴定结论中的“过错参与度”数值不能直接采信，应当首先从法律的角度，重新对医疗过错行为及其与损害结果之间是否存在因果关系作出判断，并在判断完成之后，结合双方当事人的所有证据材料，认定医院应当承担的赔偿责任比例。

---

① 刘鑫：“医疗侵权纠纷处理机制重建——现行《医疗事故处理条例》评述”，中国人民公安大学出版社2010年版，第150页。

四、"过错参与度"在审判中运用的对策建议

(一)建立认定构成医疗过错的基本标准

鉴定结论中的过错参与度并非判定医院承担赔偿责任比例的唯一标准。判定是否存在医疗过错最基本的标准，应该是看医院是否已经尽到医学专业上所要求的最佳注意义务，是否已经行使了医学专业上所要求的合理的注意。对医院是否存在医疗过错，应当立足于证据所反映的整个诊疗过程，从问诊义务、检查义务、会诊义务、治疗义务和转诊义务等五个方面对医院进行全面考察。

尽管"医疗过错"是一个主观的概念，但由于医院本身需要承担较高的注意义务，医疗过错的认定应以客观标准为主，以主观标准为辅。客观的认定标准包含医疗卫生方面的法律、法规或诊疗规范中对医疗机构注意义务的规定及医疗道德中的行为准则；主观认定标准为足以证明医务人员有过失或故意的行为，如医务人员术后将纱布、手术器皿、手术器械等物件遗留在患者体内，此种情形的遗留无论是过失忘记还是故意放置，医方都将被认定存在医疗过错。另外，确定医院是否存在医疗过错还应以患者接受诊疗时本地区的医疗水平作为认定标准之一，以确定医院应达到的注意义务程度，医院履行注意义务来达该标准的，即可认定医方存在医疗过错。

(二)合理运用原因力规则

过错参与度是原因力规则在法医学上的表述，也是原因力规则在医疗损害责任中的具体应用。原因力的基本规则是，在一个有损害结果的侵权纠纷案件中，该损害结果系由数个原因共同引起，而每一个原因对该损害结果都具有不同程度的作用力，无论这些原因是违法行为亦或是其他方面的因素，行为人只需要对自己的违法行为所导致的损害结果承担与其违法行为的原因力相适应的损害赔偿责任份额；对于非因自己的违法行为所导致的损害结果，行为人不需要承担赔偿责任[①]。在医疗损害责任纠纷中，医疗过错行为往往与患者自身的疾病等其他因素共同导致了损害结果的发生，医方仅仅需要对自己的医疗过错行为所引起的那一部分损害结果承担

---

① 杨立新："论医疗过失赔偿责任的原因力规则"，载《法商研究》2008 年第 6 期，第 38 页。

损害赔偿责任，对于由其他因素所引起的损害结果部分不承担损害赔偿责任。

依据《医疗事故处理条例》第49条第（二）、（三）项关于原因力规则适用的规定，[①] 在由若干原因造成同一医疗损害后果的情况下，医院仅对自己的过错行为所引起的具有原因力的损害后果承担赔偿责任。通过这样的限制，将减轻医疗机构的赔偿责任[②]。因为“医院所负责任，仅为侵权行为导致既存条件恶化，或加速伤害结果之损害，始需负责，若患者已罹患重病，自不得请求全部损害赔偿。”[③]

然而，过错参与度是法医在鉴定结论中使用的概念，为了保证侵权责任法概念、规则的一致性，法官在书写裁判文书时，应当将这一概念转化为原因力的概念，并用原因力规则来表述医院承担损害赔偿责任的理由和依据，两者不能混为一谈。

笔者认为可以借鉴中国政法大学课题组研究项目《医疗侵权损害处理法（专家建议稿）》中的规定，将医疗过错行为在导致损害结果中发生的原因力大小从A级到G级分为七个等级。[④] 具体的分级操作方法为：

A级原因力——当损害结果完全是由医院的医疗过错行为所导致时，医疗过错的原因力为100%，此时医院需要对损害后果承担全部的赔偿责任；

B级原因力——当损害结果主要是由医疗过错所致，而其他因素在所致结果中仅仅起到轻微或者间接的作用时，医疗过错的原因力为70%~99%，此时医院需要对损害后果承担70%~99%的赔偿责任，这里的轻微或者间接作用可以理解成，其他因素的单独出现不会导致损害结果的发生或者对损害结果的发生不一定具有原因力，但其通过第三方的介入因素会对损害结果起到一定的作用；

---

① 《医疗事故处理条例》第49条规定：医疗事故赔偿，应当考虑下列因素，确定具体赔偿数额：（一）医疗事故等级；（二）医疗过失行为在医疗事故损害后果中的责任程度；（三）医疗事故损害后果与患者原有疾病状况之间的关系。

② 杨立新：“论医疗过失损害赔偿责任的适当限制规则”，载《政法论丛》2008年第6期，第33页。

③ 陈聪富：《民商法论丛之因果关系与损害赔偿》，北京大学出版社2007年版，第205页。杨立新：“论医疗过失赔偿责任的原因力规则”，载《法商研究》2008年第6期，第43页。

④ 陈聪富：《民商法论丛之因果关系与损害赔偿》，北京大学出版社2007年版，第205页。杨立新：“论医疗过失赔偿责任的原因力规则”，载《法商研究》2008年第6期，第43页。

C级原因力——当损害结果主要是由医疗过错所致，而其他因素在所致结果中起到次要作用时，医疗过错的原因力为51%～69%，此时医院需要对损害后果承担51%～69%的赔偿责任，这里的次要作用可以理解成，其他因素的单独出现可能会导致损害结果的发生，但其对损害结果的发生仅具有次要的原因力；

D级原因力——当损害结果是由医疗过错行为和其他因素共同造成，各自所起的作用难分上下时，医疗过错的原因力为50%，此时医院需要对损害后果承担50%的赔偿责任；

E级原因力——当损害结果主要由其他因素所致，医疗过错行为在所致结果中起次要作用时，医疗过错原因力为21%～49%，此时医院需要对损害后果承担21%～49%的赔偿责任，这里的次要作用可以理解成，医疗过错行为的单独出现可能会导致损害结果的发生，但其对损害结果的发生仅具有次要的原因力；

F级原因力——当医疗损害结果绝大部分由其他因素造成，医疗过错行为在所致结果中起轻微或者间接作用时，医疗过错行为的原因力为1%～20%，此时医院需要对损害后果承担1%～20%的赔偿责任，这里的轻微或者间接作用可以理解成，医疗过错行为的单独出现不会导致损害结果的发生或者对损害结果的发生不一定具有原因力，但其通过第三方的介入因素会对损害结果起到一定的作用；

G级原因力——当医疗损害结果完全是由其他因素所致，与医疗过错无关联或不存在医疗过错时，医疗过错原因力为0，当然，此时医院就不需要对损害后果承担赔偿责任。

上述这种等级分类法既赋予法官一定范围的审判自由裁量权，又对损害赔偿责任份额进行了统一限制，极大程度避免了同案不同判的情况发生。

（三）厘清鉴定结论与判决运用的关系

首先，通过司法解释或者审判指导等方式建立各种程度的过错与相应幅度的责任区间的对应关系，以减少司法不确定性，增强判决可预见性和统一性。其次，在鉴定结论被采信的情况下，法官要结合具体案情慎用自由裁量权，合理限制法官对医院过错程度及其赔偿责任的自由增减。① 法官若因个别医疗人员尚未获得执业

① 王晓燕："20份医疗损害赔偿纠纷案件鉴定与判决书分析"，载《医学与哲学》2012年第2期，第79页。

证、患方拒绝配合治疗等原因，欲加重或减轻医院过错程度，是不恰当的，因为鉴定结论就是在考虑了这些因素并结合其他情况之后得出的，法官再另加考量，是对这些因素的重复考虑。即使存在某些鉴定结论中未提及的可能影响过错程度的因素，在该类过错对应的责任幅度范围内裁决即可。

（屈斐琳　广西壮族自治区桂林市秀峰区人民法院）

医学会鉴定优先主义的检视与完善

【司法精要】

医疗损害鉴定意见是医疗损害责任纠纷案件的关键证据，是判决的重要参考依据，所以鉴定机构的选取便会对此类案件的审理结果产生关键性影响。在目前的法律制度下，医学会鉴定与司法鉴定是医疗损害鉴定的两种基本类型。本文通过对G省350件医疗损害责任纠纷案件进行研究分析后发现，医学会鉴定目前在医疗损害鉴定中被优先适用，占据主流地位。虽然医学会鉴定在鉴定意见的科学性方面具有一定的优势，但也存在中立性和独立性欠缺、对患方程序性权利保障不足、鉴定意见难以被患方认可等弊端和问题，并由此导致案件的审理周期较长、服判息诉率较低、上诉率和涉诉信访率较高等不良后果，一定程度上降低了司法公信力。本文提出采取引入异地专家、委托异地鉴定、完善鉴定人出庭作证制度以及将司法鉴定与医学会鉴定并举等措施对现行鉴定模式进行修正和改良。并对打破现有体制，成立独立的医疗损害鉴定委员会、构建统一的医疗损害鉴定模式提出了具体的设想，以期为完善医疗损害鉴定制度、维护当事人的诉讼权利、妥善解决医疗损害责任纠纷案件提供有益的思路。

一、医学会鉴定与司法鉴定——医疗损害鉴定的两种基本类型

医疗损害责任纠纷案件具有较强的专业性，对医疗机构的医疗行为是否存在过错以及与损害结果的发生是否存在因果关系等医学专业问题，仅凭法官的知识、良知及社会经验往往难以作出客观准确的判断，司法实践中通常需要委托专门的鉴定机构对医疗机构的医疗行为进行鉴定，并以此作为定案的重要参考依据。因此，医疗损害鉴定结论可以说是医疗损害案件的核心证据。

在现行法律制度下，依据调整的法律、鉴定的程序、鉴定专家的组成及鉴定的侧重内容等标准，可以将医疗损害鉴定划分为医疗事故技术鉴定和法医类司法鉴定两种类型。其中，医疗事故技术鉴定是指由专门的医疗事故技术鉴定机构对医疗机构及其医护人员的医疗行为是否具有过错和违反诊疗常规，是否构成医疗事故所进行的鉴定（以下简称医学会鉴定）。而法医类司法鉴定则是指省级司法厅（局）批准成立的专门鉴定机构对被鉴定人的伤情、伤害程度、亲缘关系及死亡原因等事项进行的鉴定（以下简称司法鉴定）。医学会鉴定与司法鉴定为目前司法实践中医疗损害鉴定的两种基本类型，学者将其称为“二元化”或“双轨制”的医疗鉴定制度。[①] 它们在适用的法律、鉴定程序的启动、鉴定专家的组成、鉴定内容、鉴定专家的组织形式及对鉴定不服的救济措施等方面均存在明显的差异。（详见表1）也正是由于上述这些差异，极大地影响了医方及患方对鉴定机构的选取以及法院的最终委托，进而对司法结果产生导向性的影响。

表1　医学会鉴定与司法鉴定的主要区别

主要区别 \ 鉴定方式	医学会鉴定	司法鉴定
调整法律	《关于参照〈医疗事故处理条例〉审理医疗纠纷民事案件的通知》	《人民法院对外委托司法鉴定管理规定》

① 农会清等：“论我国现行双轨制下医疗鉴定制度的改革”，载《社会科学家》2013年第4期，第119页。

续表

鉴定机构	由卫生行政部门批准成立的医学会	省司法厅批准成立的司法鉴定机构（重新鉴定由省级政府批准）
鉴定内容	医疗行为是否存在过错和违反诊疗常规，是否构成医疗事故	是否构成伤残、重伤及伤残程度、亲缘关系、生理机能状态及死因等
专家结构	主要是临床医学专业人员，涉及伤残、死因时才有法医参加	主要是法医，涉及活体检查和生理机构鉴定时才有临床医学专家参加
专家组织形式	由医、患双方提出回避的范围后，在未被回避的专家中随机抽取，人数必须为单数	除坚持回避制度外，人员按专业相对固定，专家人数为三人以上，不随机抽取
对鉴定结论不服的救济	在接到鉴定书15日内向法院提出再次鉴定申请，由法院委托省一级医学会进行再次鉴定	向法院提出重新鉴定一般无期限限制，由省级政府确定的机构进行重新鉴定

二、司法现状——医学会鉴定优先适用主义

（一）医学会鉴定的优先适用

从随机抽取的G省2010年~2013年的350件医疗损害责任纠纷案件的鉴定委托情况可以看出，委托医学会进行鉴定的案件为330件，占94.28%，且案件数呈现出逐年上涨的趋势，而委托司法鉴定机构进行鉴定的仅为20件，仅占5.72%，且每年的委托案件数量相对平衡，年平均为5件左右。（详见图1）

图1 2010 年～2013 年 G 省医疗损害赔偿案件鉴定选择统计图

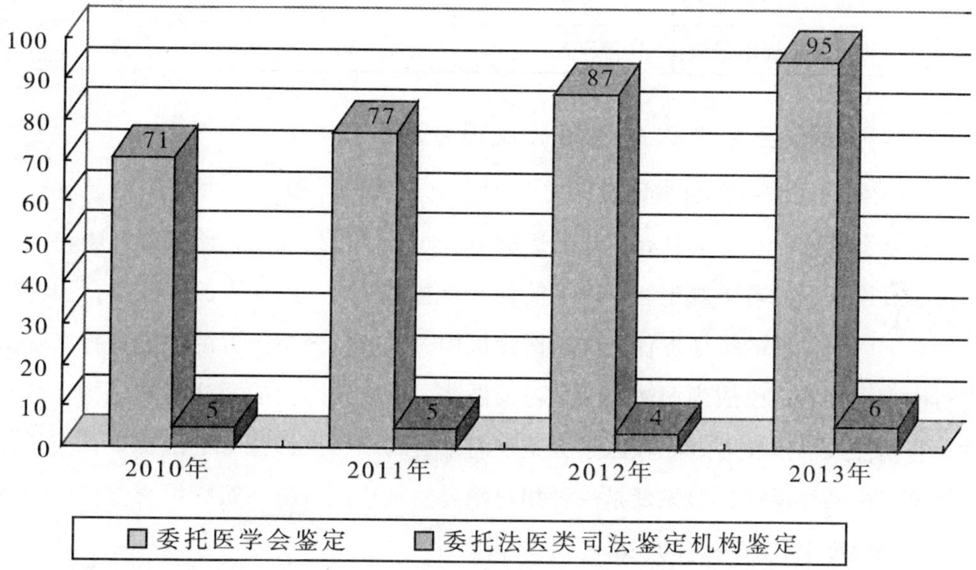

通常，医方倾向于选取医学会作为鉴定机构，而患方则倾向于选取法医类司法鉴定机构进行鉴定。分析 2010 年～2013 年 G 省当事人申请及委托鉴定机构的统计表可以看出：1. 医方与患方对选取何种鉴定机构进行鉴定存在争议的案件为 312 件，占案件总数的 89. 15%；2. 双方对委托同一鉴定机构无争议的案件仅为 38 件，占案件总数的 10. 85%；3. 在当事人对鉴定机构的选取存在争议的情形下，法院最终倾向于委托医学会作为案件的首次鉴定机构，共有 306 件是依据医方的单方申请而委托医学会进行鉴定的，占案件总数的 87. 42%，而依患方的申请委托司法鉴定机构进行鉴定的仅有 6 件，占案件总数的 1. 7%。（详见表 2）不难看出，医学会鉴定在司法实践中得到了广泛和优先的适用。同时也应注意到，医学会鉴定的优先适用并非经由当事人协商一致，而是司法主动干预的结果。

表 2 2010 年－2013 年 G 省当事人申请及委托鉴定机构统计

当事人申请 \ 鉴定机构		委托医学会鉴定	委托司法鉴定机构鉴定	同一案件中两个机构均受委托
当事人有争议	依医方之申请	306	0	0
	依患方之申请	0	6	0

续表

当事人无争议	双方一致同意	19	0	0
	相对方未提出异议	5	14	5

（二）医学会鉴定优先适用的成因分析

1. 长期的司法习惯与举证责任之分配。由于《医疗事故处理条例》已施行多年，医学会鉴定在社会上具有广泛的影响力。同时，长久以来，最高人民法院《关于民事诉讼证据的若干规定》（以下简称《证据规定》）一直将证明医疗行为与损害后果无因果关系的举证责任分配给医疗机构，因此，根据医方的申请委托医学会进行医疗损害鉴定已成为司法实践之习惯做法。故在法医类的司法鉴定机构在科学性、客观性及操作性等方面较医学会鉴定尚未显现出压倒性优势的前提下，委托医学会鉴定虽稍显保守，但无疑是一种相对稳妥的做法，对统一医疗损害责任纠纷案件的裁判尺度也具有一定的积极意义。

2. 医学会鉴定的整体医学水平及临床经验较为丰富，科学性方面占据优势，鉴定意见的采信度较高。医学会的专家由各大医学院校的科研专家及长期从事一线医疗实践、具备丰富临床经验的医务人员组成，而司法鉴定的专家多为法医出身，他们所擅长的领域为伤残鉴定、死因鉴定及血缘关系鉴定等，缺乏临床医学专业知识及临床经验。而医疗损害鉴定的对象往往是医方的医疗行为是否具有过错，是否与患者的损害后果具有因果关系等临床性极强的医学问题，医学会的专家无疑在此方面具备较大的优势。

3. 司法鉴定机构的服务能力及其客观性仍存在明显不足。据统计，G省所指定的几家司法鉴定机构每年各自能够处理的案件数量仅为30件左右，而每家具备相应资质的法医也仅有2～3人，远远无法满足医疗损害鉴定的需求。同时，由于司法鉴定机构的整体鉴定水平较低，鉴定失误甚至是鉴定错误的情形仍然存在，这也影响了司法鉴定意见的采信度。

三、检视与反思——医学会鉴定优先主义的价值与弊端

虽然医学会鉴定在司法实践中得到了广泛适用，但并未得到患方的完全认同，在大多数的医疗损害责任纠纷案件中，从庭前质证阶段开始，医方与患方便会就鉴

定机构的选取及送检材料的确定展开激烈的争论，并一直延续至案件的审理阶段。从前文的统计数据也可以看出，在当事人存在争议的312件案件中，有306件案件最终由法院依医方申请委托医学会进行鉴定，但患方均提出了异议。由此可见，医学会鉴定的运行并非尽如人意，仍然存在诸多明显不足和亟待解决的问题。因此，有必要对医学会鉴定优先主义的模式进行检视和反思。

（一）检视之一：科学性与中立性的博弈——基于证据价值的比较

作为医疗损害责任纠纷案件的核心证据，鉴定机构所出具的鉴定报告应当同时符合科学性与中立性的要求。科学严谨才能够使鉴定意见反映客观事实，是鉴定报告具备证明力的基础；而中立客观，程序公正合法则是鉴定报告被采信的前提。从科学性及中立性的证据价值角度进行分析，医学会鉴定和司法鉴定的差别主要表现在以下三个方面：

1. 科学性。从诉讼角度而言，无论是医方还是患方，都期望鉴定机构能够出具一份科学严谨、客观理性的鉴定报告。从鉴定专家的结构来看，具有丰富临床医学专业知识和临床经验专家的医学会无疑在鉴定中更具优势。这也解释了在当事人无法就鉴定机构协商一致的情形下，法院更倾向于委托医学会进行鉴定的原因。

2. 中立性。鉴定机构只有保持中立，其出具的鉴定结论才真实可靠，具备较高的证明力。医学会的科学性，即便是患方也不吝于承认，但其中立性却是最为患方诟病之处。而事实表明患方的担忧并非毫无根据：（1）管理关系。医学会为卫生行政部门所批准设立，接受其监督和管理，二者之间也存在经济及荣誉的牵连，这在某种程度上影响了医学会的中立地位；（2）同行关系、师徒关系。医学会的专家与各大医疗机构的医务人员往往存在着千丝万缕的关系，甚至是“徒弟鉴定师傅”“儿子鉴定老子”，难免让患方对其中立性产生质疑。而司法鉴定机构与医、患双方通常不存在利害关系，较为超然，在诉讼中能够保持中立的地位。

3. 鉴定书签章及鉴定人出庭接受质询。根据《民事诉讼法》第77条、第78条的规定，鉴定人应当提出书面鉴定意见，在鉴定书上签名或者盖章。经人民法院通知，鉴定人还应当出庭作证，接受当事人及法院的质询，如鉴定人拒不出庭作证的，鉴定意见不得作为认定事实的依据，当事人还有权要求鉴定人返还鉴定费用。但在G省委托医学会进行鉴定的330件案件中，鉴定书均只加盖了医学会医疗事故技术鉴定专用印章，而没有鉴定专家的签名。在当事人对鉴定结论存在异议的情形下，医学会也仅仅以回函的方式对相关的问题进行书面解释，出庭作证率为0%。而委托司法鉴定的20份司法鉴定结论书中，均同时加盖了鉴定人及鉴定机构的印章，鉴定人出庭作证的案件有4件，出庭率为20%。可见，医学会鉴定在责任制及透明度方面存在缺陷，大大地削弱了其鉴定结论的证明力。

（二）检视之二：缺乏对患方程序权利的保障——基于举证责任及司法被动性的分析

司法应当是被动的，在诉讼过程中法院应当秉承中立客观的理念，由负有举证责任的当事人提交相应的证据（包括鉴定申请）证明其主张，法院对此不应过多干涉，否则便在一定程度上损害了司法的中立和公正形象。《证据规定》将证明医疗行为与损害后果无因果关系的证明责任分配给医方，这是长久以来法院习惯依医方的申请委托医学会进行鉴定的一个重要原因。但《侵权责任法》颁布实施后，患方对医疗机构的医疗行为是否存在过错亦负有相应的举证责任。而且，《侵权责任法》以“过错”取代“事故”的概念后，患方申请司法过错鉴定较医方申请医学会事故鉴定显得更加顺理成章，法院不应再习惯性地依据《证据规定》直接委托医学会进行鉴定，以免忽视对患方举证权利的保障。

（三）检视之三：价值导向对当事人诉讼行为的影响——基于鉴定委托的实证分析

医方与患方对医学会鉴定及司法鉴定的不同心理预期和价值取向，直接影响当事人对鉴定的态度和具体的诉讼行为。具体而言：

1. 医方不愿进行司法鉴定。由于鉴定所需的病历等材料大多掌握在医方手里，而医方又不愿做司法鉴定，在此情形下，司法鉴定机构通常无法接受由患方所提出的单方鉴定申请。在缺乏必要的鉴定材料的前提下，司法鉴定机构难以作出客观的鉴定结论。因此，医方在鉴定中能够获得较为主动的地位。

2. 患方不认同医学会鉴定。基于对医学会中立性的质疑，以及对医学会的鉴定结论不利于己方的担忧，患方通常选择拒绝配合医学会的鉴定活动或不认可医学会所作出的鉴定结论。主要表现在以下三个方面：（1）在庭前质证及医学会组织当事人发表意见的阶段，患方通常明确表示其不接受医学会鉴定。除了中立性问题，患方提出的另一个重要理由是：医学会负责“医疗事故鉴定”，而患方申请的是“医疗过错鉴定”，因此，由医学会进行“医疗过错鉴定”是不恰当的，其作出的鉴定意见也不应当作为定案的依据；（2）患方拒绝配合医学会的鉴定活动。如果法院未能够提供双方当事人一致同意由医学会进行鉴定的质证笔录，或者患方拒绝配合鉴定时，医学会通常会做出不予受理、暂不受理或中止鉴定的决定。在上述350件案件中，就有14件案件曾因患方拒绝配合医学会的鉴定而由医学会作出中止鉴定的决定；（3）在患方的主张得不到支持的情形下，医学会的鉴定意见难以获得患方的认可。这有以下原因：第一，部分当事人对医学会中立性的质疑，导致其先入为主地认为医学会就是偏袒医方的，因此其出具的鉴定意见不具有参考价值；第二，医学会出具的鉴定意见存在过于概括、用词过于模糊的情形，未对患者的损害后果与医疗行为是否具有因果关系进行明确而清晰的阐述，对关键的事实没有作出严谨的认定，对当事人所提出的质疑和异议没有进行合理的说明等问题，导致患方认为鉴定意见不够客观全面，不能反映案件的真实情形；第三，在医学会的鉴定中只加盖医学会的公章，没有参与鉴定专家的签名或盖章，透明度较低。在当事人提出异议以及法院认为鉴定专家应当出庭作证的情形下，医学会通常是书面回复，而不会指派专家出庭作证，大大地影响了鉴定书的证明力和可信度。

（四）检视之四：对司法效果的不利影响——基于司法公正与司法效率的考查

公正是司法的灵魂和永恒的追求，而效率则是司法的另一个重要的价值追求。不同的主体对公正及效率的司法目标有着不同的主观感受和体验，而审理限期、服判息诉率、上诉率及涉诉信访数等案件统计指标，则为我们界定司法公正及司法效率提供了较为客观的标准。医学会鉴定优先主义对司法公正及司法效率所产生的不利影响主要表现在以下几个方面：

1. 由于患方拒绝配合医学会鉴定，客观上造成了医疗损害责任纠纷案件的审理周期较长，部分案件由于患方不配合鉴定而由医学会中止鉴定，或者当事人不认可医学会的鉴定结论而申请再次鉴定，出现久拖不决和超期审判的情形，既不利于当事人合法权益的维护，也极大地降低了司法效率。

2. 虽然医学会所作出的鉴定意见并不是法院作出判决的唯一证据，但毕竟是非常重要的参考依据，因此，当事人对医学会鉴定结论的不认可，便会转化为对法院判决理由的不认可。由此导致医疗损害责任纠纷案件的调撤率和服判息诉率很低，上诉率较高，客观上降低了法院判决的公信力。

3. 涉鉴定信访率较高。由于医学会鉴定通常由法院依职权作出，某种程度上违背了患方的意愿，患方在权利主张得不到支持的情形下，往往通过信访进行维权。在G省委托医学会鉴定的330件案件中，就有47件案件出现涉鉴定信访的情形，占全部委托案件的14.24%，部分案件还导致“医闹”现象。这不仅影响了医院的日常工作秩序和管理秩序，也加剧了医、患双方之间的矛盾，客观上对司法权威产生了负面的影响。（详见表3）

表3　2010年~2013年G省医疗损害责任纠纷案件处理结果统计

公正指标							
	案件数	作出结论	完全采信	服判息诉（含调撤和未上诉）	上诉	二审维持	涉鉴定信访
委托医学会鉴定	330	319	294	20	298	289	47
委托司法鉴定机构鉴定	20	19	17	5	15	13	0

效率指标						
	作出结论	一方或双方有异议	鉴定机构书面解答异议	复核、重新鉴定或补充鉴定	一审平均审理周期	二审平均审理周期
委托医学会鉴定	319	298	37	33	12个月	79天
委托司法鉴定机构鉴定	19	15	5	4	7个月	70天

通过对医学会鉴定优先主义模式的实践分析和探讨可以得出以下结论：1. 医学会鉴定与司法鉴定相比在科学性方面优势较明显，能够为医疗损害责任纠纷案件的审理提供较为科学的鉴定报告；2. 医学会鉴定所存在的弊端和问题也较为突出：中立性欠缺；缺乏对患方举证权利的保障；鉴定意见得不到患方的认可；案件审理期限较长，服判息诉率较低，涉诉信访率较高，案件的公正指标、效率指标受到不良的影响。为了发挥医疗损害鉴定的积极作用，实现司法定纷止争的社会功能，有必要对医学会鉴定优先主义模式进行完善和修正。

四、医学会鉴定优先主义的修正与重构

（一）现行鉴定模式的改良与修正

由于医学会鉴定在科学性方面较具优势，而且运行多年，已经积累了非常丰富的实践经验，在医疗损害鉴定方面已形成了较为成熟的模式。因此，在现行模式下，针对医学会鉴定所存在的中立性欠缺、缺乏对患方程序性权利的保障以及鉴定结论得不到认可等突出问题，采取相应的措施对其进行改良与修正，不失为解决“鉴定之觞”的一个良策。

1. 引入异地专家及委托异地鉴定

（1）引入异地专家。患方对医学会鉴定诟病的最大理由便是医学会的中立性地位缺乏保证，“本地包庇”的现象难以避免。《医疗事故处理条例》规定由医学会根据一定的条件建立鉴定专家库，并聘请医疗卫生专业技术人员及法医进入专家库，可以不受行政区域的限制。因此，可以考虑聘请异地专家进入本地医学会的专家库，鉴定时随机抽取，可以在一定程度上消除患方“本地包庇”的疑虑。

（2）直接委托异地鉴定机构进行鉴定。为完全打消患方对委托本地医学会进行鉴定所产生的疑虑，直接委托异地的鉴定机构进行鉴定是一种行之有效的手段。异地的鉴定机构包括异地医学会及具有法定资质的司法鉴定机构。实践中，出于回避诉讼风险及责任承担等种种考虑，异地医学会一般不轻易接受委托。因此，在全国范围内选择高度权威并具备法医临床鉴定资质的司法鉴定机构是较佳的选择，如司法部司法鉴定科学技术研究所司法鉴定中心等，由于这些鉴定中心在全国范围内的知名度及权威性较高，其作出的鉴定意见较易为当事人所接受。例如，在Q区人民法院受理的一起黄某等诉XX医院医疗损害责任纠纷一案中，因原告方坚持不配合医学会鉴定，在法院的协调下，双方当事人最终一致同意由西南政法大学司法鉴定中心进行鉴定。西南政法大学鉴定中心出具的鉴定意见认定医方的医疗行为不存在过错，与患者的死亡结果并无因果关系，Q区人民法院据此作出判决，驳回了原告的诉讼请求。虽然原告方对鉴定结论不予认可，但并未提出重新鉴定的申请，亦未就该判决提出上诉。可见，委托异地鉴定机构进行鉴定往往较易获得当事人的认可。

2. 明确委托的鉴定内容及鉴定事项，明确专家出庭作证义务①

法院在鉴定委托书中不仅应当明确载明委托的鉴定内容为医院对患者的治疗、护理和手术等医疗行为是否符合医学常规及诊疗规范，医院的诊疗行为是否存在过错，医疗行为与患者的损害后果之间是否存在因果关系等。并向患方进行相应的释明，以回应其对鉴定内容的异议。另一方面，要向医学会告知鉴定专家出庭义务，在当事人对鉴定意见存在异议或法院认为鉴定专家应当出庭的情形下，医学会应当委派与医方无利害关系的鉴定专家出庭作证。

3. 医学会鉴定与司法鉴定并举，保障当事人的举证权利

经调查研究，虽然医学鉴定优先主义在G省属于主流模式，但在其他省情况却并非皆是如此。如浙江省高级人民法院《关于审理医疗纠纷案件若干问题的意见(试行)》第十三条规定："因涉及医药专业性问题，人民法院可以依当事人的申请或依职权决定，委托医学会或其他司法鉴定机构进行医疗损害鉴定。当事人应当配合鉴定，无正当理由拒不配合的，应承担相应不利的诉讼后果。"即医学会鉴定与司法鉴定并举的鉴定模式，实行这一模式的还有广东省。《侵权责任法》实施后，证明医疗行为与损害后果有无因果关系不再只是医方的举证责任，患方也负有相应的举证责任。因此，在审理医疗损害责任纠纷案件中，应当向医方及患方释明其举证责任，并由不配合鉴定的一方承担败诉风险。在鉴定事宜上，则应摒弃医学会鉴定优先做法，将医学会鉴定与司法鉴定置于同等地位，根据具体情形依当事人的申请而委托医学会鉴定或司法鉴定机构鉴定，甚至可以考虑在同一案件的审理过程中同时进行医学会鉴定和司法鉴定，并将两份鉴定报告作为定案的参考依据。在出现鉴定意见相互矛盾的情形下，可以就矛盾之处向医学会及司法鉴定机构发函咨询，要求其作出书面解释和回复，或者委派专家出庭作证。

（二）展望与设想：构建统一的医疗损害鉴定模式

对现有模式进行修正与改良，为解决医疗损害鉴定问题提供了有益的思路，但难以从根本上解决医学会鉴定与司法鉴定本身存在的弊端。实践中当事人对医学会鉴定的异议，已日渐转化为对法院委托的异议及司法公正的质疑。司法公信力面临

---

① 邱实、邓世雄："各国医疗鉴定制度及对我国的启示"，载《医学与哲学》2010年第3期，第40页。

严峻的挑战，因此，打破现有体制，构建统一的医疗损害鉴定机制已是大势所趋。[①]

1. 成立独立的医疗损害鉴定委员会，明确鉴定的启动程序

医疗损害鉴定委员会（下文简称医鉴委）的建立应当由专门的法律法规进行规定，独立于司法行政部门及卫生行政部门，独立鉴定并独立承担责任。主要负责对医疗损害责任纠纷中医疗机构的医疗行为是否存在过错进行鉴定。医鉴委在一般情况下不接受当事人的单方委托，而应由双方共同或法院依职权进行委托，避免私下操作和虚假鉴定的情形，保证医鉴委的中立性。鉴定的送检材料应当经法院组织双方进行质证后确定，在鉴定委托书中应明确载明鉴定内容为医方的医疗行为是否存在过错以及医疗行为与患者的损害后果之间是否存在因果关系。

2. 构建统一的医鉴委专家库，规范专家的准入和管理制度

医鉴委的专家库应当由具有高级职称、丰富临床专业知识和临床经验的医务人员、高校医学科研人员及法医组成，医鉴委在聘请专家进入专家库时，不受行政区域的限制。值得一提的是，法医虽然在临床经验上稍有欠缺，但其兼具丰富的医学专业及法学知识，不仅在对伤残及死因的鉴定中较具优势，且对法院的委托鉴定事项具有更为深入的理解，能够按照法院的要求有针对性地出具鉴定意见，有利于医疗损害责任纠纷案件的审理。因此，在医鉴委的专家库中应当聘请一定比例的法医专家，在涉及患者死亡案件的鉴定中，法医应当作为鉴定人员。

3. 完善专家出庭作证制度，严格鉴定责任

在当事人提出异议或法院认为有必要时，医鉴委应当委派鉴定专家出庭作证，就鉴定中所涉及的医学专业问题回答当事人及法院的提问。拒不出庭作证的，鉴定意见不得作为证据采纳，且已经收取的鉴定费用应当退回给当事人。例如，在Q区人民法院审理的一起医疗案件中，患方对司法鉴定机构作出的鉴定意见提出异议并要求鉴定人出庭作证，法院向鉴定机构发出出庭作证的通知书，并依法告知其拒不出庭应当承担的不利后果。司法鉴定机构指派鉴定人员出庭作证并接受了双方当事人及法官的询问，对鉴定程序及鉴定涉及的专业医疗问题进行了解释与说明，消除了患方对鉴定意见的质疑，最终该案调解结案。同时，鉴定人虚假鉴定和违法鉴定

---

① 周一颜："从分野到整合：我国医疗鉴定体制的现实及重构"，载《黑龙江省政法管理干部学院学报》2009年第6期，第111页。

的，应当承担相应法律责任，保障鉴定的合法进行。

4. 完善医疗专家辅助人制度，对鉴定问题提出专业意见

《证据规定》第六十一条及《民事诉讼法》第七十九条均规定，当事人可以申请具有有专门知识的人出庭，就鉴定人作出的鉴定意见或者专业问题提出意见。这一制度借鉴了英美国家的专家证人制度，在我国可以称为专家辅助人制度。完善专家辅助人制度，有利于实现医、患双方举证权利的对等，有利于加强对医鉴委的监督，也有助于法官查明案件事实。因此，在医疗鉴定制度的改革中，应当不断探索和完善医疗专家辅助人制度，并在司法实践中进行推广。完善专家辅助人制度应当注意：（1）法院对专家辅助人出庭具有决定权，当事人仅享有依法申请的权利，如法院认为申请理由成立的，由法院依法通知专家辅助人出庭发表意见；（2）司法行政部门应当加强对医疗专家辅助人的管理，严格专家辅助人的选任条件，建立相应的医疗专家辅助人名册，明确专家辅助人的义务和法律责任；（3）专家辅助人以自己的名义参加诉讼，就医疗鉴定所涉及的专业问题发表意见，并回答当事人及法官的提问。

（彭绍征　广西壮族自治区南宁市青秀区人民法院
谢志强　广西壮族自治区南宁市良庆区人民法院）

病历资料瑕疵的侵权责任

【司法精要】

医疗损害赔偿案件一直是审判实践中的难点、热点问题。由于近年来医患矛盾的加大，一些裁判机构将病历资料的瑕疵等同于医疗机构的过错而令其承担民事赔偿责任。过分加大了医疗机构的责任。事实上二者不能等同对待。对如何界定二者，应当区分积极行为与消极行为，对医疗机构采取隐匿、伪造、销毁、篡改病历资料等意在隐瞒不当诊疗行为的积极行为，应直接推定其有过错，但对其中所列“伪造”、“篡改”应以其目的性为重要判断标准，防止将“伪造”等同于“变造”、将“篡改”等同于“修改”。对其中的消极行为，如

违背病历书写规范的行为，也要分别情况予以对待，审查患者对病历记载内容的异议是否成立，属于何种异议？探究当事人诉讼的真实目的，通过正确分配举证责任，妥善处理纠纷。同时要正确认识医疗（诊疗）行为与病历记载行为，防止实践中出现的“病历记载行为是医疗行为，病历记载瑕疵就是医疗行为瑕疵”的错误认识，为因此引发的纠纷的公平解决理清思路。

一、问题的提出

近年来，医患矛盾层出不穷，“医闹”现象已为常见。医患纠纷诉诸法律者更有增多趋势。在审判领域，医疗损害赔偿案件也被公认为侵权损害赔偿案件的难点。这类案件审限内结案难、矛盾化解难。尤其在证据认定上，实践中很多问题集中出现在病历资料方面。病历资料瑕疵问题能否构成医疗行为的“过错”而令医疗机构承担赔偿责任？司法实践中认识不一、裁判不一。

病历资料是指患者在医疗机构接受问诊、查体、诊断、治疗、检查、护理等医疗过程的所有医疗文书资料。根据我国侵权责任法第六十一条的规定，病历资料主要包括：住院志、医嘱单、检验报告、手术及麻醉记录、病理资料、护理记录、医疗费用单据等。发生医疗纠纷时，医疗机构及患者都有对自己保管的医疗资料举证的义务。由医疗机构保管的病历资料是医疗过错鉴定的重要依据。因此，保证病历资料的客观、完整、真实，同时保管好病历资料是医疗机构的法定义务。依据卫生部《病历书写基本规范》规定：“病历”是指医务人员在医疗活动过程中形成的文字、符号、图表、影像、切片等资料的总和，包括门（急）诊病历和住院病历。“病历书写”是指医务人员通过问诊、查体、辅助检查、诊断、治疗、护理等医疗活动获得有关资料，并进行归纳、分析、整理形成医疗活动记录的行为。病历书写应当客观、真实、准确、及时、完整、规范。笔者在此将病历中应有的资料、病历书写要求等对患者去医疗机构的目的与医疗机构的职责范围相一致的诊疗等行为的记录统称为“病历资料”。对不符合《病历书写基本规范》中应有记载而没有的、以及不符合要求的记载统称为“病历资料瑕疵”。根据侵权责任法第五十八条的规定：“患者有损害，因下列情形之一的，推定医疗机构有过错；（1）违反法律、行政法规、规章以及其他有关诊疗规范的规定；（2）隐匿或者拒绝提供与纠纷有关的病历资料；（3）伪造、篡改或者销毁病历资料。”有观点认为，以此规定，如果病历资料有瑕疵即属不符合诊疗规范的规定，则推定医疗机构有过错，医疗机构将以此“过错”承担责任。在此种场合，病历资料瑕疵即是医疗过错，如果因此令医疗机构承担责任，根据侵权责任法的规定及一般侵权责任构成要件看，相当于将病历资料瑕疵与损害后果之间建立了因果关系，形成的悖论就是：因病历资料瑕疵致患者生命权、健康权受有损害。这在逻辑上是很难成立的。

二、实务问题及分析

案例一：吴某诉某医院医疗损害赔偿纠纷案

吴某诉称，2006 年 4 月 7 日，其因双下肢散在红斑及左下肢有一处皮肤坏死样改变、结黑痂，入某医院家床科住院治疗，病历号为 306。交纳了一部分住院费用。该院医生在诊断依据不充分、实验室检查均正常的情况下不进行鉴别诊断便诊断为过敏性紫癜合并感染，并且四名确诊医生中的皮肤科医生并未亲自诊查，而只是根据该科室会诊医生的意见便作出上述结论，导致误诊。2006 年 5 月 29 日，因病情加重，其再次住该院家床科，医生诊断仍为过敏性紫癜合并感染，但随后发现诊断错误便更改诊断，并将首次住院病历（306 号）隐匿销毁。由于该院没有按其实际病情反应性血管炎治疗导致延误有效的治愈期，病情进行性加重，给其造成身体上和精神上的伤害。请求依法判令该院赔偿其医疗费等各项损失 41 万余元。

法院经审理查明，吴某系该院护士。2006 年 4 月 8 日，其委托该医院医生交纳 100 元住院费。因“双下肢皮肤坏死样改变”办理住院手续，该医院登记住院病历 306 号，其提供该医院 306 号病例首页（原件），入院日期 2006 年 4 月 8 日 8：00 时，出院日期 2006 年 4 月 8 日 9：00 时，实际住院 1 小时。诊断为“过敏性紫癜合并感染，因患者要求暂不办理住院故退院。”该住院病案首页上述内容未发现涂改痕迹。2006 年 5 月 29 日吴某再次在该院办理住院（病案号：952），诊断为“双下肢变态反应性皮肤血管炎”，住院至次月 10 日，好转出院。2006 年 6 月 23 日吴某入中国人民解放军总医院（301 医院）就诊，诊断为变应性血管炎（双下肢）、腰间盘突出症，于 2006 年 6 月 30 日出院。2006 年 8 月 3 日入北京市中关村医院治疗，诊断为腰间盘突出症、双小腿变应性血管炎、右膝关节镜术后。2007 年 10 月

20 日吴某再次入该医院就医，主要诊断高血压 2 级（中危组），其他诊断脑供血不足、颈椎病、腰间盘脱出、变应性血管炎，2008 年 3 月 25 日好转出院。

吴某提供的 2006 年 6 月 30 日中国人民解放军总医院（301 医院）病历中明确记载其出院时身体状况“一般情况可，心肺腹无异常”。在 2006 年 7 月 20 日该院的《超声诊断报告单》中超声诊断“肝胆胰脾双肾超声未见明确异常”。

吴某提交某医院（被告）的“出院病人明细账查询”显示其 2006 年 4 月 8 日为 306 住院号交款 100 元，2006 年 6 月 3 日为 306 号住院号交款 1500 元。2006 年 5 月 30 日为 952 住院号交款 500 元，6 月 3 日为 952 住院号交款 500 元，6 月 5 日为 952 住院号交款 1600 元。吴某称该医院将 306 号病历中用药记载到了 952 住院号病例中。双方对 952 号费用清单中关于用药情况的记载无异议。吴某认为 2006 年 6 月 3 日还在为 306 号病历缴纳住院费，所以某医院有隐匿销毁病历行为。

另查明，吴某并未在该医院实际住院治疗，治疗过程为该院医生去吴某家中为其静点，所用药物暂从门诊药房借用。在 2006 年 5 月 30 日至 6 月 10 日已启用 952 号病历情况下，2006 年 6 月 3 日 9 时 33 分 01 秒记录显示为 306 号病历交押金 1500 元，又于同日 9 时 34 分 08 秒（相差约一分钟）向 952 号病历交纳押金 500 元。

法院审理认为，吴某提供的 306 号病历首页未发现涂改痕迹，其记载入院至出院时间仅为 1 小时。因患者要求暂不办理住院故退院，结合对吴某“住院费用清单”中交费时间的记载，某医院对 306 号病历的解释是合乎情理的。因此无法证实该医院有销毁病历的事实。吴某所举 952 号病历中的费用清单，是 2006 年 4 月 8 日至 2006 年 5 月 29 日吴某两次治疗的全部用药，能够体现该医院对其治疗过程。吴某在当年去过多家医院就诊，而治疗结果无痊愈情形。对其身体受到伤害的事实，应由其负责举证。因证据不足，判决驳回吴某的诉讼请求。

吴某上诉认为，某医院对 306 号病历有隐匿、销毁行为，并致使对该医院的医疗行为是否存在过错无法鉴定。由于该医院的误诊、误治致其多脏器受损，某医院应当承担损害赔偿责任。

在审理过程中，双方当事人对 952 号病历中记载的在该医院 2 次治疗的用药没有异议。法院试图以此为依据，对该用药是否为吴某所患变应性血管炎的对症治疗用药等情况作出鉴定，但鉴定机构依然以缺少原始资料记载等理由退鉴。

本案涉及的基本问题是：1. 某医院对 306 号病历是否有隐匿或销毁行为？2.

几次鉴定不能的原因均为缺少原始记录资料，无法对医院的医疗行为是否存在过错进行分析，医院对此应承担什么责任？3. 因吴某对自己患有“变应性血管炎”无异议，医患双方对吴某所用药物无异议。在法院已经明确要求鉴定机构对双方无争议的用药对治疗吴某所患的变应性血管炎是否对症等进行鉴定时，在依据药品说明及普通认识也可以对用药正确与否做出判断的情况下，某鉴定机构退鉴的理由能否成为令医院担责的依据？

就306号病历是否被隐匿、销毁问题，笔者同意法院在裁判时的分析意见。争议的核心问题在于：本案涉及医疗专业知识，就某医院的医疗行为是否有过错对法官而言需依靠鉴定结论作出。几次退鉴的原因均在于缺少原始资料（包括患者体征、相关检验报告等）记载，无法对当时的病情进行重建，也就无法确定医院的治疗是否正确，其责任在医院，应当推定医疗机构有过错。因此有观点认为医院应承担赔偿责任。笔者对此持否定意见。理由是：判定医疗行为是否有过错通常方法是看诊断是否正确、用药是否正确。也就是本案鉴定机构所说的需原始资料对当时的病情进行重建，以判断患者所患何种疾病及需要何种治疗。但本案的特殊之处在于，无论对患者诊断为“过敏性紫癜合并感染”还是“变应性血管炎”，某医院在用药治疗上并无不同。换言之，无论医院做出了何种诊断，用药治疗上是完全相同的。因此在法院已经明确要求鉴定机构对所用药物对治疗变应性血管炎是否对症进行鉴定的情况下，鉴定机构还以缺乏原始记载为由予以退鉴，这是鉴定机构怠于行使鉴定权的体现。因为，凡是有点生活常识的人都知道，在自己病情已被明确诊断的前提下，仅以“药品说明”就可以判断出该药品对自己所患疾病是否对症？况且，本案原告是某医院的护士长，较之一般人而言是有相当医学常识的人，在药品与所患疾病的治疗上会具有超出一般人的判断能力。本案的事实是，某医院对吴某第一次治疗即初诊病历无记录。根据卫生部《病历书写基本规范》的规定，初诊病历记录书写内容应当包括就诊时间、科别、主诉、现病史、既往史，阳性体征、必要的阴性体征和辅助检查结果，诊断及治疗意见和医师签名等。由于医院无此记录，该行为明显违背了《病历书写基本规范》的要求，该“规范”是否属于“诊疗规范”，医院的这一行为是否存在侵权责任法“违反有关诊疗规范的规定”，是否属于“推定过错”范畴不能一概而论。本案无论医院作何诊断，治疗方法始终如一，因此不能将不同的诊断与损害后果之间建立因果关系。医院应对其诊疗行为是否有过错承担举证责任，鉴定机构仅以无法对发病初期病症进行诊断也就无法对其用药是否合理进行鉴定为由退回鉴定，忽视了本案的特殊性及法院委托鉴定的内容。因此其退鉴理由并不能成为存在医疗过错的依据，医院可以通过向法院提供所用药品说明及患者在其他医疗机构对症治疗所用药物的对比等方面，进一步证明治疗行为并无不当。

案例二：卢某与某医院医疗侵权损害赔偿责任纠纷

原告卢某诉称，其女儿晓卢因患急性 B 型淋巴细胞白血病，于 2005 年 7 月 19 日入院治疗。由于某医院未能分型对症治疗、未能预防脑白、完全违背规范方案导致晓卢与 2006 年 8 月 16 日死亡。要求某医院赔偿 47 万余元。

法院审理查明，2005 年 7 月 15 日，患者晓卢到某医院就诊，经查血常规和骨穿后，被诊断为急性淋巴细胞性白血病（ALL——L1 型）。随后到天津血液病研究所进行检查。2005 年 7 月 19 日，以该诊断入被告处治疗。2006 年 4 月 18 日患者要求转院到天津市血液病医院治疗。2006 年 6 月 26 日又回到某医院继续治疗。2006 年 8 月 16 日晓卢死亡。晓卢在某医院住院治疗天数为 325 天，在天津血液病医院治疗 63 天。共花销医疗费 18 万余元（自备药物除外）。住院期间由其祖父祖母陪护。卢某在其女儿到天津就医前，于住院期间复印 8 页病历，后发现该 8 页病历与某医院存于病案室的病历不同。医院对此解释为：由于患者急往天津医院，在其要求复印病历时，医院尚未来得及整理这些病历资料。法院数次委托医疗事故鉴定，卢某认为某医院提供的病历不真实，但其手中的病历又只是病历中的一部分且为复印件，不符合送检条件，双方认可的病历不存在，因此被终止医疗事故鉴定。2009 年 8 月，法院对患者病历是否有改动、是否对患者诊疗过程进行实质性改动、是否掩盖诊疗过程中可能存在的问题、修改的内容对构成医疗事故结论有无明显影响等事项进行鉴定。鉴定意见为：1. 送检的法院封存的病历与 2006 年 4 月 17 日复印件的“原件”相比病历确有改动。2. 添加的部分对治疗和诊断无实质意义。3. ALL—L1 改为 ALL—L2 属于急性淋巴细胞白血病分型的改动。急性淋巴细胞白血病分为三型，即 ALL—L1、ALL—L2、ALL—L3 型，虽由于白血病类型不同治疗方案不尽相同，但化学治疗方案相同。4. “年龄、对病人预后的判断”确有明显改动，但化学治疗原则无实质性意义。5. 病历的添加、改动对“构成医疗事故结论是否有影响”，此项非司法鉴定所业务范围。

法院审理认为，上述“鉴定意见”对委托鉴定内容没有提供科学、详实的鉴定依据，没有明确、客观的鉴定结论，不能作为定案依据。根据《卫生事故处理条例》的有关规定：“医疗机构违反《医疗事故处理条例》的有关规定，不如实提供有关材料或不配合相关调查，导致医疗技术鉴定不能进行的，应当承担医疗事故责任……”某医院在发生医患纠纷后，向医学会提供的病历与原告提供的病历内容不一致，导致医疗事故技术鉴定不能进行，应承担医疗事故责任。因原告到天津治疗并非被告医嘱安排，无法判定此次医疗与被告的治疗行为有关，由此产生的费用应由原告自负。判令某医院赔偿卢某住院费、精神损害抚慰金等共计 38 万余元。判决后双方当事人均提出上诉。

二审另查明，2010 年 4 月 8 日某市卫生局作出对该“医疗事件相关责任人的处理通报”，该“通报”载明：中国质量万里行网站与 2010 年 3 月 30 日以《13 岁少女死在医院病历被修改 19 处为题》报道了某医院对晓卢的医疗事件。卫生局立即对该事件进行了调查，情况为：2005 年 7 月 15 日患者晓卢，女，13 岁。因面色苍白、乏力、皮肤瘀斑被某医院诊断为急性淋巴细胞性白血病 L1 型，医院建议患者家属到天津血液病研究所进一步明确诊断和治疗。该研究所与某医院诊断相符。2005 年 7 月 19 日，晓卢回某医院治疗。2006 年 8 月 16 日死亡。对报道称病历修改 19 处情况属实，相关情况如下：1. 笔误修改 3 处；2. 经北京血液病专家会诊后改动病历 1 处；3. 经治医生和科主任查房未及时记录、签字、盖章共 6 处；4. 修改临床诊断的分型共 2 处；5. 病程记录、记载不及时 5 处；6. 补充记录 2 处。因该医院责任人违反《医疗机构病历管理规定》、《病历书写基本规范》，对相关人员予以处罚。后因该“通报”程序违法被上级部门撤销。但对其中所涉事实问题，双方均认可。

本案涉及的基本问题，一是依原告主张，患者患有“急性 B 型淋巴细胞白血病”，有何证据？二是病历是否有改动，是何种“改动”？三是某医院有无“过错”、是何“过错”？

四是某医院如有“过错”，是否能造成患者的损害后果？

笔者认为，本案无论在事实认定还是适用法律上均有不妥。首先，原告的举证责任并未完成，原告认为某医院诊断错误，未有举出证据，一审法院亦未有论述。导致医院的诊断是否错误未有结论。其次，对病历改动问题已有鉴定结论，为何没有采信，理由不充分。导致对病历的改动是否构成实质改动、是否可以推定某医院有过错没有论述。再次，医院的医疗行为是否有过错需依鉴定解决，但原审对此未予鉴定，仅因医疗事故技术鉴定不能进行，认为构成医疗事故责任，判令医院承担在本院就医的全部损失，毫无考虑患者自身因素，显失公平。从判决结果看一审法院的判决逻辑是：第一，患者手中持有的 8 页病历与医院病案室的病历不一致，存档病历有改动，改动是医院所为。第二，是否构成医疗事故是能否承担责任的前提。第三，因医院的原因导致医疗事故鉴定不能，则医院构成医疗事故，应当承担赔偿责任。这种裁判逻辑，笔者不能赞同。

本案医院对病历确有 19 处改动，包括笔误、签章、补记、修改诊断分型等。首先应当明确医院对分型的改动并未导致治疗方法上的不同，虽诊断结论不尽一致，但化疗方法相同。其次，这些改动的目的并非在于隐瞒不正确医疗行为，仅是体现了记录行为的不规范。再次，这些“不规范”行为并不能导致患者有损害后果。不能推定医院有“医疗过错”。

三、对病历资料瑕疵的审查与处理

因病历资料瑕疵能否推定医疗机构有“过错”？就案例二而言，虽因病历有改动，双方对送检材料不能形成一致意见致医疗事故鉴定不能，但医疗行为是否有过错并不能以此为依据。原审所阐述的理由与本案的情况并不一致。另外，根据侵权责任法第五十八条第（一）款的规定，因医疗机构违反法律、行政法规、规章以及其他有关诊疗规范的规定，可推定医疗机构有过错。上述病历的改动（将 ALL—L1 改为 ALL—L2）、补充、记录不及时、不签章及笔误修改等问题违背了《病历书写基本规范》的要求。该“规范”是否属于本条规定的违反“其他有关诊疗规范的规定”？这些病历资料瑕疵问题是否包括在本条的规定中？从最高人民法院侵权责任法研究小组对本款所说的“规定”的列举看，这些“规定”应属技术规范范畴。病历资料是记录行为，记录、漏记、错记等行为的本身并不是诊断、治疗行为。此其一。其二，从本条第（二）、（三）款的规定看，已将病历资料问题作为单独条款予以规定，将隐匿或者拒绝提供与纠纷有关的病历资料、伪造、篡改或者销毁病历资料的行为作为推定医疗机构有过错的单独条款予以表述。从立法技术上讲，显然没有必要再浪费两个法条将病历问题予以重新规定。从法条内部逻辑关系看，对医疗机构有关病历方面的问题也只有在医疗机构有（二）、（三）款规定的行为时，才能被推定为有过错。因此在法律没有明确规定的情况下，因前述两个案例中的病历资料瑕疵问题，不能推定医疗机构有侵权责任法上的“过错”。同时，依侵权责任法的规定，本条第（一）款的举证责任在原告（患者）一方。即原告应当提供证据证明医疗机构违反法律、行政法规、规章以及其他有关诊疗规范的规定。证明的程度在于一是常识性标准，即具有一般医学科学知识的人都可以确信医疗机构存在过错，二是通过鉴定来确定医疗机构的过错。在鉴定得不出结论的情况下，患者要承担举证不能的后果。至于隐匿、拒绝提供、伪造、篡改或者销毁病历资料的行为，首先在目的上具有非法性，其目的在于掩盖真相或者伪造事实，其次行为的结果是将有错误的医疗行为通过这些手段更正为正确行为，以掩盖自己的错误本质。因此，就前述两个案例看，并不能推定医疗行为有过错。但其的确存在病历资料瑕疵问题，这种管理行为方面的过错与损害后果之间并无因果关系。按照《民事诉讼证据规定》的规定，因医疗行为引起的侵权诉讼，医疗机构要对医疗行为与损害后果之间不存在因果关系及不存在医疗过错承担举证责任。这是侵权责任法与《民事诉讼证据规定》的不同之处。因此，案例二虽有多处病历改动，但患者并未能证明这些改动违背了本条第（一）款的规定，加之患者认为晓卢患有“急性B型淋巴细胞白血病”未有相应证据，客观上形成了原告证据不足的问题。但医院仍应为其医疗行为无过错及不存在因果关系承担举证责任。本案在诊断、治疗能得到“无问题病历”验证的情况下，医院的举证责任并不因患者不同意而成为法院判断其举证不能的理由。就类似案件笔者认为应同时启动两个内容的鉴定，即患者对本条第（一）款的主张及医疗机构对其医疗行为无过错及无因果关系的主张。

病历资料主要以病历的形式表现出来。前述案例中表现的问题主要有：后补病历资料、涂改不符合规定、记录时间有误、诊断结论的依据记录不全、非医护人员制作病历、签名问题、病历内容不全、诊断结论有修改等。实践中还有病历记录与实际情况不符、检查结果无依据、医疗行为未记录等多种问题。总体分为三种情况，一是关于隐匿、篡改、销毁病历等问题属于医疗机构为掩盖自身错误诊疗行为而针对病历这一“证据”采取的积极行为，其主观目的性十分明显。凡此行为，在医疗机构不能推翻法定“推定过错”时，其行为将被认定为“过错”，医疗机构由此担责自无疑问。二是医疗机构对病情诊断做了修改，但治疗方法并无不同。如本文案例。此时应重点分析治疗方法是否正确，如果方法正确，那么诊断与损害后果之间自然无法产生联系。三是病历记载不符合书写规范，患者对记载内容有异议，应分别情况予以处理。

1. 患者的异议不成立的。一是有的患者认为有些事项应当记入病历但没有记录的，此时应审查该异议是否属于《病历书写基本规范》的内容要求，如果不是必须记录的事项，则该异议不能成立，法院对此异议不予采信。二是患者所提异议实际是治疗方法方面的异议。如案例一中，患者认为某医院不应该给其抗生素治疗及应该给与激素治疗，但某医院做出了相反的治疗。这种用药不当的异议是属于专业医学知识，需依据鉴定结果才能判断。案例一的问题在于不能仅依据“退鉴”而令医疗机构承担赔偿责任。否则会加大医疗机构的负担。三是患者有异议，但缺乏证据证明的，患者仍要承担举证不能的后果。

2. 异议成立并可否定所对应的病历的真实性。此处应该强调的是“对应性”，并允许医疗机构对异议内容提供证据加以说明。当然，在侵权责任法第五十八条第（二）、（三）款规定情形下，异议对应的病历不能成为鉴定依据，医疗机构要承担因不能鉴定而导致的不利后果。再如患者死亡后还有用药记录、病历缺页等情形，使病历不能成为鉴定依据，此时医疗机构亦应承担相应责任。

3. 异议成立但不能否定病历的真实性。如案例一中，患者主张某医院隐匿销毁病历，但其对第二次病例中对某医院对其第一次治疗的用药记录无异议，法院结合实际情况判断，认为医院的解释符合常理。虽然306号病历在客观上没有完整存在（异议部分成立），但患者主张被销毁的事实不成立。再如对案例二中笔误修改3处、经治医生和科主任查房未及时记录、签字、盖章共6处、病程记录、记载不及时5处、补充记录2处等问题系属不符合《病历书写基本规范》的要求。患者对此提出的异议是成立的，但不能因此否定病历的真实性。关键在于诊断和治疗可以得到无问题病历的验证时，也就是说医疗行为本身并不存在问题，那么医疗机构只应承担管理责任。医院对患者临床诊断分型的2处修改虽是对“诊断”的修改，但该修改行为主观上并无恶意，并非在于掩饰真相，也未导致治疗方法的改变。因此依然不能以此确定医院的医疗行为有过错。当然，在医疗机构的医疗过错对患者造成损害时，病历中所存在的问题将导致医疗机构的过错加大、责任比例增加。

总之，实践中应注意区分医疗（诊疗）行为与病历资料瑕疵行为，不能将二者混同。目前我国现行法对“诊疗”行为尚无明确规定。一些学者将其定义为：是指医疗机构及其医务人员借助其医学知识、专业知识、仪器设备及药物等手段，为患者提供的紧急救治、检查、诊断、治疗、护理、保健、医疗美容以及为此服务的后勤和管理等维护患者生命健康所必须的活动的总和。为了弥补这一正面阐述的不足，在司法实践中多采用排除法，将不属于医疗行为的内容排除在外，主要有：一是医疗机构的设施瑕疵至患者伤、亡；二是医疗机构管理瑕疵致害；三是医生故意伤害患者；四是非法行医致害。从这些方面的理解来看，病历资料瑕疵均不在其中。也就是说病历书写问题并非医疗行为。虽然从侵权责任法的规定看，病历资料瑕疵是否应属“过错推定”范畴并不十分清楚。但从侵权责任法第五十八条各条款的逻辑关系看，除了有明确规定的情形外，病历资料瑕疵并不能等同于医疗行为的过错。实践中，如果将病历资料瑕疵行为一律视为医疗机构的过错，不仅会扩大医疗过错的范围，也将直接加重医疗机构的责任。事实上，对医疗行为过错与损害后果之间是否存在因果关系才是我们判断的重心。要防止实践中出现的病历记载是医疗行为、病历资料瑕疵是医疗过错、医院应当为此“过错”承担责任的模糊认识和做法，为医患纠纷的公平解决厘清思路。

（刘闽　吉林省通化市中级人民法院）

医疗知情同意权实现的法律规制

【司法精要】

医疗行为本身具有不确定性与侵袭性，患者需要在疾病本身的危害与医疗行为的侵害之间做出选择，这种知晓病情并作出选择意思表示的权利即为医疗知情同意权。本文首先对现行相关法律、法规进行梳理和解读，运用实证调查法对医疗知情同意制度运行现状进行多角度剖析，认为目前医疗知情同意权实现的主要困扰为司法实践保障不足，相关法律、法规不完善，缺乏可操作性，同时医患双方对医疗知情同意权缺乏深刻了解。其深层次原因主要有医疗父权主义、社会不信任现状和医疗资源严重失衡。在此基础上本文立足于比较法借鉴研究，对现行立法进行反思，认为应在司法实践中确立知情同意权作为重大人格利益的可赔偿性原则，构建“过程性医疗告知同意运行制度”和预先医疗指示制度，以保证患者能够充分理解自己的病情，贯彻自己的决定权，同时需要完善《医师执业法》，实施《乐善好施法》，保证医师熟知医疗知情权的重要意义并断绝医师的后顾之忧。

“同意”是文明社会的核心道德法规之一，通过个人自律或履行义务，“同意”使人们实现社会合作，并能对其抱持相应的预测与希望。知情同意权作为一个不证自明的医学规则①，其核心内容是患者应在充分获知相关诊疗信息并理解后对医师提出的医疗方案做出同意的意思表示。它作为医疗过程中普遍接受的伦理规则，是患者自我决定权的根本体现，能够阻断具有侵袭性的医疗行为的违法性。但其在医疗实践中的运行状况却不容乐观。

一、医疗知情同意权的立法、司法现状检讨

（一）医疗知情同意权的基本立法梳理

医疗知情同意权自上世纪八十年代引入我国，经过三十多年的发展取得了长足的进步，但仍然存在诸多不足。

1. 医疗知情同意权基本立法（见表一）

表一：医疗知情同意权基本立法一览表

施行时间	法律、法规名称	对医疗知情同意权的规定
1982年4月7日	《医院工作制度》	实施手术前必须由病人家属或单位签字同意，紧急手术来不及征求家属或者机关同意时，可由主治医师签字并经科主任或院长、业务副院长批准。

① 我国医疗告知法律制度自始至终未提出“知情同意”的概念，也未向临床实践部门公开提出“知情同意”的明确涵义。

续表

1994 年 9 月 1 日	《医疗机构管理条例》	医疗机构施行手术、特殊检查或者特殊治疗时，必须征得患者同意，无法征得患者同意的需征求家属及其他关系人同意。
1999 年 5 月 1 日	《执业医师法》	医师应当如实向患者或者家属介绍病情，但应注意避免对患者产生不利后果。
2010 年 3 月 1 日	《病例书写基本规范（试行）》	医师在实施手术、特殊检查、特殊治疗前需由患者本人签署同意书；规定了各种条件下由谁代为行使知情同意权的情况。
2010 年 7 月 1 日	《侵权责任法》	明确了医师告知内容为“诊疗活动”中的说明义务和“需要实施手术、特殊检查、诊疗治疗”情形的特殊说明义务；规定了知情同意权的行使方式；对医务人员采取保护性医疗措施和启动特殊干预权进行规定。

2. 医疗知情同意权基本立法的梳理

卫生部出台的《医院工作制度》首次从政府层面确立了医疗知情同意权和紧急情况下医师的特殊干预权①。但该制度“匪夷所思”地排斥患者本人作为知情同意权的行使主体。

《医疗机构管理条例》将医疗知情同意权赋予了患者本人，但对启动特殊干预权的“其他特殊情况”未作出说明，缺乏可操作性。

《执业医师法》作为规范医师执业的重要法律，强调了医师说明义务，但限缩了说明范围，仅将说明义务局限于实验性临床治疗，同时也未明确特殊干预权的启动条件。

《病例书写基本规范（试行）》扩大了医师告知的范围，即“实施手术、特殊检查、特殊治疗”，具备一定的积极意义，但其作为部门规章的较低法律位阶使其

① 特殊干预权，是指在特殊情况下，医师为了不损害患者或他人利益，对患者自主权进行干预和限制，并由医师做出医疗决定的权利。我国现行法律中并没有特殊干预权一词，因此理论上称谓也不尽相同，从文献分析来看，有称“紧急专断治疗”（满洪杰：《作为知情同意原则之例外的紧急专断治疗——“孕妇死亡”时间舆论降温后的思考》），也有称“紧急情况时告知义务豁免”（王占明：《医师告知义务的三种豁免根据》），但各种称谓的内涵是相近的。本文采取的说法即为特殊干预权。

意义大打折扣。

《侵权责任法》首次明文规定医疗知情同意权，意义重大。同时其采用了“近亲属”这一概念，实现了立法用语的“民法化”①，一定程度上“澄清”了其他法律、法规使用“家属”“关系人”“有关人员”带来的混淆。

（二）医疗知情同意权的司法现状

笔者搜集全国各地126份医疗纠纷裁判文书和本院审结归档的50份作为证据提交的手术知情同意书作为分析样本展开讨论。

1. 涉知情同意权医疗纠纷案件数量

在搜集的126份医疗纠纷裁判文书中，在事实认定部分涉及医疗知情同意权的有99件，占总数79%。

2. 医方未履行说明义务的类型

在99件涉及医疗知情同意权案件中，几乎所有的原告都承认医方曾就病情与患方进行沟通。但由于医师告知标准不统一，告知内容不明确，导致患者普遍认为自己的知情同意权受到侵害。

（1）医方术前未充分告知患者手术风险等重要信息。比如，李某诉淮安某医院医疗损害赔偿纠纷案，李某胃部长出息肉，被医师告知：“在门诊做一个小手术即可。”淮安某医院在未告知手术风险、危险后果及替代性治疗方案的情况下实施手术，造成李某胃部大出血②。此侵权类型案件数有39件，占总数39.39%。

（2）更改或篡改知情同意书。如汤某诉吉林某医院医疗损害责任纠纷一案中，汤某在病例中的《激素治疗知情同意书》中患者签字处有变更（将签字日期由8月11日提前到7月31日）。后因汤某自身特异体质，实施激素治疗后引发双侧股骨头坏死。汤某以吉林某医院施行手术时履行告知义务有瑕疵为由诉至法院③。部分医疗机构对医疗知情同意权意识较弱，导致此类诉讼增多，有16件，占16.16%。

（3）医方懈怠履行告知义务，侵害健康生育选择权。此类案件侵权类型较为集

① 王竹：“解释论视野下的侵害医疗知情同意权侵权责任”，载《法学》2011年第11期。

② 详见江苏省淮安市淮阴区人民法院（2013）淮民初字第1174号民事判决书。

③ 详见吉林省长春市中级人民法院（2014）长民二终字第00136号判决书

中，即孕妇在医院进行相关产检，其间医院未履行告知义务导致子女缺陷出生诉至法院。比如，原告刘某诉北京某医院医疗损害赔偿纠纷案，原告之母在被告处进行产检，发现羊水甲胎蛋白数值偏高，胎儿可能存在开放性神经管缺损的情况，但被告未履行告知义务，使得原告出生时出现神经发育停滞，小头畸形等症状①。此类侵权案件有 12 件，占总数 12. 50% 。

（4）医方未及时履行转诊告知义务，致患者丧失最佳治疗时机。此类案件多发生于乡村医疗所、乡镇卫生院等医疗机构，由于医疗水平低，对患者知情同意权重视不够，未履行转诊告知义务而造成患者损害。例如原告田某等诉被告乡村医师齐某等损害赔偿纠纷一案中，受害人贾某患急性肠胃炎至被告处就诊，被告给贾某开氟湃酸、吗丁啉等药物口服并进行输液治疗。输液时贾某感觉头晕、胸闷，遂停止输液，后贾某在转院途中死亡。原告认为被告在对贾某病情估计不足、医疗水平有限的情况下未履行转院告知义务造成贾某死亡而诉至法院②。此种情形案件共 12 件，占 12. 50%

（5）医方术中擅自更改手术方案。比如，原告杨某等四人诉济南某医院医疗损害责任纠纷一案中，患者柳某因病入住被告医院治疗，被告履行告知说明义务，在手术协议书上写明拟行“左侧额颞开颅后交通动脉瘤夹闭术”。手术中未重新告知患者及其家属，实际行“右侧翼点入路后交通动脉瘤夹闭术”，造成柳某术后左侧肢体偏瘫、失语、大小便失禁等情况，不久后去世③。样本中有 10 件类似案例，占 10. 10% 。

（6）其他侵犯医疗知情同意权类型。比如，为减轻患者心理压力，医方往往是向患者家属告知病情并得到允许。但患者本人在术后以医方未告知自己为由提起诉讼④；也有医方在手术前未告知患者及其家属但在术中擅自使用进口医疗器械而被起诉的⑤。

---

① 详见北京市第二中级人民法院（2014）二中少民终字第 02433 号判决书。
② 详见河南省新乡市中级人民法院（2013）新中民一终字第 731 号判决书。
③ 详见山东省济南市历下区人民法院（2009）历民重初字第 1217 号民事判决书。
④ 详见浙江省宁波市海曙区人民法院（2013）甬海民初字第 637 号民事判决书。
⑤ 详见吉林省长春市中级人民法院（2014）长民二终字第 00108 号民事判决书。

图一：医方未履行说明义务的类型及比例

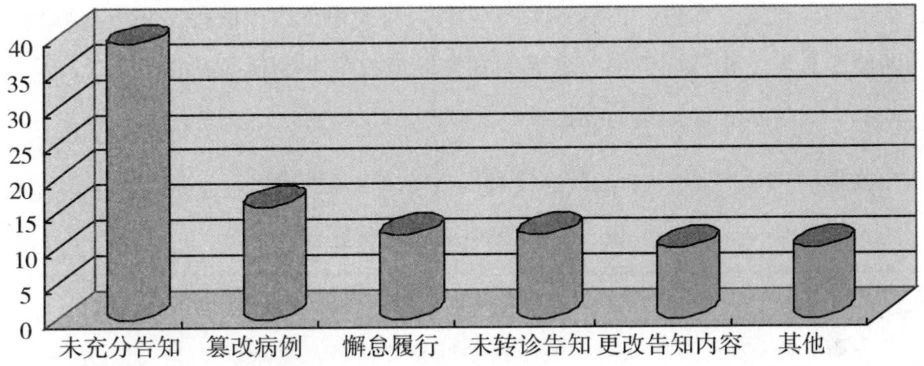

3. 医方履行告知义务的方式

在99份样本裁判文书中，医方利用手术知情同意书、麻醉知情同意书等格式化协议进行告知的有77件，占总数78%；利用手术术前谈话协议书、医患谈话记录等记录性文件进行告知的有10件，占总数10%；采用口头形式进行告知，未签署任何带有告知内容文件的有12件，占总数12%，都集中于城镇中心医院、村卫生所等。

4. 手术知情同意书填写情况

笔者以搜集的50份在诉讼中提交的手术知情同意书作为样本，试图分析手术知情同意书填写情况。（见表二）

表二：手术知情同意书填写情况一览表

填写情况	份数	%
特殊情况一栏空白	40	80
由患者本人签字	12	24
由家属签字	38	76
家属签字未注明关系	36	45
未填写日期	30	60
未填写具体化疗药物、剂量	22	44
无主治医师签字	8	16
无联系地址	32	64

从分析中可以得出，手术知情同意书所列条款虽面面俱到，但实行情况不容乐观，全部填完整的仅6份，占总数12%，甚至有8份无主治医师签字。这些情况证明，即使签署手术知情同意书，患者的知情同意权也未得到良好的保障。

（三）司法判决的基本态度

在收集的99份判决中，法院态度可分为5种。（见表三）

表三：司法判决态度一览表

序号	司法判决态度	数量	%
1	医方虽未履行说明义务，但尽到必要诊疗义务，免除医方责任	52	52.52
2	认定医方未履行说明义务，尽到诊疗义务，判令医方承担民事责任	16	16.16
3	医方虽已履行说明义务，但未尽到诊疗义务，判令医方承担赔偿责任	23	23.23
4	避而不谈，不予理睬	8	8.08

（四）立法与裁判案例的检讨

1. 医疗知情同意权司法保障不足

有52份判决认定医方虽未履行告知义务，但以尽到诊疗义务为由判令医方不承担侵权责任。而医方未尽说明义务，但尽到了相应诊疗义务，法院判令医方承担赔偿责任的有16起。这说明在司法实务中，对侵犯医疗知情同意权的损害赔偿范围不明确，对是否将医疗知情同意权作为一项单独的人身权益保护左右摇摆，司法保障有一定欠缺。同时，在99份裁判样本中，有8份判决对医疗知情同意权不予理睬，占8.08%，说明司法实践中还存在忽视患者知情同意权的现象。

2. 代为行使知情同意权的主体规定不明

《医疗机构管理条例》规定患者只有同意权，没有签字权①，签字权由家属或关系人行使；《病例书写基本规范》和《侵权责任法》纠正了这种“奇怪”规定，

---

① 《医疗机构管理条例》第33条规定：医院实施外科手术……，必须征得患者同意，并取得其家属或者关系人同意并签字。

但签字权的行使人却“涉及”近亲属、关系人、医院负责人或被授权的负责人、法定代理人。“患者和家属到底谁说了算?”成为医患双方在司法实务中争论不休的问题。例如一名30多岁的女性患者患乳腺癌入院治疗，经其丈夫签字同意，医师将其左侧乳房切除。术后患者情绪低落，并将医院告上法庭，理由是医师并没有将手术方案告知本人，其丈夫作为知情同意权的代为行使者的签字不能表达患者的真实意愿①。

3. 特殊干预权的适用范围不明

《医疗机构管理条例》第33条和《侵权责任法》第56条相比较可见，紧急情况下医疗机构特殊干预权适用范围从“施行手术、特殊检查或者特殊治疗时”改为“因抢救生命垂危的患者等紧急情况”，因此，并非抢救生命垂危的患者所实施的手术、检查或特殊治疗是否适用特殊干预权成为疑问。

4. 法律法规规定层次多且有冲突

涉及医疗知情同意权的法律渊源可分为“法”“条例”和“部门规章”。其位阶依次下降、法律效力依次降低、新旧不一甚至冲突，而且至今仍同时发挥着临床实践的规范作用。使得绝大多数临床医师不懂或不考虑如何选择这些规范医疗同意行为的法律规定。

二、医疗知情同意权的困扰

准确来说，我国实施的是“医疗告知+患者签字”的机械组合②，尚未施行真正的医疗知情同意制度。处于自我保护的考虑和工作需要，医师将各种医疗风险“一股脑”地“告诉”患者，很多患者及家属抵触医疗告知的过程，不愿意签署告知书，最终治疗延迟增加了医疗风险。造成这种“以筌为鱼”现状的主要原因有以下几类。

（一）医疗家长主义蒙上“阴影”

医疗家长主义是指医师不考虑患者个人的信念追求和价值取向，不尊重患者的

---

① 一民：“知情同意与保护性医疗制度：医师的难处”，载 http：//bbs. iiyi. com/thread－1413044－1. html/，2014年6月11日最后访问。

② 李庆功：《医疗知情同意理论与实践》人民卫生出版社2001年版，第11页。

自主权利，擅自决断何种医疗方案最为符合患者的最佳利益[1]。医疗家长主义模式形成的主要原因是医师能够获得足够的信任，其信任既来自于医务人员职业的“神性”根源也来自医疗技术的成效性。最为重要的来源是医师职业伦理的强化，即古希腊的希波克拉底誓言中所倡导的无私、奉献、牺牲、自律精神[2]。在我国古代，儒家学说将其所强调的“仁爱”观点运用到医学中就转变为“医乃任术，济世救人”的行善思想，形成了“医者父母心”的中国化医疗家长主义。因此，本应当注重互动的医患关系转变为施予与被施予，恩赐与被恩赐的“家长模式”。

秉持医疗家长主义的医师相信自己做出的治疗决定是符合患者的最佳利益的，是一个可以独立于患者知情同意的过程，患者及其家属只需要签署姓名表示同意即可。但医师“专断地”对患者进行诊疗不可避免地漠视了患者的自主权，表现为抵制患者参与医疗决定的过程和制约医疗信息的揭示标准，而其根本性的结果就是产生的临床决定与患者意志冲突。

医疗家长主义严重限制医疗信息的双向交流，导致患者知情不全，阻断其自我决定权的实现。即使做出了“同意”也没有任何意义，背离了医疗知情同意权的立法目的。现行的“医疗告知签字”就是类似状况，在医疗告知签字实践中，很多医师未将全部现实可行的医疗选项告诉患者，患者除了“同意”和“拒绝”之外别无选择，而拒绝则意味着放弃治疗。

（二）社会不信任“雪上加霜”

改革开放40年来，我国经济持续繁荣，但社会信任却未能得到同步发展。反映在医患关系中，一方面随着市场经济的发展，人们的价值取向发生转变，对于传统的伦理道德、风俗习惯不再那么重视，反而对生命权、健康权的认识和法律意识不断增强；另一方面，有的医院及医师追求经济利益，与医药供应部门勾结，药价不断提高；有的医师医德丧失，因疏忽大意导致的医疗事故时常发生，医患矛盾不断加深。中国医师协会举办的2011年医师执业风险和患者的权利高级研讨会上发布公告，中国内地的平均发生在每家医院的医疗事故66起，患者在医院打明5.42

---

① 李庆功：《医疗知情同意理论与实践》，人民卫生出版社2001年版，第64页。

② 曾日红：“反思医患关系治理中的法律父权主义——从知情同意权切入”，载《浙江社会科学》2012年第9期。

起，平均打伤五名医师，平均赔偿额超过十万元[1]。

在这样的社会环境中，医师在向患者告知病情时，暂且不论其告知方式是否合适、告知范围是否恰当、告知态度是否专业（此类问题对医疗知情同意权的实现同样意义重大），即使医师履行了完全告知义务，患者是否能够“信任”医师呢？笔者对此持怀疑态度。对医师抱有极大希望的患者希望得到一个令自己心安的承诺，而不是一张罗列十几类严重不良后果的同意书。患者及家属认为在手术之前签署“知情同意书”是医方不承担责任的“宣言书”，医师手持手术刀，后果却要患者来承担。而一旦发生“医疗事故”，这些疑惑、异议或者猜忌马上会变为充满恶意的质问甚至攻击。有患者、患者家属同医师进行谈话时偷偷录音，加重医师的心理负担[2]。医师更是不敢同患者进行充分沟通，告知义务更是无从谈起。

（三）医疗资源不均衡“釜底抽薪”

我国医疗资源分配极不均衡，城乡卫生资源质量差距明显，在农村和城市社区，甚至中小型医院，缺少全科医师和高水平医师，大量优质资源，包括硬件和软件资源都集中在大医院。最明显的体现即大医院门庭若市，中小医院门可罗雀。医疗资源分配不均至少从以下两方面对医疗告知同意权起到“釜底抽薪”的作用。一是大医院的医师惜字如金，患者及家属毕恭毕敬、言听计从，导致知情同意权异化为“同意权”；二是医疗水平、素质较低的医务人员为其他目的，不完全告知或者虚假告知患者病情信息，导致知情同意权“有名无实”。

三、完善医疗知情同意权的建议

医疗知情同意权因其“舶来品”的属性，在我国的发展与完善注定需要一个长期的过程。有学者主张应当将原产于美国的知情同意权进行中国化的改造，例如将医疗同意权在一定程度上让渡给患者家属，使其成为适合中华文化语境、立足中国当代医学实践的具有“中国特色”的知情同意制度。[3] 笔者认为这种观点是狭隘、

---

① 李宗海：“论医患纠纷的法律解决机制”，安徽医科大学，2013 年硕士论文。

② 类似新闻报道时见报端，参考《患者句句录音医师步步签字 信任危机严重》《医师防暴与患者录音》等。

③ 张英涛、孙福川：“论知情同意的中国本土化——中国文化视野中的知情同意走向”，载《医学与哲学》2004 年第 9 期。

不可取的，将原本由患者行使的知情同意权让渡给“中国家文化”中的病人家属，不仅与知情同意权的“人格性”权利属性不符，也是对人的基本人权的不尊重。亦有学者认为，为了真正保障患者的医疗知情同意权，应当构建强势的知情同意权，其中的措施之一即禁止保护性医疗，即医师认为如实告知病情将对“患者产生不利影响”时，也应当毅然决然地告知。[①] 显然，此种观点“矫枉过正”，赋予医师在履行告知义务时自由裁断的权利是有益而必要的。

（一）确立医疗知情同意权作为人格利益的可赔偿性

《侵权责任法》第55条第1款规定了医方确保疗效的说明义务和介入性说明义务，同时第2款规定“未尽到前款义务，造成患者损害的，医疗机构应当承担赔偿责任。”因此，侵犯医疗知情同意权的赔偿范围为“未尽说明义务所造成的损害”，规定看似十分明确，但仍然有讨论的余地。例如，若医方未履行第55条第1款的告知义务，但尽到了该法第57条规定的与当时医疗水平相应的诊疗义务，则是否应当承担手术失败的全部或部分责任？

对此问题，理论界及司法实践界有以下观点：王泽鉴教授认为医方的违法性不因手术的成功而阻断，但是没有损害后果，所以不成立侵权行为。[②] 部分学者及地方司法实践中认为即使没有实质性损害后果也不能免除医方未履行告知义务而应当承担的损害赔偿责任，尤其是精神损害赔偿责任。[③] 中国人民大学“侵权责任法司法解释研究”课题组起草的《中华人民共和国侵权责任法司法解释草案建议稿》第125条也将其分为“侵犯医疗知情同意权并造成患者人身损害”和“侵犯医疗知情同意权”两种情形，前者适用普通的人身损害赔偿规定，后者则适用精神损害赔偿规定。[④]

笔者认为，只要确立知情同意权作为一种人格利益的可赔偿性，上述问题便可迎刃而解。

---

① 张静、张继旺、王梅红：“论一种‘强势’的知情同意权”，载《临床伦理》2011年9月第32卷。

② 王泽鉴：《侵权行为》，北京大学出版社2009年版，第232页。

③ 张谷：“浅谈医方的说明义务”，载《浙江社会科学》2010年第2期；江苏省高级人民法院民一庭：“违反医疗告知义务的损害赔偿责任”，载《法律适用》2008年第8期。

④ 中国人民大学民商事法律科学研究中心“侵权责任法司法解释研究”课题组：《中华人民共和国侵权责任法司法解释草案建议稿》，载《河北法学》2010年第11期。

1. 从理论上来讲，如果欠缺患者的知情同意授权，则无法阻碍医疗行为对患者身体侵袭的违法性，因此无论手术成功与否，患者都可以享受人格利益受损的赔偿请求权；而且，医方未履行告知义务，患者丧失作出接受或选定特定医疗方案的自我决定权，精神利益失衡，理应获得赔偿。

2. 从司法实践来看，目前医疗损害纠纷案件中，法官往往将包括未履行说明义务在内的多种侵害行为依照“多因一果”的思维进路进行考虑，这就导致侵害医疗知情同意权与其他医疗过错责任混为一谈，违背了立法原意。而确立医疗知情同意权作为人格利益的可赔偿性，便可通过较为“特别”的责任认定倒逼医方正确履行告知义务。

3. 从比较法视野审视，日本、德国的侵权法领域已出现将未尽说明义务但尽到诊疗义务的情形认定为侵犯患者的自我决定机会，应当给予抚慰金的司法实践案例。例如日本最高法院“耶和华见证人”拒绝输血案。①

（二）完善《执业医师法》，制定《乐善好施法》

可以说，大多数医师少有精力或者兴趣来研究法律规定的效力位阶问题。对于他们来说，《中华人民共和国执业医师法》几乎是唯一“可信”的，对他们的医疗伦理进行规制的法律规定。

我国《执业医师法》第26条强调了医师的如实说明义务，但限缩了说明范围，仅仅强调患者对实验性临床治疗的知情同意权。同时该规定“不可思议”地遗漏了医师启动特殊干预权的条件，这就是医师在面临类似“孕妇死亡”而无所适从的主要原因。笔者认为，一部完善的、可操作性强的《执业医师法》应当包含但不限于医师告知内容范围及标准、告知程序、不履行告知义务的责任承担等内容。

在信任危机尚未消除的情况下，为了加强对医师基本人身健康权的保障，若在《执业医师法》之外再给医师履行充分告知义务加上另一道“保险”是再好不过的。美国各州在颁布《医疗同意法》的基础上，为了保护面向受伤或患病的其他个人而选择提供救助服务的任何公民个人，包括特定紧急医疗情况下的健康服务专业

---

① 周江洪：《服务合同研究》，法律出版社2010年版，第445页。

人员，单独制定《乐善好施法》（Good Samaritan Act）。[①] 换言之，《乐善好施法》可防止帮助遇险受害人的自愿救援者被诉为“行为不当”（wrong doing），避免可能在就职过程中发生失误而承担法律后果。[②]《乐善好施法》的保护对象既包括普通公民，也包括持有专业执照的医师、护士，而急救现场既可以是医院、诊所，也可以是其他没有医疗设备场所之外的地方。

总之，为断绝医师的后顾之忧，应当建立足够可信任的保障措施，其才能尽充分告知义务，进而确保患者知情同意权的实现。

（三）规范医师告知程序及告知例外

医疗知情同意权作为阻断医疗行为违法性的行使应当有严谨的程序要求。但现行法律性文件似乎除医师告知时间外的内容都未涉及。规范的缺位导致医疗实践中医师告知程序的混乱。

作为对医师告知义务的“反向”督促，笔者认为应当在病例中书面留存告知程序或保留告知过程的录音、录像。参考1997年世界卫生组织提出的告知策略，在对患者有实质性影响的医疗过程中，医师应当按照以下程序进行告知：①预先形成告知计划，并书面留存；②履行告知义务时，根据患者病情留有余地，尽量让患者有一个逐步接受的过程；③告知过程中，多给患者以希望，并留存足够患者宣泄的机会；④待情绪稳定后，与患者一同制定面向未来的治疗计划。

对于履行告知义务的载体，实践中以知情同意书为主要形式。但医学信息浩如烟海，单一的知情同意书难以承载。因此，医院应当在公共区域开辟其他一般性医疗知识的告知途径，如公示栏、展板、电子触摸屏、LED显示屏、传阅性材料等，以弥补单一书面告知信息不够全面的缺陷。

当医师有足够医学上的理由可以认定告知病人相关的信息会造成对病人或者公共利益重大伤害时，医师可以进行自由裁量，无需履行告知义务而采取医学上妥当的治疗。《侵权责任法》第56条赋予医师在特殊情况下无需履行告知义务即可履行医师天职——救死扶伤的正当性和合理性；《传染病防治法》第39条授予医师在患

---

① 有部分作者译为《见义勇为法》，见孙海洋：“我国见义勇为立法保护问题研究”，2013年辽宁大学硕士论文。

② 李庆功编著《医疗知情同意理论与实践》，人民卫生出版社2011年版，第107页。

者病情对公共健康和公共安全造成威胁时，无需征得患者同意，强制对患者进行治疗的权利。

（四）借鉴建立预先医疗指示制度

医疗知情同意权旨在行使个人自治和增进患者个人福祉，因此在患者行为能力足够的情况下，就应当由患者本人同时行使知情同意权与签字权。一旦患者丧失民事行为能力，应当建立预先医疗指示制度来实现其自我决定权的延伸。

预先医疗指示制度是指有决定能力的患者对自身将来丧失表意能力时接受何种样态的医疗照护而事先做的一种安排和指示。① 它包括以下两种形态：一是指令型指示（instruction directive），即患者在生前直接就将来可接受和不可接受的治疗措施及治疗方案做出的意思表示，分为消极指示和积极指示；另一种是代理型指示（Proxy directive），即病人可事先指定一人，当患者将来丧失决定能力时，该人将会代表患者意志而行使对医疗干预的同意权。

预先医疗指示制度是在患者知情同意权和自我决定权基础上衍生出来的，是对患者本人知情同意权和自我决定权的尊重，其立法本意是尊重病危患者在晚期医疗照护时的真实意思，避免违背患者本意的急救措施。后来该项制度普及到所有的医疗措施过程中，其通过预先确立医疗原则或选定医疗代理人，一方面能够贯彻患者的知情同意权，另一方面也能够解决在患者无法做出意思表示时到底由谁来代为行使同意权的困局。预先医疗指示制度的构建应当遵循以下原则：一是有权作出预先医疗指示的个人应当具备完全民事行为能力；二是建立指令型指示和代理型指示，避免指令型指示难以列举所有医疗措施；三是排除非法指示原则，例如针对安乐死和自杀授权的指示；四是为了使患者作出的预先医疗指示能够得到顺利实施，应当作出医疗人员的相关免责规定②。

（项励　山东省烟台市芝罘区人民法院）

---

① 赵西巨：《医事法研究》，法律出版社2008年版，第85页。

② 祝彬："知情同意权视角下的预先医疗指示制度"，载《中国卫生事业管理》2012年第12期。

从“弃婴岛”的设立审视“错误出生”之诉

【司法精要】

据报道，“弃婴岛”的弃婴99%为病残婴儿，而其中有1/3可以通过婚检、孕检和产检筛查出来，凸显出人们优生意识的淡薄和我国婚孕检工作的缺失，也导致“孕检失误病残胎儿出生状告医院索赔”案例频频发生。在此类“错误出生”诉讼中，医院的医疗过失行为侵害了先天缺陷儿父母的知情权和选择权，本该承担责任，但是由于法律本身的滞后以及可操作性不强，我国司法实践对此类案件还没有形成统一认识，不同法院的裁决结果也大相径庭。本文结合“弃婴岛”相关新闻报道和具体的“错误出生”案例，从错误出生的概念入手，并借鉴国外有关司法实践，对“错误出生”之诉的请求权基础、适格主体以及赔偿范围进行法律分析，以期对司法实践有参考意义。

我国首个“婴儿安全岛”（又称“弃婴岛”）于2011年6月1日在河北省石家庄市设立。据央视《新闻1+1》2014年2月10日播出《弃婴岛，不能一弃了之!》报道，广州“弃婴岛”13天接收51个弃婴，除了一个早产儿，其他都身患重病，脑瘫、唐氏综合症占2/3，唇腭裂、蚕豆病等其他疾病占1/3。石家庄“弃婴岛”两年半接收181个弃婴，90%重度残疾，主要是脑瘤、先天畸形和一些肢体或者器官缺失。

2014年3月16日，运行不足两个月的广州“弃婴岛”接收弃婴262名，因承受能力有限遭暂停，再度把“弃婴岛”推向舆论的风口浪尖。有关“弃婴岛”的问题一直备受关注。它究竟是保障弃婴生命的“安全岛”，还是纵容弃婴行为的“通道”?“弃婴岛”陷入了人伦和法度的舆论纷争。调查显示，99%的弃婴都患有不同程度的病残，排名前三的是脑性瘫痪、唐氏综合症和先天性心脏病。病残婴儿的出生不仅造成了孩子自己终身的痛苦，使家庭背负沉重的经济、心理负担，同时也带来严重的社会问题。反思其所承受之重，与其争议“弃婴岛”，不如做好优生工作，从源头上防止和减少病残婴儿的出生，这就对产前诊断提出了更高的要求。然而，由于医疗设备、技术和医务人员业务能力的差别，对同一孕妇的产前诊断结论也不尽相同。孕妇经过产前诊断，出于对医院或医务人员的信任保留胎儿，但孩子出生后病残，此为“错误出生”。法官在审理“错误出生”案件时，不仅要进行道德、人伦等诸多因素的考量，而且还要权衡各方的利益，才能保证最终判决的合理性。

一、“错误出生”的概念和相关案例

（一）“错误出生”的概念

“错误出生”（wrongful birth），是美国法上的概念，也有学者将其译成“不当出生”，是指因医师产前诊断失误，致孕妇产下残疾子女。[①]“错误出生”之诉，即由于医师在产前诊断中的过失，未诊断出胎儿的遗传缺陷或未将这种状况告知其父母导致其降生，使缺陷儿父母遭受财产上额外的支出和精神上的痛苦，由此而提起的损害赔偿诉讼。在我国，有学者将“错误出生”本土化为“医师违反产前诊断义务”，指医师对胎儿进行先天性缺陷和遗传性疾病作诊断的义务。医师违反产前诊断义务导致残疾儿出生的，残疾儿的母亲、父亲以及残疾儿均有权请求诊疗机构承担相应的民事责任，赔偿因残疾儿出生所导致的损失。[②] 但笔者认为，“错误出生”直接译自于英文“wrongful birth”，此概念已为国内外学界所认同，可以直接使用，无需再做本土转化。

（二）案例[③]

1. 案情

怀孕7个多月的徐梅（化名）到当地幸福医院（化名，为三级乙等医院）进

---

① 王泽鉴：“为新生命而负责：人之尊严与损害概念”，载《月旦法学》2006年第4期，第136页。

② 房绍坤、王洪平：“医师违反产前诊断义务的赔偿责任”，载《华东政法学院学报》2006年第6期，第3页。

③ 中工网：“孕妇信任医院孕前检查结果生下畸形儿 索赔百万”，载 http://news.sohu.com/20100705/n273279250.shtml，于2014年5月20日访问。

行孕期检查，B 超检查印象为：单活胎，晚期妊娠。医务人员告知："胎儿发育正常。"后在丈夫的陪同下，徐梅到当地妇幼保健院进行 B 超检查，结论是："胎儿右上肢畸形，建议进一步检查。"二人再回幸福医院向医务人员说明情况后复查，彩超检查结论为"未见胎儿发育异常。"按医务人员建议还分别做了数字成像、核磁共振两项检查，数字成像检查印象为："腹部立位片未见异常"；核磁共振成像检查印象为："胎儿未见明显异常。"鉴于幸福医院三项检查都没有发现问题，徐梅决定正常分娩，结果产下一名右上肢缺失的女婴。徐梅夫妇认为，孩子"错误出生"后果是由幸福医院的过错造成的，于是以该医院侵害"健康生育选择权"为由诉至法院，请求依法判令幸福医院赔偿残疾辅助器具费、残疾赔偿金、精神损害抚慰金等各项费用合计人民币 99 万余元。

2. 法院判决

一审法院认为，因"错误出生"而造成的残疾器具费、护理费、抚养费、残疾赔偿金等损失的赔偿权利人，应是残疾者本人，而并非残疾者的父母，故徐梅要求医院赔偿上述损失的诉讼请求，法院不予支持。基于徐梅夫妇必然要面对并且必须要接受孩子残疾的现实，任何人都会将其看成是父母所遭受的不幸，父母也必定要承受巨大的精神痛苦，因此，给予一定的精神损害赔偿是必要和合理的。据此，法院依据法律的有关规定判决幸福医院赔偿徐梅夫妇精神抚慰金 8 万元；驳回徐梅夫妇对医院的其他诉讼请求。一审判决后，徐梅夫妇和医院均不服，提出上诉。二审法院主持双方当事人调解达成协议，医院一次性补偿徐梅夫妇 7 万元。

二、"错误出生"之诉的请求权基础

对于"错误出生"之诉，寻找和审查究竟由谁向谁依据何种法律规范主张何种权利，是审理案件整个过程的核心工作；而选择何种案由或提出何种请求才能最大限度地维护自身合法权益，是受害方提起诉讼时需认真考虑的。

（一）"错误出生"不适用医疗事故责任

依据《医疗事故处理条例》第 2 条之规定，医疗事故中受到损害的只能是患者本人，且仅包含人身损害的赔偿而不包括其他。在本文案例中，"错误出生"并未造成孕妇本身的任何人身损害，而缺陷儿的不足也是先天的，并非医务人员的过错所致，损害结果只是缺陷儿的出生所带来的"负面影响"，譬如相对于一般婴儿的额外的劳力和财力支出，以及父母由此产生的精神损害等。由此，笔者认为，“错误出生”不适用医疗事故责任。

（二）“错误出生”之诉请求权基础的选择

从各国的判例来看，“错误出生”案件还没有形成统一的处理模式，对于“错误出生”之诉中赔偿请求权的基础，各国往往根据自己本国的法律体系或者司法理念而采取不同的态度。美国法院始终是以侵权之诉来处理“错误出生”案件的，即认为被告侵犯了原告“终止怀孕”和“选择堕胎”的权利；德国和我国台湾地区是以违反契约之诉来处理错误出生案件的，而不承认侵权法上的请求权；而我国大陆法院对此类案件没有形成统一的认识，有以违约为由提起的赔偿之诉，也有以侵权为由提起的赔偿之诉，还有以医务人员未尽告知义务提起的诉讼。①

“错误出生”之情形类似于合同法上的不适当履行，会产生请求权的竞合。在本文案例中，基于同一个法律事实，当事人有主张合同法上的请求权和主张侵权行为法上的请求权两种可能，根据我国《合同法》第122条的规定，当事人可以择其一进行损害赔偿的请求。但笔者认为，将“错误出生”规定为侵权责任更有利于保护当事人的权益。司法实践中，原告也大多选择侵权之诉。

1. “错误出生”产生违约责任

“错误出生”的损害赔偿请求权，是基于孕妇与医院之间的医疗服务合同，孕妇有从医务人员那里获得专业咨询、诊断和治疗等方面的权利，而医务人员作为专业人员，必须尽到高度谨慎的注意义务。孕妇基于对医院和医务人员的高度信任而选择到医院进行检查生产，如果出生的孩子畸形，虽说孩子的畸形并非医院的过错，但是如果医院尽到谨慎义务，告知孕妇，那么孕妇就有选择是否生产的权利，从而避免“错误出生”。医务人员违反产前诊断义务，就应承担违约责任。

有学者认为，“错误出生”应当按契约法来处理，② 认为孕妇与医院之间成立契约关系，医院未履行或不适当履行善良管理人的注意义务，应就其过失负不完全

---

① 金福海、邵冰雪：“错误出生损害赔偿问题探讨”，载《法学论坛》2006年第6期，第37~39页。

② 李大平：“不当出生损害赔偿诉析”，载《医学与哲学》2005年第6期，第39页。

给付债务责任，其损害赔偿范围包括医疗费用、人力照顾费用以及特殊教育费用，但对于一般抚养费用予以否认。

2. “错误出生”产生侵权责任

《侵权责任法》第54条规定：“患者在诊疗活动中受到损害，医疗机构及其医务人员有过错的，由医疗机构承担赔偿责任。”这是关于医疗机构侵权责任的规定。在“错误出生”案件中：

（1）有侵权行为。我国《母婴保健法》第17条、第18条、第38条对医师的产前诊断义务作了规定。第17条规定：“经产前检查，医师发现或者怀疑胎儿异常的，应当对孕妇进行产前诊断。”第18条规定：“经产前诊断，有下列情形之一的，医师应当向夫妻双方说明情况，并提出终止妊娠的医学意见：（一）胎儿患严重遗传性疾病的；（二）胎儿有严重缺陷的；（三）因患严重疾病，继续妊娠可能危及孕妇生命安全或者严重危害孕妇健康的。”第38条规定：“……产前诊断，是指对胎儿进行先天性缺陷和遗传性疾病的诊断。”通过这三条规定可以看出，医师的产前诊断义务是法定义务。本文案例中，徐梅夫妇认为医院侵犯了自己的“健康生育选择权”，笔者不予认同，因为不管医务人员是否尽到了告知胎儿健康与否的义务，父母都有权选择生下缺陷婴儿或者终止妊娠，医院并未妨碍父母生育的选择权或者堕胎的自由权，原告的“生育选择权”并没有受到限制。幸福医院的医师在徐梅夫妇说明情况后，应怀疑胎儿存在异常，虽然作进一步产前检查，但违反较高程度的注意义务，为徐梅夫妇提供了不准确的检查结果，也没有提出终止妊娠的医学意见，侵害了他们的知情选择权。

（2）有损害结果。在“错误出生”中，损害事实并不是医务人员的诊断行为造成胎儿缺陷，而是由于父母的知情权被侵犯，不能及时做出是否终止妊娠的选择，从而导致缺陷儿的出生。任何人都期望生出健康的子女，徐梅产下肢体缺失的婴儿，要比抚养一般健康子女花费更多的医疗费、照顾费和教育费等，并且会产生极大的精神痛苦。

（3）医务人员存在过错。法律对于谨慎义务的标准做了不同的规定，“错误出生”案件适用专业人士行为标准——医务人员受过良好的技术培训、拥有一定的知识技能、具备相当的文化素质以及从事专门的职业，由于他们在各自的领域所具有的绝对优于普通人的强势地位，法律往往会要求他们在完成本职工作的过程中对社会和公众承担相比普通人而言更多的谨慎义务。① 就前述案例而言，已有检查结果提示胎儿存在畸形，但涉案医院医务人员却未尽到谨慎注意的义务，而告知徐梅夫妇胎儿正常，孕妇基于对医院和医务人员的充分信任产下婴儿，结果是缺陷儿，医院的行为当然存在过错。

（4）诊疗行为和损害结果有因果关系。“错误出生”案件中，医务人员在发现或者怀疑胎儿存在异常后，违反诊疗注意义务，没有对胎儿父母进行告知，致使父母未能及时发现胎儿缺失，或者错过堕胎期，最终产下有缺陷的婴儿，由此遭受到了精神上的巨大损害和财产上的损失。简言之，如果不是医院的过失行为，缺陷儿就不会出生，自然就不会产生父母精神上的痛苦和财产上的额外支出。因此，父母不适当履行诊疗法定义务的行为与缺陷儿的出生以及医院精神上和财产上的损害之间有因果关系。

综上所述，“错误出生”完全符合侵权责任的四要件，医院应承担侵权责任。这也得到司法实践的认可，如从前文的判决结果看，法院支持了徐梅精神损害赔偿的诉讼请求，即认定了医院侵权，而非合同违约。笔者认为，违约责任救济途径存在严重缺陷：一是由于合同的相对性，主张违约责任的主体只能是合同当事人，即缺陷儿的母亲，一旦出现孕妇在生产过程中因难产去世等情况，极有可能产生缺陷儿及其父亲无法主张权利的现象；二是我国《合同法》不支持对违约行为主张精神损害赔偿，而现实是缺陷儿一旦出生，父母须对其终生负责，并持续经受精神痛苦，故不予以精神损害抚慰，不符合公平正义的社会要求；三是在社会现实中，孕妇与医疗机构建立的医疗服务合同是一种事实合同，极少有书面形式，违约责任造成的损失没有明确的范围及计算依据，对诉讼造成较大的困境。故将“错误出生”规定为侵权责任更适宜，相对于违约责任其主要特点是能够全面赔偿当事人的损害，包括精神损害赔偿。

（三）“错误出生”之诉案由的确定

笔者在中国裁判文书网通过使用关键字“缺陷儿”“错误出生”搜索出的裁判文书中，“错误出生”案件案由有“医疗损害赔偿纠纷”“医疗损害责任纠纷”以及“医疗服务合同纠纷”。因“错误出生”产生请求权的竞合，在司法实践中，法

---

① 李珂丽：“论侵权案件中注意义务的界定”，载《山东审判》2007年第6期，第74页。

院允许缺陷儿的父母任意选择侵权或者违约责任中的一种对造成错误出生的医疗机构提起诉讼，使其可以根据自身的实际情况，选择有利于充分保护自己合法权益的案由，行使自己的诉讼权利。

一审法院立案时可根据当事人诉争的法律关系确定案由，若受害方选择违约之诉提起损害赔偿，法院即可按照最高人民法院《民事案由规定》三级案由服务合同项下的案由将案由确定为“医疗服务合同纠纷”；若受害方选择侵权之诉提起损害赔偿，在新《民事案件案由规定》施行前，将案由确定为“医疗损害赔偿纠纷”并无不妥，但是自2011年4月1日起施行的《民事案件案由规定》增加了“医疗损害责任纠纷”三级案由，并在其下增加了“侵害患者知情同意权责任纠纷、医疗产品责任纠纷”两个四级案由，而法院直接以“医疗损害责任纠纷”进行立案有待商榷。我国《侵权责任法》第55条是对患者知情同意权的保护。患者知情同意权主要内容包括两个方面：一是充分知情权；二是自我决定权。[①] 知情权是患者从负有说明义务的医务人员处获知与自己诊疗相关的医疗信息的权利。决定权是患者在取得医师提供其医疗决定所必需的足够信息的基础上作出医疗同意的权利。笔者认为，侵权案件案由的确定，应由侵害行为所侵害的法益决定。在错误出生案件中，医生的医疗过失行为侵害的是缺陷儿父母共同的知情选择权，故将案由确定为“侵害患者知情同意权纠纷”更为合适。

三、“错误出生”之诉的适格主体及民事责任范围

孕妇和提供产前检查的医院之间建立了一种保健服务合同关系，孕妇有权要求医院提供专业的医疗保健服务，医院负有对胎儿进行健康筛查，向夫妻双方提供准确、完整的关于胎儿健康情况的义务。当发现胎儿有重大缺陷时，医院应当告知孕妇，孕妇可据此决定是否终止妊娠。如医院违反告知义务，则构成产前检查过失行为，并使孕妇丧失了知情权和选择权。

（一）适格主体

审判实践中，大部分错误出生案件都是缺陷儿的父母作为共同原告提起诉讼，

---

① 张芳芳：“患者知情同意权的侵权法保护”，载《湖北警官学院学报》2012年第6期，第84页。

缺陷儿或其父亲提起的诉讼往往被法院否定主体资格。为了保持司法的一致性和稳定性，对错误出生案件作出相同的裁判，下面主要讨论缺陷儿的母亲、父亲及其本人是否有独立的诉权。

1. 缺陷儿的母亲

在错误出生案件中，孕妇与提供产前检查的医院之间成立了医疗服务合同关系，医生有义务基于合同的约定，严格按照医疗程序对孕妇和胎儿进行诊疗，并提供一系列医疗、护理建议和措施。如果在诊疗过程中，因医务人员的过失，未能检查出胎儿患有严重疾病或者重大缺陷，从而未告知孕妇，致使有缺陷的婴儿出生，则医院违反了合同的约定，应当承担违约损害赔偿责任，故缺陷儿的母亲有权要求医院赔偿自己的损失。

2. 缺陷儿的父亲

如果以违约责任起诉，根据合同相对性原理，孕妇的配偶即缺陷儿的父亲无权向医院主张权利，则父亲的权利无从保护，而适用侵权责任可以解决这一问题。缺陷儿的父亲是否有权要求医院承担侵权责任，关键看医院所侵犯的知情权是否属于缺陷儿父母双方共同享有。依《母婴保健法》第18条之规定，“医师应当向夫妻双方说明情况”，充分说明父亲的知情权也受法律保护。因此，笔者认为，缺陷儿的父亲也是“错误出生”之诉的适格主体，理论上可以单独提起侵权诉讼，但是，从法理上讲，孕妇才是患者，是知情同意权的主体，且错误出生与生育权紧密相连，生育权更注重保护的是女方的权利。已有案例表明，女方独自堕胎，男方起诉女方侵害其生育权，被判决驳回诉讼请求。故父亲的诉权依附于母亲的诉权，若母亲放弃诉权，则父亲不能单独起诉。只有母亲死亡或者丧失诉讼能力时，父亲方可单独起诉。然而，审判实践中，除了孕妇死亡外，很少有父亲单独提起诉讼，一般都是母亲单独提起，或者与父亲共同提起诉讼。

3. 缺陷儿不是赔偿请求权的适格主体

本文案例中，法官否认了缺陷儿父母的诉讼主体资格，认为缺陷儿才是适格主体；房绍坤教授也认为缺陷儿是适格的诉讼主体。笔者对此表示不认同，因为婴儿有缺陷的事实是在母体孕育过程中先天形成的，其出生与否是由她父母决定的，并不是医务人员的过失行为所致，因而不能以自己受到侵害为由以自己的名义向医院提起诉讼。比较法上，以孩子自己的名义提起的诉讼被称为“错误生命”之诉。① 所以，此类案件中父母提起的“错误出生”之诉能得到法院支持，而缺陷儿提起的“错误生命”之诉应当被法院拒之门外，这同时也是大多数国家的做法。

（二）民事责任范围

“错误出生”之诉中，医院应承担的民事赔偿责任包括缺陷儿父母财产上和精神上的双重损害。财产上的损害，是抚养缺陷儿额外经济支出的增加，包括特殊医疗费、特殊照顾费、特殊教育费和缺陷儿的残疾辅助器具费。精神上的损害，是父母期望落空所遭受的精神情感上的痛苦，即精神损害抚慰金的请求。而具体赔偿的数额，法院应当结合医院的过错程度。婴儿的病残程度、父母所承受的精神痛苦以及当地的经济状况等因素综合认定。

1. 特殊医疗费用

包括孕妇在诊疗过程中因医务人员不适当履行诊疗义务所产生的医疗费用和缺陷儿因先天病残需要花费的医疗费用。因为病残孩子的出生与医院的过失行为之间有着直接、必然的因果关系，相比健康孩子，缺陷儿的父母在有生之年要承担孩子因先天病残而花费的大笔医疗费用，这部分医疗费用应由医院承担。

2. 特殊照顾费用

对于缺陷儿，父母要花费相比健康孩子更多的时间、精力和金钱进行照顾，所以医院需要为缺陷儿的出生和抚养支付因缺陷所带来的特殊照顾费用。对于缺陷婴儿之人力照顾费用及特殊教育费用，台湾地区案例判决应当支付。②

3. 特殊教育费用

受教育权，是我国宪法赋予公民的一项基本权利。缺陷儿，亦平等享有。对残疾子女的特殊教育，已不是单纯意义上的学习知识，更重要的是让他们在一个共同的特殊集体里面，寻求一种温暖和认同，寻找一种积极向上的生存理由和动力。③

---

① 李俊俊：“‘错误出生’民事责任研究”，载《湖南师范大学》2010 年第 11 期，第 42 页。“错误生命”（wrongful life）之诉是指因医生的过失未诊断出胎儿的遗传缺陷或未将这种状况告知其父母导致其降生，生而残障的孩子本人作为原告对医生提起索赔诉讼。

② 王泽鉴：《侵权行为法》（第一册），中国政法大学出版社 2001 年版，第 141 页。

③ 徐玉环：“‘错误出生’之损害赔偿问题初探”，载《上海交通大学》2007 年第 7 期，第 14 页。

所以，这部分费用医院应该承担。

4. 残疾儿童的残疾用具费

因为缺陷儿的先天残疾，身体部分功能丧失或不便，如案例中女婴右上肢缺失，为了使其尽可能像健康人一样便利地生活，需要为其安装假肢。所以，需要配置具有补偿功能的残疾辅助器具，这部分费用也应该由医院承担。

5. 精神损害抚慰金

本文案例中，法院支持了原告精神损害赔偿请求，对精神损害抚慰金予以认定，笔者表示赞同。父母不得不接受孩子因残疾而遭受生活不幸的现实，这无疑是一种巨大的精神痛苦，所以缺陷儿父母精神上承受的痛苦是客观存在的，应获得精神损害抚慰金的赔偿。

笔者认为，在我国保险制度尚不完善的当下，让先天缺陷儿的父母通过诉讼途径从医院获得赔偿是有现实意义的。第一，必要的经济赔偿将促使医务人员在产前诊断时谨慎履行自己的义务，从而增强医务人员责任心，减少病残婴儿出生，减轻社会压力。第二，错误出生的孩子往往需要高额的医疗费支出，完全由父母承担明显有失公平。从“弃婴岛”实践中，我们也看到父母痛心遗弃病残儿童往往是因为支付不起高昂的医疗费。因此，让医院分担先天缺陷儿父母的物质负担，可以降低弃婴行为。第三，判决有过失行为的医院承担一定责任，体现了司法的人性关怀，有利于平衡患者和医疗机构的利益，缓解紧张的医患关系。

（张萍　陕西省柞水县人民法院）

四、安全保障责任

群众性活动组织者安全保障义务的合理范围界定

【司法精要】

在涉及组织者安全保障义务的案件的审理过程中，如何确定义务合理范围，缺乏明确的原则、细化的规则和统一的思维范式；在组织者与管理人安全保障义务竞合的情形下对于义务范围的区分规则及审判方式还存在难点和司法不统一的情况。本文提出了一个确定组织者安全保障义务合理范围的思考模型即：第一步，运用合理限度原则；第二步，运用区别原则；第三步，必要时运用诚实信用原则。在合理限度原则之下细化出“理性认知风险规则”和“合理期待规则”，在区别原则之下细化出“获利规则”和“专业性规则”，并结合案例解释了上述规则的运用方式。针对组织者与管理人安全保障义务竞合的情形，提出了区分二者的“重心规则”，并总结出规范的审判方式。

一、问题的提出

《侵权责任法》第37条在立法层面上确认了我国的安全保障义务制度，形成了一般性规范。从该条规定的义务主体来看有两类，一类是公共场所管理人，另一类是群众性活动的组织者。涉及安全保障义务纠纷的案由非常广泛，除安全保障义务纠纷外，人身损害赔偿纠纷、旅游合同纠纷等各种涉及侵权的纠纷，都可能涉及安全保障义务问题，且往往是多因一果。这时，如何界定安全保障义务的合理范围就成为法官必须面对的问题。

在解决这一问题时法官一般会面对三个难点，一是适用原则模糊且缺乏内容细化的规则及运用方法。《侵权责任法》第 37 条仅原则性地规定了安全保障义务的权利、义务主体和责任承担方式，但对安全保障义务的范围没有原则性的指引，也没有相关的司法解释，学界通过比较法研究提出了一些司法中可以借鉴的原则和规则，但对于法律适用而言还不够明确和细化。二是缺乏统一的、合理的思考模型。要界定安全保障义务的合理范围需要考虑诸如法律规定、行业规范、合理注意、主体性质、活动性质、客观条件等多种层面的诸多因素，目前缺乏一个基础的整合多重因素的较为规范便于适用的思考模型。三是在组织者与管理人安全保障义务竞合的情形下，义务范围的界定缺乏明确的规范。在组织者与管理人安全保障义务竞合的情形下，无论是义务主体直接侵权还是第三人侵权，都必须将二者加以区分，才可能对不同的义务主体确定其是否侵权以及应承担的责任比例。而这也需要明确的区分规则以及规范的审理方式作为司法工作的指引。

二、思考模型及原则、规则的运用方式

（一）思考模型

笔者根据自身审理涉及安全保障义务案件的体会以及对相关案例的研究，提出判断组织者安全保障义务的合理范围的步骤如下：

第一步，运用合理限度原则。首先，运用理性认知风险规则，确定组织者在理性认知下应预见的风险和义务，包括法律规定、行业标准、双方约定以及合理注意，以初步确定义务范围；而后认定参加者决定参加活动时通过理性判断应当预见的自愿承担的风险，并将其排除在组织者安全保障义务范围之外。其次，运用合理期待规则，根据组织者的实际能力和客观环境的限制，再一次限定组织者的安全保障义务范围。

第二步，运用区别原则。首先，运用获利规则，区分活动的性质，如果是具有营利性的活动，或者组织者在活动中有获利的情形，则应当适当扩大其义务范围，加重其责任比例。其次，运用专业性规则，考虑活动及组织者的性质，如果是组织某类专业性活动的专业人士或机构，则也应扩大其义务范围并加重责任比例。以此

对组织者的安全保障义务范围加以修正。

第三步，必要时运用诚实信用原则。这一原则是民法上的帝王条款，之所以提出是因为社会生活飞速发展，在纷繁复杂的群众性活动中，特殊类型的案件层出不穷，在法官遇到以上两个步骤都无法保证案件公平判决的情况下，应果断运用自由裁量权适用诚实信用原则。

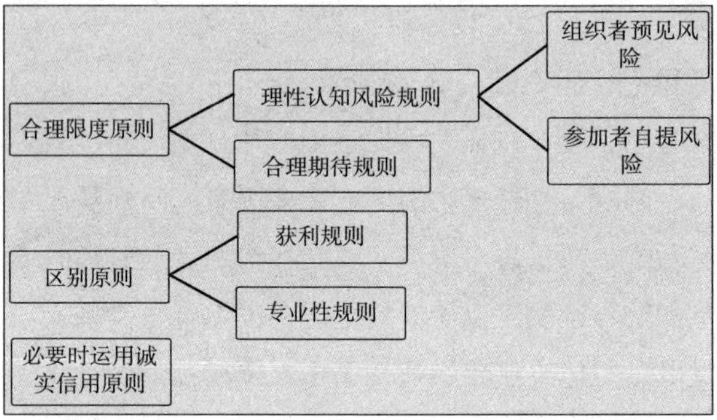

这个模型的内部逻辑在于，组织者理性认知下应预见的风险和义务是安全保障义务内容的来源，而此后各种因素的考量都是对这一范围的不断修正。先考虑任何一个因素都不存在错误问题，但是没有合理的顺序就容易造成混乱。因此，笔者将对安全保障义务范围的界定有影响的主要因素，按影响力由大到小，重要性由主到次，分步骤推演，从第一步合理限度原则拓展到第二步区别原则，并以诚实信用原则作为兜底方案。义务主体能够理性认知的风险和义务是对于义务范围划定最重要、影响最大的，这形成了初始的义务范围，而后权利主体自担的风险很大程度上缩减了义务范围，义务主体的自身条件以及客观环境限制了义务的实际可行范围，至于获利与专业性两项放大义务范围的因素的影响力哪个更大，笔者认为获利标准运用更为广泛，故排列在专业性标准之前。

以上提出的界定安全保障义务范围的步骤，是为了能够给各种原则及规则的适用建立一个简洁而符合逻辑的模型，并不排除其他模型的正确性与可行性。

（二）合理限度原则的运用方法

案例一：孙某、黄某诉郝某某、张某、北京某公司人身损害赔偿纠纷一案[①]

---

① 北京市第一中级人民法院（2008）一中民终字第3519号民事判决书。

2007年3月，郝某某在北京某公司经营的网站上发布“户外活动计划”。该活动的发起人为郝某某、张某，人数限制11人，活动强度1.5级。有报名须知并另附免责声明，孙某某报名参加上述活动。活动当日，因故经集体决定改变路线，后未按时抵达目的地，当晚孙某某出现虚脱症状，同行者为其进行人工呼吸和心肺复苏，并报警求助。次日中午，孙某某被送至医院，已死亡。孙某某之父母孙某、黄某起诉郝某某、张某、北京某公司要求赔偿。法院判决驳回孙某、黄某之全部诉讼请求。

“合理限度范围”一词在《最高人民法院关于审理人身损害赔偿案件适用法律若干问题的解释》（以下简称《人身损害赔偿解释》）第6条中被明确使用作为安全保障义务的定语，在《侵权责任法》第37条中没有再被使用。但是无论在实务界还是学术界，对于安全保障义务只存在于合理限度内是毫无争议的共识。

安全保障义务制度的一个重要的目的在于促进群众性活动的良好运行。这就要求一种平衡状态，一方面，活动参与者的安全应得到基本的保障；另一方面，人们在社会活动中对他人人身、财产安全的注意义务是有合理限度的，无论是从事营利性活动的经营者，还是从事其他社会活动的人，其安全注意义务的承担都应当存在一定的底线，他们并不扮演维护公共安全的警察角色，不能无限制地加重其负担。①两者如不能兼顾就会打破平衡，从而制约群众性活动的良性开展。

1. 理性认知风险规则

（1）组织者应达到理性的注意程度

群众性活动的组织者作为义务承担者对于活动所存在的风险必须有一个理性的判断。在组织活动时，我们认为组织者可以理性认知的风险的范围，就是组织者应承担的安全保障义务的范围。这从正向为界定组织者的安全保障义务范围提供了判断依据。

所谓理性认知，从内容上讲，首先，应当包括对法律规定的认知，法律、法规对安全保障义务的内容或标准有明确规定的，组织者应当严格遵守法律、法规的规定；其次，是对行业标准的认知，在没有法律、法规明确规定的情况下，安全保障义务人要达到同类活动组织者所应达到的通常注意程度；再次，是对双方约定的安

---

① 熊进光：《侵权行为法上的安全注意义务研究》，法律出版社2007年版，第216页。

全保障义务的认知，例如在一些“老年团”的旅游活动中，旅游公司往往会针对客户的特殊性，约定提供标准较高的安全保障义务，而这也应被纳入义务人自身做出的理性判断。

以上是法官在界定安全保障义务范围时首先应考虑的三个方面。但实践中我们发现相关法律规定不但非常少，而且抽象；行业标准在许多群众性活动中往往还未形成；而对安全保障义务有明确约定的情形也并不常见，或者即便有也存在大量规避责任的情形或不够周延。所以这三项依然不足以完成确定义务主体的理性认定义务范围的工作。此时法官就必须在此基础上做出自己的内心判断。

在这里需要借鉴普通法规范中所谓“合理注意”原则。美国著名的“帕斯格拉芙一案”有一句被广为引用的名言“一个正常的小心谨慎的人所感知的危险的范围决定应承担责任的范围。”① 但，它只能表达为有理智的人会采取的注意，防范明显的事件、可能的事件和可能预见的事件。但不会防范很小的、不常发生的事件和完全不可能预见的事。在特定的场合所采取的合理的谨慎和预防措施是否达到了合理注意，须依该特定场合中的具体情况而定。②

案例一中，户外活动的组织者计划了活动的时间和路线，限制了活动参加人数，通报了活动强度，强调了活动纪律；在选择参加者时考察了参加者以往的活动经历，并将活动的风险和责任的承担告知参加者，应该说已经做到了对活动风险的理性认知和防范。而孙某某身体的突发状况是一种意外，不能要求组织者对此做出预判，故不属于组织者对风险的理性认知范围。

判断组织者能够理性认知的风险范围，要以理性人即具有一般谨慎的人，是采用一般注意和技能的人③的一般注意为基础，对义务范围做出一个初始的合理判断。这个范围就是思考模型中的原始标靶，之后的步骤将不断对其进行修正。

（2）参加者应理性判断其自担的风险

参加者作为权利人在安全保障义务规范中也同样属于理性人的设定，这就要求

① 阎无怀：“法律救济的界限”，载《读书》2005年第9期。

② 贾邦俊：“侵权责任法中安全保障义务‘合理限度’的思考——从比较法角度审视”，载《绍兴文理学院学报》2010年第6期。

③ （英）戴维·M. 沃克：《牛津法律大辞典》，北京社会与科技发展研究所译，光明日报出版社1988年版，第151页。

参加者对于自己所参加的活动中可能存在的风险应有一个理性的认知，并要为自己的行为承担责任。德国有所谓一般认知原则，即对于一般性的社会生活风险，参加者本人应当可以预期并加以防范，如果未加合理防范则应当自己承担后果。[①] 而本文所谓理性认知风险的范围更为广泛，在借鉴一般认知原则的基础上，在一些会出现非一般性社会风险的活动中，参加者具有专业判断能力或组织者预先充分提醒，而参加者对于活动风险没有达到理性判断的程度，就应当自己承担损害后果，而不能归责于组织者。这一规则从反向限制了组织者的安全保障义务范围。

在案例一中法官指出，“更重要的，要考虑参加者自冒风险的前提，该前提使自助式户外运动的组织者也不同于一般社会活动的组织者，在一般社会活动中，不应该有超出日常生活的不合理的危险，因而组织者的安全保障义务较重，而在户外活动自冒风险的前提下，组织者对于户外活动本身的风险导致的损害是可以免责的。”在更为典型的“促销活动”中，一些老年人因拥挤而造成人身损害，法官均认为当事人应当根据自身的年龄等身体条件理性预见该种活动可能存在的拥挤对其人身造成的风险，并自行承担，从而缩小了组织者的义务范围。

2. 合理期待规则

根据信赖关系理论，参加活动者或者消费者等是基于对组织者或公共场所管理人的保障安全的信赖才参加活动或进入该场所的，因此管理人和组织者就应该承担安全保障义务。同时这一信赖也不是绝对的，而应是基于预防措施和救助措施的可能性而存在的。因此合理期待规则要求安全保障义务人仅承担其能力范围内的安全保障义务，并不要求绝对充分的保障。

这一规则在案件审理中普遍得到运用，以案例一为例，法官认为“在事发当晚孙某某出现虚脱症状后，郝某某、张某等人对其采取了人工呼吸等救助措施，并报警求助。郝某某、张某采取的救助措施符合当时的客观环境及自身条件，不能认为是没有积极救助。”综合考虑组织者的行为在当时的自身条件和客观条件下是否已经达到其能力可及的合理限度就是合埋期待规则的适用方法。

法官在运用合理期待规则的过程中首先要判断组织者的能力，这必然出现组织者能力的差异性。在一些组织者具有特殊职业技能的场合，比如组织者是经验丰富

① 参见周文军：“社会安全义务理论研究”，中国人民大学2006年博士论文。

的医务人员或户外运动专业人士，其需要承担的安全保障义务范围就要大于普通人，这个问题在下文的区别原则中将详细讨论；其次要考虑客观条件的限制，在户外等几乎无法预测或控制的场所必然限制组织者能力的发挥。综合判断，才能确定义务的合理范围从而得出组织者是否合理履行了安全保障义务的结论。

（三）区别原则的运用方法

组织者作为安全保障义务的义务主体，其形态多样，有普通自然人、也有专业人士，有一般法人、也有专业机构等；性质也不同，有营利性质的也有非营利性质的。在确定安全保障义务范围的过程中，组织者的上述区别也会对义务的范围造成影响，是法官必须考虑的，即区别原则。

1. 获利规则

案例二：王瑾诉王艳梅、曹永杰旅游合同纠纷[①]

2007年6月，王艳梅、曹永杰在网上发帖组织户外活动。活动费每人130元（含路费、保险费、导游费、篝火晚会费）。活动当日王瑾交纳了活动费。参加活动共28人。后因故将坐车返回改为徒步返回。途中大部分参加者体力不支，曹永杰根据大多数参加者的意见雇用了一辆无牌照报废轻型卡车，让包括王瑾在内的参加者上车，途中发生交通事故，肇事司机当场死亡，王瑾受伤。故，王瑾起诉王艳梅、曹永杰承担赔偿责任。庭审中王艳梅、曹永杰认可他们没有交纳活动费，而且没有为参加者办理保险，也没有退还保险费。法院判决王艳梅、曹永杰承担王瑾实际损失的40%的赔偿责任。

通常情况下，具有营利性质或有获利情形的活动的组织者的安全保障义务范围要大于其他的组织者，这体现了获利与义务相对称的理念。这一规则的理论依据是以经济学为基础的获利理论。社会活动的开展就如同一个个危险源的产生，谁能从危险源中获利，谁就应该承担保障安全的责任。获得利益者，应负担责任，系正义的要求。[②] 虽然获利理论无法解释非营利活动的组织者为什么要承担安全保障义务，但是这个理论提供了一种观念。即一个从他支配下的某物或某项活动中获得利益的人，应当对该物或该活动过程中（无论是亲自或使用他人进行的）所导致的损

---

① 陕西省西安市新城区人民法院（2008）新民初字第2142号民事判决书。

② 王泽鉴：《侵权行为法》（第一册），中国政法大学出版社2001年版，第16页。

害承担责任……这符合社会的公平观念。[①] 具有营利性质的或有获利情形的活动的组织者应承担更广泛的安全保障义务就是一种合理的区分标准。

案例二与案例一相比较，均为户外活动，组织者也都理性地判断了存在的风险，都存在因客观原因改变路线等活动计划的情形，相关改变也都经过集体决定，在损害发生后组织者也尽了力所能及的救助义务。但两个案件的判决结果差别很大，应该说两案中对活动的营利性判断是影响判决结果的重要因素。案例一中法官明确指出，"从活动的性质来看，自助式户外运动不具有营利性，组织者并不从中获取利润。因而该类活动的组织者应当承担的责任不同于商业性营利活动的组织者。后者要承担更为严格的责任。"而案例二中法官也认为，"综合考虑此类活动的特点，以及王艳梅、曹永杰组织此类活动有营利的性质，故其应当在能够防止或者制止损害发生的范围内对王瑾意外所受到的伤害承担相应的赔偿责任。"故只要组织者从活动中获利就可适用获利规则。

2. 专业性规则

案例三：李耿诉王振明、河南宜华双龙汽车销售服务有限公司（以下简称宜华双龙公司）道路交通事故人身损害赔偿纠纷案[②]

宜华双龙公司于2009年6月13日举办"双龙罗布泊冠军版豪情越野挑战赛"活动。李耿报名，并与宜华双龙公司签订《安全协议书》，李耿未接受培训。李耿乘坐同为试驾人员的王振明驾驶的汽车发生事故，受伤。交通管理部门认定王振明负此次事故的全部责任。李耿遂起诉王振明、宜华双龙公司要求赔偿。法院支持了李耿的诉讼请求。

有些群众性活动具有相当的专业性，其组织者也属于专业人士或专业机构，甚至需要对参加者进行相关培训才能开展活动。这些专业性组织者所应承担的安全保障义务相对于普通组织者而言，显然应当要求更高、范围更广。这一规则的理论基础首先为危险控制理论，控制危险最便利最积极有效的主体就是这些专业性组织者，由他们控制风险也可以最大限度地节约社会成本。其次，是信赖关系理论，对于参加者而言参加具有专业性的活动对其组织者的信赖程度比参加一般性质的活动

① 参见王利明：《侵权行为法归责原则研究》，中国政法大学出版社1996年版，第140页。

② 郑州市中级人民法院（2010）郑民二终字第409号民事判决书。

要更高。其信赖专业性组织者的职业水准，而专业性组织者也应当满足这种信赖。故，作为专业性组织者在组织具有专业性质的活动时应承担较普通组织者更广泛的安全保障义务就成为一种合理的区分标准。

在案例三中，宜华双龙公司是专业的汽车销售公司，举办的越野挑战赛有明显的专业汽车运动性质。尽管该公司与李耿签订了《安全协议书》，而协议书中也没有约定该公司所应履行的义务及应承担的责任。但法官认为，“试驾车辆在人工设置的越野赛道上进行，存在一定风险，宜华双龙公司应当对参加活动的人员进行相关的安全培训。……但李耿未能接受到相关培训。……宜华双龙公司认可王振明是无权带领他人参赛的，而宜华双龙公司又未提供证据证明李耿和王振明是未经允许私自试驾，因此该公司存在错误。”分析案例三可以发现，李耿是成年人，具有一定的风险判断能力，但汽车越野赛是一种专业性活动，普通人对于其风险的判断是感性的、有限的。这就要求专业组织者提供更为完善的安全保障而绝非告知风险即可免责。而在没有具体法律规定、行业标准或约定义务的情况下，本案中法官认定宜华双龙公司没有履行安全培训、严格控制私自驾驶等安全保障义务，这种判断就体现了对于专业性组织者组织专业活动应承担更为广泛和严格的安全保障义务的价值取向。

（四）诚实信用原则的运用

诚实信用原则是安全保障义务制度的重要理论基础，甚至可以说催生了这一制度的产生。德国法上的一般安全注意义务就是由诚实信用原则扩张衍生而来。诚实信用原则具有很强的扩张功能，其作用在于赋予法官在具体案件中按正义的要求扩张当事人的义务之自由裁量权，而这些义务正是制定法所未事先规定的。① 在此提出这一原则，是因为群众性活动是一种不断发展变化的社会活动领域，在处理一些新型或具有特殊性的活动时，如果现有原则、规则无法满足保证公平正义的需要时，就需要法官发挥自由裁量权，运用诚实信用原则保证案件的公正处理。

三、组织者与管理人安全保障义务竞合时的区分规则和方式

案例四：李某、王某、卢某某与苏某、柳州市第二中学（以下简称柳州二中）、

---

① 参见杨垠红：“侵权法上安全保障义务之研究”，厦门大学，2006年博士论文，第36页。

中国大地财产保险股份有限公司柳州中心支公司（以下简称保险公司）旅游合同纠纷案①

2009 年，柳州二中组织教师到石门冲景区进行旅游。景区的经营者为苏某。卢某酒后在景区游泳池游泳身亡。卢某之亲属起诉苏某赔偿，柳州二中、保险公司作为第三人应诉。法院认定卢某应承担主要责任，比例为 60%；苏某虽履行了警示义务，但安保义务存在瑕疵，应承担 30% 的责任，由保险公司在保险限额内承担责任；柳州二中作为活动的组织者，对参加者未尽安全监管义务，承担 10% 的责任，但经法院释明，因李某、王某、卢某某表示不起诉柳州二中，法院未予判决。

群众性活动往往需要在一定的场所进行，且大多是公共场所。在活动中组织者与公共场所的管理人同时承担着安全保障义务，两者之间既有重合也有区别。当损害结果发生，二者发生竞合时，对其进行区分并分别认定责任就是这类案件的难点。

1. 两者的区分规则

安全保障义务从内容上主要包括预防风险、排除风险和救助义务。在群众性活动中，组织者的安全保障义务侧重于组织工作，包括活动时间、地点的策划，交通安排，在活动期间对参加者的监管、救助等。而公共场所作为活动地点，其管理人的安全保障义务则侧重于与活动场地有关的风险的控制，当然在发生危险后，也负有排除危险和救助的义务。由此可以看出，安全保障义务都是围绕着组织者和管理人这两个核心行为的不同侧重点在向外扩展，与一方关系更近的安全保障义务就应该属于该方的义务范围。笔者将其归纳为“重心规则”。其理论基础为危险控制理论，组织者的组织行为所能控制的风险与管理人的管理行为所能控制的风险显然有区分，所以二者所承担的安全保障义务的范围也因此而不同。

从案例四中可以看出，法官首先认定受害人自己在判断风险上的过错以及应当承担的责任。而后对景区管理人和活动组织者的安全保障义务范围做了区分。景区管理人在泳池布置了警示标志，履行了警示义务，但是没有配置保安阻止饮酒者进入泳池，也没有配置救生员保障游泳者的安全并实施救助。因此，景区管理人没有全面履行安全保障义务，要承担相应的责任。而作为活动组织者，对于参加者负有

① 广西壮族自治区柳州市中级人民法院（2011）柳市民二终字第 222 号民事判决书。

安全监管的义务，尤其对于饮酒后的人员更应该使其避免参加有危险性的活动，柳州二中并未履行这一义务，因此也应承担相应的责任。虽然组织者和管理人都负有救助义务，但是在游泳池发生危险，泳池管理人的救助义务更大，更合理，因此不能将专业救护的责任加在组织者一方。

2. 审理方式的规范

在原告没有起诉组织者的情况下，法院应依职权追加其为第三人。在确定组织者有违反安全保障义务并应承担责任的情况下，应向原告行使释明权。如原告申请追加组织者为被告，应予准许，如原告坚持对组织者不予起诉，则法官依然应在判决中分清责任，记录裁判过程。在原告没有起诉管理人的情况下同样适用上述审理方式。

（王东　山西省高级人民法院
白涛　北京市第二中级人民法院）

安全保障义务人补充责任的司法适用

【司法精要】

《侵权责任法》第37条第2款规定了安全保障义务人的补充责任，但审判实践中法官判决安全保障义务人承担侵权补充责任时面临不少困惑与问题，突出表现在安全保障义务人是否尽到“合理限度”义务、“相应补充责任”难以把握、理解和认定安全保障义务人对第三人的追偿权不明确三个方面。本文认为，法官应当以安全保障义务人未尽到安全保障义务的过错程度和行为的原因力确定补充责任的范围。正确适用补充责任要在过错的举证责任、诉讼程序及判决书主文的表述方面做出明确规定。要加强对补充责任的理论研究，修改逻辑矛盾的法律条文。当务之急是尽快出台相关司法解释，发布指导性案例，统一法官的认识和执法尺度。

根据最高人民法院《关于审理人身损害赔偿案件适用法律若干问题的解释》（以下简称《解释》）第6条第2款和《侵权责任法》第37条第2款的规定，安全保障义务人没有尽到安全保障义务的，应当向受害人承担补充责任。司法实践中，判决安全保障义务人承担补充责任的案件较多，但是由于理论界对于补充责任的性质等问题的认识差异、法律规定的不明确等原因，导致补充责任的适用差强人意，呈现出混乱的局面。侵权补充责任作为我国创新的一种责任形态，其正确适用对于让无辜的受害人得到救济，而让侵害他人或者无视他人安全的人承担责任和风险，实现司法公平正义均具有重要意义。

一、安全保障义务人承担补充责任适用之现状

（一）最高人民法院公报案例的考察分析

考察分析最高人民法院公报（以下简称《公报》）所发布的有关安全保障义务人承担责任的案例，对于全面、正确认识审判实践中安全保障义务人承担补充责任的历史变迁和现状具有代表意义。

表1：2001年~2004年《公报》发布的人身损害赔偿案例

期号	案件名称	裁判理由
2001年第2期	王利毅、张丽霞诉上海银河宾馆赔偿纠纷案	一审法院认为银河宾馆在管理工作中的过失，同王翰的死亡与财物被劫没有法律上的因果关系。故王利毅、张丽霞要求银河宾馆承担侵权赔偿责任，没有法律依据，不予支持。但银河宾馆未能兑现承诺，则应承担违约责任，违约赔偿的数额应当参照实际情况酌情而定。最终判令被告赔偿原告8万元。二审法院维持原判。
2002年第2期	李萍、龚念诉五月花公司人身损害赔偿纠纷案	一审认为被告已经尽到注意义务，不构成违约或侵权，判决驳回原告的诉讼请求。二审为平衡双方当事人的受损结果，酌情由五月花公司补偿李萍、龚念一部分经济损失计30万元。
2002年第4期	李彬诉陆仙芹、陆选凤、朱海泉人身损害赔偿纠纷案	一审法院认为陆仙芹等已经在力所能及的范围内，对李彬的人身安全尽到了谨慎注意和照顾的义务。陆仙芹等对李彬所遭受的人身伤害，不应承担赔偿责任。故判决驳回李彬的诉讼请求。二审法院维持原判。

续表

2004 年第12期	吴成礼等五人诉官渡建行、五华保安公司人身损害赔偿纠纷案	一审法院认为官渡建行在合理限度内未尽到安全保障的义务，致使存款人及其他客户在银行的营业场所遭抢劫遇害，应在合理范围内承担与其过错相适应的赔偿责任。二审法院维持原判。

说明：(1) 鉴于因设备设施不符合安全标准等导致人身损害的案件并不符合安全保障义务人承担补充责任的情形，且适用法律的依据不同，故此类判例未列入；(2) 为了使本表及以下的表更为简明，表中仅列举法院裁判的主要理由与结论，而未涉及其他问题。

通过上表，可以看出当时各地法院均未明确适用侵权补充责任。从中可以得出以下几个结论：(1) 在第三人侵权时，法院对安全保障义务人应承担何种责任的认识不一，如有的认定为侵权责任，有的认定为违约责任，侵权补充责任还没有得到明确的适用；(2) 安全保障义务人应承担与其过错相适应的赔偿责任；(3) 安全保障义务人尽到谨慎注意和照顾义务的，不应承担赔偿责任。

（二）法院判决书及案例的考察分析

笔者根据中国审判法律应用支持系统“中国法院裁判文书库”中“违反安全保障义务责任纠纷”的判决，结合人民法院报和《中国法院2014年度案例（侵权赔偿纠纷）》刊载的案例，将安全保障义务人承担补充责任的类型归纳为以下几类：

1. 法院的生效裁判文书确定实施侵权行为的第三人承担责任后，安全保障义务人不再承担赔偿责任（见表2）。

表2：

审理法院及判决书编号	案件名称	终审裁判理由及结果
甘肃省天水市秦州区人民法院（2013）天秦民一初字第126号	马健诉李元生违反安全保障义务责任纠纷案	原告与直接侵权人在刑事附带民事诉讼中达成赔偿协议领取了赔偿款。原告的损失无论是否已得到足额赔偿，均系原告对自己实体权利的放弃和处分。原告要求被告赔偿不足部分损失，理由不能成立，依法判决驳回原告的诉讼请求。

续表

广东省东莞市第二人民法院（2011）东二法民一初字第5036号	左××诉中国××银行股份有限公司××乌沙支行违反安全保障义务责任纠纷案	原告未能举证证明被告在案发时未尽到安全保障义务，且原告因杨××犯罪而遭受的财产损失本院已判决由杨××承担全部的赔偿责任，在原告不能证明杨××确实无力履行上述赔偿义务的前提下，原告主张由被告承担补充责任，无事实和法律依据，依法予以驳回。
湖南省郴州市中级人民法院（2011）郴民一终字第363号	许丹诉资兴市嘉程宾馆公共场所管理人责任纠纷案	许丹当时已经作为附带民事诉讼原告人向郴州市中级人民法院进行了起诉，并已审结，判决曹良华承担了其全部损失，现原告又以同样的诉讼请求提起诉讼，要求被告嘉程宾馆赔偿，没有法律依据，不予以支持。

分析表2，可以发现没有支持原告诉讼请求的主要裁判理由为：（1）达成调解协议并收取了侵权第三人的赔偿款后，再要求安全保障义务人承担责任的，不予支持；（2）已判决侵权第三人承担全部的赔偿责任后，在原告不能证明侵权第三人确实无力履行赔偿义务的前提下，原告主张由安全保障义务人承担补充责任的，不予支持；（3）已判决侵权第三人承担全部的赔偿责任后，无论侵权第三人是否有履行赔偿义务的能力，原告主张由安全保障义务人承担补充责任的，不予支持。

2. 法官行使自由裁量权，酌情判决安全保障义务人承担补充责任（见表3）。

表3：

审理法院及判决书编号	案件名称	终审裁判理由及结果
上海市徐汇区人民法院（2013）徐民一（民）初字第3277号	张某某诉某艺术文化中心违反安全保障义务责任纠纷案	被告未尽到安全保障义务，但并非侵权行为实施人，故被告仅在其过错范围内承担补充赔偿责任。原告系高龄老人，原告及家属有过错应自行承担相应责任。根据案件的损害后果及被告过错情况，酌情判令被告对原告所受损害承担20%的赔偿份额。

续表

江苏省常州市武进区人民法院（2012）武邹民初字第201号	严国平诉汤亚东公共场所管理人责任纠纷案	被告有过错，不能在损害后果发生后向公安机关提供重要的破案证据（监控录像），致使直接的侵权人至今不能确定。综合被告的过错程度及原告受伤的直接原因，可由被告承担40%的补充赔偿责任。
上海市奉贤区人民法院（2012）奉民一（民）初字第528号	申某某诉某娱乐公司公共场所管理人责任纠纷案	鉴于直接实施加害行为的第三人的身份并未确定，被告未能尽到安全保障的义务，具有重大过错，应对损害后果直接承担相应的补充赔偿责任。而原告对损害的发生也有一定过错，酌情减轻被告的责任。被告对19453.05元中的80%承担补充赔偿责任。
上海市奉贤区人民法院（2012）奉民一（民）初字第531号	郭某某诉某娱乐公司公共场所管理人责任纠纷案	鉴于直接实施加害行为的第三人的身份并未确定，被告未能尽到安全保障的义务，具有重大过错，应对损害后果直接承担100%的补充赔偿责任。
浙江省宁波市中级人民法院（2012）浙甬民一终字第236号	叶某某诉周某某等违反安全保障义务责任纠纷案	周某没有尽到一个餐饮场所经营人所应尽到的安全保障义务，依法应承担相应的补充赔偿责任。故“判令周某某就本院作出的（2010）浙甬刑一初字第226号刑事附带民事判决书第三项确定的赔偿数额，在30000元（不包括已付的3000元）的范围内承担补充赔偿责任。”

通过以上五个案件的判决不难发现：法官按照《侵权责任法》中安全保障义务人依法应“承担相应的补充责任”的规定，根据案件的损害后果及作为被告的安全保障义务人的过错情况，行使自由裁量权，判决安全保障义务人承担全部责任的20%～80%的比例不同的赔偿责任。① 只有在郭某某诉某娱乐公司公共场所管理人责任纠纷案中，法院认定被告未能尽到安全保障的义务，具有重大过错（等同于故意），应对损害后果直接承担100%（即全部）的补充赔偿责任。

3. 安全保障义务人承担补充责任后向第三人追偿（见表4）。

① 相近的判决还有很多，限于篇幅，未在表中列出。

表 4：

审理法院及判决书编号	案件名称	终审裁判理由及结果
宁波市北仑区人民法院（2013）甬仑民初字第 545 号	闫某 1 等诉洪某某违反安全保障义务责任纠纷案	法院酌定洪某某在其能够防止或者制止损害的范围内承担损失赔偿总额 25% 的补充责任。洪某某承担补充赔偿责任后，有权向案外人闫某 4 及其父母追偿。
湖南省湘西土家族苗族自治州中级人民法院（2012）州民一终字第 292 号	石某等诉麻某公共场所管理人责任纠纷案	“移动”宾馆在石某被侵害的过程中，没有尽到安全保障义务。因此，麻某应当对石某产生的所有损失承担补充责任。因为龙某 2 等已经承担了部分民事赔偿责任，因此，石某在此次伤害的剩余民事赔偿部分应由麻某承担，麻某在承担赔偿后，可以向侵权人追偿。
江苏省淮安市中级人民法院（2010）淮中民终字第 0198 号	尹鹤飞诉淮安市楚州区农村信用合作联社违反安全保障义务责任纠纷案	一审认为，被告作为国有金融机构，在事故中未尽到基本的安全保障义务。鉴于本案中导致原告受伤系由于他人的实际踩踏即第三人的侵权行为所直接造成的，故被告在其能够防止或制止损害的范围内承担补充赔偿责任。被告承担补充赔偿后，可向实际侵权人追偿。二审调解，被告给付原告 5000 元。

4. 安全保障义务人尽到安全保障义务，不承担补充责任。在蒋力武诉李强公共场所管理人责任纠纷案中，法院认为被告的工作人员面对严重犯罪场面，及时报警并利用监控视频资料协助警方及时破获刑事案件，应认定被告已经尽到了 KTV 经营者的合理限度范围内的安全保障义务。原告要求被告对直接侵权人造成的损害承担补充赔偿责任，法律依据不足，判决驳回原告的诉讼请求。①

5. 安全保障义务人的不作为直接引发第三人的侵权行为，是导致损害后果的主要原因时，应当承担直接赔偿责任。如朱晓莉诉新世纪渝东花园店等健康权纠纷案中，一审法院认为，新世纪渝东花园店未尽安全保障义务，应承担彭纯碧不能赔偿部分 40% 的补充赔偿责任。二审法院认为新世纪渝东花园店的不作为行为与彭纯

① 参见湖南省长沙市雨花区人民法院（2013）雨民初字第 840 号民事判决书。

碧在扶梯上后退并撞倒朱晓莉具有直接的因果关系，原判其承担补充责任不当。改判新世纪渝东花园店承担直接赔偿责任。[①] 在温某诉振博公司案中，法院认为温某的受损结果并不是由第三人何某的行为导致，振博公司未尽到安全保障义务，其过失是导致温某受损害的主要原因，应承担全部损害赔偿责任。[②]

二、安全保障义务人承担补充责任现实问题之审视

（一）安全保障义务人是否尽到“合理限度”义务的把握和认定

“合理限度”是一个十分抽象的概念，只为法官提供了价值指引，对其如何认定和把握缺乏明确的规定，导致相同案情的案件裁判结果迥异。如上文中同样是违反安全保障义务的案件，对于监控录像模糊的问题，在左××诉乌沙支行违反安全保障义务责任纠纷案中，法院认为监控录像受当时天气、光线等因素影响，无法保证摄取的画面足够清晰，不能认定被告违反了安全保障义务，因而判决驳回原告的诉讼请求；而在严国平诉汤亚东公共场所管理人责任纠纷案中，法院认为由于被告不能在损害后果发生后向公安机关提供重要的破案证据（监控录像），致使直接的侵权人不能确定，具有过错，判决被告承担相应的补充赔偿责任。

从法院的判决来看，对“合理限度内的安全保障义务”的不同认定，决定了安全保障义务人承担责任与否。“合理限度内”的认定是责任承担的判断标准和保证裁判正确的关键。“合理限度范围内的安全保障义务”实质上是对与经营行为相关的危险源“合理控制”的义务。“合理控制”的判断标准，应当根据与经营者的经营性质和规模相适应的安全保障的必要性和可能性，结合案件具体事实予以认定。[③] 法官可以依据以下的标准加以认定：1. 安全保障义务人是否获益；2. 预防和控制风险的成本；3. 危险控制义务的履行情况；4. 专业人员的行为标准。司法实践中还应考虑到受害人参加经营活动或社会活动的其他情形，运用经济分析、价值

---

① 参见国家法官学院案例开发研究中心：《中国法院2014年度案例（侵权赔偿纠纷）》，中国法制出版社2013年版，第82~85页。

② 李红玲、严蓓佳：“第三人介入情况下——安全保障义务人不必然承担侵权补充责任”，载《人民法院报》2013年1月17日第7版。

③ 陈现杰：“《最高人民法院关于审理人身损害赔偿案件适用法律若干问题的解释》的若干理论与实务问题解析”，载《法律适用》2004年第2期，第7页。

分析等方法兼顾双方当事人、社会三者利益的平衡来综合作出判断。①

（二）安全保障义务人承担“相应补充责任”的理解与认定

对于补充责任是对直接侵权人不能赔偿的部分全部补充，还是按照安全保障义务人自己的过错承担相应的赔偿责任，学界意见不一致。全部补充说认为在直接责任人不确定或者不能承担责任的情况下，补充责任人具有承担全部赔偿责任的义务。部分补充责任说认为安全保障义务人只能在其能够防止或制止损害的范围内承担补充赔偿责任。② 有学者认为“补充赔偿责任”的含义之一是实体的补充，即补足差额。安全保障义务人补充赔偿责任的总额，不是以直接侵权人应当承担的赔偿责任的总额为限，而是根据其自己行为应当承担的赔偿责任的总额为限。③从上文中表3来看，审判实践中的倾向做法是判决安全保障义务人承担与其没有尽到安全保障义务相应部分的赔偿责任。笔者认为，安全保障义务人承担责任的基础是其未尽到防止他人遭受第三人侵害的安全保障义务，其所负的责任是由于其有过错而承担的补充责任，不是对第三人的替代责任。安全保障义务人并非是补充承担全部的责任，其应当在能够防止或制止损害的范围内承担责任。安全保障义务人承担责任的大小应当考虑责任范围的因果关系，根据第三人的行为是否是造成受害人损害的主、次要或全部原因等具体情况来确定，具体承担责任的大小需要根据个案情况来综合考量判断。因此法官应当以安全保障义务人未尽到安全保障义务的过错程度和行为的原因力确定补充赔偿的范围。

（三）安全保障义务人对第三人的追偿权问题不明确

《侵权责任法》没有沿袭《解释》第6条中安全保障义务人追偿权的规定，采取了回避态度。法律条文中“相应的补充责任”的表述，使得补充责任人有无追偿权处于一种非常不明确的状态，也表明立法者在是否采纳补充责任人追偿法律机制

---

① 国家法官学院案例开发研究中心：《中国法院2014年度案例（侵权赔偿纠纷）》，中国法制出版社2013年版，第75页。

② 谭冰涛、段勇：“侵权补充责任的若干法律探析”，载《人民司法》2009年第11期，第77页。

③ 陈现杰：“《最高人民法院关于审理人身损害赔偿案件适用法律若干问题的解释》的若干理论与实务问题解析”，载《法律适用》2004年第2期，第7页。

问题上的矛盾态度。[①] 对此，学界存在两种针锋相对的观点，赞成者认为，安全保障义务人承担了补充责任后，其获得对加害人的追偿权。[②] 其主要理由是直接侵权人的行为是造成损害的全部原因，而违反安全保障义务的人的行为，只是损害发生的间接原因，因此，其才承担补充责任，而不是连带责任，并且在承担了责任之后，享有对直接侵权人的追偿权。[③] 而反对者认为，安全保障义务人如果没有尽到合理限度内的义务，表明其具有过错，此种过错行为与受害人的损害之间有相当因果关系，因此该义务人本身就应承担一定的赔偿责任，而不能将其本身就应当承担的赔偿责任转嫁给第三人。[④]

笔者认为如果安全保障义务人承担的责任与其过错以及原因力大小相适应，则不能够进行追偿，即承担相应的补充责任的安全保障义务人不享有追偿权；但如果安全保障义务人承担的责任超过与其过错及原因力程度相适应的部分，即超出了自己应当承担的相应的补充责任的部分，则对直接侵权人享有追偿权。由于追偿权本质上也是一种请求权，行使请求权必须要有法律依据。我国《侵权责任法》中明确赋予了生产者、销售者以及医疗机构等的追偿权，但没有规定安全保障义务人的追偿权。因此，目前法院判决安全保障义务人可以向第三人追偿是没有法律依据的，也是不正确的。

三、安全保障义务人承担补充责任之司法适用

（一）过错的举证责任

违反安全保障义务的补充责任应适用过错归责原则，过错的举证责任应由受害人一方承担，除非法律、法规另有规定。如左××诉乌沙支行违反安全保障义务责任纠纷案中，法院认为原告未能举证证明被告在案发时未尽到安全保障义务。但实践中法官经常感到让受害人对安全保障义务人的过错进行举证存在较大困难。因此

---

① 阴文婷："补充责任制度研究"，暨南大学2011年硕士论文。

② 张新宝：《侵权责任法立法研究》，中国人民大学出版社2009年版，第243页。

③ 杨垠红："安全保障义务人补充责任之检讨"，载《法治论丛》2008年3月第23卷第2期，第57页。

④ 王利明：《人身损害赔偿疑难问题》，中国社会科学出版社2004年版，第280页。

有的法院要求被告证明自己无过错。① 笔者认为，根据“司法实务中，法官必须适当松弛过错认定的严苛性，以求维护当事人双方的利益平衡。”② 的观点对受害人的举证要求不可过高，受害人只要举证证明其所受损害的事实、提出赔偿义务人负有符合社会一般价值判断所认同的安全保障义务即可。安全保障义务人则应就其已尽到与其所从事社会活动相适应的安全保障义务进行反证和抗辩，即被告应举证证明其已尽合理限度范围内的安全保障义务。

（二）安全保障义务人承担补充责任的诉讼程序

根据《解释》第6条的规定，受害人进行追偿的诉讼设置是单向的必要共同诉讼，即受害人不能单独起诉安全保障义务人，如果只起诉安全保障义务人，法院必须追加第三人作为共同被告，除第三人不能确定或下落不明；而起诉第三人时，没有必要追加安全保障义务人，但应当向受害人释明，由受害人选择是否追加安全保障义务人为被告。受害人对安全保障义务人与实施加害行为的第三人同时起诉或者只起诉安全保障义务人时，除第三人不能确定外，应赋予安全保障义务人先诉抗辩权；第三人无力承担赔偿责任时，受害人依顺位以安全保障义务人疏于履行安全保障义务并导致其遭受损害为由向法院提起诉讼，法院应当受理。

（三）判决书主文的表述

1. 赔偿权利人将直接责任人和安全保障义务人作为共同被告起诉的，在判决主文中应当明确指出补充责任人的过错程度，即明确划定补充责任人承担责任的范围，并指出在执行程序中应当先行执行直接责任人，在直接责任人赔偿不足或无力赔偿时才由补充责任人按照规定的责任范围承担责任。

2. 在第三人不能确定，只有安全保障义务人作为被告时，应当直接按照补充责任人的过错程度和原因力比例，判令由补充责任人在其能够防止或者制止损害的范围内承担相应的赔偿责任。

---

① 参见李娟与徐州悦家商业有限公司违反安全保障义务责任纠纷上诉案，江苏省徐州市中级人民法院（2012）徐民终字第982号民事判决书。

② 李晗、邱鹏：“违反安全保障义务之归责问题研究”，载《人民司法》2013年第1期，第96页。

四、完善安全保障义务补充责任的建议

(一) 加强对补充责任的理论研究

侵权补充责任作为一种新型的侵权责任形态已明确规定在我国《侵权责任法》中，但我国关于侵权补充责任的理论研究十分薄弱，导致立法层面上缺乏必要的理论支撑。要实现侵权补充责任的价值和功能，解决司法实务中的问题也有赖于理论的支撑。尽管“法律智慧在安全保障义务这一问题上似乎还没有发达到足以解决所有问题的水平，但是朝着正确的方向的努力不应当停顿下来。”① 因此，理论界应当继续加大对侵权补充责任的研究力度，力争在诸如补充责任的涵义、性质、类型、制度构建等一些基本问题上取得共识，以便于指导立法和审判实践工作。

(二) 修改逻辑矛盾的法律条文

只有立法确立补充责任的规则性规定，才能为司法适用提供统一的标准，确保补充责任的准确适用。

1. 修改《侵权责任法》第 37 条第 2 款。该款在表述上存在逻辑矛盾。所谓安全保障义务人“未尽到安全保障义务的”，其实质是指安全保障义务人具有过错，在其过错范围内承担相应的补充责任。这样的规定在责任的归属和确定上均存在着需要修正的缺陷，因而存在着法律适用的障碍。关于“相应的补充责任”的提法本身就不符合逻辑，首先“相应”指的是与自己过错相对应的份额，而“补充”则指的是第三人赔偿不足的那部分责任，可以看出这两者是不一致的。②

2. 明确安全保障义务人是否有追偿权。由于《侵权责任法》没有规定安全保障义务人的追偿权，而《解释》中却明确规定安全保障义务人享有追偿权，加之学界对追偿权问题的争论不止，法官对此问题理解不一，从而导致各地法院裁判结果的千差万别。为统一司法适用，避免同案不同判，应当明确规定安全保障义务人有无追偿权。

---

① 张新宝、唐青林：“经营者对服务场所的安全保障义务”，载《法学研究》2003 年第 3 期，第 92 页。

② 阴文婷：“补充责任制度研究”，暨南大学，2011 年硕士论文。

（三）尽快出台相关司法解释，确保法律的准确适用

法谚有云：法无解释，不得适用。要正确适用补充责任应当对其做必要的司法解释。司法解释中首先应明确“公共场所”与“群众性活动”的定义。由于《侵权责任法》未对“公共场所”与“群众性活动”予以定义，司法实践中法官要对“公共场所”与“群众性活动”做出认定，只能求助于《公共场所管理条例》和《大型群众性活动安全管理条例》这些滞后的下位法。司法解释中可以考虑细化规定为：凡具备公共性、管理性或服务性的场所都可以认定为公共场所；参与人数在20人以上的可以定性为群众性活动，其组织者可以是机关、企事业单位、社会团体等能够独立承担法律责任的主体。其次在解释中应当规定：“依照侵权责任法第三十七条第二款为直接侵权人承担相应补充责任的违反安全保障义务的人，在直接责任人能够承担侵权责任的时候，自己不承担侵权责任。在直接责任人不能够承担侵权赔偿责任的时候，才承担相应的补充责任。”再次，应当对安全保障义务纠纷案件的举证责任予以明确规定。针对司法实践中过错的举证责任分配的混乱现象以及受害人举证困难的现实，应当明确规定违反安全保障义务纠纷案件采用举证责任倒置或过错推定的方法。此外，司法解释还应对安全保障义务人承担补充责任的限额以及如何界定“合理限度内”、能否行使追偿权、裁判应当考虑的有关因素等作出规定，甚至可以细化规定安全保障义务人的免责或减轻责任的事由。

（四）发布指导性案例，统一法官的认识和执法尺度

实践证明《公报》所发布的案例不但起到统一法律适用标准、指导下级法院审判工作的效果，而且为司法解释乃至法律的制定提供了裁判探索的积累。由于“安全保障的内容还需要根据每个具体案件的实际情况加以确定，这样才能够为法律创设更具有创造性的判例法提供可能，并因此而使法律与时俱进，符合社会的要求而不用担忧司法的专横。”① 因此应当不断将各地法院审理安全保障义务人承担补充责任案件的经验加以总结，适时以指导性案例的方式予以公布，在一定程度上规范、限制法官适用补充责任的自由裁量权。

（宋建华　新疆生产建设兵团乌鲁木齐垦区人民法院）

① 张民安：《过错侵权责任制度研究》，中国政法大学出版社2002年版，第299～300页。

道路管理者不作为侵权之安全保障责任的法教义学解释

【司法精要】

在道路管理者责任的判断上，司法实务界过于保守，存在着将“妨碍通行障碍物之设立者”与“道路管理者”相提并论的倾向，且倾向于采用从“妨碍通行”条款本身去认定道路管理者的责任，并会按照过错程度、原因力大小，苛以道路管理者按份承担较轻的次要责任。但是，从法教义学的角度，通过体系解释、目的解释和历史解释等解释方法的多维度考察，可以得出一个结论，即法院更应从“安全保障义务”条款去处理公共道路管理者之责任。而且，从利益平衡上考量，也不宜由道路管理者分担妨碍物之设置者的直接责任。

针对公共道路上妨碍物致害的事故频发，我国《侵权责任法》第89条以科以无过错责任的方式做出了导向性的制度安排，以防止在道路上堆放、倾倒、遗撒妨碍通行物，对他人的安全造成不合理的危险。但相对于《侵权责任法》第十一章规定的“物件损害责任”类型，第89条在“责任主体”的描述上，并未如同其他规范一般以“管理人、所有人、经营者”等术语定义“责任主体”，而是使用了“有关单位或者个人”这一相对模糊的表达。这显然加大了公共道路妨碍通行责任的释法难题，给司法实务带来种种困局。尤其是在道路管理者责任的判断上，司法实务界过于保守，存在着将“妨碍通行障碍物之设立者”与“道路管理者”相提并论的倾向。这种处断方式在形式上可能合乎法律，但法官不应仅仅机械地适用法律，尤其是在法律条款语焉不详的前提之下，应借助法律解释的规则去合乎常理地解构法律条文本身的内涵。本文便欲尝试从法教义学的角度，通过解释方法的多维度考察，对《侵权责任法》第89条中“道路管理者不作为侵权”的规范来源与责任性质做一解析。

一、实务错解：道路管理者不作为侵权之妨碍通行责任

在民法学界，对妨碍通行侵权中道路管理者责任的讨论，众说纷纭，未有定见。从过错的认定，到责任的配置，理论界均提出了不同的解决方案。有学者认为，作为公共道路的管理者，有着保障安全有序通行的法定职责，故应以无过错责任的方式督促其尽法律义务，此时，公共道路管理者按其不作为对于损害的原因力大小承担责任。有学者认为，公共管理者的妨碍通行责任在归责原则上不宜如同妨碍物之设置者一般适用《侵权责任法》第89条下的无过错责任，而应采纳过错推定的责任，公共道路管理者按其不作为对于损害的原因力大小承担责任。还有学者认为，在《侵权责任法》中完全可以为此种情况下的公共道路管理人寻找一个恰当的归责基础，那就是《侵权责任法》第37条所规定的“公共场所管理人的安全保障义务”。[①]

为了验证上述观点在实务中的认同状况，本文选择了以北大法宝涉及公共道路妨碍通行的司法裁判文书作为基础素材，实证考察司法实务是如何处理道路管理者责任问题的。首先，笔者在“全文”中以“有关单位和个人”作为关键词，共搜得相关民事案例137宗[②]。经过一一核查，共发现与公共道路妨碍通行相关的司法案例60宗。剔除属于审级不同但当事人、案情均相同的案例，以及原告不同但被告相同、案情雷同的案例，一共剩余44宗司法判决。其次，笔者先在“全文”中以“安全保障”作为关键词进行索引，在此基础上通过“结果中检索”“公共道路”关键词，一共得到34例裁判，剔除与公共道路妨碍通行不相关的，以及与前44宗案例重合的文书，共剩下5例不同的裁判文书。故本次研究的基础一共是49宗不同的裁判文书。经过梳理，具体情况如下：

第一，49宗案例中，仅有7宗最终未予判决道路管理者承担赔偿责任，占全部案例的14.2%（见表一）。其中，只有4宗案例是从“安全保障义务”的角度认定

---

① 韩强：“妨碍通行物品侵权责任探析”，载《法学》2012年第10期，第99页。

② 时间2014年3月1日。

道路管理者无过错或只承担补充责任。[①] 但即使从“安全保障义务”角度论证道路管理者无责任，裁判文书也未直接提及《侵权责任法》第37条。也就是说，从《侵权责任法》第37条的角度去看待道路管理者责任的观念尚未形成，法院更多的是从“妨碍通行”条款本身去评价道路管理者的行为。

案名	裁判理由
湖南省新宁县金桥建筑工程有限责任公司与李庚连公共道路妨碍通行损害责任纠纷上诉案	本案中金桥建筑公司堆放在省道上的沙石及红砖，邵阳县公路管理局作为事故路段的养护管理部门，虽负有公路行驶管理职责，具有保障公共道路安全和畅通的法定义务，但对公共道路上堆放的此一路障仅有责令责任人消除违法行为或进行处罚的权利，其并无义务对路障进行清除，也不存在管理上的过错，故李庚连主张由邵阳县公路管理局与金桥建筑公司承担连带责任的诉讼主张，因缺乏法律依据，不予支持。
顾某诉上海金山某管理委员会等健康权纠纷案	根据法律规定，在公路上堆放、倾倒、遗撒妨碍通行的物品造成他人损害的，有关单位或者个人应当承担侵权责任。这里的责任主体主要是指实施在公路上堆放、倾倒、遗撒妨碍通行物品的行为人；相关的公路养护责任主体只有在实际侵权人不明、逃逸或者无能力赔偿，且公路养护主体存在过错的前提下才对受害人承担相应的补偿责任。
陈某某诉岳阳市某某管理处身体权纠纷案	被告管理处已经履行了其对事发路段的巡查管理义务，原告陈某某要求被告管理处承担赔偿责任没有事实和法律依据，故原告陈某某要求被告管理处承担赔偿责任的请求，本院不予支持。

---

① 陈某某诉岳阳市某某管理处身体权纠纷案（湖南省岳阳市云溪区人民法院（2011）云民初字第438号民事判决书）、湖南省新宁县金桥建筑工程有限责任公司与李庚连公共道路妨碍通行损害责任纠纷上诉案（湖南省邵阳市中级人民法院（2012）邵中民一终字第638号民事判决书）、杨传兵与宁波市鄞州区公路管理段公共道路妨碍通行损害责任纠纷上诉案（浙江省宁波市中级人民法院（2013）浙甬民一终字第54号民事判决书）、顾某诉上海金山某管理委员会等健康权纠纷案（上海市金山区人民法院（2011）金民一（民）初字第1895号民事判决书）。

续表

周全诉新田县公路局等公共道路妨碍通行损害责任纠纷案	被告新田县公路局作为公路行政管理部门，原告并无证据证实其在履行行政管理义务过程中存在过错。故，原告周全要求被告新田县公路局对其经济损失承担赔偿责任，于法无据，本院不予支持。
唐治曹等与张春等机动车交通事故责任纠纷上诉案	唐治曹、黄西宁、唐某某、唐某某上诉称交通局对道路建设未尽到监管责任，应当承担连带赔偿责任，该意见并无法律依据，本院不予支持。
谭某某等诉湖南某某公路发展有限公司等地面施工损害责任纠纷案	《中华人民共和国道路交通安全法》所称的道路是指公路、城市道路和虽在单位管辖范围但允许社会机动车通行的地方，包括广场、公共停车场等用于公众通行的场所。《最高人民法院、公安部关于处理道路交通事故案件有关问题的通知》对公路的规定是经公路主管部门验收认定的城间、城乡间、乡间能行驶汽车的公共道路。未经公路主管部门验收认定，未开通的在建宜凤高速公路是施工现场属管制区不是道路。邓小强与曾小军违反有关规定和宜章县人民政府发布的宜政通［2010］第10号《关于对宜凤高速公路施工现场实施交通管制的通告》，驾驶摩托车擅自进入施工现场管制区，所发生的事故责任应由邓小强与曾小军自行承担。
杨传兵与宁波市鄞州区公路管理段公共道路妨碍通行损害责任纠纷上诉案	宁波市鄞州区公路管理段无法预料公路上的险情何时发生，也不可能对公路上出现的险情随时进行清理。本案中，宁波市鄞州区公路管理段在事故前已进行了例行巡查，事故后也采取了相应的措施，宁波市鄞州区公路管理段已尽到了相应的注意义务，且从照片中的油污痕迹及该路段的车流量等因素考虑，该油污形成时间不长，通常情况下宁波市鄞州区公路管理段不可能马上发现，也就不可能采取应对措施，因此宁波市鄞州区公路管理段对杨传兵所受损害不存在过错，杨传兵之诉应不予支持。

第二，在29宗能查清具体的妨碍物设置者的情况下，有23宗判决直接科以道路管理者以按份赔偿责任，所占比例为79.3%。值得注意的是，某一些道路管理者能够提供其日常巡查记录表明其已经尽到了发现、排除路面障碍的义务，但法院却未予采纳。① 其理由是“推定过错”，认为道路管理者单方制作的记录在对方不认

① 江苏省徐州市中级人民法院（2013）徐民终字第2124号民事判决书。

可的情况下，不能证明道路管理者无过错。但除却日常巡查记录，道路管理方无以证明自己已经尽巡查之职责，这显然是以“客观结论”认定“过错”的无过错理论。

第三，在16宗不能查清具体的妨碍物设置者的情况下，所有判决均直接科以道路管理者以赔偿责任。且仅有1宗判决提及妨碍物设置者之责任，其余15宗判决均未提及道路管理者是否对妨碍物设置者享有追偿权。甚至，在袁艺、袁璐诉河南省交通运输厅高速公路濮阳至鹤壁管理处服务合同纠纷案①中，法院还从《合同法》的角度判决道路管理者承担全部赔偿责任。这说明，在妨碍通行侵权责任中，法院往往会加重道路管理者的责任，而非将其责任限制在“安全保障义务”过失责任范围之内。

对待道路管理者的责任，司法实践的处断从形式上符合《侵权责任法》第89条的表征含义。毕竟，该条款在过错认定、责任分配上并未对有关单位或个人明确作出不同的安排。但司法实践中的问题要求我们必须审视隐藏在《侵权责任法》第89条之形式背后的法律寓意，合理运用该条款，而非陷入形式主义的泥沼。

二、体系解释：道路管理者不作为侵权之安全保障责任

司法实践中，法官更多的是从形式上的“妨碍通行”条款科以道路管理者法律责任，而未考虑“安全保障义务”条款在道路妨碍物侵权中得以适用的可能性。法律的适用必须置于“法律整体”之下加以考察。在此，所谓“法律整体”不仅是指该法律条文所属的规范性文件，而且是指该条文所属的某个部门法的整体，也是指特定国家的法秩序整体。

（一）《侵权责任法》第89条本身之条款

法律对妨碍通行物所致之损害责任拟定的规则极为特殊，并未明确规定由妨碍行为之实施者，如堆放者、倾倒者、遗撒者来承担侵权责任；也未直接规定由“公共道路之管理者、经营者”来承担侵权责任，而是未加限定地使用了“有关单位或者个人”这一极为模糊的表述。其原因就在于妨碍通行责任之复杂性。它意味着立法者在设立规则时犹豫不决，故不能简单地将“有关单位或者个人”等同视之，而

① 河南省濮阳市中级人民法院（2012）濮中法民开终字第217号民事判决书。

需要具体情况具体分析。

例如，一般的公共道路与高速公路在安全通行方面的要求显然不同。且不同地区不同地段，公共道路的管理者在其保障安全通行的能力上也存在着较大的差异，故法律难以做出极为明确的规定，从而以“有关单位或者个人”这一抽象性的规定留待司法实践加以回应。从这个角度看，使用“有关单位或者个人”，而非采纳《中华人民共和国民法（草案)》侵权责任法编第58条“设置人”之表述，可能是立法者故意留下的法律漏洞，需要司法者自行加以续造。

（二）《侵权责任法》第十一章之体系

从体系上看，公共道路妨碍通行责任被纳入了《侵权责任法》第十一章“物件致人损害责任”的体系。该章用七个条文规定了若干类型物件损害责任，而没有规定物件损害责任的一般条款。然而，实际上这里所说的物件致人损害责任是有特定含义的，其主要是指物件的所有人或管理人等因没有尽到其管理、维护等义务而造成损害的责任。①

事实上，物件致人损害责任的理论基础正是交往安全义务理论，责任人承担责任的原因是其违反了防止设置缺陷或者维护缺陷致人损害的作为义务。且公共道路之管理者，并未如同“建筑物、构筑物或者其他设施及其搁置物、悬挂物、堆放物”之所有者一般为他人侵权提供了某种物质上的便利，也并非“妨碍物之管理者”，而只是提供了场所而已，故其主观过错与原因控制力均较为低弱。这也意味着，在有第三人设置妨碍物之异常情况下，《侵权责任法》第89条中公共道路之管理者存在着以尽到安全保障义务为由减免其责任的可能性。

（三）《侵权责任法》整体之体系

《侵权责任法》一共有12章，分为总则性规定和分则性规定两部分：总则部分为第一章到第三章，规定了侵权责任的一般规定、责任构成、责任方式以及免责事由。分则部分第五章与第十一章主要是适用过错责任之外的特殊归责原则的侵权责任形态，第四章是围绕“责任主体”展开的，旨在对行为主体与责任主体相分离情形下的不同主体间的责任关系进行确定。这也就意味着，第四章与第十一章并非完全并列的关系，而是存在着某种交织的可能性。即第十一章下的某些条款可以借助

① 王利明等：《侵权责任法疑难问题研究》，中国法制出版2012年版，第676页。

或配合第四章的规定加以运用。

从《侵权责任法》第四章来看，将用工责任、网络侵权、违反安全保障义务的责任、监护人的责任、教育机构的责任等集中规定，是考虑到在这些侵权类型之下，出现了责任主体与行为主体相互分离的情况，有必要对特殊的责任主体作出集中规定。这种特殊性也完全可以体现于《侵权责任法》第89条之中，即在公共道路上设置妨碍物之行为者与公共道路管理者常常处于相分离的状况。因此，立足于《侵权责任法》整体之体系，其第89条完全契合第37条的基本精神，对于承担安全保障义务之道路管理者完全可以通过第37条加以规制。

（四）民事行政法律之体系

公共道路往往属于国家所有，保障公共道路安全畅通往往也是行政法规范设定的公法义务。作为责任主体，无论是交通局、建设局、高速管理局，还是对乡村道路承担管理责任的政府，均是行政主体。即便是承包了高速公路经营的私主体，也是基于BOT等原因，而被委托代行公共职能的主体。故从性质上看，公共道路管理责任所指向的应是国家赔偿责任。只是由于我国《国家赔偿法》没有规定国有公共设施设置及管理欠缺致害的国家赔偿责任，故该类致害案件按照民法上的“物件致人损害责任”进行处理。

虽然“物件致人损害责任”下道路管理者的责任非国家赔偿责任，但赔偿义务的职责来源、清偿财产都属于公共行政资源。从这个角度看，公共道路管理者作为承担赔偿义务的主体，应适当地遵循行政赔偿责任的某些要件，即不作为违法赔偿责任一般以公共道路管理者明知障碍物存在而未及时履行职责为要件，而不能苛求公共道路管理者能够随时掌握全部障碍物的存在情况。毕竟，巡查人员的配置根本无法以公共道路管理者的意志为转移，其受到国家人事编制以及财政支持的限制。因此，以《侵权责任法》第37条来规制与评价公共道路管理者之责任，尤为重要。

三、目的解释：道路管理者不作为侵权之安全保障责任

法律都有制定者所赋予的特定目的，法官则负有通过法律实施以贯彻、实现法律目的之责。[①] 目的解释是一种能够使过去制定的法律跟上时代步伐的适应式解

① 管伟：《中国古代法律解释的学理诠释》，山东大学出版社2009年版，第240页。

释。按照这种解释方法解释法律规范时，首先要按照社会的需要，确定法律规范的合理目的，然后以该目的为指导，确定法律规范的含义。从立法目的来看，《侵权责任法》第 89 条科以道路管理者赔偿责任的目的在于，促使“及时发现道路上出现的妨碍通行的情况并采取合理措施”。全国人大常委会法制工作委员会民法室主编的《中华人民共和国侵权责任法：条文说明、立法理由及相关规定》在对《侵权责任法》第 89 条进行说明之时，首先描述了公共道路妨碍物之设置者（即堆放者、倾倒者、遗漏者）的法律责任，之后转而言及“但是，也不完全排除对公共道路负有管理、维护义务的单位或者个人的责任。为了保障公共道路具有良好的使用状态，公共道路的管理、维护者要及时发现道路上出现的妨碍通行的情况并采取合理的措施。例如，要及时发现并清理道路上出现的妨碍通行物”①。

首先，从这段话的表达上看，“不完全排除”意味着“在某种情况下可以排除”，且从表达逻辑上看，应有“通常可以排除”之意。这就意味着“道路管理者承担责任”不应当成为常态，而只能是某种例外。但在司法实务中，法院往往有“出现妨碍通行事故”即“意味着道路管理部门未履行道路管理责任”的判断倾向，从而判决道路管理部门承担相应的责任。这显然与立法者的初衷相背离。其次，这段话也表明立法目的在于“保障公共道路具有良好的使用状态”，促使“公共道路的管理、维护者及时发现道路上出现的妨碍通行的情况并采取合理的措施”。但道路管理者并非是以营利为目的私主体，它通过国库承担赔偿责任。且公共职能的实现受制于政府财政支持、人力资源配置等因素，公共道路的情况极为复杂，管理者不可能实时对其管理的公共道路进行巡查管理。且如果要求道路所有人或管理人均承担过错推定责任，就等于对其强加了过重的责任，会极大地增加公路部门的管理成本，不仅无助于督促道路管理者履行其保障道路安全畅通的义务，甚至会对社会产生误导作用，即引导他人日后针对道路管理者来转移交通事故责任。因此，须斟酌危险的性质、严重性、对义务人期待可能性、行为效益、防范费用、被害人的信赖及自我保护可能性，及法令规章等因素，就个案酌情认定道路管理者的责任。

---

① 全国人大常委会法制工作委员会民法室：《中华人民共和国侵权责任法：条文说明、立法理由及相关规定》，北京大学出版社 2010 年版，第 241 页。

因此，从立法目的来看，面对数量急剧上升的道路交通事故损害赔偿案件，法院应运用法律公正、理性地对受害人利益进行充分救济，但也不能随意扩大道路管理者的义务。[①] 一般来说，应当首先由在公共道路上堆放、倾倒、遗撒妨碍通行物品的行为人负责，因为这种设置障碍物的行为是积极的作为，是导致损害结果发生的直接原因，与传统侵权法上的侵权行为形态并无不同。[②] 而后再由道路管理者承担“安全保障义务”下的补充责任。这种观点在一定程度上获得了杨立新教授的支持，即“当有关单位或者个人是应当间接负责的单位或者个人的时候，例如前述高速公路管理人，在承担了赔偿责任之后，对遗撒障碍物的行为人享有追偿权，在其发现了遗撒障碍物的行为人之后，有权请求其赔偿损失”。[③]

四、历史解释：道路管理者不作为侵权之安全保障责任

文字只是立法者意图的表现形式，立法意图决定了文字所应包含的真实含义。而且，根据解释的文本理论，理解文本的前提是理解文本所要回答的问题和情况，要理解文本产生的历史。通过法的历史解释，我们既可以探求法律的文字含义，又可以发现立法目的，发现立法时所侧重保护的社会价值。

（一）历史来源之境外考察

社会越复杂、差异性越大，人与人之间的社会接触越频繁，人与人之间的相互依赖性越强，侵权法就越是要缜密地稳定个人的自由空间，建立个人对其人身和财产的期待。而构建这种期待的一种方式，便是确立侵权法上的交易安全义务。交易安全义务乃是对于危险避免及防止的义务，其主要目的是作为认定有无构成不作为侵权责任或限缩间接侵权责任之用。该种责任来源于德国法院的判例，最早出现的“枯树案”和“撒盐案”仅在于提高对交通或道路所发生危险事故的应对，后来才扩展至一般交往领域。德国法院还提出，任何人只要以其土地供公众交通之用，均应尽到保障交通安全的义务。若以作为或不作为的方式违反此项义务，不仅属于公

① 奚晓明：《最高人民法院关于道路交通损害赔偿司法解释理解与适用：条文·释文·理由·实务》，人民法院出版社 2012 年版，第 125 页。

② 杨彪：《动物损害与物件损害》，中国法制出版社 2010 年版，第 196 页。

③ 杨立新：《中华人民共和国侵权责任法条文释解与司法适用》，人民法院出版社 2010 年版，第 261 页。

法义务的违反，同时也构成民法上（即《德国民法典》第823条第1款）的侵权行为。

我国台湾地区学者林美惠依适用领域将“交易安全义务”分为交通安全义务、职业上的义务、商品生产与贩售及废弃物的处理、危险技术装置或危险物质交易安全义务、参与公共交通、大众集会、支配关系以及不具有保护法规性格的规则中的交易安全义务八类。[①] 也就是说，《侵权责任法》第37条下的“安全保障义务”天生就具有适用于“道路所生之事故”的可能性。毕竟，当义务人未尽安全保障义务而致他人人身财产损害的案件发生时，我国立法无法立即为瞬息万变的社会生活提供解决方案，有赖于法官根据案件的实际情况来判断被告是否负有这种义务，从而使司法可以与社会变化及立法相衔接。

（二）历史见解之国内考察

在《侵权责任法》实施以前，《民法通则》等法律规范并未对公共道路妨碍物侵权的责任作出明确的规定。但细查我国的司法实践，在法无明文规定的情况下，法院就是借助“安全保障义务”来解决公共道路妨碍物侵权纠纷的。即，一般是将高速公路公司的义务界定为安全保障义务，要求先由直接实施侵权行为的民事主体承担责任，如果该侵权人不明或者无力承担赔偿责任，则高速公路公司应当承担补充责任。

例如，在张旭诉天津顺通高速公路发展有限责任公司交通事故责任纠纷案[②]中，张旭在高速公路上驾车与公路上一条黄狗相撞，后又与公路中间隔离护栏相撞，造成车辆及公路设施损坏的。法院便认为“顺通公司作为高速公路的管理者，由于管理上存有瑕疵，未尽到安全保障义务，致使张旭在全封闭的高速公路上与黄狗相撞后又与中间隔离护栏相撞，应承担此次事故后果的主要民事责任，以60%为宜”。在《最高人民法院关于高长林等六人与河南高速公路发展有限责任公司违约赔偿纠纷一案的函复》中，最高人民法院亦明确地表示“河南高速公路发展有限责任公司未尽必要的安全保障义务，其不作为行为亦是事故发生的原因，应当承担相应的民事责任。具体处理时可先由肇事车辆方承担赔偿责任，不足部分由河南高速

---

① 王利明：《判解研究》（总第22辑），人民法院出版社2005年版，第59页。

② 天津市第一中级人民（2009）一中民四终字第508号民事判决。

公路发展有限责任公司承担赔偿责任”。至于“佟某诉宣武区环卫中心和市政工程管理处一案”① 更是点明了道路管理者的安全保障义务是有限度的，它受到“城市道路清扫工作的特点和技术、人力、物力、财力”的局限。上述案例均从安全保障之补充责任角度说明了管理者之责任承担问题，与将“公共道路管理者妨碍通行之责任”纳入《侵权责任法》第37条的调整范围不谋而合。

五、利益平衡：道路管理者不作为侵权之安全保障责任

利益是客观事物的价值实现，这种价值实现是作为利益主体的人基于自身某种需要通过社会实践与客观事物主动地建立起来的一种关系。② 利益平衡也称为利益均衡，是在一定的利益格局和体系下出现的利益体系相对和平共处、相对均势的状态，它既是一项立法原则，也是一项司法原则。法律、规则和制度都建立在利益平衡的基础上。如前所谈，从体系解释、目的解释以及历史解释的角度均可发现《侵权责任法》第89条中“公共道路管理者之责任”向“安全保障义务”条款转化的内在合理倾向，那么如果将之放至利益平衡原则之下加以检视，是否仍属于合理之推断呢？

首先，从道路安全与其成本之关系看，道路以满足公众需要为目的，其受委托管理之国家机关或公共团体并不享受利益，且受到政府编制、财政支持等事项的约束，使道路管理者难以按照道路安全管理之实际需要去配置人力、物力。可以说，在行政资源有限的条件下，作为公共道路之管理者，根本无法实时发现公共道路上之妨碍物。在广大农村地区，对公共道路达到“周巡一次”的频度都可能是奢求，这也是排斥反射利益享有者起诉行政不作为的根本理由。若道路管理者需承担按份之赔偿责任，为避免该责任便要投入更多人力物力，这显然与公共资源的有限性相冲突。因此，从利益平衡的角度上看，基于政府公共资源的有限性，不宜强加公共道路管理者以“妨碍通行条款下的按份责任”。

其次，从造成损害的源头看，行为人堆放、倾倒、遗撒物品妨碍通行是造成损害的真正原因，如果没有这一原因，此后的损害后果完全没有发生的条件，根据

---

① 引文 http：//old. chinacourt. org/html/article/200906/29/363045. shtml. 访问日期：2014年5月30日。

② 刘建民：《商品流通法律规制研究》，复旦大学出版社2009年版，第21页。

“行为人对自己的过错行为负责”之精神，由其作为侵权责任的主体无疑是最公平的。同时，堆放、倾倒、遗撒行为人直接控制、管理物件，因此，其有能力预防损害的发生，从经济上最有效率。故我国当前主流侵权法学者延续了上一代民法学者对于受害人求偿不能风险的强化保护倾向，并同时对于违反预防他人侵权义务的不作为侵权行为与直接侵害他人民事权益的侵权行为作出了轻重不同的价值判断，对三者的利益作出了“受害人一补充责任人一直接责任人”的利益排序。[①] 也就是说，在妨碍物成为受害人发生通行损失的直接原因的前提下，作为间接原因的不作为一般不应承担本为妨碍物之设置人责任的责任。这种有顺位要求的责任模式，有助于促使“危险源之控制者”更为谨慎地安排自己的行为，而不至于在公共道路上无正当理由设置妨碍物。最后，从受害人的救济看，由于公共道路妨碍物之设置者往往难以查清，以现有的“安全保障义务”责任模式，可以及时给予受害人适当的救济，同时，也不至于助长公共道路管理者怠于履行保持道路安全通畅的职责。

结　语

在公共道路妨碍通行的场合，实施侵权行为的数个行为人的法定义务有轻有重，有主有从，因此应当承担的侵权责任也就有轻有重，有主有从。作为堆放、倾倒、遗撒妨碍通行物之设置者，其行为构成了妨碍通行的直接原因。且在公共道路上堆放、倾倒、遗撒妨碍通行物本身就构成了行政法上的作为违法，故根据《侵权责任法》第 89 条承担无过错责任。而作为妨碍通行间接原因的“公共道路管理部门之不作为”因公共道路管理者本身受制于政府资源有限，难以按照自己的意愿投入更多的人力于日常检查之中，故在能够查明妨碍通行物之设置者的情况下，公共道路管理者仅应根据《侵权责任法》第 37 条承担与其过错相当的补充责任。而若未能查明妨碍通行物之设置者，在科以道路管理者以全部责任后，应当列明道路管理者享有追偿的权利。

（石珍　深圳市市场和质量监督管理委员会
伍星）

---

① 王竹：《侵权责任分担论——侵权损害赔偿责任数人分担的一般理论》，中国人民大学出版社 2009 年版，第 192 页。

五、环境污染责任

风险社会视野下合规抗辩对环境侵权损害赔偿责任的影响

【司法精要】

风险社会下，环境合规致害大量发生。侵权法主流观点认为，对环境侵权应当适用绝对责任，即只考虑加害行为、损害事实和因果关系而完全不考虑包括合规情节在内的任何因素。此种观点错误理解了无过错责任归责原则。本文通过观点对比、实证研究和"忍受限度论"证实在环境侵权中需要考虑合规抗辩。在风险社会，个人对环境损害负有一定程度的容忍义务。在解决路径上：第一，通过侵权法理论创新，对多人侵权因果关系不明的案件引入"因果型比例责任"使合规抗辩的情况和多个侵权人之间责任分担得到合理考量。第二，限制连带责任的适用，对合规致害人适用按份责任与限额责任，依法保护合规致害人的合法权益，体现法律的实质正义。第三，通过接轨公私法的方法参照环境标准并通过利益衡量的方法确定忍受的限度，弥补侵权法在应对环境侵权中能力不足的问题。最后对环境侵权合规抗辩案件提出司法建议。

一、难题引出：切入、焦点、引申

案例：企业排放污水致养殖损害赔偿案。被告九家企业将工业废水排入河流造成原告孙某养殖的水产品大量死亡，经济损失巨大。孙某将九家排污企业诉至法院，要求赔偿损失并停止侵害。一审法院查明，被告九家企业中有八家企业属于超标排放，只有某化工公司属于达标排放，该公司以此为理由提出抗辩，请求不承担赔偿责任。一审法院认为“被告某化工公司虽属达标排放，但是并不意味着不会造成环境污染的损害结果……”。[①] 据此判决九被告承担连带赔偿责任，并责令停止侵害，消除继续污染的风险。判决后，某化工公司不服一审判决，提起上诉。二审法院判决超标排污的八家企业连带赔偿孙某 655.32 万元，达标排污的某化工公司单独赔偿 14 万元，并不承担连带责任。[②]

此案中一、二审对于合规抗辩是否影响侵权责任的承担存在明显的分歧。一审法院认为，达标排放不影响侵权责任的承担，故判决某化工公司承担连带责任，对环境侵权适用绝对责任。[③] 二审法院则考虑了排污达标的合规抗辩情节，对某化工公司适用限额责任。此案所反映的问题比较典型，它体现了在环境侵权合规致害案件审理中的关键问题：（1）合规抗辩的问题。根据相关法律规定，环境损害适用的是无过错责任，学界主流观点认为环境侵权只需要考虑加害行为、损害事实和因果关系要件，而不需要考虑包括合规情节在内的任何因素，而在审判实践中“合规行为”[④] 仍是法院确定被告是否承担损害赔偿责任的重要因素。这种理论与实践的分歧，便是本文研究的出发点。（2）责任承担的问题。合规致害人是承担连带责任还是按份责任，如何适用法律，也是本文研究的重点。

---

① 参见天津海事法院（2001）海事初字第 6 号民事判决书。一审法院认为，排污标准只是环保部门决定是否缴纳排污费和环境管理的依据，而不是确定是否承担民事责任的界限。我国法律并未规定将污染物排放是否超标作为确定排污者是否承担民事责任的必要条件，合规行为不影响民事责任承担。

② 参见天津市高级人民法院（2002）津高民四字第 008 号民事判决书。

③ 绝对责任只考虑加害行为、损害事实和因果关系而完全不考虑包括合规情节在内的任何因素。参见金自宁：“风险社会背景下的合规抗辩——从一起环境污染损害案例切入”，载《北大法律评论》2012 年第 13 卷第 2 辑。

④ 合规就是企业遵守国家法律、企业规制和社会规范的行为，此处合规主要考察企业或者说公共风险的制造者对法律法规的遵守。参见傅蔚冈：“合规行为的效力：一个超越实证法的分析”，载《浙江学刊》2010 年第 4 期。

二、问题探究：争鸣、冲突、评析

（一）理论争鸣

对环境侵权适用绝对责任，对排污者科以更重的义务，在一定程度上抑制了环境污染事故的频发，但忽视了风险社会的现实而走入了一个极端，即将“无过错责任”等同于“绝对责任”。这是极不正常的现象，有必要对争议予以梳理，以便于找到问题的根源。

1. 环境侵权不需要考虑合规抗辩。此观点为主流观点。首先，从立法上来看，《环境保护法》与《侵权责任法》对环境侵权适用无过错归责原则，不需要考虑合规情节。其次，从公、私法分类来看，行为合规只是相关职能部门行政处罚与收取排污费的依据，属于公法责任，不需要考虑过错与违法性，[①] 是否超过排污标准与是否承担民事责任无关。第三，从受益者补偿观点来看，致害人作为风险制造者、能控制风险者、从风险中获益者，应该对风险负责。[②] 第四，从保护弱者权利来看，就举证能力来说，受害人在经济条件与举证能力上处于绝对的弱势，如果还要考虑合规问题，无法保证弱者的权利。第五，从经济学角度分析，绝对责任可以作为一种负担，增加责任者的责任心。因为将损害负担放在危险制造人身上比放在受害人身上更加有利于减少成本避免损害，即使行为人的活动在现行法律和社会规范下并不构成违法或过错。[③]

2. 环境侵权需要考虑合规抗辩。首先，在风险社会，合规行为并不具有道德上的可指责性，环境污染是人类对物质高需求造成的。其次，致害人不都是强者，某些情况下致害人与受害人一样也会显得无辜，他们其中有很多是小企业，无法面对巨额的赔偿诉求。无论受害人获得赔偿救济的需要有多么强烈或迫切，也不足以证明无辜加害人承担赔偿责任的正当性。[④] 第三，在环境侵权特定领域，法律

---

① 相关环境法教材一致同意此观点。参见张梓太：《环境责任法律研究》，商务印书馆 2007 年版，第 90 页；参见吕忠梅主编：《环境法原理》，复旦大学出版社 2007 年版，第 182 ~ 188 页。

② 参见张民安：《现代法国侵权责任制度研究》，法律出版社 2003 年版，第 12 页。

③ 金自宁：“风险社会背景下的合规抗辩——从一起环境污染损害案例切入”，载《北大法律评论》2012 年第 13 卷第 2 辑。

④ 金自宁：“风险社会背景下的合规抗辩——从一起环境污染损害案例切入”，载《北大法律评论》2012 年第 13 卷第 2 辑。

对受害人权益的倾斜保护也应有度，“强势一方的行为自由同样应当得到保护，不能因对弱势方权益的倾斜保护而过分羁押特定领域的行为自由”。① 第四，利用成本遏制环境污染存在问题。因为试图通过由人们承担危险行为的后果来阻止人们从事危险行为，只有在人们进入危险境地前能够认识到危险的存在，才有可能发挥作用。② 而合规致害案件行为人并不能事先预见损害结果，所以通过加重行为人负担来预防只是一厢情愿。

（二）实践冲突

理论的争议会对司法实践产生什么样的影响？笔者通过“中国知网”数据库检索到8篇判决书，③ 期望找到答案。

表1 “中国知网”数据库统计的合规抗辩案件

案例标题	案号	污染类别	是否合规	判决结果
刘伟南与广东溢达房地产公司污染损害赔偿纠纷	广东省佛山市中级人民法院（2003）衡佛民一终字第991号民事判决书	污水	是	驳回
洪基宽与广西合浦西厂永鑫糖业股份有限公司损害赔偿纠纷	北海海事法院（2005）海事初字第006号民事判决书	污水	否	赔偿
山东省临沭县金岓蒙纸业有限公司等与谢印立等水污染损害赔偿纠纷	江苏省高级人民法院（2002）苏民终字第043号民事判决书	污水	是	赔偿
刘成佑等与南宁糖业股份公司渔业污染损害赔偿纠纷	广西壮族自治区高级人民法院（2007）桂民四终字第37号民事判决书	污水	否	赔偿
杨凌诉北京城市开发集团等环境污染损害赔偿纠纷	北京市第二中级人民法院（2005）二中民终字第4567号民事判决书	噪音	否	赔偿

① 张新宝编著：《侵权责任法立法研究》，中国人民大学出版社2009年版，第22页。

② ［澳］彼得·凯恩：《阿蒂亚论事故、赔偿及法律》，王仰光等译，中国人民大学出版社2008年版，第460页。

③ 2014年7月3日检索。在“中国知网”数据库下用“污染损害”检索到261篇文书，用“符合标准”检索到8篇文书（见表1）。

续表

吴昌尤等与重庆碁和竹木制品有限公司环境污染损害赔偿纠纷	重庆市第五中级人民法院（2010）渝五中法民终字第3407号民事判决书	烟尘	是	驳回
上海美工标志展示公司与上海人民印刷二十二工厂污染损害赔偿纠纷	上海市第二中级人民法院（2006）沪二中民一终字第3160号民事判决书	废气	是	驳回

从上表可以看出，大多数案件中，法院在查明行为合规后都判决驳回了诉讼请求。[①] 这说明法院认为合规抗辩与损害赔偿具有高度的关联性，而不像通说主张的不考虑合规情节。但是法官在遇到“合规抗辩”时都极力绕开对合规排污是否具有“违法性”的认定，而是另辟蹊径，从损害结果与因果关系等方面展开论证来考虑合规抗辩的效力。这反映出法官感受到了合规抗辩对裁判的重要性但又不想与现行法律规定相冲突。但由于我国民事诉讼证明标准采取“高度盖然性标准”，法官处理合规抗辩时只能以“全部赔偿或者驳回诉讼请求”的方式来裁判，这种结果对双方来说都是不公平的。

（三）合规评析

法官另辟蹊径处理此类案件，使合规抗辩问题的实质和关键更不容易为人所认识。对“合规抗辩”的争议，首先是学界对行为的违法与违法性两个概念分辨不明造成的。违法是一个狭义概念，指行为违反了法律禁止性规定。违法性是一个广义概念，包括形式意义上的违法与实质意义上的违法，创设违法性概念的主要功能是界定以及区别受保护的权益。台湾学者史尚宽认为：前者属于“不法”，后者称作“不当”。[②] 在大陆法系，对侵权行为要件认识中最具有争议的就是违法性的构成，行为具有违法性而非单一的违法行为是构成侵权行为的必要条件之一。[③] 然而，学界对上述概念分辨不明，将行为的违法性理解为违法行为，认为只有实施了违法行为造成损害才承担民事责任，对侵权行为的确定标准是行为之时是否违反法律规范，认为只要违反法律就说明主观上具有过错。上述认识的误区也对环境法学界产生重大影响，部分环境法学者提出“环境侵权不把侵权行为的违法性作为承担民事

① 虽然“中国知网”搜索的数据有限，不可能避免存在疏漏，但是至少说明问题。
② 史尚宽：《债法总论》，中国政法大学出版社1999年版，第120页。
③ 汪劲：《环境法律的解释：问题与方法》，人民法院出版社2006年版，第432页。

责任的必要条件”[1]和“环境侵权公害民事赔偿责任并不以违法性与过错性为条件”[2] 的观点。其次，没有认识到损害发生的客观性。人类通过风险活动获得财富享受生活的便利，但却不愿意承担风险社会人身与财产的损害，没有认识到在风险社会，这种损害是无法避免的。从某种意义上讲，“零风险”才绝对安全，“但是要将风险减为零，特别是要让风险从恒量消减为零时，将付出极其高昂的成本，却得不到什么显著的收益”。[3]

通过上述分析可知，在风险社会中法官应合理分配风险制造者与风险承担者之间的利益，不能呆板地套用全面赔偿、绝对责任原则等侵权法传统理论来裁判合规抗辩案件，而应当考虑合规抗辩等情节，在裁判中应放弃“全赔或驳回”模式，解决的方向就是引入“忍受限度论”。

三、比较借鉴：对“忍受限度论”的合理性考察

各国基于不同的理论，对合规抗辩有着不同的处理方法，我国司法实践虽进行过一定的尝试，[4] 但并未形成系统的理论。邻国日本在这方面起步较早，将环境污染损害纳入公害，形成了较为完备的公害法体系，值得借鉴。日本法院判断是否构成环境侵权需要首先认定行为是否具有“违法性”，即“违法性”为侵权行为的成立要件，判断违法性的标准就是是否超过“忍受限度”。[5]

（一）赔偿的前提：“违法性”的认定

日本民法学说认为，侵权行为也可以认定为违法行为。将违法性表述为权利侵害。对违法性的判断最为重要的理论为“忍受限度论”和“新忍受限度论”。“忍

---

① 金瑞林主编：《环境法学》，北京大学出版社1999年版，第219页。

② 韩德培主编：《环境保护法教程》，法律出版社2003版，第334页。

③ 宋华琳：“论行政规则对司法的规范效应——以技术标准为中心的初步观察”，载《中国法学》2006年第6期。

④ 如陆谋诉永达公司环境污染损害赔偿纠纷案中，被告在自己经营场所的墙上安装三盏双头照明路灯，原告认为该行为严重干扰了其睡眠，构成光侵害，请求停止侵害。法院认为，被告设置路灯，数量足以改变人们休息时通常习惯的黑暗环境，且超出了一般公共忍受的范围，构成光污染，判令停止侵害。这是国内首次原告胜诉的光污染案件，援引了忍受限度的概念。参见《最高人民法院公报》2005年第5期。

⑤ 忍受限度论是战后日本在公害判例中提出的一种法律学说，它主张在社会生活中，如果侵害超过了忍受限度，不论加害者是否设置了相当设备，都认定为负有损害赔偿的责任。

受限度论”采取二元结构，在认定违法时需要考量致害企业的违法性与过失性。该理论认为，企事业单位的活动造成了环境污染，这种污染给人们带来的损害已经超过了人们所能忍受的极限时，为滥用权利，就是非法侵害他人权利。[①] 日本法院引用此理论裁判了一些具有较大影响力的案件，并对如何判断忍受限度进行过说明。但此后日本学者发现“忍受限度论”在实践中对忍受限度的判断存在较大缺陷，因为要正确认定行为的公害性以及企业治污的效果是一件很困难的事。为修正此缺陷，日本理论界提出了“ 新忍受限度论”，此理论采取一元结构，认为超过忍受限度的加害行为招致公害时，不必再去考虑行为是否具有过失，可以直接认定侵权行为成立。

（二）日本公害法上的著名判例

日本法院将“忍受限度论”作为解决环境公害问题的重要理论，司法判例几乎涵盖所有公害领域，用判例的形式确定了“忍受限度论”的适用标准。

表 2　日本历史上适用忍受限度论裁判的著名公害案件

判例	是否合规（理由）	是否超过忍受限度	裁判结果
名古屋新干线噪音诉讼	是（运行许可）	是	基于新干线高度公共性，新干线带来损坏超过一般忍受限度应承担损坏赔偿责任，但加害行为公益性大，不支持原告减速的请求。
四日市大气公害诉讼	是（遵守排放标准）	是	虽然遵守排放标准，但是给人健康带来损坏，超过忍受限度，具有违法性，承担赔偿责任。
东京大气污染诉讼	是（汽车正常制造）	是	对于汽车制造商无法控制尾气污染，但是政府可以改进技术控制汽车流量，判决政府赔偿而汽车制造商免责。
札幌卡拉 OK 噪音污染	否（超过法律规定）	是	被告噪音超过忍受限度，法院判决一定时间内停止营业。
东京地下铁噪音诉讼	是（符合施工规范）	是	行为超过忍受限度具有违法性，应予赔偿，但基于公益性，不支持停止建设请求。

① 冷罗生：《日本公害诉讼理论与案例评析》，商务印书馆 2005 年版，第 39 页。

通过上述判例我们可以看到，除了案例四外都属于合规行为，这表明日本法院认为合规抗辩对损害赔偿认定有影响。日本法院通过判例的形式为“忍受限度论”的适用提供了细致的操作标准，总的适用原则是，对违法的加害行为几乎都认定存在过失；对合规排放的企业，只要给人身带来伤害，就认为企业在选址方面考虑不周，或者没有尽到注意义务，超过忍受限度，判定为违法侵权负赔偿责任。

（三）评价：“忍受限度论”符合实质正义

日本法院通过司法判例的形式，肯定了在环境侵权中应当考虑合规抗辩。对“忍受限度论”的适用既没有落入环境侵权绝对责任的立场，也未走向只要合规就无需赔偿的另外一种极端，而是具体问题具体分析予以灵活运用。这说明日本法院在遇到合规抗辩案件时，行为合规只是裁判是否超过忍受限度其中一个因素而不是唯一的因素。上述审判经验对我们具有借鉴意义：一方面，当今我国环境侵权案件频发，如果合规致害一律不赔，让受害人独自承受污染损害，不利于遏制环境污染。另一方面，如果对合规致害企业适用绝对责任要求全面赔偿，将会导致产品生产成本大幅提高，客观上会导致相关产业的萎缩，不利于整个社会经济的发展。引入“忍受限度论”来判断侵权行为是否成立，将合规抗辩纳入司法审查，既可以体现侵权法的惩戒功能，又可以避免合规致害人承担过重的侵权责任，防止“全赔或驳回起诉”这样极端情形的发生。

四、解决问题的另一视角：侵权法理论创新与公私法接轨的策略

法官在审理环境合规侵权案件时面临的困难主要有两点：一是现行法律规定过于宽泛，法官在适用法律时无所适从；二是对受害人利益的保护过度倾斜，没有体现环境标准等公法规范对此类案件的规制意义，牺牲了合规企业的合法利益。针对上述问题，有学者提出了“公私接轨论”，主张私法并不应当是一个封闭系统，可以而且需要通过公法规范来支援，公法与私法可以实现相互工具化。[①] 笔者同意此观点。我们认为，探寻理想的解决路径，在现有理论和法律规定下难有作为，需要对侵权法体系进行创新并接轨公私法。

---

① 解恒：“论管制规范在侵权行为法上的意义”，载《中国法学》2009 年第 2 期。

（一）侵权法理论创新：适用“因果型比例责任”破解审判难题

路径一：对多因不明侵权案件引入“因果型比例责任”。现阶段，我国民事诉讼证明标准为高度盖然性标准，但是此种标准不能兼顾合规致害人与受害人的利益。在环境侵权案件中，在举证责任初次分配上是由原告证明被告的侵权行为与损害结果存在的可能性高于法律规定的证明标准，在原告证据力高于证明标准而被告无法提出充分抗辩的情况下由被告承担损害赔偿责任。但是在因果关系不明的环境侵权案件中，可能因为举证能力的问题，当原告所证明的侵权行为与损害结果存在的可能性低于或者只是略低于证明标准时，依据现行法律规定，法官就只能适用侵权法传统的“全有或者全无”因果关系理论判决驳回诉讼请求，由原告自己承担损害结果，这样的判决显然无法体现侵权法的矫正正义价值。最高法院通过司法解释引入“原因力理论”试图解决上述难题，但是却忽视了该理论适用的前提仍是侵权法传统的“全有或者全无”因果关系理论，着眼点在于原因力的大小。而创新性地引入“因果型比例责任”却可以使多因不明环境侵权责任分担的疑难问题迎刃而解。比例责任着眼点在于发现产生因果关系可能性的比例。在该责任模式下，侵权行为作为损害结果必要条件的可能性在1%至99%之间进行分配。在此，传统的“全有或全无”的因果关系理论已失效，因果关系要依据损害产生的可能性认定，“依据因果关系的可能性比例，判断因果关系，并相应于该比例计算被告应赔偿之数额”。[①] 这样可以达到每个人都只需要为自己侵权行为负责，而不应为他人的行为买单。对于该理论，我国立法予以部分的接受，如《侵权责任法》第67条规定，承担污染责任的大小要考虑污染的种类与排放量等因素，相关侵权责任法的司法解释规定可以按照侵权人的市场份额确定需要承担责任的份额。上述条文可以作为我们适用“因果型比例责任”的依据。环境侵权中多因不明案件的类型有：第一，侵权人不确定的案件，此种类型下存在多个侵权人，且每一个侵权人都有可能造成损害结果，但是不能确定谁造成了损害后果；第二，损害结果由多名侵权人造成，但其中某行为并不能造成全部损害；第三，损害结果介入了其他因素，如自然因素造成损害结果的扩大。合规抗辩应列入其他因素中，法官可根据抗辩的效力相应降低其在侵权因果关系中所占的比例，减少合规致害人的赔偿责任。

① 杨垠红：“多因不明侵权比例责任之适用”，载《政法论坛》2013年第4期。

路径二：限制连带责任适用。合规致害是承担连带责任还是按份责任？学者张新宝提出了连带责任扩张理论，认为在数人环境侵权领域应不断强化环境侵权责任，扩张连带责任的适用，并限制《侵权责任法》第六十七条的适用。[①] 这种观点值得商榷，因为适用连带责任，可能是充分保护了受害人的利益，但是如果由有履行能力的合规致害人履行了全部赔偿责任后，在其他超标排放致害人不履行赔偿责任或者无法履行赔偿责任的情况下，合规致害人只能通过诉讼来维护自身权益，无疑会增加合规致害人维护自己合法权益的成本。对此，笔者认为，对合规抗辩案件应当限制连带责任的适用，对合规行为应当适用《侵权责任法》第六十七条。具体操作：第一，在超标排放情况下，应当认定为共同危险行为，也就是上文中类型一之行为，应适用《侵权责任法》第八条、第十条之规定，在具体侵权人确定的情况下由具体侵权人承担赔偿责任，在具体侵权人不能确定的情况下由全部侵权人承担连带责任。第二，在合规致害情况下，应当认定为无意思联络的分别侵权，也就是上文所列类型二的行为，应适用《侵权责任法》第十二条、第六十七条之规定，由致害人承担按份责任或限额责任。第三，在其他自然因素下，如果介入因素为自然因素，当然应当减轻合规致害人责任；如果介入因素为被害人过错，且受害人仅有一般过错或者轻微过错，那么不应当减轻致害人责任。如果受害人对损害存在故意或重大过失而合规致害人仅有一般过错与轻微过错，则应当减轻或免除合规致害人的赔偿责任。

路径一、二从风险社会角度出发为环境合规抗辩难题的解决提供了思路，笔者认为，在目前我国学界无法完全认可比例型因果关系的情况下，路径二属于侵权法理论体系内的创新，不会扰乱侵权法律体系，更容易被学界所接受。

（二）探求公私法的接轨

根据路径一、二的设计，采用“比例因果关系”与限制连带责任的适用可以合理分配赔偿责任，对合规致害人更显公平。如此操作，虽然理论困惑得到了解决，但仍然涉及“忍受限度”的判定问题，因为在环境侵权案件中，加害人与被害人之间比一般侵权行为更加复杂，受害人损害程度、加害行为公共性、污染防治措施的

---

① 参见张新宝、庄超：“扩张与强化：环境侵权责任的综合适用”，载《中国社会科学》2014 年第 3 期。

设置状况等都与侵害相关，这就需要参照环境标准等公法规范综合考量来确定受害方应承担何等程度的忍受义务和具体标准。在现阶段，法官可参照环境标准并通过利益衡量确定忍受限度。

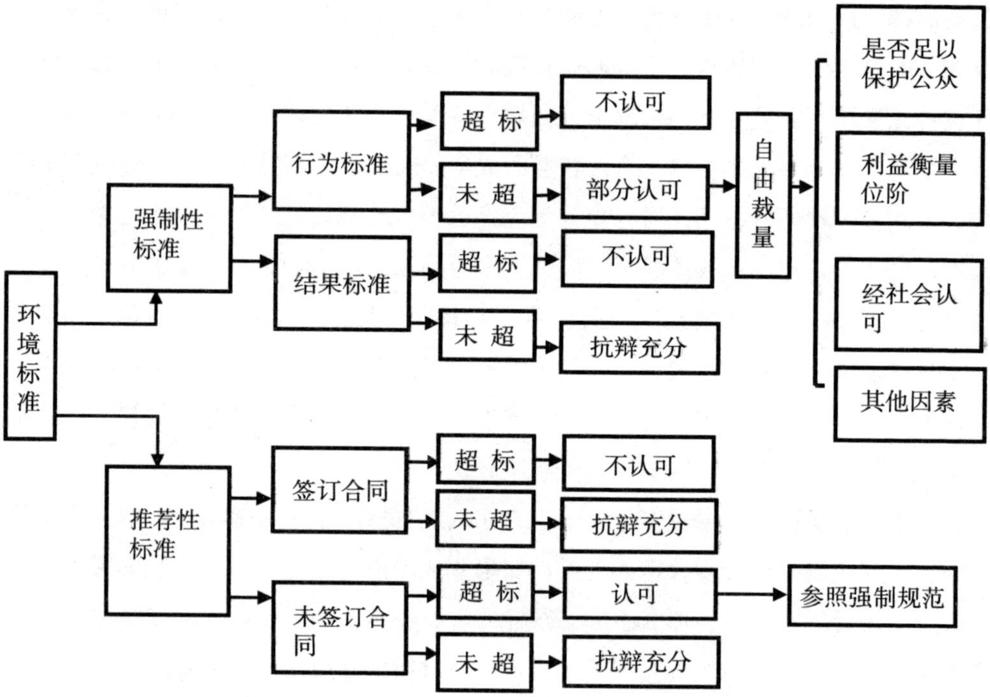

图1　环境标准对合规抗辩效力的影响

1. 参考环境标准确定忍受限度。环境标准是国家在综合考虑经济发展与技术水平的限制以及社会所能接受风险程度的基础上设定的准则，分为国家标准、地方标准与国家推荐标准。国家标准、地方标准属于强制类标准，它分为行为标准与结果标准。国家推荐标准属于推荐性标准。有学者认为环境标准就是环境法律,① 笔者同意此观点。“公、私法接轨”的方法是，结合环境标准并进行利益衡量确定忍受限度。

（1）强制性标准的抗辩效力。强制性标准分为行为标准与结果标准，前者要求

① 吕忠梅：《环境法学》，法律出版社2004年版，第53页。常纪文、王宗廷：《环境法教程》，中国政法大学出版社2003年版，第74页。

行为人不能作出超标排放的行为（如污水排放标准），后者要求不能造成污染后果（如噪音标准）。现实中，排污符合行为标准仍可能造成不符合结果标准的结果，即行为人违反行为规范不一定免责，遵守规范不等于不会造成损害后果，不等于尽到了注意义务，只能部分认可抗辩的效力，达标排污只是免除侵权责任的一种因素，法官仍要进行自由裁量。但相比较超标排放而言，合规行为主观恶性较低，属于可减轻赔偿的因素。行为人对结果标准的规范遵守意味着没有危害结果，法官应认可其抗辩理由充分，判决免责。

（2）推荐性规范的抗辩效力。推荐性规范不具有强制力，法律允许主体意思自治并独自承担义务，如果只违反推荐性标准而没有违反强制性标准，不会发生合规抗辩的问题。如果致害企业以推荐标准达标抗辩，抗辩效力当然高。超过推荐标准排污但未超过强制标准的可参照强制标准操作。如果企业与政府或者周边居民签订环境协议提高排放标准的，后应适用协议标准，不得以未违反强制性标准抗辩。

（3）自由裁量的因素。法官进行自由裁量的因素有：第一，参照适用的环境标准是否科学，是否足够保障人身、财产安全。标准允许的污染量达到“最佳可行性技术”① 采取最好的环保技术控制后达到的排放量，认为是可以接受的，而且标准应当定期修改。第二，虽然超过标准，但此种侵权行为经社会认可在忍受的限度内，可以抗辩免责。第三，其他因素，需要考虑遭受侵害的性质与程度，加害行为的公共性，哪个公共利益更持久，哪种利益是社会长期稳定发展所需等因素判断。另外，还可以从环保设施的设置（如依现有的技术水平根本无法防止或预见致害行为的发生，则个人有忍受义务），致害企业与被害人居住时间先后（受害人先于加害人居住在事发地的更容易获得赔偿）等因素判断忍受限度。

2. 以利益衡量确定忍受限度。环境污染案件种类繁多，法律不可能面面俱到，需要法官进行利益衡量。基于我国国情，应当选择既要维护人群健康又要与经济发展相协调为基础的“可持续发展观”。② 利益衡量总的原则是，同等保护受害人一方的绝对权益与可能的加害人之行为自由，在现阶段总的价值位阶应当是：生命权优于健康权，健康权优于财产权，对公共利益与个人权益同等保护，更为注重保护

---

① 参见白贵秀：“基于法学视角的环境标准研究”，载《政法论丛》2012 年第 3 期。

② 参见白贵秀：“基于法学视角的环境标准研究”，载《政法论丛》2012 年第 3 期。

人身安全。对于人身伤害的处理基本上采取无过错原则，在财产损害中企业过失依然是重要考量因素。[①] 当这些权利与社会公共性产生冲突时，应当将重大社会公共利益与人身权处于同一位阶，将一般公共利益与财产权处于同一位阶。

（三）对引用案例的检验

前引案例属于多因不明的环境污染致害，可以适用比例型因果关系理论，由合规企业承担不超过九分之一的责任，且被告可以提出合规抗辩要求进一步降低赔偿责任。对合规被告应当限制连带责任的适用，适用按份责任与限额赔偿。其余八家企业属于超标排放因而抗辩无效，且无法确定各自侵权份额，应当在合规排放企业赔偿限额外承担连带责任。排放污染物为污水，属于违反强制性标准。污水排放属于行为标准，合规抗辩只能达到部分抗辩的效力，法官可以从以下几个方面考虑：(1) 损害的对象为财产，损失较大，虽不涉及公共利益，但超过忍受限度，合规致害人应当赔偿；(2) 目前有国家废水排放标准参照适用；(3) 虽然使用排污设备但社会影响较为恶劣，公众无法认可，不能免责；(4) 受害人后于致害人来到排污地点养殖，应预见一定风险，可降低致害人责任，由受害人承担部分责任。

（四）司法解释的完善

建议在《侵权责任法》司法解释中规定：二人以上实施环境侵权行为造成他人损害，能够确定责任大小的，则按侵权行为所造成的责任大小承担赔偿责任；对责任大小无法确定的，可以根据侵权行为与损害结果之间的原因力大小、环境标准等因素确定责任大小；无法确定责任大小的，可以由侵权人平均承担赔偿责任。

（姚贤辅　湖南省衡阳市中级人民法院）

① 冷罗生：《日本公害诉讼理论与案例评析》，商务印书馆2005年版，第38页。

环境侵权案件中“合规抗辩”之效力

【司法精要】

当今社会风险无处不在，环境“合规”致害现象频发。合规情节能否成为环境侵权案件中的抗辩事由，这一重大理论和实务问题，却因其处在公、私法交叉的边缘地带而未能引起足够的重视，且时时遭遇传统公、私法划分理论的影响和学界对公共风险的偏见，以及权力利益格局的侵扰。本文从三则典型的环境合规侵权案件切入，反思我国实在法上的学界通说和司法实践中的事实真相，并在此基础上借鉴日本环境公害法上的“容忍限度”论，对环境侵权案件中“合规抗辩”的法律效力问题进行类型化的技术探讨，以此构建行为人在命令型、禁止型、授权型等不同类型中“合规抗辩”的法律效力。

环境侵权案件是环境污染事件中的典型，但它又有别于一般的民事侵权，在《侵权责任法》中属于特殊侵权范畴，其责任的承担和举证责任的分配都有其独特性。因为它适用的是无过错责任原则和举证责任倒置。由于环境侵权案件中的被告一般是公司或企业，相对于受害人，他们拥有先进的技术条件和完善的管理制度，以及强大的经济实力，两者之间信息严重不对称。因而，在以保护弱者为宗旨的传统私法理念指导下，立法和司法上的救济天平无形中会偏向被害人一方，但也无可厚非。因为被告的救济手段还有不少的发挥空间，如损害系由不可抗力、第三人过错、受害人自身原因引起等前提下，被告仍可提出免责或减轻责任的抗辩事由。

然而，受传统公、私法划分理论的影响和对公共风险的偏见，以及权力利益格局的侵扰，被告在环境侵权案件中提出的“合规抗辩”在不同类型的环境污染案件里，却产生不同的法律效力。这种困境如同古希腊神话中描述的“戈尔迪之结”。①因为“戈尔迪之结”常被譬喻为相互缠绕，难以理清的问题。但从破解“戈尔迪之结”的方法中所得到的启示，则意味着不要跟在前人的后面亦步亦趋，而要以强有力的行动另辟蹊径，果断地克服一连串纠缠不清的困难。② 当然，本文所说的“戈尔迪之结”特指在环境侵权案件中行为人提出“合规抗辩”后，所遭遇到的各种法律难题，并由此而产生不同的法律效力。

一、环境侵权案件中“合规抗辩”的实践检视

案例一 “合规”排放污水致地下水污染的民事责任

从2003年6月起，聂某等一百多户辛庄村村民因本村井水达不到饮用水的标准，而到附近村庄取水。聂某等人以平顶山天安煤业股份有限公司五矿（以下简称五矿）、平顶山天安煤业股份有限公司六矿（以下简称六矿）、中平能化医疗集团总医院（以下简称总医院）排放的污水将地下水污染，造成井水不能饮用为由提起诉讼，请求判令三被告赔偿异地取水的误工损失等共计212.4万元。一审法院认为，三被告排放生产、生活污水污染了辛庄村井水，导致聂某等一百多户村民无法饮用而到别处取水，对此产生的误工损失，三被告应承担民事责任，判决三被告共同承担赔偿责任。双方上诉后，二审法院则判令五矿、六矿、总医院因排放生产污水而共同赔偿聂某等人误工费17.65万元，五矿、六矿因其职工及其家属排放生活污水而共同赔偿聂某等人误工费15.89万元。③

案例二 工业三废“合规”排放的民事责任

某省（屏南）榕屏化工有限公司（以下简称榕屏公司）自1995年投产后，对

---

① 戈尔迪是古希腊神话传说中小亚细亚弗里吉亚的国王，他在自己以前用过的一辆牛车上打了个分辨不出头尾的复杂结子，并把它放在宙斯的神庙里。神示说能解开此结的人将能统治亚洲。这就是被人们广为传说的“戈尔迪死结”。然而，多少个世纪过去了，无数聪明智慧的人面对“戈尔迪死结”都无可奈何，直到亚历山大远征波斯时，有人请他看了看这个古老的“戈尔迪死结”。经过一番尝试后，亚历山大挥剑将此死结劈成两半，“戈尔迪死结”也就被破解了。

② 江玲：“论合法排污者之民事责任——解析环境侵权中的‘戈尔迪之结’”，兰州大学2011年硕士论文，第1页。

③ 《最高法院公布的九起环境资源审判典型案例》，载《人民法院报》2014年7月4日第3版。

周边地区环境陆续造成污染。其生产过程中排放的工业三废，对周边环境和附近居民的身心健康造成严重伤害。尤其是排放的有害气体氯气，致使周围的果树、林木、庄稼大量死亡，甚至鱼虾都难以生存。为此，张某等一千多人提起诉讼，请求判令榕屏公司立即停止侵害，赔偿农作物及竹、木等损失，清除厂内及后山废渣。一审法院判决：榕屏公司立即停止侵害，清除厂内和后山工业废渣，并赔偿山场林木、果树、毛竹和农田等部分损失。双方上诉后，二审法院判令荆某立即停止侵害，并赔偿原告山场林木、果树、毛竹和农作物等损失共计68.42万元，且要求被告按照法律规定的程序，在一定的期限内对固体废弃物进行清理、处置、封场。[①]

案例三　噪声污染中的容忍限度

自2009年起，荆某租用了谷某的房屋和院落，此院落与姜某住所前后相邻，仅一墙之隔。荆某在租用的院落里对钢铁制品进行切割作业，产生的噪声使姜某不堪忍受。姜某先后向村委会及当地环境保护行政主管部门反映，但问题仍未得到解决，遂提起诉讼，请求判令荆某停止侵害，排除妨碍，将产生噪声污染及粉尘污染的铁制品搬离与姜某相邻的院落，赔偿其精神损失8000元。一审法院判令荆某立即停止侵权、排除妨害，将产生噪声的钢铁制品搬离与姜某相邻的院落，并赔偿姜某精神损害抚慰金2000元。荆某不服，上诉二审法院裁定：驳回上诉，维持原判。[②]

表1　合规抗辩的法律效果

序号	案例名称	污染类型	情节	判决结果
1	聂某等一百多户辛庄村村民与平顶山天安煤业股份有限公司五矿等水污染责任纠纷案	地下水污染	合规	一审法院判决三被告共同承担赔偿责任； 二审法院依比例细化了三被告的共同赔偿责任。

① 《最高法院公布的九起环境资源审判典型案例》，载《人民法院报》2014年7月4日第3版。

② 《最高法院公布的九起环境资源审判典型案例》，载《人民法院报》2014年7月4日第3版。

续表

2	张某某等一千多人与某省（屏南）榕屏化工有限公司环境污染责任纠纷案	废气、废水、废渣污染	合规	一审法院判决：立即停止侵害，清除废渣，并赔偿果木、农田等受害的部分损失； 二审裁定：维持原判。
3	姜某某与荆某噪声污染责任纠纷案	噪声污染	合规	一审判决：立即停止侵害，排除妨害，并赔偿精神损害抚慰金； 二审裁定：维持原判。

从对以上三则案例的梳理、比较分析（如表1所示），得到如下启示：

1. 在责任的归责方面，环境侵权案件在司法实践中仍以无过错责任原则为主，过错推定原则为补充。其中案例一和案例二就直接适用了无过错责任原则，而案例三则适用了过错责任原则，且是推定被告存在过错。这种司法适用过程中的差异，源于我国立法观念的冲突及立法技术的滞后。因为在立法主导者的观念里，始终认为环境侵权的归责应当按照不同的污染源来确定不同的归责原则。例如在自然人之间因相邻权而引起的环境侵权纠纷，应适用过错责任原则，主要由《物权法》规定的相邻关系予以解决；对企业因生产污染而产生的侵权纠纷，则适用无过错责任原则。同时，就不同类型的污染案件来说，又有不同的适用原则。譬如对噪声、光、放射性等污染，则以超过一定的容忍限度或排放标准为认定侵权行为成立的条件，适用的是过错推定原则；而对于大气、水、固体废物、重金属等污染，则适用无过错责任原则，这些主要由《环境保护法》相关具体的法律规范予以调整。①

2. 在侵权行为的构成要件方面，一般民事侵权案件通常采用四要件说，而环境侵权案件则采用三要件说。即侵权人实施了环境侵权的行为、受害人有损害（包括实际损害和精神损害）、环境侵权行为与受害人的损害之间存在直接的因果关系。相比之下，这里少了违法性要件抑或是过错要件。对此，目前学界又存在肯定说与否定说的分歧。肯定说为少数派，认为环境侵权责任的构成须具备违法行为、损害事实及因果关系；否定说为多数派，认为环境侵权适用无过错责任原则，无需考虑

① 张宝："环境侵权归责原则之反思与重构——基于学说和实践的视角"，载《现代法学》2011年第4期。

违法性要件。[①] 案例一和案例二即采用了否定说的观点，而案例三则采用了肯定说的观点。因为水、大气、固体废物污染适用无过错责任原则，不需要违法性要件；而噪声污染则采用过错推定原则，只有当噪声污染超过人体一定的容忍限度，如城市噪声污染 2 类区域中的最高限值（即适用于居住、商业、工业混杂区）昼间为 60 分贝，晚间为 50 分贝，超过这个标准，即被推定为存在过错，而应承担侵权责任。

3. 在举证责任方面，由于受侵权行为归责原则和构成要件的影响，环境侵权案件中以举证责任倒置为常态。如案例一中，被告的生产、生活污水排入地下，且不能举证证明其排污行为与原告的损害之间不存在因果关系，因此而承担举证不能的后果。同样，在案例二中，一审法院认为被告虽主张排放达标，但不能证明排放不会造成损害，因而推定其因果关系存在，侵权责任成立。二审法院亦采用举证责任倒置规则，认为被告污染物的排放标准不是确定其承担侵权责任的界限，但被告不能举证证明其排放的有害气体氯气及固体废物的堆放与原告果木、庄稼等的受损不存在直接的因果关系，则推定其存在因果关系，应承担举证不能的不利后果。案例三中，二审法院认为原告称其因噪声无法休息导致精神受到伤害的事实符合日常生活经验法则，推定其属实。而被告否认噪声污染给原告造成了实际损害应举证证明，但被告不能举出其院落中发出的噪声对原告的身体健康未产生损害的证据。由于噪声污染具有持续性和隐蔽性等特点，即使原告未出现明显症状，其生活受噪声侵扰而导致精神损害的事实也是客观存在的，由此酌情地支持了原告的精神损害抚慰金的赔偿请求。

二、环境侵权案件中影响“合规抗辩”法律效力的制约因素

从对以上三则案例的分析探讨得知，在当前的司法语境下，环境侵权案件中行为人提出的“合规抗辩”情节所产生的诉讼效果还相当有限，几乎难以影响法官自由裁量权和自由心证的形成过程。这与刑事诉讼过程中，被告提出“幽灵抗辩”时所主张的理由及产生的诉讼效果存在很大的差异。[②] 因为本文所说的“合规行为”，

---

① 马洪：“环境侵权的归责追问”，载《法学》2009 年第 5 期。

② “幽灵抗辩”是指被告人针对其犯罪的指控，提出与被控罪行无直接相关的积极主张，并以此间接地否认指控，而且被告人的此种主张还难以查证。

特指符合各类行政法规范性文件中的行政规制要求的行为。它是一种在行政执法过程中被认为合法的行为。当然，“幽灵抗辩”也并非刑事诉讼中的特有现象，它在环境侵权诉讼中也同样存在。如在环境侵权诉讼中，针对原告提出的损害事实主张及其原因，被告有时会间接地予以否认，声称原告遭受的损害是由其他原因造成的，与被告无关。由此可见，“合规抗辩”与“幽灵抗辩”的事由在诉讼过程中的运用及其产生的诉讼效果存在明显的差异性。然而，一个在公法上被认为是合规的行为，却不能在私法上得到认可和接受，反而要承担民事侵权赔偿责任。这正是公、私法二元分立下所产生的学说悖论，也是学界对公共风险认知上的一种误解，以及在权力利益格局侵扰下产生的社会乱象。如此情势有如“戈尔迪之结”（如图1 所示），剪不断，理还乱。具体情结，下文予以一一缕析。

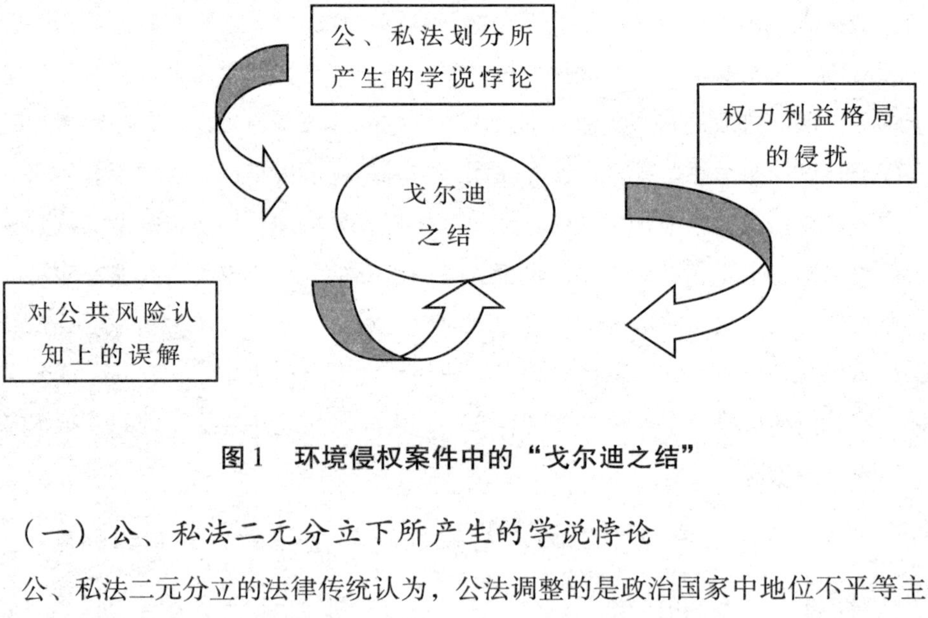

图1　环境侵权案件中的“戈尔迪之结”

（一）公、私法二元分立下所产生的学说悖论

公、私法二元分立的法律传统认为，公法调整的是政治国家中地位不平等主体之间的法律关系，而私法调整的是市民社会中平等主体之间的人身关系和财产关系。[①] 此种理念的形成，导致了公、私法的分野，二者之间产生一道不可逾越的鸿沟，即政治国家与市民社会是分离的，前者不得染指任何有关私人利益的事务，后者也难以插手任何有关公权力的关系。而作为环境污染案件中的侵权损害赔偿诉

① 王继军：“论公法私法的划分与区别”，载《山西大学学报》（哲学社会科学版）2006年第4期。

讼，自然归属于私法的范畴，排斥公法的干预。

然而，现代社会私法自治原则愈发显得捉襟见肘，而公权力的触角则无处不在，政府规制已经成为一个制度性的事实。公、私法的区分边际越来越模糊和淡化，呈现出公法私法化和私法公法化的趋势。在如此情势之下，一个合规的企业完全按照行政规制的要求，实施了排污行为，却对第三人的法益造成了损害。按照公、私法二元分立的逻辑，企业尽管不承担公法上的行政责任，但却不能以此合规行为来对抗善意第三人的损害赔偿请求。正如台湾民法学家苏永钦教授所言："如果许可也变成另一种形式的强制或禁止，私法自治就全无意义了。"① 一个在公法上被认为是合规的排污行为，却陷入私法侵权损害赔偿的泥淖。从外表上来看，似乎是行政规制不在私法调整的领域产生影响力，但其内在的实质却是曾经饱受传统公权力迫害的私主体害怕合规行为的抗辩会导致公权力的滥用，从而损害私法自治功能的区隔。尽管在现代市场经济运行的环境下，市场失灵现象常警示我们仅仅依靠私法自治的力量很难保全个人的私权益。但身获自由的私主体，却很难在内心深处对公权力产生信任。这正是环境侵权案件中"合规抗辩"遭遇私法责难的直接原因，此为"戈尔迪之结"第一结。

（二）对公共风险认知上的一种误解

现代工业社会公共风险越来越多，所造成的影响和损害也越来越大，但公共风险与个人风险有着本质的区别。个人风险一般只发生在施害人与受害者之间，通过私法救济的途径，由施害者向受害人进行补偿性赔偿即可得到化解；而公共风险的发生则不仅牵涉到事故的双方当事人，还事关整个社会的安宁与福祉。因为公共风险是政府规制的对象，是社会无法避免且应当承担的一种社会成本。如果为了避免公共风险的发生而要求风险制造者承担赔偿责任，导致的结果可能是：一方面，该风险制造者生产的产品或提供的服务价格成倍上涨，因为羊毛出在羊身上，风险制造者会通过事先的评估计算把可能发生的赔偿成本分摊到产品的价格中去，以实现成本的内化功能，从而达到规避风险的目的；另一方面，风险制造者可能出于趋利避害的考量，决定不再生产该种产品或提供该种服务。因而，此种公共风险也就自然随之消失。然而，事实上该种公共风险的消失，并不等于社会安全系数的提高，

---

① 苏永钦：《民事立法与公私法的接轨》，北京大学出版社 2005 年版，第 91 页。

也许会变得更糟糕。因为社会是一个复杂的组织系统，公共风险的发生会在一定的条件下发生转移。比如某地发生一场动车事故，导致数百人死亡，人们由此认为乘坐动车出行不是一种安全的方式，于是纷纷改乘汽车或飞机，由此导致公路交通事故的急剧上升。而在一定的时间段里，公路交通事故所造成的额外伤亡人数相较动车事故而言，反而更大。

由此可见，在环境侵权案件中要求合规行为人对其合规致害行为承担民事赔偿责任的主张，究其原因是误解了公共风险与私人风险规制对象存在的实质性差异，错拿后者的规制方式来对待前者，甚或等同于后者。其目的是威慑潜在的加害者，以此增加其个人的注意义务来减少或规避对他人的损害。但以这种错位的方式来规制公共风险的理念，可能是无效的，原因在于公共风险的防患并不存在一个损害为零的边际效果。①那种要求风险的制造者对其合规行为所造成的致害结果承担赔偿责任的方式，看似受害人的损失得到了一定程度的填补，也对潜在的加害者产生了一定的威慑，但对于整个社会的福利增进却是适得其反。同时，那种混淆公共风险与私人风险在治理机制上存在本质差异的观念，极易形成一种错误的认知，那就是规制手段越严，就越有利于社会公众利益的维护。故此，这就不难理解为什么在环境侵权案件中要适用无过错责任原则，诉讼过程中采用举证责任倒置及因果关系推定规则，这也正是环境侵权案件中合规致害行为为什么要承担赔偿责任的直接原因。此为“戈尔迪之结”第二结。

（三）权力利益格局侵扰下的乱象

我国自古以来就有乱世用重典的传统。近年来突发性的环境污染事件越来越多，影响也越来越大。民众的期盼和政府的第一反应就是要严格监管，采取更加严厉的惩罚性措施。这时特殊侵权领域中的无过错责任原则和举证责任倒置规则，自然就成为规制环境侵权案件的制度性选择，目的是要激发制度本身所具有的特别预防作用的功能，迫使加害人在生产或提供服务的过程中提高注意义务，从而使公众的利益免遭无辜的损害。

然而，在政府强化监管的过程中，难免不会产生因权力寻租和规制俘获而谋取

---

① 傅蔚冈：“合规行为的效力：一个超越实证法的分析”，载《浙江学刊》2010年第4期。

私利的可能。这种通过加强监管和强化责任的双重叠加模式，必然会导致用力过度，功能重叠的现象发生，进而增加了社会的成本。其结果反而是政府规制越严的地方，侵权诉讼发生的机率越多。而这种规制成本的增加，却由隐藏在背后的行政逻辑所决定。① 因为当加害人被迫要为自己的合规致害行为承担侵权责任的时候，规制主体就已经摆脱了因政府失灵而可能引起的制度问责，从而把风险转移给合规行为人自己承担。这种做法的好处是既可以保证获得行政许可的当事人满足最低的安全生产标准，又可以让其面临民事责任追究的压力，自己还可以免于承担因规制当事人安全生产过程中产生的不合理责任。

此种制度的运行情势，使政府的相关职能部门可能通过预设种种复杂的规制程式，把可能发生的风险推向市场，实现责任的外部化，以此来达到权力寻租的目的，但却不必担心因规制失灵而承担意外的风险责任。如此权力利益格局的乱象，不仅填补了受害人获得赔偿的心理需求，也满足了规制主体藉此染指私权的欲望。② 因此，在当今这样一个由利益决定政治选择的时代，一个双赢的制度，如果缺少强大的外力干预或者其他变量的参与，其根基只能是越发根深蒂固。这也正是环境侵权案件中“合规抗辩”遭遇困境的根本原因。此为“戈尔迪之结”第三结。

三、环境侵权案件中“合规抗辩”的效力重构

在一般民事侵权案件的构成要件中，被告的行为必须要具备“违规”这一情节，即存在过错要件或违法性要件。然而，环境侵权属于特殊侵权领域，即使一个合规的排污行为，只要其污染行为造成了他人实际上的法益损害，就具备了侵权责任法上的违法性要件，应当负赔偿责任。③ 这种接近于不以行为人的过错或违法性为要件的绝对责任理论，排斥了行为人在主观上无过错，客观上也不违法的“合规”情节的抗辩，该立场的正当性显然值得怀疑。在反思绝对责任理论的同时，不

---

① 傅蔚冈：“合规行为的效力：一个超越实证法的分析”，载《浙江学刊》2010 年第 4 期。

② 傅蔚冈：“合规行为的效力：一个超越实证法的分析”，载《浙江学刊》2010 年第 4 期。

③ 奚晓明主编：《〈中华人民共和国侵权责任法〉条文理解与适用》，人民法院出版社 2010 年版，第 456 页。

妨借用日本环境公害法的“容忍限度论”来重新审视无过错责任的正当性理由，并藉此进一步探讨合规抗辩的类型化效力。如此，才能使观察的视野更加开阔，对问题的评价也更趋于理性和客观。

（一）理论之源：“容忍限度论”

“容忍限度论”是日本学者运用“利益衡量论”解决新出现的环境公害问题的产物。它最早由日本民法学家加藤一郎于1968年在《序论——公害法的现状和展望》一文中提出，并得到其弟子野村好弘与淡路刚久等人的继承和发展，而成为日本学界和司法实务界解决环境公害问题的通说。[①]该学说认为，判断环境公害行为是否应当承担赔偿责任的决定性因素是该行为是否超出了受害人的容忍限度。而考量受害人容忍限度的条件，应根据侵害利益的种类、性质同加害行为的形态之间的相关关系确定。[②] 具体考量的因素有七个：1. 公益性，如果加害行为公益性强，那么受害人的容忍限度就高；2. 地域性，法官在自由裁量时，不同区域的容忍限度应差别对待；3. 先住问题，即是否先于加害人在某一区域居住而产生的容忍限度差别；4. 受害者的特殊情况；5. 继续性；6. 和公法标准之间的关系；7. 已经采取了最佳防范措施。[③]

针对以上七个因素，在司法实践中要对某个加害行为作出是否具有违法性判断时，必须要在综合比较考量的基础上作出最后的决断。这正是“容忍限度论”能够成为日本学界的通说之关键所在。因为它在运用利益衡量的方法之时，既考虑了受害人的损害事实，又兼顾了加害人的合规处境及社会的整体利益。当然，在法官自由心证的形成过程中，起决定性作用的还是受害人的容忍限度。由此可见，在环境侵权案件中“合规抗辩”的法律效力，并非如公、私法二元分离那样互不干涉，合规行为始终是一种重要的考量因素。

日本学者从环境公害法的司法实践中总结抽象出来的“容忍限度”论，对我国

---

① 张利春：“日本公害侵权中的‘容忍限度论’述评——兼论对我国民法学研究的启示”，载《法商研究》2010年第3期。

② 金自宁：“风险社会背景下的合规抗辩——从一起环境污染损害案例切入”，载《北大法律评论》2012年第2期。

③ 张利春：“日本公害侵权中的‘容忍限度论’述评——兼论对我国民法学研究的启示”，载《法商研究》2010年第3期。

目前仍然牢固地坚持绝对无过错责任理论的学界通说是一种反思。因为在合规致害的大部分案件中，加害行为的危害后果是很难被预先知晓的，因而也就无法事先采取规避措施，而且这种潜在的危害不会因行为人注意义务的提高而改变。故此，也就不能通过加重行为人的责任来预先达到消除风险的目的。其实，人类社会始终是一种群居关系，彼此之间必须要在一定程度上接受他人的存在及其正当行使自由的权利，也就是必须要容忍一定程度的彼此干扰和公害的侵害，否则人类的共同生活将难以维持，社会也无法进步。

（二）“合规抗辩”的类型化效力重构

借用日本环境公害“容忍限度”论的成果，结合法律规范的类型化手法，就不同类型的“合规抗辩”情节，予以不同权重的利益权衡，可以厘定或划分环境侵权案件中“合规抗辩”的法律效力。

1. 遵循命令型行政规范的合规抗辩效力

命令型行政规范，是指规定行政相对人必须作出某种积极行为的行政法律规范。其内容为要求行政相对人必须履行自己的责任。如果行为人在严格遵循了此种命令型行政规范的前提下，却仍然发生了致害的结果，此时，由于加害人唯有依命令而行事，并无其他的选择可能，要求其承担环境侵权责任，显然有失公允。因为真正的罪魁祸首不是加害人，而是行政规范的发布者，理应由其承担损害赔偿责任。故此，在遵循命令型行政规范的情形下，合规抗辩的情节应当可以成为加害人在环境侵权案件中免责的抗辩事由，或者成为向规范发布者行使事后追偿权的依据。

2. 恪守禁止型行政规范的合规抗辩效力

禁止型行政规范，是指命令行政相对人不得为一定行为的行政法律规范。它是一种禁止当事人采用特定行为模式的强行性规范。依其规制的直接目的和内容又可分为两类。一是行为规范，是单就行为本身而言的，即要求行政相对人不得作出某种特定的行为；如对企业排污标准的规制，就是针对企业的排污行为不得超标而言的。二是状态规范（又称结果规范），是单就行为结果而言的，即要求行政相对人不得造成某种特定的危害结果发生。如对大气、噪声、放射性物质排放标准的规制，就是针对企业或个人的废气、噪音、放射性物质排放结果的质量状况不得超标而言的。一般来说，符合状态规范的情况下，不存在法益的损害，因而不需要承担环境侵权责任；如果既符合行为规范，又符合状态规范的要求，自然也不存在承担侵权责任的问题。[①] 而一个符合行为规范的合规行为，却可能发生不符合状态规范的结果，这种情况下就要对行为主体、作用的对象及行为关系的内容进行利益权衡，如对加害行为的性质、地域性、先住问题、继续性、注意义务的程度、受害者的特殊情况等因素进行全面考量。因为在环境侵权案件中，“合规行为”侵权毕竟比违规行为的恶劣程度要低，合规抗辩理应成为减轻加害人责任的酌定情节。[②]

3. 符合一定条件的授权型行政规范的合规抗辩效力

前述命令型和禁止型行政规范都属强制性规范，而授权型行政规范则属任意性规范，但不同于一般的任意性规范。因为一般的任意性规范允许法律关系的主体自行确定权利义务关系，双方可以约定当致害发生时后果自负，也就不存在合规抗辩的适用可能。而授权型行政规范，是指规定行政相对人有权做一定行为或不做一定行为的法律规范。该规范通常用可以、有权、享有、具有等词来表达。此授权规范的目的，是出于该行为本身所具有的特定风险。而法律许可行政相对人从事该项活动，就是要试图把好关卡，达到从源头上降低风险发生可能的一种制度性设计。因此，行为人一旦获得授权从事该项行业的活动，在一般公众的心理就认可了行为人已经具备了一定风险防患的能力。然而，事实并非如此。行为人获得授权许可，只是具备了应然法上的一种资质。这既不是行为本身的内容，也不是实然法上的行为结果。因而，具备这种资质而获得行政许可，在客观上并不能担保合规行为不会发生损害的结果。此种情形下，环境侵权的加害人提出合规抗辩，就很难成为免责的事由。而应当如前面禁止型合规抗辩效力一样，引入容忍限度论进行利益权衡。当然，合规行为始终是一个重要的考量因素。

（郑生冬　湖南省临武县人民法院）

① 金自宁：“风险社会背景下的合规抗辩——从一起环境污染损害案例切入”，载《北大法律评论》2012 年第 2 期。

② 竺效：“论环境污染赔偿责任的特殊要件”，载《政治与法律》2009 年第 12 期。

环境侵害排除责任适用中利益衡量规则的构造与运用

【司法精要】

环境侵权行为及其损害结果具有较普通侵权行为与损害结果的特殊性，普通侵权理论与制度构造难以适应环境侵权救济现实的需要。为弥补传统民事侵权责任制度的不足，有效救济遭受环境侵权损害的利益，以环境侵害排除为目标的侵权责任制度构造和司法运用日益成为环境侵权研究领域的核心问题。在环境侵害排除责任适用中，利益衡量又是决定其适用合理与否的关键，甚至直接决定了整个环境侵权救济的实际效果。为此，需要对环境侵害排除责任适用中的利益衡量进行规则的构造和司法运用的指引。基于此种考虑，我们对国外部分典型国家的立法进行了梳理，同时辅之以在利益衡量领域较为典型的两大案例，剖析其中的规则和考量因素，并总结出我们国家在该领域制度建构的要点和司法适用的具体规则。

环境侵权损害与普通侵权损害相比，具有持续性、反复性和不可恢复性的特点。为有效解决环境侵权纠纷，切实保护受到环境侵权行为破坏的生态环境以及遭受损害的人身财产利益，需要在损害赔偿这一基本侵权救济方式的基础上，更加关注和应用侵害排除的责任形式，这也日益成为当今世界各国立法和司法在应对环境侵权损害特殊性问题上的有效举措。然而，由于环境侵权的原因行为具有一定程度上的“价值性”和“必要性”，环境侵权活动也多涉及产业经济的发展和与此相关的公共利益，因此在适用侵害排除责任时就面临着取舍选择的诸多困难和问题。作为一种原则或者裁判规则，利益衡量注定成为环境侵权救济尤其是侵害排除适用时最为关键的因素。受我国现行立法以及司法实践的制约，侵害排除责任的适用还处在相对初级的阶段，[①] 利益衡量在确保侵害排除责任有效适用方面还研究不够和运用不足。为此，有必要对环境侵害排除责任适用中的利益衡量规则进行理论上的研究和实践中的探索，重点是对侵害排除责任适用中的利益衡量规则进行立法上的构造和司法实践中的操作指引。

一、国外环境侵害排除领域涉及利益衡量的立法规定和司法实践

本部分选取最具代表性的三个国家的现行立法，梳理它们在环境侵权损害排除以及利益衡量运用领域的具体规定，总结并分析在适用环境侵害排除责任时如何理解利益衡量的地位、适用的条件、考虑的因素以及操作的规则等问题。在此基础上，选取美国关于侵害排除利益衡量规则适用的两大经典案例，分析法官处理案件的思路，对侵害排除利益衡量规则的司法理解和适用进行更有针对性的把握。

（一）国外环境侵害排除领域涉及利益衡量的立法梳理

1. 美国立法的规定。在美国，环境侵权侵害排除中的利益衡量规则集中规定在 1977 年公布的《侵权法（第二版）重述》之中。[②] 该法对私人妨害[③]侵害排除及其利益衡量进行了细致的规定。梳理起来主要有：第一，对侵害排除责任类型的规定，包括就侵权行为所发布的永久性禁令、中间禁止禁令和其他利益调和性的责任形式，如“代替排除侵害的赔偿”和“部分排除侵害”。第二，侵害排除责任适用时的利益衡量因素。永久性禁令的发布应当考虑以下因素：（1）应受保护利益的性质；（2）禁令与其他救济方式对于原告的相对适应性；（3）原告的任何不合理的

---

① 初级主要体现在两个方面，一是受制于经济利益至上的惯性思维和对社会效果的片面理解导致对侵害排除的适用还处于边缘化的境地，为回避矛盾或者麻烦，以损害赔偿代替侵害排除的做法还比较盛行；二是环境侵害排除的具体责任形式还存在规定不明和理解适用机械的问题，无法有效回应环境侵权救济特殊性的需求，也就难以从根本上对受损的生态环境和受损的人身和财产利益进行有效保护。

② 参见美国《侵权法（第二版）重述》第 936 条，转引自王明远：《环境侵权救济法律制度》，中国法制出版社 2001 年版，第 250 ~ 251 页。

③ 私人妨害在美国基本相当于环境侵权，虽然环境侵权也包括受害人提起民事诉讼以寻求救济的公共妨害部分（见王明远：《环境侵权救济法律制度》，中国法制出版社 2001 年版，第 246 页），但私人妨害部分仍然占据主导地位。

迟延；（4）有关原告的任何不当行为；（5）如果准许发布禁令对于被告，以及如果驳回发布禁令之请求，对于原告可能产生的困苦的比较；（6）第三人及公众的利益；（7）禁令或判决的设计及执行的实际可行性。中间禁止禁令着重应当考虑以下因素：（1）如果不准许发布中间禁止命令，对原告造成无法恢复的伤害的威胁程度；（2）如果准许发布中间禁止命令，对被告可能产生的后果；（3）原告胜诉的可能性；（4）公共利益。

2. 德国立法的规定。在德国，环境侵权侵害排除及其利益衡量制度在法律中的规定主要分布在《德国民法典》和《公害防治法》中。《德国民法典》第906条（1960年修正后）规定："土地所有人，对于煤气、蒸气、臭气、烟尘、煤烟、热气、音响、振动之侵入，以及其他来自邻地之类似影响，并不妨害其对土地的利用，或其妨害系非重大者，不得禁止之。重大之妨害，系由该土地之惯行使用所引起，且在经济能力上，无法期待该土地使用采取防止措施者，亦同。土地所有人因而忍受其影响者，得请求该土地使用人，为'金钱上的相当补偿'，但以自己土地之惯行使用或收益，因影响而产生'超过预期程度'之妨害者为限。干扰不得依特别引导装置为之。"① 《公害防治法》则区分了经政府许可的营业活动和未经政府许可的营业活动，并分别对排除侵害的适用依据利益衡量原则做出了规定。② 德国立法在侵害排除的适用问题上持较为谨慎的态度。这主要体现在限制性法律用语的规定上，如重大、期待可能性、惯行使用。只有满足了法律规定的情形才获得侵害排除责任适用的可能性，具体能否最终适用还需要经过严密的利益衡量过程。此外，德国法同样也创设了衡平经济利益与环境利益的"衡量补偿请求权"制度。

3. 日本立法的规定。在日本，关于环境侵权侵害排除的法律依据综合学说、判例来看，主要有物权请求权说、人格权说、日照权说、环境权说、侵权行为说五种。③ 上述五种权利是获得侵害排除责任救济的权利依据。仅仅具有权利救济的基础还无法直接开启侵害排除责任的适用，此时还应当重点考虑侵害行为的合理与

---

① 王明远：《环境侵权救济法律制度》，中国法制出版社2001年版，第209~210页。

② 王明远：《环境侵权救济法律制度》，中国法制出版社2001年版，第211~212页。

③ 参见邱聪智：《公害法原理》，台湾三民书局股份有限公司1984年版，第216页，转引自钟卫红："浅论环境侵害排除与利益衡量"，载《探索、创新、发展、收获——2001环境资源法学国际研讨会论文集》（上册），第252页。

否。具体而言，判断的因素有：原因行为的公共性、有用性、必要性以及基于忍受限度论的利益衡量（主要考虑侵害行为的形态、程度，受害利益的性质、内容，加害行为是否有公共性以及采取妨害措施的情况等因素）。[①]

（二）国外环境侵害排除利益衡量规则运用的司法实践

侵害排除过程中的利益衡量是一项较为复杂的活动。立法的规定为利益衡量划定了基本的规则，如何依据规则的指引应对现实问题则是司法实践的任务。为从动态上分析利益衡量规则的具体应用，帮助我们更好地理解和适用立法的规定，更好地解决司法实践中的难题，下面介绍并分析美国的两大经典案例，以期对侵害排除适用中的利益衡量机制有一个更加全面的把握。

1. 田纳西流域管理局诉希尔案。[②] 这是美国历史上最为经典的一起环保案例，即“小鱼 VS 大坝”案。在该案中，美国联邦议会批准在小田纳西河上修建一座用于发电的水坝，作为配套设施，美国联邦机构田纳西流域管理局开始在小田纳西河上修建泰利库大坝。在大坝的修建过程中，生物学家发现小田纳西河有一种濒临灭绝的小鲈鱼。同年，内政部根据公民申请将其列入濒危物种名单，从而使其进入《美国濒危物种法》保护范围之内。之后，国会不顾对濒危小鲈鱼的保护，仍然为泰利库大坝拨款近 2900 万美元。在大坝即将完工之时，以希尔等为首的田纳西州两环保组织和一些公民以田纳西流域管理局为被告向联邦地方法院提起民事诉讼，认为继续建坝将对濒危小鲈鱼产生无法挽回的损害，要求法院确认建坝行为违反了《美国濒危物种法》并终止泰利库大坝的继续修建。该案经过三审，其中联邦最高法院的判决理由是：首先，《美国濒危物种法》以明确而清晰的语言表明了对生物多样性的绝对保护，不允许进行利益之间的衡平；其次，停工禁令是最为合理的救济方式。因此，最终判决田纳西流域管理局中止泰利库大坝的修建以保护小鲈鱼。

2. 布默诉大西洋水泥公司案。[③] 这是美国历史上另一起较为经典的环保案例。

---

① 参见［日］牛山積：《现代的公害法》（日文版），劲草书房 1976 年版，第 145～152 页，转引自王明远：《环境侵权救济法律制度》，中国法制出版社 2001 年版，第 204 页。

② 参见蔡守秋：《环境法案例教程》，复旦大学出版社 2009 年版，第 11 页。

③ 参见王彬辉、唐宇红：“美国环境侵权民事司法中利益衡量的适用及对我国的启示”，载《环球法律评论》2009 年第 4 期，第 62～64 页。

上诉人布默的土地与被上诉人大西洋水泥公司紧邻。水泥公司在日常的生产过程中产生大量的烟尘和震动，污染了布默的土地，影响了布默正常的土地使用，对布默造成了财产损失。因此，布默请求法院颁发禁令，禁止水泥公司的生产并赔偿自己的损失。案件在一审中，法院判决水泥公司确有妨害行为，应当支付暂时性的损害赔偿，但拒绝颁发禁令。上诉法院经过审理，以4：3的多数意见判定颁发禁令，但是水泥公司给布默支付的永久损害赔偿金的请求不被支持。理由是水泥公司在建厂之前已经得知布默的土地与自己的建厂地点紧邻，自己的生产会对布默造成损害，但仍然选择建厂并进行有害于布默土地的生产活动。这种生产活动并没有明确、巨大的社会效益，因此对布默的土地进行持续的损害就是不被允许的。由于水泥公司的工厂已经安装了最先进的设备，期待短时间内的设备改良已经不可能，因此，为了避免对环境造成更大的损害，应颁发禁令。

（三）国外立法构造与司法实践的启示与反思

从国外司法实践情况来看，环境侵害排除的适用离不开利益衡量规则的保障，甚至可以说，利益衡量是决定侵害排除能否适用以及适用合理与否的核心问题。

1. 立法的规定是关键，它确保了利益衡量的确定性和透明性，为法官依法准确裁判提供了制度意义上的依据，同时也确保了侵害排除这一较为“敏感”的责任形式的及时适用。[①]

2. 利益衡量的关键是对各种冲突利益轻重缓急的判断。对于利益的判断首先考虑的因素是立法的明确规定，比如立法规定对某些利益应当予以优先保护，那么就不得做出相反的判断。其次是对利益的位阶、大小、缓急、受损后可否恢复以及恢复的难度和成本、当事方的承受能力等因素进行判定。

3. 利益衡量的目的不是得出一个“黑白分明”的结论，而是追求一个各方利益协调最大化的结果。在承认对某种优先利益进行保护的同时，还应当尽量减少对其他利益的损害，采取灵活的侵害排除方法来达到利益最大化的目标。

---

① 在很多情况下，排除侵害的责任较赔偿损失的责任要重，涉及的利益也更复杂，执行的难度也更大，因此很多法官为回避矛盾，避免麻烦，较少会选择这种风险系数较高的责任方式，或者是对该种责任方式无原则变通，实质上架空了侵害排除责任所特有的效果。有了立法上的明确规定，法官可以严格依据法律的规定进行裁判，确保了裁判的确定性，避免了非立法因素的干扰，使得裁判更加明确和可靠。

4. 利益衡量结论的得出还应当充分照顾到现实的条件以及判决执行的效果。以田纳西流域管理局诉希尔案为例，如果案件的事实是小鲈鱼已经因为大坝的修建而灭绝，还仍然机械地判决停止修建这种侵害排除形式就明显不适宜了。

5. 对侵害排除责任的反思。从国外的立法和判例来看，侵害排除的责任形式主要指的就是禁令，但是从环境侵权的特殊性和相应的救济需要来看，该种以传统民事权利救济为中心构建的救济形式显然难以满足环境侵权救济的需要。① 我们认为，作为环境侵权救济的侵害排除责任形式应当符合环境保护和人身财产利益根本性保护的需要，② 不仅包括停止侵害、排除妨碍等民事侵权基本责任形式，还应当包括以生态恢复为目标的实质性排除侵害责任形式。

二、我国环境侵害排除利益衡量规则运用的现实需求和困境分析

在我国现阶段，环境侵权现象大量存在，既有的以传统权利思维为主导的侵权救济方式已经不能适应维护受害者利益，保护生态环境的目的。因此，建立以预防性和治理性为基本理念的侵害排除责任体系就成为迫切的需要，而作为该类责任适用的保障机制，利益衡量规则和判断又是重中之重，影响甚至决定着侵害排除的最终适用及其效果。然而，无论是从我国的立法还是司法实践，利益衡量都存在着种种问题。

（一）我国环境侵害排除利益衡量规则构造与运用的现实需求

1. 当前我国正处于经济高速发展的时期，经济发展与环境保护的双重压力是我们面临的巨大挑战，过分强调任何一方都难以成为现实可行的发展路径。在环境侵权救济领域，侵害排除责任直接涉及环境保护和经济发展的部分冲突关系，判决

---

① 作为环境侵权救济责任形式的侵害排除（排除危害，含义有所差别）与民法上的侵权责任形式有所不同，对此已有文章专门进行过论述，如王小刚：“‘侵权责任’能够涵盖‘排除危害’责任吗？——论《环境保护法》第41条第1款的保留”，载《生态安全与环境风险防范法治建设——2011年全国环境资源法学研究会论文集》260～263页；李慧玲：“排除危害环境民事责任类型化探析”，载《时代法学》2010年第2期，第11～16页。

② 有些情况下，禁令并不能达到对生态环境以及人身财产利益根本性保护的目的。比如对于一处遭受严重污染的区域，如果仅仅是判决停止排污，表面上看达到了侵害排除的目的，但实质上并没有。因为环境污染具有持续性和后果的蔓延性，如果不对受损区域进行环境恢复和治理，已经遭受污染的环境还会不断释放有害物质，对人身财产安全还会持续造成损害。

的难度较大，判决的合理性也需要谨慎评价。为确保侵害排除责任的有效适用，需要积极构造利益衡量的规则，并在司法实践中逐步探索出可操作的准则。

2. 我国现行立法对侵害排除的规定不一，既有民法思维下的侵害排除责任，又有环境法思维下的侵害排除责任，并且不同思维下的责任形式和责任内容又有一定的差别，这就导致实践中判决的不一和判决效果的差异。如何构造适合环境侵权救济切实需求的责任体系，如何根据现实需要选择合适的责任形式，这些都离不开利益衡量规则的积极运用。

（二）我国环境侵害排除利益衡量规则运用的不足和困境

利益衡量对环境侵害排除救济方式的适用是必不可少的。但在我国现阶段，环境侵害排除领域利益衡量的运用面临着种种困境。

1. 立法规定的缺失使侵害排除利益衡量的运用产生扭曲。侵害排除是环境侵权救济的基本责任类型，而作为侵害排除责任适用核心问题的利益衡量应当成为有关侵害排除责任立法规定的必要组成部分。然而，我国现行立法对利益衡量的规定存在缺失，使法官在多种冲突利益和外部阻力面前不敢或者不愿适用这一冲突性较强的责任形式，从而使侵害排除责任处于被搁置的状态，也难以从根本上解决环境侵权纠纷，甚至引发后续的不良司法后果。

2. 环境侵害排除利益衡量缺乏方法和工具的支撑。环境侵害排除利益衡量的运用是一项复杂的司法实践活动，为使其理论化和模型化从而利于理解和实践操作，很多国家都形成了自己的理论和方法。较为盛行的是以美国为代表的经济利益思维分析法。该种方法将利益衡量过程变得量化，为利益衡量找到了一条较为可行的路径，极大地促进了司法实践的进步。反观我国，利益衡量更多的是处在理念和观念的阶段，缺乏方法和工具意义上的利益衡量机制，极大地制约了利益衡量和以此为基础的侵害排除责任的适用。

3. 环境侵害排除利益衡量方法的运用较为机械僵化。由于利益衡量规则立法的缺失和工具方法方面的不足，使得实践中对环境侵害排除利益衡量方法的运用较为僵化机械。一个是过分强调利益衡量的取舍作用，缺乏利益协调的思维和利益最大化的安排。另外就是对利益衡量的阶段性、过程性把握不够，对责任形式选择不够灵活，难以适应侵权救济的现实需要。

三、我国环境侵害排除责任适用中利益衡量规则的构造与运用

针对我国环境侵害排除利益衡量规则立法和司法中的问题，应当广泛借鉴其他国家的做法，探讨我国未来环境侵害排除利益衡量规则建构和适用的要点。

（一）设置侵害排除利益衡量的适用条件

1. 立法上应当体现对优先权利的保护。对于应当受到法律特殊保护的重大利益或者权利，立法应当及时将其纳入优先保护的范围。对于该类权利不允许在司法上有所衡量，即所谓的立法上的利益衡量高于司法上的利益衡量。尤其是在环境侵权救济领域，对某些重大环境利益应当及时上升为立法的确认和保护，否则利益衡量因缺乏立法确定性的保障带来的很可能是部分重大利益的丧失。[①]

2. 设置侵害排除责任适用的前置条件。为确保侵害排除责任适用的谨慎性与合理性，应当设置适用的规范条件。对此，可以参照国外立法的做法，设定较损害赔偿责任适用更加严格的限定条件，比如规定重大损害者、确定损害者、无期待可能性等限定用语，将不属于该类情况的排除在适用范围之外，增强侵害排除责任适用的严格性。同时，对于适用其他责任方式能够实现立法目的的应当优先适用其他责任方式，而不是直接适用侵害排除责任，这也是司法适用中应当坚持的原则。

（二）构建利益衡量的基本规则与方法

1. 明确各种利益的基本分类与位阶。在环境侵害排除利益衡量过程中，会面对多种不同的冲突性利益，其常见类型分为：经济利益、社会利益、环境利益；短期利益、长远利益；现实利益、潜在利益；个体利益、公共利益；制度性利益、非制度性利益等。在这些类型化利益冲突时，处理的方法还需以更加细化和务实的态度加以选择。这里我们提供一种更加细致化的利益认定思路。比如在个体利益和公共利益冲突时，一般情况下公共利益应当高于个体利益，也就是为了个体利益一般不能采取排除侵害的方式而伤害到公共利益。但这不是绝对的，如果个体利益的权益内容具有较高位阶，而公共利益的权益内容处于较低位阶，则情况大不相同，如

① 同样是利益，具有制度性保护的利益在司法判定中具有较非制度性利益更加明确和有法效力确保的地位。对于没有制度性保护的利益，即使非常重要也很难得到司法确定性、优先性的保护。

个体利益涉及生命健康权益，而公共利益是财产权益，这时难以说公共利益要优于个体利益。遇到复杂的冲突利益时，基本的思路是先将其划分为大的类型，以大类型的选择规则来操作，如遇特殊情形，则根据利益的位阶和现实的情况进行判断。

2. 利益衡量操作时的基本考虑要素。针对环境侵权行为是否采取排除侵害的救济方式，通说认为应当考虑以下主要要素①：环境侵害的持续性、反复性、不可恢复性；应受保护利益的性质、内容和程度；侵害行为的性质、内容、程度以及社会价值评价；侵害行为和结果避免的可期待性；侵害行为与受害结果的相互关系；排除侵害与其他救济方式的效果比较等。综合这些因素除上文所述的基本规则外，还应当注意的是利益衡量的考虑因素有强弱之分，对于强性因素，如侵害行为的极度不合理性、受害结果的巨大性等，是利益衡量重点考虑的因素。对于弱性因素，如受害结果的潜在性、侵害行为的不合理性等则是利益衡量非重点考虑因素。当然，对于强弱因素在衡量中的作用还会因现实的情况而发生变化。

3. 利益衡量指导下侵害排除的适用。利益衡量贯穿于环境侵权救济的全过程。在环境侵权救济中，首先应当查明诉请保护的权利是否具有立法上的特别规定，对于受到立法强制性保护的权利不允许适用利益衡量。同时，还应当根据案件具体情况查明某类环境侵权案件是否具有利益衡量适用的余地。② 其次，对利益冲突明显而难以直接做出判断的应当根据利益衡量规则确定哪方利益更具优势，同时根据优势的大小和必要性得出是否适用侵害排除责任。最后，得出应当适用侵害排除责任的，再衡量应当采取何种责任形式，此时权衡的重点应当是在确保优势利益不受损的前提下尽可能地减少对相对方利益的损害，力争达到各种利益的最大化。

---

① 王明远：“环境侵害排除与利益衡量”，载《中国环境报》2001 年第 3 版；王彬辉、唐宇红：“美国环境侵权民事司法中利益衡量的适用及对我国的启示”，载《环球法律评论》2009 年第 4 期；王小刚：“环境法侵害排除和排除危害制度——从美、日、德相关诉讼制度的视角”，载《当代法学》2005 年第 3 期；杨爱林、陈自力：“环境侵害排除的构成要件及判定——以比较法的借鉴为视角”，载《政治与法律》2013 年第 2 期。

② 对利益衡量的理解不能泛化，有些案件权利义务关系明确，判定明确，显然没有利益衡量适用的余地。也有学者指出了同样的问题，认为利益衡量的作用在于弥补法律漏洞。见梁上上：“利益的层次结构与利益衡量的展开——兼评加藤一郎的利益衡量论”，载《法学研究》2002 年第 1 期，第 55 页。

（三）侵害排除利益衡量司法实践中应当明确的问题

1. 环境侵害排除责任的适用与侵害行为合法性的关系问题。对此应当分层次理解。第一，对侵害行为合法性的理解。在环境侵权领域，被诉侵权一方经常以行为系经行政程序批准或者不违背行政规定的排污标准等为抗辩理由。对此，应当明确的是这些抗辩事由只是其不承担行政责任的依据，是从行政法角度而言的“合法”。第二，侵害行为侵犯了他人的权益，尽管其具有行政法上的“合法性”，仍然应当承担相应的民事责任，这里的民事责任应当包括侵害排除这种责任类型。第三，更进一步讲，行政法上的“合法性”与否对侵权责任的判定并非没有影响。这种“合法性”在很多情况下能够减弱民事责任，如果不加区分则会导致责任承担的不均衡和不公平。尤其是对于侵害排除这种较为严厉的责任而言，“合法性”的存在可能会阻却该种责任的承担，而以赔偿责任的形式加以替代。从国外的立法情况来看，行政法上的“合法性”也在很大程度上阻却了该种责任形式的承担或者部分承担该种责任形式。①

2. 环境侵害中的侵害应当如何理解的问题。对于环境侵害中的侵害应当更加全面地理解，其最为明确和直接的含义是指环境侵权行为已经造成的对人身、财产权益的损害。那这种损害是否包括单纯的环境损害呢？从目前的立法来看，环境利益或者环境权利还难以得到立法上的明确界定，少有的规定也是从国家作为公共财产所有人的角度进行的界定。② 对此可以理解为，如果是单纯对环境造成损害，对于特定的以环境使用为基础的权利内容，如特定的用益物权，是可以得到立法上的支持并得到司法的保护的。例如某一环境污染行为对特定区域的环境造成了损害，则以使用该区域环境而产出效益的主体可以从用益物权的角度提出排除妨碍。如果对环境造成确定的损害，不是上述这种情形，而是可能会造成人身、财产等潜在的损害，那是否适用排除侵害等责任呢？这里涉及环境法上的“风险防范”问题。从

---

① 比如根据德国《联邦污染控制法》的规定，经许可的营业活动引起的环境危害，一般不得要求停止营业活动，只能要求采取预防措施（部分排除危害）或替代性赔偿。见王小刚：“环境法侵害排除和排除危害制度——从美、日、德相关诉讼制度的视角”，载《当代法学》2005 年第 3 期，第 130 页。

② 如《海洋环境保护法》第 90 条第 2 款规定：“对破坏海洋生态、海洋水产资源、海洋保护区，给国家造成重大损失的，由依照本法规定行使海洋环境监督管理权的部门代表国家对责任者提出损害赔偿要求。”

传统民法的角度讲，侵害行为造成的损害应当是确定的、现实存在的，而不是潜在的、可能存在的。但是，环境侵权又确实具有不同于传统侵权的特殊性，对于那些具有巨大侵权损害风险的行为无论是立法还是司法都应当有所作为，应当在充分判断的基础上适时适用侵权责任加以救济。当然，对于具有环境侵害风险的行为在适用侵害排除责任时应当非常慎重，可以允许侵害主体提供应有的责任担保暂时停止侵害排除责任的适用，如果发生侵害的风险增加，则应当及时要求其承担侵害排除等责任。

3. 环境侵权领域的侵害排除与侵权责任法中的侵害排除关系问题。如上文所述，环境侵权具有较普通侵权的特殊性，作为环境侵权救济手段的侵害排除责任也就具有不同于普通侵权责任的内容和形式。理解环境侵权救济领域的侵害排除责任，应当把握以下几点：第一，侵害排除责任不是具体的责任形式，而是包括多种侵权救济内容的责任类型。除了普通侵权中的停止侵权、排除妨碍、恢复原状等还包括恢复环境结构和功能的环境责任形式。第二，侵权责任法中的侵权排除责任不能囊括环境侵权侵害排除责任形式，尤其是因为理念的不同责任的承担方式和侧重点也会有所差别，在司法判断中应当考虑的因素和遵循的规则也应当有所差别。第三，环境侵害排除具有适用的复杂性和一定程度上的“突破性”，为确保其严谨性和规则性，应当建立“代替排除侵害的赔偿”“部分排除侵害”等更具调和性的侵害排除救济方式，实现环境、经济和社会利益的协调最大化。此外，在判决颁发禁令时可以指定侵害排除的暂缓生效期，以有效督促环境侵权人进行环境恢复与治理，保证利益衡量制度适用的最优化。

（余晓龙　国家法官学院山东分院
李宏军　山东省济南市中级人民法院）

间接反证说在环境侵权因果关系认定中的运用

【司法精要】

环境侵权诉讼中的因果关系往往难于认定，其原因一是侵权因果关系错综复杂，二是我国《侵权责任法》第66条对环境侵权因果关系认证规则的模糊性，三是现行认证方法单一、滞后。环视域外，与我国法律架构相似的德、日法律大多采用“间接反证”的方法对环境侵权因果关系进行认定，即将因果关系的证明分为若干环节，一旦原告对其中的基础环节履行了证明责任，则可推定未证明环节的存在，除非被告对剩余环节提出相反的证据。这种方法不仅对企业生产经营过程中产生的风险进行了合理的分配和预防，同时也为权利救济中的弱势一方破除了诉讼中的诸多壁垒。鉴于我国的判例对该理论已有采用，针对我国目前对环境侵权因果关系认定标准不一和诸多实际困难的情况，应明确采取间接反证的方法对因果关系予以分解考量，对其适用范围限定在潜伏周期长、波及范围广、因果链条复杂的环境侵权案件中；同时将因果关系证明环节的若干要素如污染物到达路径、原因物质统一由原告举证，被告则可通过证明时间顺序上的不可能、其他人为破坏等来阻止因果关系的成立；最后须明确价值导向，以期更好地指导司法实践，促进公平、保护环境。

在环境侵权诉讼中，能够引发损害结果发生的原因不知凡几，想要从中梳理出一条清晰脉络并对引起与被引起的关系做出明确的法律判断并非易事，缘于其与生俱来的隐秘性、间接性、广泛性和认定难等特点，并且在关键证据、资金、技术和信息量掌握等方面，被告企业通常具有天然优势，注定了环境侵权的受害人从一开始就是弱势一方，导致原告证明因果关系的难度很大，救济途径壁垒重重。因此，在司法实践中往往另辟蹊径，通过区别于传统的认证方法推定因果关系，减轻原告负累，提高诉讼效率，这是环境侵权救济实践发展至今的世界趋势，而间接反证学说在环境侵权诉讼中的适用，更好地满足了人们对公平正义和风险防范的价值追求。

一、环境侵权因果关系间接反证的理论基础

（一）间接反证的基本概念

间接反证说由德国著名学者罗森贝克所创，系罗氏为完善其证明责任规范说而作的补充学说。所谓间接反证说系指“根据反证人有举证责任的间接事实所为的反证”①，其目的在于保护特殊侵权案件中的弱势群体、缓解举证困难和促进公平正义。

其逻辑内涵是：对于某个主要事实负有证明责任的当事人，若其对该事实的直接证明确有困难，可通过充分证明一些间接事实来履行自己的证明责任，前提是这些间接事实必须在经验法则上可以推导出主要事实，相对的，另一方当事人为阻止该主要事实成立，可对对方当事人举证的间接事实直接予以反驳，此即称为“直接反证”，亦可通过证明与该主要事实相对立矛盾的其他间接事实来使主要事实陷于真伪不明的状态，此即称为“间接反证”。间接反证在逻辑上并非直接反驳已被证明的主要事实，而是通过“曲线救国”的形式来证伪主要事实的充分或必要条件，从而证明主要事实不存在或真伪不明。

例如：法官在认定昨晚天空中是否打雷这一案件事实时，原告通过证明当地的某电视塔于昨晚遭到雷击这一事实，从而推导出昨晚出现打雷的事实，相对的，若被告证明电视塔的损毁并非由雷击所致，则可陷打雷这一事实处于真伪不明之状态，此谓之“直接反证”；若被告并不执着于电视塔之损毁，而是通过气象记录等其他间接事实证明昨晚并未发生打雷，亦可达到与直接反证异曲同工之妙，此谓“间接反证”。

（二）间接反证在环境侵权诉讼中的首次尝试

现代各国对侵权责任归责原则的适用日趋多元化，尤其在环境侵权这类特殊侵权案件中，大部分国家已不再把侵权者的主观过错列为损害赔偿的要件，由此，因

---

① ［日］三月章：《日本民事诉讼法》，汪一凡译，五南图书出版公司1997年版，第450页。

果关系就几乎成为环境侵权纠纷中最重要也最难认定的唯一要件。若按照一般侵权案件举证规则，因果关系是否存在的举证责任应由原告承担，但在环境侵权诉讼中，因果关系往往具有隐秘性、长期性和认定技术要求高等特点，加重了原告的举证难度，即使采取证据认定高度盖然性原则，原告通常也因技术和资源限制而难以企及这一标准。

因此，为了保护环境侵权案件中处于弱势的原告，间接反证说开始被运用到环境侵权案件的因果关系认定中，其源起于1956年轰动一时的日本新泻水俣病诉讼案，在该案中，被告新日本氮肥公司排放的甲基汞对周边水体造成严重污染。受害居民经过漫长的诉讼，终于在1969年，法院在本案中改变了传统侵权类案件对因果关系的认定原则，首次尝试采用间接反证说，要求被告“就因果关系的不存在必须达到高证明标准，即致害人的反证需达到确实地从自然科学上证明因果关系不存在，才能认定因果关系不存在”①，否则推定环境侵权因果关系存在。该判决成为适用间接反证说认定环境侵权因果关系的第一例。

二、环境侵权因果关系间接反证法的学说发展

对环境侵权诉讼案而言，新泻水俣案的裁判结果既有其普适性的一面，也有其案情特定化的一面，后世学者开始对其裁判思路进行提炼和改良，最终形成“好美、竹下说”和“淡路说”两大学说。

（一）新泻水俣病案判决思路

日本新泻水俣病案的判决认为：“在公害案件中……要求被害人对因果关系的环节一个一个地加以严格的科学解释和证明，无异于完全封闭了以民事审判方式救济被害人的途径。”② 实质上，在环境侵权的因果关系认定中适用间接反证，则因果关系就已不再是单一的事实要件，而成为由几个复合事实组成的要件复合体。显而易见的是，因果关系中的一个重要环节，即导致被害人染疾的原因物质是否来自加害企业这一环节是真伪不明的。但证明这一环节的证据大都掌握在加害企业手

① 邹雄：“论环境侵权中因果关系的认定”，载《中国政法大学学报》2010年第4期，第81页。

② ［日］新泻地方裁判所：“1971年9月29日新泻水俣病第一次诉讼事件判决”，转载《公害·环境判例百选》，有斐阁出版社1994年版，第50页。

中，如生产记录、生产设备等，如果没有加害企业的配合，原告无法采集到这些证据。因此，出于公平正义的考量，法庭责令被告就原因物质的到达路径并非源于自身提供证据，否则就推定因果关系成立。但这并非免除原告对因果关系的全部证明责任，只是对该责任进行重新分配，属于基础事实部分的证据仍需要原告提交，换言之是负责证明其中的部分环节，如此方可推定剩余环节的存在，但被告就剩余环节的存在提出相反证据的除外，被告这种不直接反驳原告所举证据，而是“另辟蹊径”予以反证的方法即是“间接反证”。

（二）好美、竹下说

好美、竹下说将因果链锁分为如下部分：

1. 被告生产了某种有害物质（A）；
2. 被告向外排放该物质（B）；
3. 该物质通过环境媒介发生扩散（C）；
4. 该物质达到原告或原告的财产（D）；
5. 原告遭受损害（E）[①]。

原告只需证明其中的B＋D或B＋E项，法庭即可依经验法则推定其他各项事实的存在，即因果链锁已形成。而被告则需对因果链锁形成的过程负排除推定的举证责任。例如：在农田污染的场合，若原告举证证明加害企业排出有害物质（B），以及该物质已达到原告所有的农田（D），或农田因该物质的污染而遭受损害（E），则被告可通过证明到达农田的该物质并非源于自己的排放路径，以阻止B→C→D或B→C→D→E因果链锁的形成。当然，被告也可以通过排除A事实的存在来推翻A→B的推定过程。

（三）淡路说

淡路说将因果链锁分为如下部分：

1. 导致原告损害的病因或原因（A）；
2. 污染路径（B）；
3. 被告生产并排放原因物质（C）。[②]

---

① 曹明德：《环境侵权法》，法律出版社2000年版，第182页。

② 曹明德：《环境侵权法》，法律出版社2000年版，第182～183页。

原告只需证明A、B、C中两项，则第三项事实被推定存在，但若被告举证证伪第三项事实则可阻却因果链锁成立。

无论采用哪种学说，被告想要排除自己的侵权责任，都需要对法庭推定的事实举出相反证据，这种在因果关系复合要件内将证明责任再次分配的方法，有效地减轻了原告一方的举证难度，有利于保护处于弱势地位的环境诉讼被侵权人。

三、对环境侵权因果关系间接反证说的功能评价

同其他事物一样，间接反证说也存在硬币的两面，想要了解并运用这种学说，首先需要我们对其进行客观公正的评价。

（一）间接反证说与其他学说之比较

1. 与举证责任倒置之比较

因果关系的举证责任倒置系指通过法律强制性的规定，将本应属于原告的举证责任强制性地分配给被告，当然，这种所谓“本应属于”的措辞系针对一般举证责任分配规则而言。可见，虽然都是以降低原告证明门槛为目的，但因果关系推定对受害人的证明要求要严于举证责任倒置。我国《侵权责任法》第66条规定：因污染环境发生纠纷，污染者应当就其污染行为与损害事实之间不存在因果关系承担举证责任。对此，通说认为我国环境侵权因果关系认定适用证明责任倒置原则。[①]但即使如此，司法实践中“胜诉难”问题依然存在，以至有学者提出更为严格的责任分配规则，如将损害事实的证明责任划归被告承担[②]。但这无异于舍本逐末，没有弄清楚问题的实质，有“乱世用重典”的味道。如果要真正落实举证责任倒置，则要求被告积极寻求“不存在因果关系”的科学鉴定，但对鉴定机构而言，说“没有”比“有”的风险大得多，几乎不可能有鉴定机构愿意出具这种风险巨大的鉴定结论，从而导致举证责任倒置在现实中失去实际意义，遭到司法实践的消极抵

---

① 杨素娟：“论环境侵权诉讼中的因果关系推定”，载《法学评论》2003年第4期，第11页。

② 李彩虹：“环境污染诉讼：原告无法完成的举证——一起村民诉化工厂污染案的田野调查”，载《法学杂志》2010年第10期，第7页。

制。[①] 另一方面，在不以被告是否存在主观过错为要件的环境侵权诉讼中，又对被告科以因果关系不存在的“反向证明”责任就太显极端，适用以间接反证为代表的因果关系推定则可较为合理地修正这种极端，防止滥诉，在法律逻辑上也更为顺畅。

2. 与无过错责任原则之比较

无过错责任原则的确立，为的是严格侵权者的主观责任，降低原告对被告主观过错的证明责任，但该原则未解决因果关系难于证明的问题，仍然要求原告就因果关系的存在作高度盖然的证明，认定其难度丝毫不亚于侵权者的主观过错，这样原告的举证门槛仍然过高。而间接反证作为因果关系推定的一种适用方法，对原告在因果关系上的举证要求仅限于表面性，能有效平衡、转换原被告间的举证责任，从而达到平衡双方力量的作用。

3. 与优势证据说之比较

优势证据说原是英美法系的一种证明规则，后被引入到环境侵权诉讼领域。其核心在于不要求原告对环境侵权的因果关系作严密举证，只需考虑各方所举证据的心证程度之比。如原告在证明环境侵权因果关系存在的可能性时，所举证据能证明该可能性达到50%以上，原告即可胜诉，若不足50%，原告即败诉。该制度依赖于法庭的“合理相信”，若双方的证据都不足以达到高度的盖然性，则法庭将对更有证据优势的一方予以支持。该说与间接反证相比，不足之处在于：（1）不适用于我国的审判制度。我国目前采用的是大陆法系的纠问式审判，若采用优势证据说，则法官被赋予极大的自由裁量权，其心证程度又难以通过外在表现，因此容易让当事人对其公正性产生怀疑，也易产生自由裁量权滥用。故优势证据说在我国不具备像英美法系“陪审团审判”那样的适用土壤。（2）举证优势之间的比较仍未解决原告举证困难的问题。被告仍然可以依托其天然的优势占据举证可能性的上风，原告仍然处于弱势。（3）简单的证据优势比较有违事实认定的严谨性。事实认定不应像一场足球赛，输赢仅靠比分，而应遵循严谨的认证方法予以确认，否则有事实不清的危险。

---

① 胡学军：“环境侵权中的因果关系及其证明问题评析”，载《中国法学》第2013年第5期，第15页。

4. 与疫学因果说之比较

该说主张运用医学上的疫学知识来考察环境侵权中的因果关系，即通过医学检测手段找出导致原告染病的污染物，若因被告排放了该污染物，并达到原告居住地附近，则推定环境侵权因果关系存在。一般来说，疫学因果关系的存在依赖于以下条件：一是某因素曾在某疾病发病前存在并发生作用；二是该因素作用的消长与患者的比率、病情的严重程度成正比；三是该污染物足以引发疾病，而且其作用的机理基本上能与生物学的说明相一致，不发生矛盾①。只要具备上述条件，则无需经过严密的科学鉴定即可认定因果关系存在。但该说与间接反证相比，不足之处在于该说的适用范围有局限性。其一，该说只适用于环境侵权致病之场合，而对诸如环境侵权致财产损害等其他场合则无法适用。其二，该说适用于环境侵权致群体性患病场合，而对公民个体遭受环境侵权损害的情形则适用意义不大，因为个体的体质、免疫能力等存在差异，疫学因果的统计方法难以发挥作用。

（二）间接反证说之基本优势

通过对上述理论学说分析得知，将间接反证说引入环境侵权的因果关系认定中，至少有以下优势：

1. 促进弱势群体救济。环境侵权是“公民权利与经济增长的对抗”的典型现代社会冲突。② 这种冲突体现到诉讼层面时，法律价值就要求我们对弱势群体予以救济，以抵抗损害环境的有害生产。间接反证说立足于现代环境侵权案件因果关系认定的复杂性，突破传统侵权案件的认证、举证规则，给予原告一定的保护性“倾斜”，以达到平衡原被告双方力量对比的目的，为环境损害受害一方的救济肃清了诉讼周期长、鉴定费用高、信息掌握不平衡、专业性强等诉讼壁垒，促进了公平正义。同时，也较好地修正了因果关系举证责任倒置对被告证明条件的苛求，较好地与无过错责任原则结合起来共同发挥作用。

2. 有利于企业风险管理和防范。风险与收益总是相伴相生，在自身能够承受的风险范围内从事生产经营是我们对企业最大的期许，在有可能对环境产生重大影

① 曹明德：《环境侵权法》，法律出版社2000年版，第176页。

② ［英］拉尔夫·达仁道夫：《现代社会冲突》，林荣远译，中国社会科学出版社2000年版，第1页。

响的生产领域，实现这一期许的现实要求显得更为迫切。间接反证在环境侵权因果关系认定中的运用，很大程度上加重了被告企业的举证负担，但从另一个侧面也加重了企业从事违规生产所付出的代价，从而使企业在灰色收益、疏忽大意与巨大风险间作出审慎抉择，促使其谨慎地从事风险管理与防范，并不断规范生产流程、加强监管防控、注重生产记录留存等。

3. 有效化解环境侵权因果关系认定的难题。环境侵权因果关系认定难不仅是法律问题，也是一个技术性问题，影响生存环境的各因素错综复杂，甚至有牵一发而动全身的“蝴蝶效应”，因而给专业知识有限的法官带来不少难题。但间接反证能将大部分的技术判断化为法律判断，避免陷入穷尽一切可能性的科学泥沼之中，促使企业主动调动有利资源挖掘事故真相，减轻司法负担。

4. 适合我国司法实际。在我国，虽然《侵权责任法》已经明确了环境侵权实行举证责任倒置，但从有关学者研究的裁判文书看，举证责任倒置的运用率较低，起决定性作用的往往是鉴定结论，而很少运用其他证据①。究其原因，除了我国法官专业化程度、对法律认识偏差等原因外，更主要的就是前文所述的对举证责任倒置的消极抵抗。而间接反证说却能较好地适用于我国当前实际，它与我国目前的审判习惯、诉讼效率与经济等都能高度契合，因而具有很大的实际价值。

5. 符合现代法律发展趋势。世界各国对一系列特殊的侵权案件都相继确立了因果关系推定原则，这不仅符合现代司法实际，也是侵权法发展趋势所在。而间接反证说的产生与发展正是立足于因果关系推定原则的基础之上，因此间接反证说在促进侵权责任法现代化、司法实践国际化方面具有重要作用。

（三）间接反证说之不足

1. 证明要素标准不统一，容易造成司法混乱

如前文所述，无论是日本新泻水俣病案判决，还是间接反证好美竹下说、淡路说，对于该采用哪种证明要素，各家学说争议较大，而我国尚未有准确适用间接反证法的判例，没有统一的证明要素标准，不免让人无所适从。

---

① 吕忠梅等：“中国环境司法现状调查——以千份环境裁判文书为样本”，载《法学》2011 年第 4 期，第 13 页。

2. 加大了企业的责任，可能产生新的不公

间接反证说只要求原告进行低度盖然性的证明，相对于传统的侵权案件，被告的败诉风险陡然增加，如何进一步平衡各方利益，是适用间接反证说需要认真思考的问题。

3. 经验法则推定有失严谨

环境侵权因果关系间接反证的基础在于因果关系推定，而推定的过程又依赖于"经验法则"，但经验法则本身并不具成文性、规范性，因此间接反证的推定过程就有有失严谨之嫌。

四、我国运用间接反证认定环境侵权因果关系的制度构想

在我国的司法实践中，各地法院在适用举证责任倒置的同时，也进行了大胆的突破，有的法院开始借鉴间接反证法对因果关系进行认定，但也不排除存在机械套用和误用的情形，结果不仅没有起到预想的效果，反而导致同案不同判。这是由于"间接反证法"作为舶来品存在本土化的一个过程，如何适应中国的司法国情，在具体实践中，必须要注意以下几个方面。

（一）划定间接反证说的适用范围

在案件类型的适用上，间接反证说并非放之四海而皆准，它通常适合于环境侵权中潜伏周期长、波及范围广、因果链条复杂、举证更为困难的环境侵权案件，如大气污染和水污染造成的一般环境侵权案件。此类案件，多是由污染型企业在生产过程中向外排放废水、废气、废渣导致大气污染、水污染引发，其损害后果不仅使农业、渔业、种植业等遭受损失，也会使公众的身体健康受到损害。

之所以对此类案件适用间接反证说，原因就在于其因果链条之长，几乎使原告的举证可能性为零，正如日本学者野村好弘教授所言："如果要求具有严密的科学因果关系的证明，很可能陷入科学裁判的泥沼之中，成为早期救济受害者的障碍"①。且认定因果关系存在的关键证据大都掌握在被告手中，要求被告配合对自己不利的举证几乎是幻想，被告通常会采取毁灭证据、消除生产记录等方式使对因

① ［日］野村好弘：《日本公害法概论》，康树华译，中国环境管理、经济与法学学会1982年版，第281页。

果关系的证明落空。正是有鉴于此，间接反证才有利于排除被告妨碍，原告一旦对因果链条中的基础事实进行举证，法官即可根据经验法则推定因果关系存在，若被告销毁证据则需承担不利的诉讼后果，这不仅大大降低了原告的证明门槛，同时也鼓励企业规范运作，注意留存相关资料，以排除不实之诉。

出于司法效率的考虑，对因果关系简单、危害范围不大的突发性环境侵权纠纷，如剧毒排放、日照妨害等，则不必适用间接反证，原因在于其因果链条简单，由原告直接证明即可，无需加重被告的反证责任。

（二）统一间接反证说的若干要素标准

事实上，在日本新泻水俣病案中，因果关系被分割成如下要件事实："（A）被害疾病之特性及其原因（病因）物质；（B）原因物质到达被害人或被害地的途径（污染途径）；（C）加害企业原因物质之排放（从产生到排放的装置）①"原告只需证明其中的 A + B 项，即被认为完成了因果关系的证明责任，法庭则可对 C 项事实的存在予以推定；而"好美、竹下说"和"淡路说"则分别将因果关系链条分为五个或三个要件事实，原告只需证明其中两个或三个事实，即可依据经验法则推定最后一个事实存在。

经过综合考量，水俣病案判决中的证明方法过于苛刻，原因在于本案中导致患者患上水俣病的原因已经查明，故争议焦点仅在于原因污染物来自何方而已，但在大多数案件中，导致患者患病的原因物质本身也是难以查明的，因此本案的适用范围未免局限。而按好美、竹下学说，因果关系的要件事实划分则过于繁琐，且分解得越细，则排除适用的特例越多，畅通救济渠道的初衷则越易落空，并且该学说将本就与因果关系处于同一位阶的侵权行为、损害结果又置于因果关系的复合要件之中，在逻辑上讲不通。至于淡路说，虽然操作简易，但有以下不足：1. 在污染形式多元化的今天，要求原告证明原因物质的到达路径仍属苛刻；2. 对于致病原因单一化的要求不切实际，很多疾病的引发存在多种医学可能性，要求原告查明病因在实践中对鉴定技术要求过高，且可能存在完全相反的鉴定结论；3. 污染企业内原因物质的生成及排放的证明与对被告侵权行为的证明重叠。

---

① ［日］新泻地方裁判所："1971 年 9 月 29 日新泻水俣病第一次诉讼事件判决"，载《公害·环境判例百选》，有斐阁出版社第 1994 年版，第 50 页。

综上所述，笔者认为，原告对因果关系的存在仅需提供以下证明：1. 被告排放的污染物质有到达原告的路径可能；2. 被告排放的污染物质系原告遭受损害的原因之一。如此，法官即可推定因果关系成立。至于被告排放污染物质及原告遭受损害这两个要素，其本身就是侵权关系成立的要件，无需再在因果关系的证明中作为下位概念出现。被告则可通过证明损害发生与污染行为存在时间顺序上的不可能、原告自身原因导致损害发生、其他人为破坏等来阻止因果关系的成立。

（三）排除损害事实与污染行为之间的其他可能性

环境损害的发生并不当然是污染行为导致的，不排除由其他因素引发，如第三方介入、受害者自身特质以及其他自然因素等。间接反证说在实质上是对因果关系的存在作推定，而推定本身是不以完全的科学鉴定为基础的，它的逻辑基础在于经验法则，因此必须严格排除引发损害的其他可能性，方能确定因果关系之存在。例如，某企业将污染物质直接排入当地饮用水源中，不仅使周边农作物、鱼苗、牲畜突然大量死亡，还大大增加了当地民众罹患肝癌的几率。在本案中，农作物、鱼苗、牲畜的突然死亡，若原告能排除气候、人为破坏、品种缺陷、种植和养殖技术等其他因素介入，且证明在污染行为作出之前，该区域的自然生态环境良好，各项产量稳定、收益良好，而在污染行为发生之后却突遭此祸，则可认为完成了对因果关系的举证责任。同样，原告若能证明罹患肝癌的居民平时生活习惯良好，没有家族病史，排除遗传因素，且在污染行为作出前身体状况良好等，亦可认定其完成了因果关系认定的举证责任。当然，若被告能提出反证，证明导致损害发生的污染物质系另有他物，或自己所排污染物之路径并不及此地等，即可排除因果关系存在的推定。

（四）平衡双方当事人之间的利益

为了减轻受害者的举证负担，让受害者的合法权益得到伸张，在环境侵权案件因果关系认定中适用间接反证说，给予受害方一定的“倾斜”，更有利于平衡当事人之间的力量对比。但是，这种“倾斜”的角度要适度，以避免过分加重被告的义务和责任，导致间接反证说的滥用。这就需要通过立法对间接反证说给予明确和适度的限制，如原告对因果关系要件事实的证明程度和范围、被告的反证在何种程度才能阻却推定的成立等等，以防止造成另一种司法不公。

（五）以保护环境、预防环境污染为最终目标

"现实中，保护环境是善，发展经济也是善，污染环境是恶，贫困落后也是恶，不能用一种善来抑制另一种善，也不能用一种恶来代替另一种恶。"① 间接反证说适用于环境侵权案件，其目的并非是为了让污染者赔偿而赔偿，而在于减轻受害者的举证负担，畅通权利的救济渠道，通过增加因果关系的举证责任，督促企业规范生产、科学管理，使各项排污行为依法依规进行，从而达到预防污染、保护环境的终极目的。

（林兰兰　广西壮族自治区柳州市鱼峰区人民法院）

环境侵权责任构成要件中的违法性判断

【司法精要】

违法性是不是侵权责任的构成要件，一直存有争议。从价值判断和我国社会现在所处的经济、社会发展阶段来看，我国的侵权责任构成要件体系应该将违法性纳入其中。本文首先肯定了违法性是侵权责任的构成要件，尤其是在环境民事法律责任方面，违法性不仅指行为违反了法律、法规，更是指违反了人类最一般的道德，侵害了受害人的环境法益，即在违法性判断上并不以成文法作为判断标准，而是采"实质违法说"。本文还对环境侵权责任的违法性判断标准进行了探讨，首先从价值判断上对于违法性进行了界定，在判断一个行为是否为环境侵权的违法行为时，对抗双方的权利比较显得尤为重要，公共利益与私人利益的对抗、财产所有人的绝对权利和受害人不受妨害的权利的比较等都要加以考量。文章最后阐述了在司法实务中进行违法性判断的一些原则和方法。

① 王成：《侵权损害赔偿的经济分析》，中国人民大学出版社第2002版，第90页。

一、对于独立设定违法性要件的争议

侵权责任法的宗旨在于规定何种“行为”侵害了何种“权益”，在何种条件下应负损害赔偿责任。关于行为的违法性在侵权责任认定中的地位，各国的立法并不一致。法国民法规定：“任何人因其过错的行为致他人损害的，应负损害赔偿责任”。一般认为此处的“过错”已将违法性包含在内，构成过错的情形包括以下几种：（1）行为人的行为违反特定或强制性的法律规范时，该行为即具有违法性；（2）行为人的行为虽然没有违反成文法规定的义务，但违反了一般习惯或公序良俗规定的义务；（3）滥用权利的行为亦为违法行为。[①] 德国法虽然采纳了罗马法的过错责任原则，但并没有沿袭罗马法的过错概念，而认为过错和违法是两个不同的概念。违法是指客观的行为或结果，而过错是主观因素，体现的是行为人应受非难的状态。[②]《侵权责任法》第6条第1款规定：“行为人因过错侵害他人民事权益，应当承担侵权责任。”从该条规定来看，侵权人承担赔偿责任应当具备三个要件：一是过错，二是因果关系，三是要有侵害他人民事权益的后果，符合这三个要件即导致侵权责任的承担。因此，从文义解释，侵权责任的构成要件并不包括“行为的违法性”。学者们认为中国的侵权责任法是以“过错”为核心构建的，过错即违反社会的状态，行为的违法性包含在过错的概念之中了。王利明认为：“我国民法通则并没有依照德国民法等立法例，将不法、违法作为侵权行为责任的构成要件；另一方面，我国民法中的过错概念，不仅包括了行为人主观状态的应受非难性，而且也包括了客观行为的违法性。过错本身意味着法律对某人的行为做出了否定的评价。”[③]

从实在法来分析，行为的违法性并不是我国《侵权责任法》规定的认定侵权责任的要件。违法性是不是构成环境侵权责任的要件，仅仅从与环境相关的法律条文来看，并不清楚。《民法通则》第124条规定：“违反国家保护环境防止污染的规定，污染环境造成他人损害的，应当依法承担民事责任。”该条规定承担环境污染民事责任的前提是“违反国家保护环境防止污染的规定”，是对违法性的一种确认。1980年施行的《环境保护法》第41条第1款规定：“造成环境污染危害的，有责

---

① 陈聪富：《侵权违法性与损害赔偿》，元照出版公司2008年版，第5~9页。

② 王利明：《侵权行为法归责原则研究》，中国政法大学出版社2003年版，第409页。

③ 王利明：《侵权行为法归责原则研究》，中国政法大学出版社2003年版，第411页。

任排除危害，并对直接受到损害的单位和个人赔偿损失”。该条的归责原则采用的是无过错责任原则，并没有将行为的违法性作为认定承担环境侵权责任的要件。但2015年施行的《环境保护法》没有直接规定环境侵权的归责原则，该法第64条规定“应当依照《中华人民共和国侵权责任法》的有关规定承担侵权责任”。而《侵权责任法》对于环境污染造成损害的，也基本采用了无过错责任原则。该法第65条规定：“因污染环境造成损害的，污染者应当承担侵权责任。”按其文义来解释，构成环境侵权行为并不需要行为具有违法性，行为的致害性才是环境侵权行为的构成要件。① 按照无过错原则，即使某一工厂符合污染物排放标准，但实际造成了环境损害仍应承担环境侵权责任，除非有法定免责事由。例如，2001年5月河北省乐亭县十八户渔民诉九家排污企业案，法院认为虽然排污企业达到了排放标准，但本案应适用无过错责任原则，违法性并非企业承担责任的必要条件。② 由以上法律条文可见，对于违法性在环境侵权责任认定中的地位，我国法律的规定并不一致。

是否将违法性作为认定环境侵权责任的要件，在我国司法实务中做法也不一。以李国发诉东风渠灌区管理处污染损害赔偿案为例，③ 法院认为被告在承包经营水库期间，向水库中投放化肥养鱼，使水质成弱碱性，虽不适合人畜饮用，但并没有超过环境保护部门对渔业用水的规定，其行为不具有违法性，主观上没有过错。原告在没有用水许可证、也没有征得水库管理人许可的情形下，从水库中取水进行鸭的养殖，导致所饲养的鸭死亡，其无权要求被告赔偿损害。被告虽有污染行为，但其行为符合环保部门对渔业用水的规定，不具有违法性，无须负赔偿责任。而在孙有礼等18人诉迁安第一造纸厂等9家企业合法行为所造成环境损害之赔偿案中，④ 法院认为迁安化工有限责任公司的污水排放虽未超标，属合法达标排放，但并不等于其污水排放活动不会造成环境污染的损害结果。排放污染物是否符合污染物排放标准的要求并不是判定企业应否承担民事赔偿责任的界限。故迁安化工有限责任公

---

① 陈德敏：《环境法原理专论》，法律出版社2008年版，第259页。

② 马凤岗：“排污达标也要赔偿——乐亭特大渔业污染案始末”，载《环境与法》2005年5月。

③ 王莹等编著：《侵权行为法典型判例研究——中国民商法典型判例研究丛书》，人民法院出版社2004年版，第186~189页。

④ 王树义主编：《环境与自然资源法学案例教程》，知识产权出版社2004年版，第86页~89页。

司同样应对孙有礼等18人承担污染损害赔偿责任。

实践的不统一是由理论的混乱引起的，对于环境侵权责任中违法性的地位有必要从理论上进行研究。

二、独立设定违法性要件的必要性

侵权责任认定原则的发展其实也是人类对于各种价值平衡的过程。正如王利明教授所言："综观侵权法的历史发展，大体经历了一个从同意同态复仇到禁止同态复仇，实行结果责任，并逐渐以结果责任过渡到过错责任的阶段，这个阶段也表明了法律文明的发展过程。"①

（一）自由保障和权利救济的价值平衡

侵权责任的认定本质上是国家以法定的形式划定个人行动自由的界限。合理地限制个人活动自由，及适度地保障受害人的权利，是侵权责任法最基本的原则。②法律必须在自由与权利之间保持平衡，在考虑加害人的行为是否构成侵权而负担赔偿责任时，同时要考量被害人受保护的权益的性质及受侵害的程度，也要考虑对一般人活动的自由的保护。从社会发展的角度来看，对于侵权责任认定标准的演变也是自由与权利、个人本位与社会本位的博弈过程。在资本主义早期阶段，生产力还没有得到充分的发展，个性、自由、创造力被给予了更多的保护。进入垄断资本主义时期后，在立法上考虑更多的是社会本位，而不再一味地强调个人本位，法律更多地发挥其维护社会秩序的功能。将违法性确定为承担侵权责任的要件，以具体的规范告诉人们什么样的行为是社会所否定的、是违法的，从而达到指引人们的行为"随心所欲而不逾矩"的效果。社会的现代化并非提倡个人的自由度越来越高，而是自由与权利平衡。仅以过错确定侵权责任的承担，看似保障了个人的行动自由，但却可能造成侵权责任扩大化，实际却是妨碍了人们行动的自由。所以，必须通过违法性要件的确立，通过对秩序的维护，追求人们行动自由的充分保障。

（二）"过错"不能吸收"违法性"

有观点认为，在确定侵权责任时，违法性可以被过错所包含。"在许多情况下，

---

① 王利明：《侵权行为法归责原则研究》，中国政法大学出版社2003年版，第40页。

② 陈聪富：《侵权违法性与损害赔偿》，元照出版公司2008年版，第394页。

证明了行为的违法性之后，行为人的过错便不证自明。反过来，如果已证明行为有过错，那么，再要求证明行为的违法性便实属多余。”①

过错与违法都是对侵权行为所作的否定性评价。过错是指行为人主观上的故意或过失，过错的产生基础是行为的主观意识，是对行为的主观意识要素加以否定性评价的结果。违法性是指行为人的作为或不作为违反了法律规定，违法性是将社会规范运用于人们行为的结果，是对客观行为要素进行评价的结果。“违法是对法益的侵害，不仅包括违反法规侵害权利的行为，还包括违反公序良俗侵害利益的行为”。② 可见，过错与违法性在性质上并非同质，过错是行为的主观动因，违法性是对行为的客观评价。

原则上，任何人的任何法益都应当得到保护，但在决定被害人的何种法益受到侵害时，应详细考量社会上最一般人的认识来加以认定。例如对于生活安静与隐秘权、日照与通风权等利益，必须侵害的行为达到一定程度，法律才开始保护。在一般人的容忍范围内，被害人也应予以容忍，即此种情况下不构成违法。因此判断违法性应根据不同时代、不同地域的不同社会意识，并没有绝对的标准。对于此类法益保护程度的考量，以违法性作为标准显然比以过错作为标准更容易说明，这也是将违法性单独确立为侵权责任要件的意义所在。

（三）排除“违法性”有扩大侵权责任之忧

在环境侵权案件中，如果否定“违法性”作为构成要件之一，只需发生损害事实，且行为与损害事实之间具有因果关系，侵权损害赔偿责任即成立，则将使环境侵权人承担了绝对责任，显然不适当。例如 Langan v. Bellinger 一案③，原告居住在一所乡镇的长老教会附近，由于被告长老教会每日自上午 8 点至下午 8 点播放钟声，且每日中午 12 点及下午 6 点播放钟乐，对于其家人生活造成干扰，妨碍小孩入睡，造成不必要的生活压力，因而起诉请求制止教会的侵害行为。美国法院认为，被告的钟声产生的音量，并未高于原告居家附近每天约 6500 辆汽车经过所生之噪音音量，并且附近居民大多认为该钟声十分悦耳，并非噪音。认定被告对于原告

---

① 王家福主编：《中国民法学·民法债权》，法律出版社 1991 年版，第 461 页。

② 黄海峰：“违法性、过错与侵权责任的成立”，载梁慧星主编：《民商法论丛（第 17 卷）》，金桥文化出版有限公司 2000 年版，第 8～9 页。

③ 203 A1D12d 857 , 611 N1Y 1S12d 59 (1994) .

的干扰行为性质上并非重大且不合理，因而原告的请求并无理由。[①] 法院认为被告没有侵害原告的权利，因为被告的干扰行为并不是明显而且不合理的，也就是说其违法性并不明显，不应当认定被告的侵权责任。本案如果不考虑被告行为的违法性，只以损害事实和因果关系作为认定被告承担侵权责任的要件，就过度加重了被告的责任。因此，在认定侵权责任时还应进行违法性判断，才更加科学合理。

三、权利冲突视角下的违法性判断

行为是否具有违法性还可以从权利冲突的角度来判断。法律的作用之一是在各种权利之间进行调整，在不同的权利都具有正当性的情况下，违法性判断即平衡权利的过程。

（一）私益对公益的博弈

毋庸讳言，环境侵权责任的认定不能以行为是否符合环保规范作为违法性的基础，环境排放合法性外衣下其实暗含着权利的冲突。侵害人排污是现代工业社会的副产品，是为了满足人们不断增长的物质需求，给社会提供大量的就业机会，产生大量社会财富。从一定意义上来说具有公共利益的性质。同时，在现代法治语境下，公民的财产权、生命权、健康权神圣不可侵犯，具有绝对性。因此，在环境污染纠纷中，往往体现为个人利益与他人利益、私人利益与国家利益、社会利益的冲突。认定环境污染的违法性，难免要在两种利益之间做出选择。

如英国的 Bamford v. Trunley 一案，[②] 被告在原告房屋附近建造砖窑厂，原告因被告砖窑厂制造灰尘及烟气，请求损害赔偿。被告辩称，为了利用其土地，也是为公众利益，他有经营砖窑厂的权利。法院认为，土地的自然属性并非建厂制砖，被告以不自然、不正常方式利用土地，其行为应当受到一定的限制。在相邻关系中，当事人必须正常行使自己的权利，遵循“自己存活并让他人存活”（live and let live）法则。虽然被告抗辩，其行为是工业社会的生产行为，也有为公益的目的。但法院认为，出于公众利益的考虑，没人会反对修建铁路，但也没有人会认为为了修建铁路而无须补偿被占用土地的所有人。被告可以为了公众利益而行使其权利，

---

① 陈聪富：“环境污染责任之违法性判断”，载《中国法学》2006 年第 5 期，第 82 页。
② 陈聪富：“环境污染责任之违法性判断”，载《中国法学》2006 年第 5 期，第 88 页。

但必须予以补偿，因而判决原告胜诉。正如《美国侵权行为法重述》所言："在社会上，每个人均必须忍受某种程度的干扰、不便及干涉，且必须承受一定程度的危险，以使我们能够更好地共同生活。"但加害人的行为造成的损害或危险应当有一定的限度，超越被害人应该承受的范围时，加害人就应当承担侵权责任。法律对社会关系的调整过程正是对相互冲突的权利的选择过程。正如前述教堂钟声一案中法官所述，钟声虽然对原告的生活造成了一定的影响，但钟声的音量并没有超过合理的范围，不应当认定是一种侵权行为。

（二）权利正当行使与权益侵害

正如古老的拉丁法谚所言："利用自己财产不应损及他人财产"，正当行使权利也有可能对他人的权益造成侵害。其实从本质上看，这也是两种权利的冲突，一方对于自己的财产具有绝对的使用权，但一旦这种使用妨害了他人，他人就具有排除妨害的权利。典型的就是关于采光权的争议。

以天津居民讨要采光权一案为例。[①] 2003 年 3 月，张先生购买了天津市河北区的房屋一套，该套房屋采光良好、视野良好。但 2006 年 4 月，开发商为了充分利用土地、降低开发成本，在张先生所购房屋的三面开始建设 13 座高层楼房。高层楼房建成后，遮挡了张先生房屋的采光，张先生原有的居住、生活环境恶化，生活质量下降。张先生以开发商侵害了其健康权、隐私权等为由请求法院依法判令开发商赔偿其房屋贬值损失 6 万余元。被告辩称，其公司作为依法注册的合法企业，已经取得房地产开发所需的各种证件，不存在违法、违规建设开发问题。法院经审理认为开发商后来建造的 13 座高层楼房对张先生房屋的通风、采光和日照造成了影响，应当给予一定的经济补偿，该公司进行房地产开发的合法性并不阻碍其承担民事侵权责任。

在环境污染事件中，要判定行为者的绝对权利与受害者不受妨害的权利，哪一个更有优先性，要在具体案例中进行考量。受妨害者必须具有"权利"，并且权利被侵害，才能够请求被告赔偿损害或停止侵害行为。以 Bryant v. Lefever 一案为例，[②] 原告与被告为邻，原告多年使用壁炉的行为并无不妥。因被告加高了房顶，

---

① "天津居民讨要采光权合法建楼侵权依然要赔偿"，载《城市快报》2010 年 1 月 11 日。

② 陈聪富：《侵权违法性与损害赔偿》，元照出版公司 2008 年版，第 98 页。

原告烟囱里的烟倒灌入其屋内，原告请求被告停止侵害。详细考察原告与被告的权利就可以得出结论：被告没有侵权。本案中原告即使有权使其烟气通过邻居的土地，但被告正常使用自己房屋的绝对权利更加优先。

（三）忍受限度论

忍受限度理论由日本民法学首先提出的，原本用来论述“违法即过失”理论。一方面，“忍受限度理论”认为如果受害人所受的损害超越了一般人所应当忍受的限度，就不再审查加害人主观上是否具有预见或回避损害发生的可行性，而直接认定过失成立，加害人就应当承担赔偿责任。反之，则不承担责任。例如野村教授指出：“所谓忍受限度论，就是指在社会生活中，如认为侵权已超过了忍受限度，不论加害者是否设置了一定的预防机制，都认为加害人负有损害赔偿责任。”① 另一方面，忍受限度论的作用是使被害人在能够忍受的范围内，“忍受”加害人正当行使权利，而不得主张加害人停止侵害行为，因此其具有保障加害人行使权利之功能。如某工厂在其生产场地范围内安装了两盏路灯，居住在隔壁的居民甲认为路灯的漫射光影响了自己的睡眠，要求工厂停止侵害，赔偿损失。法院经实地调查，认为工厂安装的路灯在本厂范围内，且功率不大，照射到甲的窗户上强度很小，甲只要采取拉上窗帘的措施就可以消除该路灯的影响。因此法院认定工厂安装路灯的行为属于正当行使权利，路灯的漫射光在一般人的忍受限度范围内，工厂不应承担侵权责任。

四、司法实务中的违法性判断

在“违法性要件”理论存在争议的情况下，司法工作者在实践中总结的一些有益做法将对理论的发展具有促进作用。

（一）污染物的排放是否超过相应的污染物排放标准

关于排污的标准是否为忍受限度或者说违法性的判断标准，一直存有争议。但绝大多数国家的司法实践以及众多的学者认为，遵守排污标准不能阻却违法，即使遵守排放标准，如果造成损害，仍应承担相应的民事赔偿责任。

---

① 野村好弘：《日本公害法概论》，康树华译，中国环境管理、经济与法学学会 1982 年印刷，第 279 页。

在没有超标而有明显损害的情况下应区分以下两种情况加以处理：一种是已经对生命和身体健康造成了明显的、实质性的损害，这种损害是指已导致了有医学方面的客观资料证明的某种疾病，对这种损害，即使排放未超标，也应承担相应的民事责任；另一种是仅在精神上造成了一定的损害，如神经衰弱等精神痛苦，对此种损害一般应综合其他因素加以判断。

（二）受侵害利益的性质及其程度

由于人的生命健康权在利益的位阶当中被视为最高和最重要，因此，只要是对生命、身体健康造成了实质性损害，则应认定为超过忍受限度。如日本新泻水误病案判决指出："既然其行为对于人的生命、身体造成损害，那么，在民事上就不能不认为违法，而被告所主张的法令是管理法规，特别是根据这些法规，不能左右民事上的责任……"；[①] 四日市哮喘病案判决也认为："被告即使遵守了排放标准，那也只是不受行政法制裁的依据，不能解释为被害者必须忍受的理由。从本案被侵害利益的严重性来看，归根到底难以用遵守上述标准而认定为在忍受限度之内。"[②]概括起来就是：只要造成了对人的生命、身体健康的实质性损害，则超过忍受限度，应承担相应的民事责任；反之，如果仅系单纯的精神损害或生活舒适度的降低，则应就排污是否超标、地区性、回避损害的可能性等其他因素，综合加以认定。

（三）侵害行为的种类、性质、程度及社会上的评价

虽然环境侵害采取无过错责任原则，但是在行为违法性（即受害人的）的判断上，有时亦可结合加害人的主观态度来加以认定。环境污染行为种类繁多，其中空气污染、噪音污染、毒性物质污染、辐射污染容易侵害生命、身体健康，因此加害人有高度注意义务，应采取防止措施，否则应认为具有违法性。加害人有恶意时，也应认为具有违法性。其他种类的环境侵害影响生命、身体健康的，仍应结合上述受侵害利益的性质和程度及其他综合因素对违法性加以认定。如侵害情节重大或以金钱赔偿无法回复原状及侵害行为具有反社会性时，无须考虑其他因素，即应认为

---

① 日本律师协会：《日本环境诉讼典型案例与评析》，中国政法大学出版社 2011 年版，第 63 页。

② 日本律师协会：《日本环境诉讼典型案例与评析》，中国政法大学出版社 2011 年版，第 27 页。

具有违法性。

(四) 侵害行为发生地对于行为性质的影响

侵害行为发生在不同的地区，对于判断受害者的忍受限度有着重要的意义。总体上说，生活在工业区和商业区的人们，由于在价值判断上更注重效率优先，注重经济效益的最大化，对于环境受侵害忍受限度相对较高；而在住宅区里，人们更加关注生活的私密和安逸，对于环境受侵害的忍受限度相对较低。但这种地域区分只是相对的，如果是对生命、身体健康造成了严重损害，则不论其地区性如何，也应认为超过忍受限度；但如果是轻微的损害，仅影响其精神上的愉悦和生活上的愉快的，则应斟酌其地区性加以认定。

(五) 加害人是否采取了最完善的防治措施

依企业生产的性质、现有的科学技术及其经济能力，如果其采取最完善的防治措施就可以避免损害，但是其为了节省成本竟不采取最完善的措施，则应认为具有违法性。如果加害人虽然已经采取了最完善的防治措施，但是仍对被害人的生命、身体健康造成实质性损害的，亦应认为具有违法性。台湾学者认为，这是因为在这种情况下，如果加害人已经预见到可能性时，即不得从事此种建设或作业。

(六) 是否符合通常习惯

符合通常习惯的行为，一般是指具有一定历史传统的特殊的纪念、庆祝活动，或出于风俗习惯沿袭下来的某种行为，或在某一特定地区长期被普遍接受的行为。台湾学者王泽鉴先生认为所谓“按地方习惯认为相当者”，指“丧家的佛事、庙会的歌仔或布袋戏”等为传统观念所认同的活动所产生的合理的干扰。例如，在我国的广大农村地区，包括城乡结合部，仍保持着婚丧事大操大办的习俗，搭大棚、吹喇叭，人声嘈杂，并持续时间较长，但因为其属于一种风俗习惯（尽管可能是一种陋习），周围邻居亦应予以容忍。

(七) 土地利用的先后关系

一般情况下，受害人利用土地在前，而加害人利用土地在后的，环境侵害较易成立；相反，加害人利用土地在前，而受害人利用土地在后的，环境侵害是否成立？审判实践中，法官可以借鉴日本的“自甘冒险”和“危险引受”规则进行自由裁量，对加害人利用土地在先，受害人利用土地在后并明知存在环境侵害可能的，适当提高受害人的容忍义务限度。如大阪国际机场噪音案中，对事后迁入机场住的被上诉人，最高法院判决认为，机场噪声问题已频频被主要报纸报道之后，被上诉人（原告）始迁入机场附近地区居住，系被上诉人认识到飞机噪声而居住，并且其损害为因噪音所生精神上痛苦或生活妨害等，而非直接对生命、身体造成损害，该案仅对居住在先的受害人给予了赔偿。① 通常情况下，如果加害人入住在先，受害人入住在后，则受害人对财产或精神上的损害以及生活上的不利益，负有忍受义务，但对生命、身体健康造成实质性损害的除外；如果受害人入住在先，加害人入住在后，则受害人对财产或精神上的损害以及生活上的不利益，仅负有相对较轻的忍受义务。

综上所述，违法性的判断是多种具体因素的综合衡量，可以简单概括为：对人的生命、身体健康造成实质性损害的，应毫无疑问地认定构成违法性；尚未构成实质性损害但超过国家规定的排放标准的，通常应认定为构成违法性，但涉及国家公共利益的特殊情形可以（但不是必须）除外；没有相应的排放标准或者排放不超标的，应结合上述因素综合衡量是否构成违法性。

（柏树义　广西壮族自治区高级人民法院）

① 日本律师协会：《日本环境诉讼典型案例与评析》，中国政法大学出版社 2011 年版，第 108 页。

六、产品责任

产品责任中消费者证明产品存在缺陷的困境与出路

【司法精要】

在产品责任的构成要件中，消费者首先需证明产品存在缺陷。然而，由于消费者与生产者、销售者的地位严重不对称，消费者对于产品缺陷的举证能力较弱，较难提供直接证据证明产品存在缺陷。本文认为，为维护消费者合法权益和实质公平，不应严格要求消费者必须提供检验报告等直接证据证实产品存在缺陷，在消费者已提供基本证据的情形下，可以推定产品存在不合理危险的缺陷。为论证该思路的可行性，本文在考究产品缺陷应然涵义的基础上，分别从事实自证、危险控制理论、法经济学等角度考量该路径的正当性，并在借鉴其他国家立法规定的基础上，提出适合我国审判实践的关于消费者证明产品存在不合理危险的举证责任机制，以保护消费者合法权益，促进社会经济健康有序发展。

侵权责任是产品责任的重点，关于产品责任之改进，原则上亦应以侵权责任为重点，[①] 我国《侵权责任法》对产品责任专设一章进行规定，但如何证明产品存在

① 王泽鉴：《民法学说与判例研究》（第三册），中国政法大学出版社2005年版，第174页。

缺陷却是消费者进行诉讼的一个桎梏。一方面，消费者在日常生活中购买、使用的商品繁多，不可能对每一类商品的信息都全面把握，而且随着生产技术的进步，一些商品的生产工艺和流程非常复杂，消费者更加难以掌握。另一方面，消费者往往被要求提供有关鉴定机构作出的鉴定意见作为证据证实产品存在缺陷，而实践中鉴定费用过高，且难以鉴定，增加了消费者维权的难度。本文即从产品责任中消费者对缺陷产品证明面临的现实困境入手，分析造成该困境的原因并从操作层面提出解决措施。

一、缺陷产品证明的立法规定、理论探析与运行现状

（一）立法现状：限定类型产品的明确指引

对于产品缺陷的举证责任，我国法律规定较为分散，主要集中在《消费者权益保护法》《侵权责任法》等法律和《最高人民法院关于审理食品药品纠纷案件适用法律若干问题的规定》等司法解释。

一是食品的生产者、销售者应对食品符合质量标准承担证明责任。《最高人民法院关于审理食品药品纠纷案件适用法律若干问题的规定》第5条第2款规定"消费者举证证明因食用食品或者使用药品受到损害，初步证明损害与食用食品或者使用药品存在因果关系，并请求食品、药品的生产者、销售者承担侵权责任的，人民法院应予支持，但食品、药品的生产者、销售者能证明损害不是因产品不符合质量标准造成的除外。"第6条规定，食品的生产者与销售者应当对于食品符合质量标准承担举证责任。

二是对于机动车、家用电器等特殊耐用商品和装饰服务，实行举证责任倒置。《消费者权益保护法》第23条第3款规定"经营者提供的机动车、计算机、电视机、电冰箱、空调器、洗衣机等耐用商品或者装饰装修等服务，消费者自接受商品或者服务之日起六个月内发现瑕疵，发生争议的，由经营者承担有关瑕疵的举证责任。"

三是对于网购、电视、电话、邮购等非固定场所的交易和远程交易，实行无理由退货，消费者无需证明商品存有瑕疵或缺陷。《消费者权益保护法》第25条规定"经营者采用网络、电视、电话、邮购等方式销售商品，消费者有权自收到商品之日起七日内退货，且无需说明理由，但下列商品除外：1. 消费者定作的；2. 鲜活

易腐的；3. 在线下载或者消费者拆封的音像制品、计算机软件等数字化商品；4. 交付的报纸、期刊。除前款所列商品外，其他根据商品性质并经消费者在购买时确认不宜退货的商品，不适用无理由退货。”

对于食品等特殊产品和新兴的网购、电视电话购物、邮购等非固定经营场所交易的产品，以及特殊耐用产品等，我国以立法形式明确规定了消费者无需就产品存在缺陷承担证明责任和举证责任倒置的规则，然而对其他类型的产品，消费者就产品缺陷应承担何种程度的举证责任，却并未明文规定，在理论界和司法实践中也有不同观点和做法。

（二）理论激辩：一般产品缺陷证明的多维观点

对于上述三类情形之外的其他产品，理论界对消费者关于产品缺陷的举证责任存有两种不同观点。一种观点认为，我国是借鉴了大陆法系法律要件分类说的基本观点，根据法律要件分类说，主张权利存在的一方，应该就其适用权利产生的法律规范，就法律要件事实承担举证责任。在产品责任诉讼中，消费者如果主张生产者承担侵权责任，必须提供证据证明实体法上关于产品责任构成要件的存在。即，应首先对产品投入流通时即已经存在缺陷，损害事实确实存在，以及产品缺陷与损害后果之间存在因果关系承担举证责任，[①] 消费者作为原告，必须提供检验报告等证据直接证明产品存在缺陷。

另一种观点认为，消费者因为缺乏专业知识，对于生产工艺复杂、技术含量很高的产品（如汽车），几乎不可能举证证明产品存在设计缺陷、制造缺陷等固有缺陷，也很难证明产品缺陷与损害后果之间存在因果关系。而无论从财力物力还是对专业知识和信息的占有程度而言，生产者相对消费者具有更强的举证能力，故应对上述两项事项适用举证责任倒置，由生产者承担举证责任。[②]

（三）实证考量：缺陷产品证明的诉讼困境与指导案例的借鉴意义

为了考证消费者就产品缺陷的举证责任在产品责任纠纷中的运行情况，笔者以全国消费者协会提供的统计数据、Z 市中院 2009 年～2013 年审理的涉及消费者权益保护的二审案件和近年来最高人民法院公布的指导性案例为样本进行统计分析，

---

① 王利明等：《中国侵权责任法教程》，人民法院出版社 2010 年版，第 520 页。

② 王建华主编：《民事诉讼证据实证分析》，法律出版社 2005 年版，第 228 页。

结果如下：

1.2013年我国消协受理投诉案件统计分析

2013年全国消协共受理消费者投诉案件702484件，按投诉性质划分：质量问题占42.9%；合同问题占16.8%；售后服务问题占15.1%；价格问题占3.7%；虚假宣传占1.7%；安全问题占1.3%；假冒问题占1.1%；计量问题占1.0%；人格尊严占0.4%；其他类投诉占16%。①（表一）

表一，2013年全国消费者协会受理案件投诉性质比例图（%）

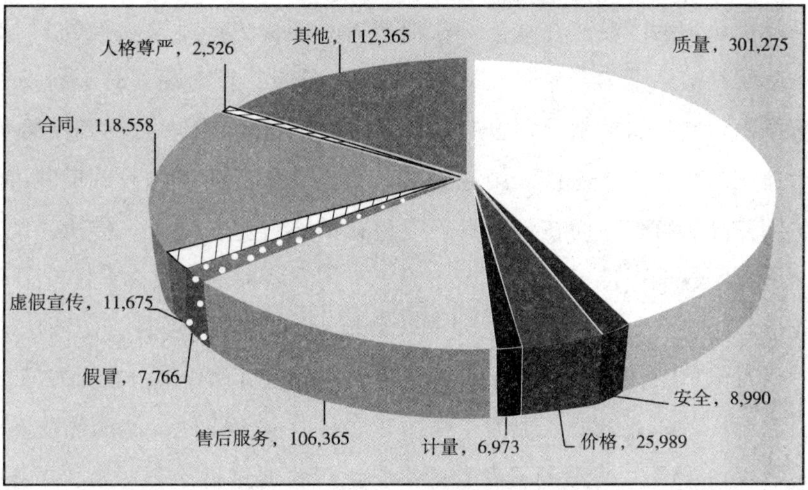

2.Z市中院2010年~2013年涉及消费者权益保护案件统计分析

Z市中院2010年~2013年共审理涉及消费者权益保护案件228件，其中争议焦点为质量缺陷的仅为16件，所占比例最小；而大部分案件的争议焦点集中在产品的虚假宣传上，接近审理案件的一半。

表二：案件争议焦点分类统计

争议焦点	案件数量	所占比例（%）
质量缺陷	16	7.01

① http：//www.cca.org.cn/web/xfxx/picShow.jsp？id=66799，2014年6月19日访问。

续表

虚假宣传	105	46.05
人格尊严	21	9.21
人身安全	20	8.77
价格收费	22	9.64
其他	44	19.30

在16件涉及产品缺陷的案件中，消费者能提供产品检验报告的仅有4件，但所涉产品均被认定为产品存在缺陷。在消费者不能提供产品缺陷报告的12件案件中，有5起案件被认定为产品存在缺陷，占41.67%，且出现了对于同一类产品在消费者未举出检验报告的情况下，产品是否存在缺陷认定不一致的判决结果。

从上述统计可以得出这样的结论：第一，在消费者向消协投诉反映的问题中，产品质量问题高居首位；而在消费者提起诉讼的案件中，虚假宣传所占比例最高，涉及产品质量问题的案件仅占7.01%。第二，消费者向消协投诉案件较多，进入诉讼程序较少。2013年，全国消协受理消费者投诉案件702484件，全国法院受理涉及消费者权益保护案件为128198件。① 从进入法院的诉讼主体分析，在法院有过五次以上诉讼经历的职业维权人士为主体的较多，共有194件，占全部案件的85%，一般消费者仅占15%，一般消费者就产品质量纠纷通过诉讼程序维权的案件较少。第三，只要消费者提供涉案产品不合格的检验报告，都可以支持消费者的主张，认定产品存在缺陷；对于消费者无法提供涉案产品检验报告的，在审判实践中处理尺度不尽统一，有的认为可以根据间接证据推定产品存在缺陷，有的认为消费者没有完成举证责任，无法认定产品存在缺陷。

3. 最高法院公布典型案例的指导意义

在《最高人民法院公报》和《人民法院案例选》上公布的涉及产品责任的案例并不多，但对处理涉及消费者应承担的缺陷产品的证明责任具有指导意义。

① 该数据来源于最高人民法院《2010年~2013年人民法院维护消费者权益状况》白皮书，载http：//www/court. gov. cn/xwzx/xwfbh/tw2b/201403/t20140312 - 194171. htm，2014年6月19日访问。

陈梅金等诉日本三菱汽车工业株式会社损害赔偿纠纷案[①]认为：汽车前挡风玻璃突然爆裂是否属于产品缺陷，应由生产者举证证实，在无法检验的情况下，举证不能的败诉责任应该由生产者承担。史海波、蔡建美诉黄荣刚等产品责任纠纷案[②]认为：产品质量即使符合国家标准，但对人身可能存在不合理危险的，应当认定为有产品缺陷。武某诉贝亲株式会社等产品责任纠纷案认为：判断具有合理危险的产品是否存在缺陷应当考虑产品的结构设计和产品说明书提供的基本操作规范。若产品的结构设计已经足以保障使用者在遵守产品说明书提供的基本操作规范的情况下避免合理危险的发生，则该产品不存在缺陷。祁庆民诉上海大众汽车有限公司产品责任纠纷案认为：在排除消费者使用不当的情况下，可以根据逻辑推理和日常生活经验推断出产品存在缺陷。

由此可见，指导案例关于产品缺陷的认定，并非要求消费者一定要提供检验报告等直接证据证明产品存在不合理危险的缺陷，根据其他间接证据也可以推定产品存在不合理危险的缺陷。

二、推定产品存在“不合理危险”的正当性

（一）产品缺陷的应然涵义：未达到消费者的合理预期

《侵权责任法》并没有对产品缺陷作出定义，在实践中一般以《产品责任法》第46条对缺陷的规定作为判断标准，该条规定：“本法所称缺陷，是指产品存在危及人身、他人财产安全的不合理的危险；产品有保障人体健康和人身、财产安全的国家标准、行业标准的，是指不符合该标准。”可见，产品缺陷是以产品存在不合理危险为标准，在有强制性的保障人体健康和人身财产安全的国家标准、行业标准时，产品不符合该标准即为缺陷产品。

不合理的危险是消费者期待标准，该标准来源于美国“韦伯斯特诉蓝船茶屋”案，它以普通消费者对某种产品的特性具有人人皆知的常识所能预见的程度为标

---

① 源自《最高人民法院公报》2001年第2期，一审法院认为消费者不能提供玻璃有缺陷的检验报告，不能认定产品存在缺陷，生产者无需承担责任。二审法院认为在消费者提供证据证明人身受损与玻璃破裂存在因果关系的情况下，涉案产品无法进行鉴定的不利后果应由生产者承担，据此改判生产者承担赔偿责任。

② 以下三个案例均源自《人民法院案例选》2008年第2辑。

准，来判断是否具有不合理的危险。如果其危险性已超过大众消费者所能预见的限度，则该产品具有危险性，为缺陷产品。在认定缺陷时，主要考虑产品本身的状况（即该产品是否满足消费者所期待的性能、质量或指示等标准），而非制造者的行为（其行为是否有过错在所不问）。[①] 为减少主观性，在认定该标准时应考虑以下因素：1. 使用者期待——制造者期待。通过考察某一产品的用途来确定该产品是否存在缺陷。使用者通过广告、制造者的使用说明或产品按规定使用的用途形成对该产品安全性的固有期待。2. 产品本身之外的具体情况。某一产品必须遵循的安全标准因使用者不同而差异。如果是为专业人士设计使用，那么该产品的指示、告诫、使用说明以及产品的设计都应以专业人士的一般知识为标准；如果产品针对的是非专业人士，则产品的安全标准应以非专业人士所具备的一般知识为标准，超过该知识标准，则产品被认定为有缺陷。[②]

（二）方法论的创新：事实自证的证明规则

根据消费者提供的间接证据推定产品存在不合理危险，在举证责任上属于一种“事实自证”。在侵权法中，事实自证是指在原告缺乏充分证明的情况下，让事实本身来证明。在这一类案件中，仅仅从事件发生的事实以及被告与该事件之间有联系的事实中，就可以合理地推断过失和因果关系的存在，[③] 让事实本身证明这一规则减轻了原告的举证困难，因为该规则的适用可以得出被告有过失的推定，而原告能否提供被告实际行为的证据则在所不问。在下列情形下，根据事实自证可以做出原告所受伤害是由被告的过失所引起的推论：1. 该事件是在没有过失的情况下便通常不会发生的一种事件；2. 其他可能的原因，包括原告与第三人的行为，已被证据充分排除；3. 所表明的过失是处在被告对原告所负义务的范围之内。[④]

根据案件的具体情况，在消费者提供的间接证据能够证明到一定程度，则可以作出事实推定，认定产品存在缺陷。如汽车在正常停驶的状态下自燃，经消防部门认定火灾原因不明，而该车的使用时间，尚在整车的质量担保期内，根据逻辑推理和日常生活经验，可合理排除该车燃烧系由外界原因或使用不当引起，从而推定系

① 刘静：《产品责任论》，中国政法大学出版社2000年版，第122页。
② 刘静：《产品责任论》，中国政法大学出版社2000年版，第123页。
③ 许传玺：“侵权法事实自证制度研究”，载《法学研究》2003年第4期，第35页。
④ 许传玺：“侵权法事实自证制度研究”，载《法学研究》2003年第4期，第35页。

由自身缺陷造成,[①] 生产者应对产品缺陷存在的免责事由承担举证责任。

从法律学方法论上来说，由法院创设此项新的举证原则，实有正当依据，理由有三：一是使商品制造人负举证责任，旨在实践现行保护消费者之基本原则；二是使商品制造人负举证责任，符合现代法之价值判断。关于法定代理人责任、雇用人责任及动物占有人责任，均倒置举证责任，立法意旨认为在诸类情形，损害原因之事实，系属内部事项，由制造者负举证责任，实属合理；三是转换举证责任，可以适当规律商品制造人之责任。在具体案件，法院斟酌商品之危险性、制造者分散损害之能力等因素，决定商品制造人是否已尽举证责任，从而在某种程度，可以兼顾商品制造人和被害人之利益。[②]

（三）源头控制：危险控制理论的要求

生产者作为产品的制造人，有力地控制着排查和纠正产品危险的各种手段，通过设计、调试、检测和收集产品安全性能的相关数据，能有效控制消费者所面临的危险,[③] 并有条件采取必要的措施防止损害的发生或减轻。基于对生产者的生产资质和生产能力的信赖，消费者对其消费使用的产品会产生合理的安全信赖，所以，在发生因产品导致消费者人身、财产安全受损时，即使消费者不能提供直接证据证明产品存在缺陷，也可基于危险发生的原因，从生产者最有利于控制危险的角度，推定产品存在不合理危险的缺陷。

（四）法经济学视角："风险—效用"平衡原则和社会总成本最低的要求

在消费者没有提供直接证据证明产品存在缺陷的前提下，推定产品存在不合理危险的缺陷，从经济学上来说，虽然加大了个别经营者的生产成本，但从整个消费市场分析，它能够构成一个有效的威慑机制，使事故的经济损失可以通过那些直接从产品收益而没有因产品受害的人承担，防止不必要的风险出现，对产品安全具有

---

① 祁庆民诉上海大众汽车有限公司产品责任纠纷案（载《人民法院案例选》2008 年第 2 辑）即确立该规则。

② 王泽鉴：《民法学说与判例研究》（第三册），中国政法大学出版社 2005 年版，第 178 页。

③ 许传玺著：《美国产品责任制度研究》，法律出版社 2013 年版，第 44 页。

激励作用。[①]

在“美国诉卡洛儿拖船牵引公司”一案中，汉德法官首次采用了“风险—效用”平衡成本和效益的原则，[②] 利用成本效益过失作出裁定。PL——可被视为预防事故的收益，如某人支出预防事故的成本（乙）达到了预防事故的目的，就获得了PL，因为没有损失的成本就是收益。乙和PL相比实际就是成本和效益之比，过失的侵权行为就是对没有预防乙＜PL的事故承担赔偿责任。[③] 通过对产品的有用性和危险性进行比较（例如，产品的有用性与必要性、危险规避的可能性、消费者的危险预防可能性、制造时或预定使用时的技术水平、替代设计的可能性等），检查是否采取了安全确保措施，以判定产品是否存在缺陷。[④] 因此，从经济学的角度分析，推定产品存在不合理危险的缺陷，据此判定由生产者承担责任的经济成本是最低的，对于节约社会总成本而言，也是最优的选择。

三、域外借鉴：国外立法规定、通行做法和相关启示

各国、各地区为了保护消费者利益，多采取变通的方法，或利用举证责任倒置的技术，使制造人负责证明制造并无过失；或径使商品制造人负无过失责任，即于商品因其缺陷肇致损害时，制造人应负赔偿责任。[⑤]

（一）国外关于推定产品存在缺陷的有关规定及相关案例

1964年美国法律研究院将第402A节“产品销售者对使用者或消费者人身伤害的特殊责任”纳入《侵权法重述》（第二版），首次正式承认缺陷产品不以合同关系为前提的严格责任，在编著《侵权法重述》（第三版）时，在主题一“产品责任综述”时单独列出一点“3. 推断产品存在缺陷的间接证据”：“当伤害原告的事故存在下列情形，没有关于任何具体缺陷的证据，可以推定原告所遭受的伤害是由在产品销售或者分销时就已存在的产品缺陷导致：（a）该伤害通常由于产品缺陷引

---

① Hoven v. Kelble, 256 N. W. 2d 379, 391（Wis. 1977）转引自肖永平等译：《侵权法重述第三版：产品责任》，法律出版社2006年版，第48页。

② 肖永平等译：《侵权法重述第三版：产品责任》，法律出版社2006年版，第50页。

③ 张乃根：《经济学分析法学》，上海三联书店1995年版，第159页。

④ 谭玲主编：《质量侵权责任研究》，中国检察出版社2003年版，第157页。

⑤ 王泽鉴：《民法学说与判例研究》（第三册），中国政法大学出版社2005年版，第16页。

起；并且（b）在具体案件中，不是仅仅由于产品于销售或者分销时存在的缺陷以外的原因引起的"①。

德国的产品责任以违反社会安全义务为基点，即"只要商品制造者无采取任何措施将该危险予以除去，始因而应负侵权行为法上之损害赔偿责任，惟这其中危险的具体表现，就是缺陷。"② 德国民法典第476条规定，消费品在风险转移后六个月内发生瑕疵的，则推定该物于风险转移时已经出现瑕疵，除非该推定与物或瑕疵的属性不相容。③ 在1968年11月26日《联邦最高法院民事判例集》第51卷第91页之判决中，就因鸡瘟疫苗缺陷而受损害的养鸡持有人的赔偿请求权，（联邦最高法院）采取了举证责任倒置的方法，也就是说，（疫苗）制造商需就缺陷的存在，证明自己没有过错，当然，受害人必须首先证明，损害是"由于在制造商之组织范围与危险范围存在客观的瑕疵或违反交易规则的状态"所导致。④

欧盟关于缺陷与举证责任的规定："（一）所谓缺陷是指产品欠缺任何人期待之安全标准"；（二）制造人需证明其商品流入市场时并未具有缺陷。《欧共体产品责任指令》（85/374/EEC）第6条规定"1. 考虑到下列情况，如果产品不能提供人们有权期待的安全性，则属于缺陷产品：产品的说明，能够投入合理期待的适用，投入使用流通的时间。2. 不得以后来投入流通的产品更好为由认为以前的产品存在缺陷。"⑤《关于消费商品销售及其相应担保几个问题的指令1999/44》第5条规定，商品在送达后6个月内开始显露的任何不一致，将被假定送达时已经存在，除非提供相反证明或这种假设不符合商品的自然性质或不一致的自然性质。

（二）对我国的相关启示

1. 消费者应承担初步的举证责任

消费纠纷从性质上来说属于一般侵权纠纷，一般情况下实行"谁主张、谁举证"的原则，如果完全实行举证责任倒置，将会给经营者造成严重的举证负担，不

---

① 肖永平等译：《侵权法重述第三版：产品责任》，法律出版社2006年版，第159页

② （台）朱柏松：《商品制造人侵权责任法之比较研究》，五南图书出版公司1991年版，第336页。

③ 贾东明主编：《消费者权益保护法解读》，中国法制出版社2013年版，第93页。

④ ［德］迪特尔·梅迪库斯著：《请求权基础》，法律出版社2012年版，第180页。

⑤ （台）朱柏松：《商品制造人侵权责任法之比较研究》，五南图书出版公司1991年版，第336页。

利于经营者的正常生产经营，也不利于消费者的长远利益。因此，对推定产品存在不合理危险的缺陷并不是完全免除消费者的举证责任，消费者仍需承担没有使用不当，以及损害的因果关系通常是由产品缺陷引起的基本举证责任。如果出售者交付产品时产品是安全的，但由于后来的错误操作或其他原因使产品在被消费时具有了致害性，出售者不承担责任。①

2. “不合理危险”的证明标准

不合理危险是指缺陷产品的生产者没有尽到最高的注意义务，没有采取最恰当的预防措施，没有使用最有效的警示方式而使产品无法向消费者提供他们有权期待的安全。由于推定产品具有“不合理危险”从本质上来说是事实自证，因此消费者提供的证据应达到以下证明标准：一是产品不符合生产者生产产品的预期用途。二是产品不符合普通消费者的合理期望。借鉴各国的做法，某种产品的危险性已超过大众消费者所能预见的限度，则该产品存在不合理的危险。同时也要考虑到是否存在更安全的替代品，如果要保持产品的效能，现有科技水平下难以生产更安全的替代品，则该产品不具有不合理危险。

四、路径探索：推定产品存在“不合理危险”的规则构建

推定产品存在“不合理危险”，首先要面临的是产品安全性能与消费者预防产品风险成本之间的平衡；增加卖方责任可能会迫使生产者提高产品安全投资而增加产品安全性能，但却可能降低消费者的注意，拔高了生产者的新产品创新壁垒。而降低卖方责任，虽然能保障消费者的注意激励，但有可能会降低产品风险的平均损害成本，同时也降低了产品的安全性能。② 因此，在设计该制度时，应充分平衡双方利益，探索出适合我国国情的机制，将最大限度保护消费者合法权益理念贯穿始终。

---

① ［美］小詹姆斯·A. 亨德森、［美］理查德·N. 皮尔森、［美］道格拉斯·A. 凯萨、［美］约翰·A. 西里西艾诺：《美国侵权法实体与程序》（第七版），王竹等译，北京大学出版社2014年版，第459页。

② 吴晓露：“多重均衡的刀刃解：产品责任制度的法经济学分析”，浙江大学，2009年博士学位论文。

（一）“不合理危险”的推定仅适用于制造缺陷产品

按照产品缺陷类型，可以分为设计缺陷、警示缺陷和制造缺陷。[①] 设计缺陷，是指在生产者制造产品之前，对产品的构思、方案、设计安排、图样等设计缺乏全面考虑，致使生产的产品存在对人身、财产的不合理危险。通常表现为结构零件设置不合理，材料或配方选择不恰当等。我国实行生产企业产品标准备案制度，生产者在生产产品之前必须将其生产依据的标准交行政机关备案，所以在产品的设计经过国家行政主管部门备案把关后，在司法实务中因设计缺陷产生的纠纷较少。

警示是指产品的生产者必须对产品可能带来的伤害风险提供合理的指导说明和警示。产品说明告知人们如何安全地使用和消费产品，警示告诫使用和消费产品时存在的风险，从而使人们可以通过选择合适的行为或选择不使用消费的行为避免伤害。[②] 警示缺陷同样可以根据国家的强制性标准来判断，在国家的产品标准中就将警示标志列为强制性标准的项目，缺乏这些警示标志将视为缺陷产品。至于没有将警示标志列为强制性标准项目的产品，不会因为缺乏警示标志而被认定为缺陷产品。

制造缺陷是指与产品最初的设计初衷相背离，在产品的生产制造或品质管理过程中，因原材料、零配件存在缺陷，或者因装配出现错误等导致产品具有不合理的危险。[③] 由于消费者对设计缺陷和警示缺陷的证明通过现行的民事司法和行政执法机制均能保障，所以“不合理危险”的推定只限定于产品存在制造缺陷。

（二）“不合理危险的推定”只限于在合理使用期限内的第一手消费者使用的产品

事实上，产品的使用年限、二手修理或者其他人可能对产品的修改等原因都有可能造成产品事故。鉴于推定本身存在的极大不确定性，限制推定产品存在制造缺陷的条件，也是对推定理论的完善和维护。如果让最初的生产环节的产品制造者对经过交易几手后的消费者承担责任，无疑大大增加了不确定的因素，因此，为更好

① 谭玲主编：《质量侵权责任研究》，中国检察出版社2003年版，第55页。

② 肖永平等译：《侵权法重述第三版：产品责任》，法律出版社2006年版，第34页。

③ 谭玲主编：《质量侵权责任研究》，中国检察出版社2003年版，第56页。

地平衡生产者和消费者利益，产品的制造缺陷推定严格限制在生产者和第一手的消费者之间。

（三）推定只能是对造成损害后果的具体某一产品进行推定，不能扩大于其他同批次的产品

产品的检验报告在证明产品缺陷方面存在瑕疵，但不可否认产品的检验报告还是证明生产者生产合格产品的最有力的证据。一般情况下，只要生产者生产的产品经检验符合国家的强制性标准，就可以认定产品在制造方面是不存在缺陷的。而推定只能限制于造成损害事故的具体涉案产品，如汽车自燃案件，不能因为推定某一台汽车存在制造缺陷，而在没有否定产品质量的检验报告的证明下，就推定该同一类型的所有产品存在缺陷。

（四）消费者要举证证明没有不当操作

一般来说，如果已经有证据证明生产者生产的产品符合强制性标准，那么生产者已经履行最基本的产品保障义务，如果扩大产品推定的适用范围，生产者将无所适从，对生产厂家而言将是巨大的灾难，不利于工业化产品的发展。造成产品事故的原因可能有很多，消费者自身使用不当就是其中原因之一，鉴于现代化产品的技术性，消费者的不当操作也会造成产品事故，消费者也要承担一定的注意义务，遵守基本的操作规范，尤其是对本身具有危险性的产品的使用说明进行阅读了解，是生产者对消费者的期待。如果将消费者的一般注意义务转移给生产者，对生产者而言是极大的不公平。

（五）“不合理危险”证明程度

产品存在“不合理危险”从本质上来说是事实自证，当伤害消费者的产品事故存在下列情形，即使没有任何具体的证据，也可以推定消费者所受伤害是产品缺陷导致：一是该种伤害通常是由产品缺陷引起的；二是在具体案件中，不是仅仅由于产品存在缺陷以外的原因引起。

1. 产品缺陷通常是引起该种伤害的必要条件

在制造缺陷案件中，当一个产品包含这样或那样的缺陷，影响了产品的性能以至于导致伤害事故的发生，在绝大多数情况下，导致产品失效、失灵就明显可以推定产品存在缺陷。这只限于产品未取得产品明示所具有的使用功能，而产品的缺陷

恰好是事故发生原因的最好解释。如汽车自燃，新汽车莫名其妙起火就是推定产品存在缺陷的证据。① 此类案件的原告，作为消费者，不需要证明产品存在哪方面的缺陷，而这恰恰是作为专业人士的生产者需要举证证明的。

2. 具体案件而言，制造缺陷存在的可能性的原因大于产品存在缺陷以外的其他原因

在具体的产品事故案件中，产品的制造缺陷也许并不是造成事故的唯一原因，但是如果能够确定事故的发生和产品存在缺陷存在因果关系，且因果关系的确定性因素远远超出其他可能导致事故发生的原因，就可以认定是产品存在缺陷。

（印强　广东省广州市中级人民法院）

“危险产品”损害责任举证困境及其完善

【司法精要】

本文在借鉴国内外研究著述成果基础上，聚焦“危险产品”损害责任内涵实质及举证责任的承担问题，探寻举证困境的现状及解决之策。论述中首先对“危险产品”及损害责任的概念进行界定；其次通过分析“危险产品”损害归责原则及举证责任倒置的法律适用，划分原、被告举证的范围，对研究“危险产品”损害责任举证中遇到的困境提供理论基础；然后通过实证分析，对审判中受害人举证时遇到的种种困境进行梳理与归纳；最后结合立法现状提出了完善“危险产品”损害举证的建议、措施等。

① Cornell Drilling Co. v. Ford Motor Co. , 359 A. 2d 822 (Pa. Super. Ct. 1976)，转引自肖永平等译：《侵权法重述第三版：产品责任》，法律出版社 2006 年版，第 60 页。

一、"危险产品"损害举证的基础理论

（一）"危险产品"内涵与外延

一般认为，缺陷产品是指用于销售的存在同一性的、可能存在危及人体健康和生命安全的不合理危险的产品，主要因设计、生产、指示等原因导致危险的发生[①]。因此，缺陷产品是一个纯法律范畴的概念。而"危险产品"是指易发生危险而对人身、财产造成损害的特殊产品、设备的总称，危险性和容易致人损害性是其基本特征。"危险产品"的外延较广，包括易燃、易爆、易腐蚀、有毒、有放射性等特殊产品，但凡使用就会对人身、财产造成潜在的危害；也包括存在缺陷隐患，随时会发生致害结果的产品、设备，例如因设计、运输、销售等原因产生缺陷，仍然使用的燃气灶具、交通工具、自动扶梯等，其生产、销售、运输、存储、使用等会受到法律的严格规范。[②] 因此，"危险产品"是公众对特殊部类缺陷产品的一个较通俗的习惯称谓和概念总称。

（二）"危险产品"损害责任涵义及研究意义

"危险产品"损害责任，是指具有危险属性的产品或因存在缺陷产生危险的产品，造成他人人身伤害或财产损失，生产者、销售者、运输者、仓储者、中间人等应当承担的法律责任。[③]

产品安全是关系国家稳定和公民生命安全的大事，关系着企业发展的命脉，也直接影响到每个家庭的生存发展与个人身体健康。现阶段，由于"危险产品"离我们的生活更近，造成损害的影响更大，法院受理的属于"危险产品"致人损害的案件呈逐年递增态势，因此有必要从学术理论层面加以研究与界定，推进司法实践对"危险产品"损害责任承担及诉讼举证原则逐步加以完善，理顺诉讼举证途径，捍卫公众安全。

---

① 全国人大常委会法制工作委员会民法室：《〈中华人民共和国侵权责任法〉条文说明、立法理由及相关规定》，北京大学出版社2010年版。

② 张慧："产品缺陷认定标准的比较研究"，载江苏法院网 www. jsfy. qov. cn，2014年8月10日访问。

③ 王浩水、魏利军："论危险品的安全生产长效机制构建"，载《中国安全生产科学技术》2009年第2期。

（三）“危险产品”损害归责原则

与缺陷产品类似，“危险产品”损害责任是一种特殊的侵权责任，因此适用产品质量责任的相关制度，采用“二元制”归责原则：

1. 适用无过错责任原则和过错推定情况

《侵权责任法》规定了适用无过错责任原则的情形：第一，生产者和销售者的直接责任。造成损害时，生产者和销售者不得以无过错免责，受害人亦无须证明有过错。第二，生产者的最终责任。无过错的销售者向受害人承担直接责任后，可以向生产者追偿，销售者只需证明缺陷、损害事实及二者之间存在因果关系，无须证明生产者有过错。此外，法律规定“产品在投入流通时，引起损害的缺陷尚不存在的”或者“将产品投入流通时的科学技术水平尚不能发现缺陷的存在的”，只要产品缺陷确实造成了他人损害，生产者都不能免责。上述情形，均适用较为笼统的无过错和过错推定原则，是我们研究“危险产品”举证责任的基本依据和理论出发点。

2. 适用过错责任原则情况

适用过错责任原则一般较少，仅在法律有特殊规定的情形下：第一，销售者的最终责任。由于销售者的过错使产品存在缺陷，销售者应承担最终责任。第二，运输者、仓储者及中间人的最终责任。与销售者类似，在此勿需赘述。

（四）“危险产品”损害举证规则

1. 适用一般举证规则的情况

“谁主张，谁举证”是民事诉讼的一般举证方式，在“危险产品”损害诉讼中，原告需要举证证明的要件包括：“产品存在缺陷，造成了人身、财产损失，缺陷与造成损害之间具有因果关系”，举证责任一般较轻。

2. 适用特殊举证规则的情况——举证责任倒置

适用举证责任倒置，一般由加害者（即生产者、销售者、运输者、仓储者、中间人等）承担举证责任，加害人举证负担较重。目前，我国法律没有关于“危险产品”损害责任适用举证责任倒置的具体规定，在司法实践中，法官可根据《最高人民法院关于民事诉讼证据的若干规定》第七条：“在法律没有具体规定，依本规定及其他司法解释无法确定举证责任承担时，人民法院可以根据公平原则和诚实信用原则，综合当事人举证能力等因素确定举证责任的承担”。因此在某些特殊情形下，法官可以援引该规定裁量适用举证责任倒置，将诉讼中的举证义务归于侵害人承担，体现了法律对受害人利益的特殊保护。

二、“危险产品”损害举证面临的困境

案例：2013 年 12 月，某知名媒体刊登一篇“危险产品”伤人的报道，引起了公众的关注[①]。2011 年 9 月 6 日，是范某儿子结婚的大喜日子，范某邀请邻居王某帮忙在婚宴酒店外放炮。11 点 50 分，王某点燃鞭炮时发生巨响，王某颌面部及右耳炸被伤，经鉴定为 8 级伤残。事发后，范某、爆竹生产者、销售者以及酒店经营者相互推诿责任，不肯承担王某的损失。

2011 年底，王某向法院起诉，其举证面临“三道坎”。第一道坎：王某先以产品质量损害责任纠纷起诉，举证责任倒置，举证责任最小，但仅能起诉鞭炮生产者和销售者，要追加酒店经营者、雇请人时案由不支持。第二道坎：再次以健康权纠纷起诉，四被告地位不同，导致举证责任显著加重，王某只得借款聘请诉讼代理人重新搜集调查举证，花费不少时间。第三道坎：案件审理中，双方举证仍要面临补充证据、重新鉴定、证据效力认定等考验，导致诉讼波折不断。2013 年底，案件最终审理完毕，依法判决由范某赔偿王某 151000 元。透过该起案件的审理，我认为目前“危险产品”损害举证面临的困境主要体现在以下方面：

（一）无过错责任原则适用的局限导致举证困境

在“危险产品”损害的赔偿中，法律规定适用无过错责任的归责原则，但在具体诉讼中，适用该原则仍存在一定问题：

1. 生产者责任的例外

《产品质量法》规定生产者所承担的缺陷产品的民事赔偿责任，是一种无过错责任，但同时规定了生产者不承担赔偿责任的情况：“未将产品投入流通的；产品投入流通时引起的缺陷尚不存在的；将产品投入流通时的科学技术水平尚不能发现缺陷的存在的”，这些例外情况是对无过错责任原则的法定排除[②]。

---

① 曾春：“邻居帮放炮被炸伤 法院一审判新郎家赔 15 万”，载《华商报》2013 年 12 月 10 日。

② 王胜明：《〈中华人民共和国侵权责任法〉解读》，中国法制出版社 2010 年版，第 155 页。

2. 销售者责任的例外

《产品质量法》第三十三条规定："销售者应当建立并执行进货检查验收制度，验明产品合格证明和其他标识"，包括生产厂名、厂址，进货单据等，若销售者不能指明"危险产品"的生产者和供货者，销售者就不能以证明自己没有过错而主张免责，这就是民法上的过错推定原则，反之，销售者若履行了证明义务，则可以免除责任。

（二）举证责任倒置适用的局限导致举证困境

在"危险产品"损害中，除了适用举证责任倒置外，受害人也负有举证责任：遭受损失情况；证明损失与"危险产品"有因果关系；受害人自身无过错……由于原、被告双方诉讼地位不对等、生产者利用其财力、物力等便利条件①，在举证中占尽优势，受害人往往缺乏有效的诉讼参与人等帮助，致使无法搜集该类有效证据。

以案例中列举的"第三道坎"为例，根据《民法通则》一般规定，对生产者和销售者而言，因受害人本人的过错造成损害的，为法定免责事由；消费者在使用产品过程中，因第三人的过错造成损害的，亦为免责事由。对此，生产者和销售者通常会借助这些事由希望获得免责，受害者只得又寻找相应证明予以反证，或者重新搜集第三人造成损害事实的证据；甚至在举证时，被告有权申请对原告伤情、致伤原因及后续治疗费用重新评估、鉴定，使案件审理中止，拖延了诉讼期限，使受害人苦不堪言②。

（三）"危险产品"损害责任举证的诉讼保护期限缺乏透明与弹性

"危险产品"损害举证的诉讼时效问题，原则上适用产品质量责任诉讼时效的法律规定。《产品质量法》第四十五条规定，"因产品存在缺陷造成损害要求赔偿的诉讼时效期限为二年，自当事人知道或者应当知道其权益受到损害时起计算"，"因产品存在缺陷造成损害要求赔偿的请求权，在造成损害的缺陷产品交付最初消

① 肖建国："论侵权诉讼中的举证责任分配与举证责任倒置"，载《人民法院报》2010年5月6日6版。

② 王晓玉等："产品伤害危机及其处理过程对消费者考虑集的影响——基于中国消费者的实证分析"，载《中国营销科学学术会议论文集》第230页。

费者满十年丧失，但是，尚未超过明示的安全使用期除外”。

很多时候，产品造成的危害结果许久才能显现，有的损害行为持续时间长，且不易被发现，直至损害结果被受害人发现时间早已超过两年，虽然法律规定从受害人知道或应当知道损害事由起两年内都可以行使诉讼权利，但出于举证困难、受害后忙于治疗、受害人及家属无力起诉甚至不清楚起诉对象等原因，使受害人在对具体时效的确认和适用上产生了困惑，导致诉讼保护时效易丧失，受害人的损失无从弥补。

（四）受害人的选择起诉权易导致举证困境

《产品质量法》第四十三条规定，属于产品生产者的责任，产品销售者赔偿的，销售者有权向生产者追偿；属于销售者的责任，生产者赔偿的，其有权向销售者追偿，这是产品质量责任诉讼中的“先行赔偿人追偿权制度”①，体现了让受害人能够方便、及时获得赔偿的良好立法初衷，但在诉讼中，受害人起诉、举证并非一帆风顺：

1. 起诉立案面临选择难

以案例中的“第一道坎”为例，根据人民法院“一起诉一案由”的立案原则，在受害人提起产品损害责任纠纷诉讼时，只能将生产者、销售者、运输者等作为被告，无法将其他有履行能力的被告同时起诉，显然不利于受害人权益的保护；一些复杂案件可能包含“一果多因”的情形，由于缺乏合适的案由支持受害人将所有可诉主体起诉，致使当事人起诉时盲目作出取舍，反而限制了当事人寻求保护的选择权的有效行使，无法保证当事人受偿机会的最大化。

2. 选择起诉后举证负累有所加重

以案例中的“第二道坎”为例，当受害人选择被告起诉后，无论是否适用举证责任倒置，受害人均要承担一定的举证责任（如“危险产品”损害的损失情况，存在因果关系及自身无过错等），选择起诉的对象不同，受害人需要承担的举证责任因各有侧重而不同，受害人选择一并起诉多个责任主体时，其举证责任的负担也相应增加，而受制于受害人的知识水平、举证能力、身体健康等状况，很可能导致举证的困境，受害人将会承担不利的后果。

---

① 漆多俊：《经济法学》，高等教育出版社2003年版，第221页。

三、对域外国家“危险产品”损害及举证规定的借鉴

（一）对美国产品质量责任举证及救济制度的借鉴

美国的产品质量制度体系被誉为“世界上最先进和最精致的消费者保护制度”，借鉴美国法中关于社会化大生产、消费者权益保护及举证责任承担等方面的规定，有利于促进我国产品责任法律及“危险产品”损害举证规定的完善。

1. 美国产品质量责任概念内涵、外延的全面性借鉴

美国《布莱克法律辞典》首章中规定：“产品责任是指生产者和销售者对于因其制造和出售有缺陷的产品而使该产品的购买者、使用者及第三者遭受人身伤害或财产损失而进行赔偿的法律责任。”美国法学界普遍认为，产品质量责任本质上是以严格责任为主的特殊的侵权行为法系统，主要包括以下基本制度：第一，严格责任制度，即不论产品的生产者是否存在过失的情形及免责的情形，只要其产品因缺陷瑕疵导致消费者受害就要承担责任。第二，有限严格产品责任制度。规定允许生产者以“现行工艺水平”作为己方的抗辩理由。只要产品的制造商证明，其产品在投放市场时合理地达到了科学和技术发展的现行标准，就可免予承担责任。第三，类似“过错责任原则”，即以产品的生产者被证明有过失而承担责任[①]。从本质上讲，我国关于“危险产品”举证中分别适用过错责任、无过错责任和过错推定制度，是对上述美国产品质量责任法基本制度的“本土化”应用与借鉴。

2. 美国产品损害举证制度完整性借鉴

1997年，美国颁布的《第三次侵权法重述：产品责任》，其主要内容有：“由原告承担的产品责任要素的证明义务有被告从事销售或分销涉案产品；产品有缺陷；产品缺陷导致原告损害。其中产品缺陷包含有设计缺陷、制造缺陷及警示缺陷等。在以过失提起的产品责任诉讼中，原告需要证明被告知道或应该知道产品存在缺陷及证明产品警示不充分而构成产品的缺陷”……其中很多关于原、被告举证制度的规定都值得我们借鉴。

---

① 高静仪：“从比较中浅议我国的产品责任法律制度”，载 www.civillaw.com.cn，2014年6月10日访问。

3. 美国产品质量损害救济的周密性借鉴

关于诉讼时效，美国法律规定原告必须在损害发生后的“合理时间内”提起诉讼，具体时效从一年至六年不等，与我国规定的较单一的诉讼时效相比，美国法律能对受害人给予更充分的保护；同时被告若以原告疏忽大意作为抗辩理由，其要证明原告“不可原谅地”延迟诉讼，被告因此延迟而受到“显而易见的”损害；被告还可以证明原告的损害是因其他人的原因（如另一被告、第三人或原告本身的过错等），要求予以免责。

（二）对法国“管理人责任”的借鉴

法国一直没有独立的产品责任法，其契约和侵权的两种形式的产品责任都集中规定在《法国民法典》中。经过长期总结，上世纪80年代，《法国民法典》创设了“管理人责任”制度，其主要内容为：“任何人不仅对其自己的行为所造成的损害，而且对应由其负责的他人的行为或在其管理下的物件所造成的损害，均应负赔偿的责任。”这是对造成产品损害发生的责任人所应承担的责任的扩大性规定，不仅加重其责任承担的范围，而且为后来产品损害的严格责任形式的形成起到了推动作用①。

我国亦然，从分散的部门法规定，到1986年4月公布的《民法通则》首次对产品损害的证明责任分配和倒置进行规定，随后最高人民法院通过多个司法解释，对当事人证明责任的分配及承担进行了补充和完善，法国“管理人责任”之扩大性规定对我国“危险产品”损害举证责任的完善起了有益的补充作用，有效应对了司法实践产生的问题。

（三）对德国“证明责任倒置”举证原则的借鉴

我国“危险产品”损害举证中“举证责任倒置”的表述，在含义阐释上与德国“证明责任倒置”几无差别。纵观德国民法典规定的“证明责任倒置”制度的发展历史，体现了该国产品致人损害由适用过错责任原则，逐步发展到适用过错推定原则，实行举证责任倒置，从而免除了受害人证明生产者存在过错的举证责任。德国政府重视对消费者利益保护，不断从完善产品质量责任的法规、加强执法监督检查力度、重视规范化立法体系建设等方面，逐步建立起覆盖全体国民和企业的质

---

① 李玉红、杨志峰：“构建新型危险品安全管理体制”，载《中国安全生产科学技术》2005年第10期。

量安全意识，大大提高了违法成本，降低了维权成本，通过免除受害人证明责任营造重视质量的社会氛围，逐步发展为质量大国。

四、完善“危险产品”损害举证制度的思考

（一）完善危险产品损害举证责任倒置原则

最高人民法院关于“举证责任承担”的司法解释明确表明并不排斥举证责任倒置，而《产品质量法》的立法原意是“危险产品”生产者应当承担该产品不存在缺陷的举证责任。在司法裁判中，法官可以根据案件的特殊情形，在考察当事人的举证能力、举证条件等因素后决定举证责任倒置，适时、适当将本应由一方当事人承担的举证责任分配给对方当事人，这就是前述的法官对适用举证责任倒置的选择决定权。

笔者认为以下特殊情形应适用举证责任倒置，以减轻原告的举证负累：第一，原告无法证明。当被告掌握核心机密，原告无法通过一般检测查出危险产品的缺陷，而产品又的确造成了损害，此时即可以判定采取举证责任倒置，由生产者承担举证责任，证明其产品的安全性。第二，原告举证能力受到限制。原告受自身知识水平、认知能力和经济状况的制约，无法提出准确的检测报告或进行检测的成本过高，自身难以负担的，此时也可裁量举证倒置。

（二）构建对“危险产品”损害举证的严格责任制

鉴于我国立法尚不完备，笔者以为，应借鉴发达国家关于“危险产品”责任的立法趋势，在“危险产品”损害责任的追究和举证承担方面适用严格责任制——一种更为严格的由加害人承担赔偿及举证责任的制度形式。严格责任的特点主要有：

1. 只要“危险产品”有缺陷，对消费者具有不合理的危险，从而造成损害的，不论制造者和销售者主观有无过错，都要承担责任。

2. 责任主体赔偿的数额较大，甚至达到惊人的程度。如本文案例中，15 万元的巨额赔偿将使有关企业和个人从此不敢忽视“危险产品”损害的严重后果；又如德国产品责任法规定，人身伤害赔偿的最高限额为 1.6 亿马克①，高额赔偿会给企业带来重大的损失，甚至可能破产，因而迫使商品生产者更重视商品质量。

---

① 刘慧：“义务的新领域：纯粹经济损害”，载《侵权法评论》2003 年第 1 辑。

3. 严格责任中受害人举证责任相对减轻，加重了生产者、销售者、运输者、仓储者、中间人的举证责任，体现对受害人的保护。

从严格责任举证的承担方式看，生产者、销售者的举证责任会较以前有所加重，生产者除举证证明自身存在符合免责的情况外，还需对“危险产品”不存在缺陷、“危险产品”造成损害的直接原因并非产品本身有缺陷等举证。一旦受害人举证不能或证据证明力不足时，生产者对该情况的补充举证责任正好弥补了受害人的不足，对推进“危险产品”损害责任举证的发展与完善有着积极的作用。

（三）明确规范原、被告举证中的平等地位

通常情况下，产品的缺陷都能够被发现。但诸如产品设计缺陷、原材料缺陷和制造缺陷，普通人很难发现，因为消费者（原告）同生产者、销售者存在严重的产品信息不对等，消费者对于产品的成分、结构、生产流程、性能不可能有深入的了解和具备相关专业辨识知识，因此举证中须承担很大风险。

促进当事人举证地位平等，一方面要将“保证当事人地位平等”这一民法基本原则运用到“危险产品”损害的举证活动中，具体而言，由于生产者、销售者举证能力明显优于受害人，法官更应该关注受害人的举证，除督促生产者、销售者依正常途径提交证据的同时，注意做好庭前证据交换和证据的质证，让受害人能有更充分的时间参与诉讼和质证。另一方面，在适用和认定诉讼时效有效性、中断的时效如何计算等方面，法官应作出对受害人有利的解释，这对维护受害人利益，促进“危险产品”损害责任诉讼中原、被告举证地位平等，颇具意义①。

（四）规范受害人对诉讼被告的选择权促进举证规则完善

“危险产品”造成受害人损害的责任承担主体不同，其法律责任形式也不同。《民法通则》和《产品质量法》规定了生产者、销售者等对“危险产品”造成的损害承担连带责任，受害人可以向产品的生产者追偿，也可以向销售者、中间人等追偿。通过法院、司法调解机构的立案答疑和法律咨询工作，使受害人能结合案情、实际履行能力等因素，合理选择被告起诉，有利于明确原、被告举证责任划分，有利于根据“危险产品”损害的无过错责任和过错推定指示完成举证活动，更好地维

---

① 方正：“论不同消费群体对产品伤害危机的感知危险差异——基于中国消费者的实证研究”，载《社会科学家》2006 年第 5 期。

护受害人利益。

法律对“特殊主体”（如引发损害结果的第三人、雇主、团体组织、负有保管义务的保管人等）的选择权未详细规定，致使受害人在选择起诉被告时出现困难，起诉多个责任主体时，举证负累有所加重，因此笔者建议将社会组织和团体也纳入可选择起诉的被告，这也符合国际上“危险产品”责任立法的发展趋势。体现在本文案例中，受害人只有将雇请人、生产者、销售者、酒店经营者一并起诉，才能保证最大限度获赔的机会。

（五）完善“危险产品”损害举证的制度创新

以下制度及建议都与“危险产品”损害的举证规定相关，为“危险产品”损害当事人举证提供了书面证明，有助于降低举证难度。

1.“危险产品”安全使用的“可使用度”提示制度

（1）“可使用度”法理分析

“危险产品”的“可使用度”，顾名思义指为了安全使用“危险产品”，同时保障“危险产品”的运行、储存、管护等方面的安全，而对该合理范围作出安全指引和说明提示的制度。从本质上讲，安全使用的“可使用度”提示制度属于危险品安全管理制度的范畴，是其中异常重要的组成部分。

（2）提示措施及制度优势

由于“可使用度”提示是一个“危险产品”安全使用的规范性指引和警示制度措施，在生产和销售某一类“危险产品”时，由质量监督、安全生产监督机构对其安全“可使用度”作出系统衡量和界定，形成书面规定后，即以产品附随目录的形式向每一位购买者分发，以显著位置告知“可使用度”标识的重要性，以达到告知公众和警示预防之效用，将有利于“危险产品”安全管护和使用，对事故的发生有一定预防作用，因此笔者强烈建议采纳和适用，特别在“危险产品”的生产、销售、加工、储存和使用等方面应建立严格的“可使用度”制度，用以对该类特殊产品的安全使用作出规范性指引。

2. 完善安全使用、运输、储存“危险产品”的警示制度

从“危险产品”进入流通领域开始，生产者、销售者就有义务将产品可能存在的危险和安全使用方法向消费者进行警示说明。《侵权责任法》第 46 条规定：“产品投入流通后发现存在缺陷的，生产者、销售者应当及时采取警示、召回等补救措

施。未及时采取补救措施或者补救措施不力造成损害的，应当承担侵权责任”，即明确了生产者、销售者的警示义务期间包含产品进入流通领域后的时间[①]。警示针对的对象主要是可预见的“危险产品”的最终使用者，因此产品警示的设置要考虑到该产品可能使用者的年龄、职业、文化程度、社会经验等，做到警示的个性化与有效性相结合；是否需要对中间人进行必要警示的问题，笔者认为虽然中间人（如供货人、各级经销商等）并非产品的最终使用人，但给予中间人以适当的警示能够有利于产品危险的防范和正确使用方法的引导，警示的对象应该扩展至中间人。

此外，采用“危险产品”安全使用警示制度时，若未对使用人加以要求和限制（如年龄、购买数量），由此易引发的危险状况令人担忧。笔者建议应继续完善对购买、使用危险品主体的实名登记制度，防止不法分子造假或用于危险用途；要求在产品说明书、标签或外包装等显著位置设置“危险产品”的安全使用说明，提醒使用人查阅；对“危险产品”销售活动应坚持专项监管，加大对实体专卖店和电商网站销售“危险产品”的监管；建立“危险产品”生产者、销售者诚信档案及探索规范“危险产品”专营专卖模式等。

3. 法院等司法机构应加强对受害人举证的引导

在“危险产品”损害处理中，对产品缺陷的举证往往成为受害者索赔的最大障碍。法院应针对当事人普遍存在的证据意识薄弱、提供证据的证明力不强、质证能力差等情况，采取措施，在案件审理的不同阶段，帮助当事人提升举证能力，指导其依法维权。

（1）立案阶段：在向原告（受害人）发放诉讼风险告知书及举证通知书时，办案人员应主动告知当事人举证的程序要求和举证责任的承担方式，重点向当事人强调“危险产品”纠纷中“哪些是证据”“证据的种类”“如何搜集证据”“如何质证”等问题和举证期限要求，确保当事人有针对性、更便捷地的提交证据。

（2）审理阶段：开庭时法官归纳出争议焦点，引导受害人按照程序发表质证意见和举证，避免受害人因情绪紧张、激愤，而不知如何准确表达质证意见和进行举证的状况，同时法官可凭借法庭询问的方式，收集当事人口述的事实证据，在充分

---

① 张岩培：“产品警示缺陷的侵权责任研究”，载中国知网 www.cnki.com.cn，2014 年 8 月 8 日访问。

听取双方发言后进行精炼总结。

（3）结案阶段：针对“危险产品”致害案件影响大、群众关注的特点，利用到当地巡回开庭之际，公开审判、宣判，进行“危险产品”损害举证及维权知识的法律宣传，提高广大群众在该类危害发生时的证据意识。

（张博　陕西省西乡县人民法院）

网络消费中惩罚性赔偿制度的适用

【司法精要】

依据《消法者权益保护法》第55条规定，网络消费者向网络经营者主张惩罚性赔偿责任一般需要满足交易主体为网络经营者和网络消费者、网络经营者实施了欺诈行为、网络消费者因欺诈行为而做出错误的意思表示、网络消费者因欺诈行为遭受损失等要件。网络欺诈行为根据网络消费者的诉请可区分为网络违约欺诈和网络侵权欺诈，前者无需考虑网络经营者实施欺诈行为时的主观状态，而后者应以网络经营者实施侵权行为时具有故意或者重大过失为归责要件。鉴于网络消费者在交易信息和地位上处于弱势，在举证责任的分担上对网络经营者应更为严苛，在网络欺诈的认定上可适当实行举证责任倒置。参考英美法系和我国台湾地区的立法，提出我国网络消费中适用惩罚性赔偿制度的建议：网络欺诈行为的认定宜采客观标准；惩罚性赔偿数额的确定宜采倍数原则，并综合相关因素于个案中调整；网络消费者的知假买假行为不应适用惩罚性赔偿制度，网络经营者的欺诈行为应由有权机关依法行政处罚。

一、网络消费中适用惩罚性赔偿制度之构成要件

惩罚性损害赔偿是指“除去所有填补性损害赔偿金或名义赔偿外，为了惩罚被告情节特别严重的不法行为而被判处的额外赔偿。它具有补偿受害人遭受的损失、

惩罚和遏制不法行为等多重功能。”① 《消费者权益保护法》（以下简称《消法》）第55条为消费者在特定条件下向经营者主张惩罚性赔偿责任提供了法律依据。网络消费一般是指消费者通过网络媒介购买商品或者接受服务，其和实体店面消费最大的区别在于网络消费者通过网络经营者在网络上发布的商品或者服务信息作为消费依据，在网络上完成整个商品或者服务的订购过程，因此除了交易方式有所区别外，网络消费者和实体店面的消费者并无本质的不同，均可以通过《消法》第55条的规定向经营者主张惩罚性赔偿责任。通过对《消法》第55条进行文义解释可知，网络消费者向网络经营者主张惩罚性赔偿责任需具备以下要件：

第一，交易主体需是网络经营者和网络消费者。根据国家工商行政管理总局发布的《网络商品交易及有关服务行为管理暂行办法》第3条的规定，网络经营者的范围包括法人、其他经济组织和自然人。在网络服务领域，提供网络交易平台服务的网站经营者亦可作为网络经营者。结合我国目前网络消费的实际情况，网络消费的模式可分为三种：企业之间通过数据电文的形式从事货物贸易或服务贸易（即“B to B”模式），企业通过自己建立的或服务商提供的网络平台向消费者销售货物或提供服务（即“B to C”模式）以及个人通过第三方搭建的网络平台进行货物和服务的交换（即C to C模式）。②

第二，网络经营者需以营利为目的，实施了欺诈的行为或明知销售的商品或者服务存在缺陷，仍向消费者提供。何为“欺诈”，《消法》以及《民法通则》并没有明确定义，最高人民法院在《关于贯彻执行〈中华人民共和国民法通则〉若干问题的意见（试行）》第68条中规定：“一方当事人故意告知对方虚假情况，或者故意隐瞒真实情况，诱使对方当事人作出错误意思表示的，可以认定为欺诈行为。”国家工商行政管理总局公布的《欺诈消费者行为处罚办法》第2条规定：“本办法所称欺诈消费者行为，是指经营者在提供商品（以下所称商品包括服务）或者服务中，采取虚假或者其他不正当手段欺骗、误导消费者，使消费者的合法权益受到损害的行为。”该办法第3条通过十二项列举加兜底条款的方式，对经营者向消费者

① Dan B. Dobbs, Handbook on the Law of Remedies, St. Paul, MN: West Group (1973), p. 204.

② 苏添：“论网络交易平台提供商的民事法律责任”，载《北京邮电大学学报》2005年第4期。

实施欺诈行为的情形进行规定。当拟售的商品或者服务存在缺陷时，并没有明文规定经营者实施欺诈行为，而只要求经营者主观上对缺陷是明知的状态。

除上述两个要件外，网络消费者受损害的结果与网络经营者的欺诈行为之间存在因果关系与网络消费者因网络经营者的欺诈行为遭受到财产或者人身上的损失亦是理论界讨论的惩罚性赔偿责任之构成要件。

二、网络消费中适用惩罚性赔偿制度之争议

（一）构成要件的争议

1. 网络欺诈的认定

如前文所述，网络欺诈行为是指网络经营者在网络上销售商品或者提供服务时故意告知网络消费者虚假情况，或者故意隐瞒真实情况，或者采取其他不正当的手段误导消费者，使消费者做出错误的意思表示，进而遭受损失的行为。相较于实体店面消费，网络消费在欺诈的表现形式上有一定特殊性：第一，网络经营者一般通过文字加图片或影像资料的方式在网络上发布商品或者服务信息，这些信息易存在虚假、不完整、与实物失真、夸大质量、功能等情况。第二，由于网络的虚拟性，网络经营者的准入机制不健全，网络经营者的真实身份难以确定，尤其是自然人作为网络经营者时，只需在网络交易平台商处登记，未有实质性审查，纠纷发生时网络经营者可能无处可寻。第三，网络经营者在收到消费者支付的款项后拒绝提供商品或者服务，或者提供的商品或服务与双方于网络上协商的权利义务不一致，因双方并未签订书面的购物或者服务合同，原购物的网页也因技术、产品更新等多种原因不复存在，交易双方的权利义务关系难以还原。第四，钓鱼网站的兴起。不法分子利用各种手段，仿冒真实网站的地址以及页面内容发布虚假消息，实施欺诈行为。

在网络经营者实施欺诈行为时的主观心态上，理论界主要有三种观点，第一种是《消法》上对欺诈的解释应该与《民法通则》和《合同法》对欺诈的解释一致，即网络经营者主观上存在故意，过失与否则在所不问。[①] 第二种是网络经营者除有

---

① 梁慧星：“《消费者权益保护法》第49条的理解与适用”，载《人民法院报》2001年3月29日第3版。

主观故意以外，重大过失行为亦构成欺诈。[①] 第三种是不考虑网络经营者实施欺诈行为时主观心态上是否具有故意或者过失，只要客观上实施了欺诈行为，就认定其构成网络欺诈。[②]

2. 因果关系的阻断

惩罚性赔偿责任的构成要件之一是经营者的欺诈行为与消费者的损害后果之间存在因果关系。因此，当消费者并没有因为经营者的欺诈行为而受骗，消费者有足够的辨识能力而未陷入错误的认识时，因果关系因消费者的辨识能力而受到阻断。“知假买假”是否可以主张惩罚性赔偿在理论界颇有争议。一种观点认为，只要消费者在购买商品或者接受服务时受到欺诈，就可认定经营者实施欺诈行为，经营者的欺诈行为不因消费者的知晓而予以免责。[③] 另一种观点认为，惩罚性赔偿的适用目的在于保护处于交易弱势一方的消费者的合法权益，消费者应以生活需要购买商品或者服务，而知假买假者是以赚取利润为目的，不具备消费者的资格，不应得到支持。[④]

3. 损失之争

网络消费者向网络经营者主张惩罚性赔偿责任时，是否要求已经实际遭受损失，在理论界亦有一定争议。一种观点认为，《消法》第55条明确规定，在经营者实施欺诈行为后，应当按照消费者的要求增加赔偿其受到的损失，消费者有损失是惩罚性赔偿责任适用的前提。[⑤] 另一种观点则认为，惩罚性赔偿责任的目的在于惩罚经营者的不诚信行为，遏制非法行为的再度发生，如果消费者遭受损失后才可以主张惩罚性赔偿，那么经营者是否可以通过证明消费者无损失就得以对其欺诈行为免责，这与惩罚性赔偿责任的立法宗旨不符。[⑥]

---

① 张新宝、李倩：“惩罚性赔偿的立法选择”，载《清华法学》2009年第4期，第19页。

② 该观点可参见我国学者杨振山在1997年12月1日《中国消费者报》第1版发表的意见，其认为不管经营者主观状态上是故意还是过失，对消费者均造成了损害，过于拘泥欺诈的概念，就容易把《消法》架空，故意的举证非常困难。

③ 邓鹤：“‘王海现象’的再分析”，载《河北法学》2000年第3期，第31页。

④ 梁慧星：“《消费者权益保护法》第49条的理解与适用”，载《人民法院报》2001年3月29日第3版。

⑤ 李珂、冯玉军：“惩罚性赔偿制度的法经济学分析——兼论中国《消法》第49条的法律适用”，载《法学研究》2005年第4期，第46页。

⑥ 韩世远：“消费者合同与惩罚性赔偿”，载《人民法院报》2004年1月16日。

（二）举证责任负担

在网络消费中，网络欺诈的认定需考虑网络经营者实施欺诈行为时的主观状态，包括故意和过失，均难以举证证明，且由于网络消费的虚拟性、技术性特征，网络交易双方并未签订书面合同，电子证据易变化、难取得，进一步增加了网络消费者的举证难度，故《欺诈消费者行为处罚办法》第4条规定，经营者在提供商品的过程中，若不能证明自己确非欺骗、误导消费者而实施该条所述行为的，应当承担欺诈消费者行为的法律责任。但亦有学者提出举证责任的分担上应该首先区分欺诈行为的性质，是违约性质的欺诈还是侵权性质的欺诈，再根据欺诈性质的不同，采取不同的举证责任方式。[①]

（三）惩罚性赔偿数额的确定

在惩罚性赔偿责任的数额确定上，第一种观点认为适用比例原则，即按照惩罚金赔偿数额与补偿性赔偿金额之间的比例关系来决定惩罚金数额。[②] 第二种观点认为适用最高额原则，即法律应该对惩罚性赔偿金额的最高值作出一定限制，在最高额之下，法官可以根据个案情况进行自由裁量。[③] 第三种观点认为倍数设定原则，即根据消费者的损失设定一定的惩罚性赔偿的倍数，在倍数以下确定具体的数额。[④]

三、网络消费中适用惩罚性赔偿制度之比较法考察

（一）美国

联邦贸易委员会（简称FTC）是美国联邦层面上唯一拥有广泛的消费者保护法律执行权力的机构。FTC定义的欺骗性行为主要包括夸大产品质量和性能的欺诈性广告、误导性定价以及对产品危险性的不充分披露等。[⑤]

---

① 杨立新："《消费者权益保护法》规定惩罚性赔偿责任的成功与不足及完善措施"，载《清华法学》2010年第3期，第23页。

② Polinsky、Shavell，"Punitive Damages：An Economic Analysis"，111Harvard. L. Rev. 869 (1998).

③ 张新宝、李倩："惩罚性赔偿的立法选择"，载《清华法学》2009年第4期，第20页。

④ 即我国现行《消法》的规定。

⑤ FTC，Deception Policy Statement，reprinted in 103 F. T. C. 174（1984）.

《美国侵权法重述（第二次）》第908条第1款规定：“惩罚性赔偿为损害赔偿及名义上之赔偿以外之赔偿；系为惩罚极端无理行为之人而作之赔偿，且亦为阻遏该人及其他人于未来从事类似之行为而作之赔偿。”在行为人实施违法行为的主观状态上，除了故意情形外，行为人的过失如果达到极其恶劣之程度，或严重违反一个人应当负有的合情、审慎的责任，即重大过失，也可以适用惩罚性赔偿制度。在惩罚性赔偿责任的举证责任上，美国各州有不同规定。但大多数州都要求需要达到“数量上优势证据”的标准或是“证据清晰、令人信服、确实充分”的标准。[①] 在确定惩罚性赔偿的数额时，裁判者得适当考虑被告的财产状况、补偿性赔偿与惩罚性赔偿的比例、错误的性质和大小、被告主观恶性的大小、其他相关因素。[②]

（二）英国

惩罚性赔偿制度以英国为典型代表。在早期英国，惩罚性赔偿制度并不适用于违约案件，直至近年才有所缓和，但有一定限制，包括：第一，只有损害性赔偿不足以惩罚被告、遏制他人从事类似行为时才予以适用。第二，原告因为被告的行为遭受损失，且原告的损害与被告的行为之间存在因果关系。第三，根据“一事不再理”的原则，若被告的行为已受惩罚，惩罚性赔偿制度则不再适用。第四，原告人数众多，不便分配损失时，限制惩罚性赔偿的适用。第五，被告之行为乃基于诚实信用或是由于原告引起或原告有不可推卸的责任时，排除惩罚性赔偿责任的适用。[③]在被告实施违法行为的主观状态上，除了合同诉讼以外，包括过失和种族、性别歧视在内的侵权诉讼都可以适用。在认定惩罚性赔偿责任的数额上，英国法院要考虑各种因素，尤其是被告的财产状况、原告因惩罚性赔偿金判决所获得的意外之财、是否涉及多方原告或被告、原告是否引发了被告的行为以及被告是否善意行事等。

（三）我国台湾地区

我国台湾地区“消费者权益保护法”（以下简称台湾地区“消法”）第51条规

---

① John J. Kircher and Christine M. Wiseman, “Trial Considerations” in Punitive Damages: Law and Practice, vol. 1, §9: 10 (West Group, 2000).

② Hodges v S. C. Toof&Co, 833 S. W. 2d 896, 902 (Tenn. 1992).

③ John Y. Gotanda, Punitive Damages: A Comparative Analysis, 42 Columbia Journal of Transnational Law (2003).

定："本法所提之诉讼，因企业经营者之故意所致之损害，消费者得请求损害额三倍以下之惩罚性赔偿金；但因过失所致之损害，得请求损害额一倍以下之惩罚性赔偿。"该条规定的惩罚性赔偿责任的构成要件是：第一，须以本法所称的消费者与企业经营者为适用主体；第二，须以本法所称的商品或服务为适用客体；第三，须为依本法所提之诉讼；第四，须企业经营者主观上有故意或过失。

（四）启示

惩罚性赔偿制度始于英美法系，适用范围较广，根据案件性质的不同，行为人实施违法行为的主观状态包括故意、恶意、漠不关心、粗鲁大意、过失等多种形态。在网络消费领域，网络经营者的欺诈行为是适用惩罚性赔偿责任的重要原因之一，欺诈的认定需要结合网络经营者所承担之具体义务予以判断，在举证责任的分担上，向网络消费者适当倾斜。在惩罚性赔偿的数额认定上，多采比例原则，但需要考虑多种因素综合判定。

四、网络消费中适用惩罚性赔偿制度之建议

（一）根据网络欺诈的性质，采客观标准认定网络欺诈行为

网络消费中惩罚性赔偿制度的适用以网络经营者实施网络欺诈行为为前提，根据《消法》第55条的规定并结合司法实践中网络消费者起诉时的诉求，网络欺诈可分为网络违约欺诈和网络侵权欺诈。笔者认为，在网络违约欺诈中，违约责任的确定实行严格责任的归责原则，网络消费者只需举证证明网络经营者实施了欺诈行为就可主张惩罚性赔偿责任，网络经营者的主观状态是故意或是过失不在考虑范围之内。而在网络侵权欺诈中，当缺陷产品或者服务致害时，网络经营者是否存在过错是其承担责任的依据，[①] 因此，网络经营者故意实施欺诈行为导致消费者或其他受害人遭受损害，受害人可主张惩罚性赔偿责任。而网络经营者实施欺诈行为时的

---

① 即网络消费者以侵权为由向经营者主张惩罚性赔偿责任时，经营者主观上有无过错是其承担责任的要件之一。虽然《消法》第55条第2款字面上并未像该条第1款一样明文规定经营者承担赔偿责任的前提是其实施了欺诈行为，但笔者认为，经营者明知产品或服务存在缺陷仍提供给消费者使用，其主观上即已有欺诈的故意，实乃欺诈之表现形式，在这种情况下亦应认定经营者主观上存在过错。但值得注意的是，若网络经营者本身就是缺陷商品的生产者，其承担赔偿责任则不需要以主观上存在过错为条件。

主观状态为过失时是否可以适用惩罚性赔偿责任，笔者认为，此时应对《消法》第55条适当扩张解释，重大过失亦然。理由在于：第一，虽然有学者认为，将惩罚性赔偿的适用范围扩大到“过失”，似乎极度保障消费者的权益，但如此将无可避免地加重企业经营者的负担，而迫使其透过责任保险来转嫁风险，至于惩罚性赔偿的成本则经由价格机制让消费者承担，从而更不利于消费者，[①] 但笔者认为如果排除过失侵权行为作为惩罚性赔偿的请求事由，则一方面将使许多网络经营者免除惩罚性赔偿责任，无法实现惩罚性赔偿制度的威慑和惩罚目的，另一方面，“消法”之立法宗旨在于保护处于弱势地位的消费者，由于网络的虚拟性、技术性和电子证据的难储存性，网络消费者对网络经营者故意的举证实属不易，若只以网络经营者的故意行为作为认定网络欺诈的要件，殊难有效保护消费者的合法权益。第二，参考英美法系国家的立法情况可知，过失在多数国家都被作为认定欺诈行为的要件，此乃国际立法趋势。[②] 台湾地区“消法”第51条亦有明文规定可资借鉴，因此对“消法”第55条中欺诈的认定不应机械地从字面意思予以理解，而应从惩罚性赔偿责任的立法宗旨出发适当扩张解释。第三，重大过失是指法律和道德对行为人提出较高的注意要求，行为人不仅未能按此种标准行为，而且连一般的普通人应尽到的注意义务都没尽到，这种对其负有的法定义务处于漠视的心理状态与故意极为相似。自罗马法以来，许多大陆法系国家采纳了“重大过失等同于故意”的规则，因此，在重大过失的情况下，惩罚性赔偿也应有适用的余地，但在数额上应与故意有所不同。[③] 第四，对于网络经营者的一般过失，笔者认为则无需适用惩罚性赔偿责任，一方面在于侵权法领域，惩罚性赔偿责任相对于补偿性责任是一种例外责任，其适用应以行为人的行为有高度非难性为前提，而对于一般过失的经营者来说，其过错的非难性不高，补偿性的赔偿责任即可对受害人予以救济，另一方面，如果对网络经营者的一般过失行为均苛责于惩罚性赔偿，则有可能对其造成过度威慑，不

---

① 邱聪智：“商品责任释义——以消费者保护法为中心”，载法学丛刊杂志社编：《当代法学名家文集——庆祝法学丛刊创刊四十周年》，1996年版，第167页。

② 除前文提到的美国、英国外，在澳大利亚，惩罚性赔偿责任在过失案件中也有可能成立，只要被诉不法行为能够反映出行为人因傲慢地无视他人权利而轻率地对损害结果的发生漠不关心。在新西兰，惩罚性赔偿责任在许多不同领域均成立，包括诽谤和人身伤害等，也包括特定的过失行为。

③ 李晶珠：“惩罚性赔偿制度研究”，黑龙江大学，2003年硕士论文，第28~29页。

利于网络交易市场的公平和效率，进而影响交易市场的发展。

区分网络欺诈行为的性质以后，在举证责任的分配上，笔者认为，违约之网络欺诈一般宜按照“谁主张，谁举证”的举证规则，由网络消费者对网络经营者实施的欺诈行为举证，网络消费者需证明网络经营者实施了欺诈行为，自己因欺诈行为遭受损失，同时自己的损失与经营者的行为之间存在因果关系。而在侵权之网络欺诈中，应涉及对网络经营者主观状态的举证，笔者赞同《欺诈消费者行为处罚办法》的规定，实施举证责任倒置，即在网络消费者举证网络经营者存在欺诈行为时，由网络经营者对自己的行为属于非故意或自己不存在重大过失举证。另外在网络消费中，网络消费者对欺诈的举证存在相对于实体店面消费的诸多障碍，例如前文所述的网络购物中的购物页面因钓鱼网站、网络技术、产品更新等原因不复存在，“C to C”模式中网络购物凭证并非正规发票以致于网络消费关系难以证成，在这些特殊情况下，笔者认为，网络消费者证明责任的标准应适度调低，以利于保护弱势消费者的合法权益。具体来说，在网络消费关系的成立上，先由网络消费者通过购物凭证、交易和支付记录等多种方式初步举证，网络经营者不予承认时应提供更高证明力的证据予以否认，或者网络消费者认为经营者持有对己有力的证据而经营者不予提交时，应采纳网络消费者的主张。在网络欺诈的认定上，因为网络经营者持有交易页面、交易商品或服务的具体信息、交易磋商过程等大量电子证据，故可以根据案情实行举证责任的部分倒置从而切实维护消费者的正当权益。

当网络消费者举证证明经营者存在欺诈行为后，经营者亦提出一定相反的证据予以反驳，且双方的证据均有相当的证明力，进而使得案件事实真伪难辨时，笔者建议，裁判机关此时可结合网络欺诈的表现形式，采取客观标准认定网络经营者在销售商品或提供服务时是否存在欺诈行为。即应以诚实信用为基本原则，同时结合《消法》《欺诈消费者行为处罚办法》《网络商品交易及有关服务行为管理暂行办法规定》等法律法规中规定的欺诈表现形式以及网络经营者在销售商品和提供服务中应尽到的各项义务为标准综合认定，如网络经营者应在销售网页或订单上如实反映拟售商品或者服务的数量和质量、价款或者费用、履行期限和方式、风险警示、售后服务、民事责任等全部销售和服务信息，不得通过技术手段过于美化拟售的商品或服务，造成引人误解的虚假宣传，不能故意将商品或服务的核心信息缩小、置于非显著位置或模棱两可地处理而不予充分告知消费者。网络经营者还应当尽到保护消费者对拟售商品或服务的知情权，向网络消费者提供其真实经营地址、联系方式等义务。当然，网络消费者和经营者之间另有约定的，约定优先，在双方没有明确约定或没有国家统一的客观标准的商品或者服务项目中，应当采用公认的或者行业通常的标准予以认定。

（二）惩罚性赔偿责任的数额宜采倍数原则，并参考相关因素于个案中调整

在惩罚性赔偿数额的确定上，笔者认为宜采倍数原则。比例原则和最高额原则在英美法系国家较为盛行，但结合我国的具体实际，惩罚性赔偿制度尚处于探索研究阶段，且由于个案的实际情况不同，补偿性赔偿和惩罚性赔偿的具体比例如何衡量还有待探索，且配套制度不够健全。另外，单纯适用最高额原则，让法官在最高额下自由裁量，会因法官质素的不同，使得法官在具体适用时难以取舍，易滋生同案不同判的现象。根据《消法》第55条的规定，网络消费者以违约欺诈为由主张惩罚性赔偿责任的数额不超过购买商品或者接受服务价金的三倍，笔者予以赞同。以侵权欺诈为由主张惩罚性赔偿责任，不超过受害人损失的二倍较为合理，一方面较好地发挥了惩罚性赔偿制度的惩罚功能，另一方面也较贴合侵权案件的处理实际。笔者认为，参考英美法系的立法并根据个案的实际情况，法官在最后确定惩罚性赔偿责任的数额时亦应考虑以下因素于个案中调整：第一，加害人的过错程度，系故意还是重大过失，不法行为的可谴责性和非难性。第二，加害人的财产状况。在同等条件下，网络经营者系自然人时应有所考虑。第三，行为人从不法行为中的获利情况。第四，行为人已经受处罚的情况和在非法行为实施后的补救情况。第五，不法行为的社会影响力和社会危害性。

对于惩罚性赔偿责任的构成要件中是否要求网络消费者因欺诈行为有实际损失的问题，笔者认为应以造成损失为要件，一方面从《消法》第55条的文义解释来看，惩罚性赔偿数额的认定以网络消费者的实际损失为计算基数，无损失即无赔偿亦符合权利义务一致的基本原则。同时纵观我国各单行法中关于惩罚性赔偿责任的规定，均是以受害人遭受损失作为惩罚性赔偿责任的适用依据，如《侵权责任法》第47条关于产品责任的规定，《食品安全法》第96条第2款亦规定“要求赔偿损失”。惩罚性赔偿是一种特殊的赔偿责任，不能过于扩张其适用范围，避免“过度

阻吓”。另一方面，诚如学者讨论，若以受害人遭受损失为适用要件经营者是否可以以消费者未有损失而免责，这确与惩罚性赔偿制度的目的相左，笔者认为，经营者的欺诈行为未对消费者造成实际损失并不是经营者免责的条件，在司法实践中，为遏制经营者的欺诈行为，即使消费者没有因此受到损失，人民法院也可以在个案中通过司法建议要求工商行政管理部门对经营者的欺诈行为进行行政处罚。

（三）知假买假不应适用惩罚性赔偿

根据《消法》第2条规定，认定消费者应以其是否是为生活需要而购买商品或者接受服务，消费者在购买商品或者接受服务时对拟购商品或者服务的有关信息清楚了解，具有相当的辨识能力时，经营者的欺诈行为并未使其陷入错误的认识，故消费者凭借其辨识能力向经营者主张惩罚性赔偿时，笔者认为不应支持。理由在于：第一，与《消法》保护弱势消费者的理念不符，此时的消费者因不存在交易信息不对等的问题，不属于弱势。第二，诚如梁慧星教授所言，依据民法解释学的重要原则，无论采用何种解释方法，其解释结果都不得违背法律条文可能的文义范围，“买假索赔”超出了“生活消费的需要”一语可能的文义范围，应不适用《消法》第55条。[①] 第三，知假买假者主张惩罚性赔偿责任的根本目的在于利用法律的规定获得额外的赔偿，主观上以赚取非法利润为目的，对这种行为予以支持会造就大批打假卫士，实际效果如何，殊难预料，正确的做法应该是促使有志于打假的公民把明察暗访到的经营者的违法行为向国家机关举报（给予一定物质报酬），此更符合普通善良大众的内心认知。第四，结合网络消费的实际，如果网络消费者明知或应知网络上的商品或者服务是虚假的，与实体店面同一商品的价格差距甚远，其购买之后又以网络经营者销售假货为由主张惩罚性赔偿责任，似无依据可循，亦不符合情理和普通善良大众的一般观念。但需注意的是，即使不支持知假买假者惩罚性赔偿责任的主张，经营者的欺诈行为也不应因消费者的知晓而予以免责，在司法实践中，法院亦可以在个案中通过司法建议要求工商行政管理部门对经营者的欺诈行为进行行政处罚。

（朱伦攀　广东省东莞市中级人民法院）

---

① 梁慧星：“《消费者权益保护法》第49条的理解与适用”，载《人民法院报》2001年3月29日第3版。

经营者之“十倍赔偿”构成要件的错误辨识与理性回归

【司法精要】

“十倍赔偿”之构成要件在司法适用中存在较大争议，对其实施效果起到了负面作用。首先，在赔偿请求权主体上，有两种司法误区。一种观点直接将“职业投诉人”排除于“消费者”的范围之外，认为“职业投诉人”与“消费者”没有丝毫的交集；另一种观点则将“职业投诉人”完全等同于“消费者”。其次，“将一切违反标准的行为均认定为不符合食品安全标准”的形式化倾向、“将违反规范性义务扩张为不符合食品安全标准”的扩张化倾向。再次，将“造成了实际损害”错解为“十倍赔偿”的构成要件。最后，在判断经营者主观恶性的层面，存在两种错解：一种是将“明知”视同为“确知”；另一种是将“应当知道”纳入“明知”的涵摄范畴。必须对前述构成要件上的错误辨识提出纠正策略，最终使得“十倍赔偿”回归法律的实践理性。第一，虽然“职业投诉人”属于“消费者”，但其证据收集意识与能力均超出一般的消费者，故应当科以更大的证明责任。第二，“不符合食品安全标准”显然是以“食品安全标准”作为规范要点，但“十倍赔偿”仅能以违反“食品安全标准”中的“安全要件”作为其客观构成要件。第三，“损害后果”应当不被认定为“十倍赔偿”的前提要件。第四，所谓的“明知”，应当根据盖然性进行推定，使主观明知的证明转化为“推知”。

《食品安全法》所涵摄的“十倍赔偿”制度自公布以来累积了不少司法判决可供研究与评析。但少有学者对“十倍赔偿”各个构成要件在司法实务中如何被适用、被评价、被曲解、被肆意续造进行深入的关注。本文欲以经营者所遭遇的“十倍赔偿”诉讼为例，详细分析某一个判决所暗示的司法偏移，并对这种在构成要件上的错误辨识提出纠正策略，最终使“十倍赔偿”回归法律的实践理性。

一、主体要件："职业投诉人"的错解与正本

从"十倍赔偿"的构成要件来看，首当其冲的显然是赔偿请求权主体的判定问题。在司法实践中，对一般人的权利主体资格并无多大异议，主要争议点在于"职业投诉人"是否具有获得"十倍赔偿"的请求资格。仔细研读案例，可以发现存在着两种司法误区。一种观点直接将"职业投诉人"排除于"消费者"的范围之外，认为"职业投诉人"与"消费者"没有丝毫的交集；另一种观点则将"职业投诉人"完全等同于"消费者"。

（一）错解之"职业投诉人"去权利化："职业投诉人" ∩ "消费者" = Φ[①]

由于职业投诉人是以购买问题产品并以此索取奖励或赔偿作为职业的购买主体，它与消费者权益保护法中"为生活消费"的目的似乎截然不同，故有些法官对于职业投诉人的"消费者"身份不予认可。在许某某与上海欧尚超市有限公司买卖合同纠纷上诉案[②]中，一审法院便主张"许某某以欧尚超市出售的商品存在质量问题为由，要求货款退一赔一，或退一赔十，诉讼金额从数百元至数千、近万元，该情况足以证明，许某某大量购物诉讼的行为，已经不是一般意义上的普通消费者的消费，而是以营利为目的、以诉讼为方法的非消费行为，难以界定许某某为消费者"。同时，也有法院认为"职业投诉人"故意购买问题食品，有"自甘冒险"的性质，不应将更大的责任加诸经营者之身，如张某某与上海易初莲花连锁超市有限公司买卖合同纠纷上诉案。[③]

上述观点可能存在一定的合理性，毕竟以营利为目的的"职业投诉人"似乎违背了商业上的诚实信用原则，与"生活消费目的"也有不符之处。然而，在已经预见到惩罚性赔偿制度的这种副作用的情况下，立法者仍然将这样的制度纳入法律之中，是因为立法者所注重的是这一制度的另一种作用，即它的惩罚性可以鼓励人们

---

① 文中数学符号含义为："∩"为交集，"Φ"为空集，"∈"为元素属于集合，"?"为元素不属于集合，"?"与"? 且≠"为包含但不等于。

② 上海市第二中级人民法院（2010）沪二中民一（民）终字第427号民事判决书。

③ 上海市第二中级人民法院（2013）沪二中民一（民）终字第218号民事判决书。

与制假卖假的恶意制造者和销售者，以及提供欺诈性服务的经营者进行斗争。[①] 也就是说，与其因“职业投诉”而放纵销售不符合食品安全标准产品者，不如借“职业投诉”而给经营者施加金钱上的压力与成本，倒逼其履行相关义务，把好食品的安全关。

（二）错解之“职业投诉人”全权利化：“职业投诉人权利”=“一般消费者权利”

虽然基于惩戒与震慑销售不合法食品经营者的目的，不应野蛮地将“职业投诉人”拒于“十倍赔偿”之外，但并不意味着“职业投诉人”就完全等于“一般消费者”。然而，在司法实务中，大部分法院均未对“职业投诉人”与“一般消费者”进行区分。面对经营者“存在调包可能性”的质疑，很多法院均未予以重视。如在广州市澳之星商贸发展有限公司与黎钊源产品质量损害赔偿纠纷上诉案[②]中，经营者认为“黎钊源在其超市购买食品，离开超市一段时间后返回并声称从超市购买的食品过期，却又不肯当场与超市管理人员到食品区进行核实，亦不肯对食品拍照留证，而是匆匆离开。黎钊源的行为足以让人产生合理怀疑，其提交给法庭的食品系经过调包的，并非在其超市购买。”但法院仍然认为，“澳之星公司否认澳之星超市销售案涉过期食品，但未能就澳之星超市所售相关食品的进货、销售及库存食品的流向进行举证，据以反驳黎钊源的主张”，而判决黎钊源胜诉。同类案例还有很多。[③]

在消费纠纷中，作为举证能力较弱的普通消费者，一般只需要提供购物小票或发票即应当认定合同关系存在。但职业投诉案中，以营利为目的的“职业投诉人”之道德并不比非法经营者更高尚。为了追求高额利益，他完全可能将购买的“合法产品”代换为“不合法产品”。且“职业投诉人”证据收集意识与能力均超出一般的消费者，完全可以在其购买产品之时，通过拍照等方式固定好相关证据。如将货架上产品连同价格标价签一起拍照，且在此照片中突出产品批次等信息。这样，“是否掉包”的难题便迎刃而解。

---

① 曹三明主编：《曹三明解读消费者权益保护法》，中国社会出版社2011年版，第176页。

② 广东省广州市中级人民法院（2011）穗中法民一终字第624号民事判决书。

③ 上海市浦东新区人民法院（2012）浦民一（民）初字第37527号民事判决书。

（三）正本之“职业投诉人”限权利化：“职业投诉人权利”？且≠“消费者权利”

不同于传统之损害赔偿法则以填补被害人因该侵权行为所受之损害为目的，惩罚性损害赔偿制度赋予私人诉追不法行为之动机及诱因，将使被害人获得所受损害金额以上之赔偿。这种赔偿之目的在于鼓励广大群众积极主动地揭发违法经营行为，最终对生产经营者有所惩罚及吓阻，而起到特别预防及一般预防之作用。因此，为了实现这种预防与惩戒的目的，克制层出不穷的食品违法行为，即便购买者径直出于获得赔偿的目的，也应当对其请求赔偿的权利加以支持。

但这种支持应当考虑到“职业投诉人”的营利性与专业化而有所保留。正由于受到举报奖励的刺激，“职业投诉人”群体日渐壮大。某些“职业投诉人”为了经济利益不惜对善良公民栽赃陷害。在实务中，就有人将食品故意藏于超市内货架上某个隐秘之处（如货架底部），待至该食品过期再拿出来，通过购买索取赔偿。亦有人循环调包，将 A 处所购问题食品假称为 B 处所买，并要求 B 处给予赔偿。因此，纵然是私法上之损害赔偿，亦必须考虑到依法治国原则中之比例原则。即由于惩罚性赔偿不同于一般民事责任的惩戒性，以及投诉人追求利益而可能发生的不诚信，就应当科以“职业投诉人”更大的证明责任。在职业举报人无法排除其调包可能性的前提之下，法院科以斟酌辩论意旨及调查证据之结果，将事实真伪不明之不利益归于职业投诉人。在实务中，已有法院考虑到这种可能性。如何甲与陈乙案①，法院便以“系争收据仅证明何甲曾至某食品店购买过食品，而并不能以此证明收据中注明的食品就是本案系争的食品及在购买时已过保质期”为由，对原告的赔偿请求未予支持。

二、客观要件：“不符合食品安全标准”的误读与清源

“不符合食品安全标准”系对考虑经营者销售行为违法性的判断。然而，何为“不符合食品安全标准”？对此问题，表面上看，似乎只要找到相关的“食品安全标准”，再按该标准对涉案产品进行检测，即可较为容易地得出结论。即将“不符合食品安全标准”等同于违反“XX 标准”。此乃误解之一。但在司法实践之中，

---

① 上海市第一中级人民法院（2012）沪一中民一（民）终字第 3049 号

该形式化判断逻辑很少得到验证。较为常见的是另一种误解，即将“不符合食品安全标准”等于违反“规范性义务”。

（一）误读之“标准”标准化：“不符合食品安全标准”=违反“XX标准”

食品安全标准，是指为了保证食品安全，对食品生产经营过程中影响食品安全的各种要素以及各关键环节所规定的统一技术要求。[①]根据《标准化法》与《食品安全法》，食品安全标准在我国事实上充当着食品安全技术法规的角色，具有强制执行的法规属性。[②]“不符合食品安全标准”自然是指食品不符合前述技术法规的要求。在周悟权与百盛商业发展有限公司买卖合同纠纷上诉案中[③]，涉案产品外包装上没有标注产品执行标准，违反了我国《预包装食品标签通则》的规定，故法院径直认定“被告向原告销售的铁观音产品的标签不符合我国食品安全标准”。

然而，对于食品安全标准的内容，法律法规并不予以明确规定，而是由标准制定主体根据标准化工作需要和标准制定的基本原则来加以确定。由于主体的不同一，标准制定主体可能超乎于立法者的目的，泛化《食品安全法》中的食品安全标准。如前面述及的《预包装食品标签通则》，便对食品标签的字体大小、颜色、高度以及标注配料的顺序等均不涉及食品安全的事项作出了强制规定，显然与《食品安全法》第26条第（四）项所规定的“对与卫生、营养等食品安全要求有关的标签、标志、说明书的要求”不匹配。这也就意味着，对食品安全标准中某些事项的违背，不应当全部涵摄于“不符合食品安全标准”之下。司法实践需要摒弃“不符合食品安全标准”等于违反“XX标准”的纯形式逻辑，而侧重于食品安全的实质内涵。

（二）误读之“标准”扩张化：“不符合食品安全标准”=违反“规范性义务”

单纯地以“XX标准”作为“不符合食品安全标准”的核心要素，在实务中并不常见。至少在判决给予“十倍赔偿”的司法案例中，尚未有法院遵循此形式

---

① 万国华主编：《经济法学》，清华大学出版社2012年版，第252页。

② 刘录民：《我国食品安全监管体系研究》，中国质检出版社2013年版，第115页。

③ 北京市第一中级人民法院（2011）一中民终字第16433号

逻辑。然而，值得注意的是，脱离了“标准”的形式约束，法院其实是走向了另一个误区。即将对某一个规范性义务的违反扩张解释为不符合食品安全标准。例如最高人民法院第二十三号指导案例“孙银山诉南京欧尚超市有限公司江宁店买卖合同纠纷案”中，便将“食品过期”视为“不符合食品安全标准”；在赵鹏诉河南世纪联华超市有限公司碧波园店买卖合同纠纷案中①，法院将“云鹤河南烩面中添加了不能加入普通食品的党参和当归成分”视为“不符合食品安全标准”；而在“丁吉等诉南京欧尚超市有限公司江宁店健康权纠纷案”② 中，法院亦将“销售的小尾羊精选羊肉片夹杂有塑料丝”认定为“不符合食品安全标准”；在郭言冬诉北京沃尔玛案③中，法院更是直接表达了违反规范性文件即等于违反食品安全标准的观点。

然而，从形式逻辑上看，违反了《食品安全法》的强制性规定，绝对不等于违反了食品安全标准。这一点从《食品安全法》第 27 条中便可看出，即食品安全国家标准肯定有国务院标准化行政部门提供的国家标准编号。无论是食品过期，还是食品中非法添加药品原料，亦或是食品中混有异物，或属于假冒商品，均不能将之归于某一个具体的已经颁行的“食品安全标准”之下。因此，将“规范性义务”等同于“食品安全标准”属于法官的一种司法续造。但在“十倍赔偿”这样一种惩戒性的责任之下，法院更应如同在行政处罚、刑事处罚中一般克制自身对被处罚人做过分的不利的造法冲动。否则，不仅是对经营者权益的一种损害，也是对法律安定性的一种破坏。

（三）清源之“标准”安全化：“不符合食品安全标准”＝不符合“标准的安全要件”

如前所言，我们既要克服“将一切违反标准的行为均认定为不符合食品安全标准”的形式化倾向，又要克制自身随意“将违反规范性义务扩张为不符合食品安全标准”的扩张化倾向。跨越前述两种误区比较合理的做法是，将“十倍赔偿”中的“不符合食品安全标准”要件限制于违反“食品安全标准”的“安全要件”。

---

① 河南省郑州市二七区人民法院（2012）二七民二初字第 1051 号民事判决书。

② 江苏省南京市江宁区人民法院（2012）江宁开民初字第 867 号民事判决书。

③ 北京市石景山区人民法院（2012）石民初字第 1552 号民事判决书。

首先，从体系解释来看，《食品安全法》第150条对“食品安全”做了明确定义，即食品安全，指食品无毒、无害，符合应当有的营养要求，对人体健康不造成任何急性、亚急性或者慢性危害。再从《食品安全法》第26条上看，其具体列举的食品安全标准均与食品安全息息相关，尤其是其第（四）项，更是将标签、标志、说明书局限于与“食品卫生、安全、营养等食品安全”有关的要求。这也就意味着，对于食品安全标准中泛化食品安全的其他事项，可以排除于“十倍赔偿”的规范要件之外。在李某诉湖南省某某商业公司等买卖合同纠纷案①中，法院便采用了这种判断方法；在赵德法诉南京悦家超市有限公司等产品销售者责任纠纷案②中，“诉争产品的配料表成分标示不符合食品安全国家标准GB7718－2011预包装食品标签通则4.1.3.1.5的规定”，但法院亦拒绝将形式上不符合食品安全标准的“与食品安全无关”的行为纳入“十倍赔偿”的规范内涵。

其次，从字面解释上看，“不符合食品安全标准”显然是以“食品安全标准”作为规范要点，司法实践不能随意地突破字面解释的约束框架。尤其是在兼具公法性惩戒性质的“十倍赔偿”领域，更要遵守禁止不利司法续造的规范。在潘杰敏诉上海静安面包房有限公司买卖合同纠纷案③中，法院便直接表达了这种理念，即“现原告所依据的《卫生部关于进一步规范保健食品原料管理的通知》属于部门规范性文件，原告以此作为食品安全国家标准，依据不足。”

再次，从目的性解释出发，惩罚性赔偿所对应的违法行为性质是比较严重的违法行为，一般性地“不至于对人体健康造成任何急性、亚急性或者慢性危害”的违法行为，不应当被纳入“十倍赔偿”所欲惩戒的行为范畴。《食品安全法》的立法目的在于保障“食品安全”，而“以假充真”等行为虽然亦属于违法行为，但尚不足以造成人身财产上的重大损害，以《消费者权益保护法》进行保障足矣。

三、后果要件：“遭受损害”的无理续造与原义恢复

惩罚性赔偿金虽具有警示和遏制侵权行为的作用，但同时也有其负面作用。它

---

① 湖南省长沙市开福区人民法院（2012）开民二初字第04090号民事判决书。

② （2013）建民初字第32号民事判决书。

③ 上海市浦东新区人民法院（2009）浦民一（民）初字第19213号

会加重生产企业和其他投资人的负担，增加社会经济发展的成本。①因此，“十倍赔偿”以违反“食品安全标准”中的“安全要件”作为其客观构成要件。但对于是否必须以“客观上造成了实际损害”作为一个后果要件，在实务中也是众说纷纭。有不少法院认为“十倍赔偿”必须以“造成了实际损害”为必要条件。这其实是司法审判中错误的法律续造。

（一）无理续造之“遭受损害”要件化：“遭受损害”∈“十倍赔偿”构成要件

将“造成了实际损害”作为“十倍赔偿”的构成要件，并非个别法院的误解。广东、湖南、上海、河南等地的法院均有将“遭受损害”要件化的倾向与实践。在笔者收集的84例司法判决中，不支持“十倍赔偿”的57例判决中，有19例案件在其裁判理由中表达了“无损害即不赔十”的观点，占拒绝判处“十倍赔偿”判决的三分之一。其中，“原告未证明其自身遭受了损害”作为不予“十倍赔偿”唯一理由的判决有7例。这就可以看出，“遭受损害”要件化的误解极其明显，它成为“十倍赔偿”得以运用的“拦路虎”，也极大地损害了“十倍赔偿”对商家与生产者的震慑力度，不利于发挥“惩罚性赔偿”的惩戒与阻吓功能。

纵观“遭受损害”要件化的理由主要有三：第一，从《食品安全法》第148条第1款与第2款的文义表述和体系结构上看，该两款内容明显存在递进关系，亦即在满足该条第一款规定的构成要件之外，如果被侵权人还能举证证明食品生产、销售者存在该条第二款规定的情形时，食品生产、销售者需承担十倍赔偿责任。第二，从《消费者权益保护法》第55条规定的三倍赔偿来看，只要符合“欺诈”的行为要件，无论后果存在与否，均可诉请三倍赔偿。而“十倍赔偿”比“三倍赔偿”明显更为严重，其适用要件应当更加严格。如果不以损害后果的发生为前提，仅以《食品安全法》第148条第2款的规定为前提，那么，“十倍赔偿”的适用条件将与三倍赔偿的适用条件无异，无法体现惩罚力度上的差异。第三，《侵权责任法》第47条对惩罚性赔偿规定了严格的适用条件。故从侵权法原理的角度来看，

---

① 王军：《侵权损害赔偿制度比较研究——我国侵权损害赔偿制度的构建》，法律出版社2011年版，第147页。

"十倍赔偿"责任也需以"造成了人身、财产或者其他损害"为构成要件。[①]

（二）恢复原义之"遭受损害"非要件化："遭受损害"？"十倍赔偿"构成要件

从《食品安全法》第148条第2款来看，是否应当考量"损害后果"并不明确。以体系解释之方式证明"损害后果"具有构成要件之效力，也并非绝对的谬论。然而，这种解释只从一端加以考量，而未从整体予以分析，故其结论实属误解。

首先，从立法目的来看，《十一届全国人大常委会第五次会议分组审议食品安全法（草案三次审议稿）的意见》中有专家已经提议，为与现行的法律相衔接，避免与召回制度的执行发生冲突，应当将"造成消费者人身损害"作为"十倍赔偿金"规定的构成要件。但最终的立法并未采纳这一建议。这可以说明，立法者并未承认"损害后果"要件化。在个案中，有法院就此问题咨询了全国人大法工委。从全国人大法工委反馈的意见看，《食品安全法》出于惩治商家生产和销售不符合食品安全标准或要求的食品的不法行为，以保护消费者身体健康的考虑，其立法本意是只要实施了上述不法行为，消费者即可要求生产者或者销售者支付食品价款十倍的赔偿金，至于该不法行为是否造成了损害，在所不问。这又验证了"损害后果"应当不被认定为"十倍赔偿"的前提要件。

其次，从体系解释的角度出发。《消费者权益保护法》与《侵权责任法》并不能验证"损害后果"要件化的结论。一方面，"十倍赔偿"后果确实严重于"三倍赔偿"，但这种数额上的差异可能在于前者所规范的行为性质一般严重于"欺诈行为"。另一方面，《食品安全法》所规定的惩罚性赔偿制度并不必然与《侵权责任法》完全一致，就如同《消费者权益保护法》中的"三倍赔偿"一般，"十倍赔偿"完全无需援引侵权责任法上的损害要件。《食品安全法》第148条第1款也未必能对第二款有拘束作用，而其第2款本身根本没有提及损害要件。从其直观的语义来看，无需存在损害事实，就能诉请"十倍赔偿"。

再次，从"十倍赔偿"的目的来看，正是由于"不符合食品安全标准"的性质极为严重，若待至出现了损害后果才予以惩罚性赔偿，可能为时已晚。十倍惩罚所带来的外在压力有利于企业将其潜在的食品损害消弭于早期阶段，符合"十倍赔

---

① 广东省广州市中级人民法院（2010）穗中法民一终字第1344号

偿”终极意义上震慑与阻吓的目的。这种不以“损害后果”为提前的处断方式，也将极大地鼓励消费者举报揭发“销售不符合食品安全标准”的行为，及时排除该违法行为的危害后果，也符合在“补偿性赔偿”之外另行设置“十倍赔偿”之目的。

四、主观要件：“明知”的纰缪与拨乱

惩罚性赔偿是一种惩罚加害人主观恶性的赔偿制度，然而，由于主观之“明知”难以捉摸与证成，故在司法实务中引发了较多争议。具体而言，存在两种错解。一种错解表现在，坚持从语言上的字面意义解释“明知”，将“明知”视同为“确知”。另一种错解，在于法院对“明知”要件进行宽泛地理解，通过“知道或应当知道”的路径解决主观过错的举证困境。

（一）纰缪之“明知”要件狭隘化：“明知” = “确知”

以字面意思来看，“明知”是指“明确理解或了解；明明知道”。故出于对“十倍赔偿”这种惩戒手段的警惕，有学者主张，“明知”要件应以行为人主观上明确知道作为判断依据。在韦甲与金乙买卖合同纠纷上诉案中①，法院便直接表明了这一立场，“这里的明知，是指销售者在主观上必须是明知的”。在刘某诉上海某酒店公司买卖合同纠纷案②中，涉案饼干产品外包装没有标注执行标准、产品配料、生产日期及保质期，其所标注的 QS 号、卫食证字号也早已过期，且其注明的生产厂家子虚乌有，可谓存在着众多明显严重违法之处。但法院依然以“被告在销售该食品时未履行谨慎的审核义务，在销售的过程中存在瑕疵，但尚未构成欺诈”为由，拒绝适用“十倍赔偿”。

由于主观上的“明知”是行为人对自己行为及其后果所持的一种心理状态。在经营者矢口否认的前提下，消费者无法“探知”也难以通过证明的方式使法官“确知”经营者的“明知故意”。毕竟，无论如何，均不可能否定“过失存在”的可能性。以刘倩与阎文录、农夫山泉股份有限公司产品责任纠纷案③为例，经营者不仅对涉案产品区别于“农夫山泉正品”的明显差异视而不见，更为可责的是，该

① 上海市浦东新区人民法院（2012）沪一中民一（民）终字第 3111 号民事判决书。
② 上海市浦东新区人民法院（2013）浦民一（民）初字第 9782 号民事判决书。
③ 河南省焦作市中级人民法院（2013）焦民一终字第 160 号民事判决书。

经营者自认是从夜间流动商贩处购买到的涉案产品，事后已无法指明缺陷产品的供货者，可谓存在显而易见的主观恶意。然而，法院判决却形式化地采用了“确知”标准，仍以“本案证据并不能证明阎文录在销售该水时明知该饮用水系假的”为由，认定“要求十倍的赔偿金，于法无据”。这种处断方法有失妥当。司法实务中，支持“十倍赔偿”的判决均从“确知”的角度判断经营者具备“明知”过错，也反证了“‘明知’=‘确知’”的狭隘与荒谬。

（二）纰缪之“明知”要件过失化：“明知”？“应知”

正是由于“明知”过于虚无缥缈，难以把握，故某些法院开始寻求易化“明知”证明标准的举措。其中，大多数法院认可与采用的方式是将“应当知道”纳入“明知”的涵摄范畴。只要经营者“知道或者应当知道”，则认定该经营者具有法律上的“明知”故意。如吴某诉重庆某公司消费者权益纠纷案①便直接述及“主观上明知包括知道和应当知道两种情形”。这种方法减轻了消费者的证明难度，也使经营者不至于“随意”地从“明知”要件要“遁隐”。

但是，“应当知道”更多是过失心理的一种体现。首先，从字面意义理解，在过错认定中强调“应当知道”，一般会理解成事实上的不知。“应当知道”与“明知”有着难以逾越的鸿沟。其次，从法律体系的角度出发，“明知”与“应知”并行出现的频率并不在少数。《消费者权益保护法》第44条与第55条关于网络交易平台提供者之连带责任的规定便是最为清晰的例证。最后，从性质上分析，惩罚性赔偿金的首要功能是对恶意性、欺诈性行为（或者具有一种类似特征的其他形式的行为）的震慑和预防。这就意味着，主观恶性的大与小、故意或过失直接成为惩罚性赔偿与否必须考虑的因素。若对过失过错施加这种惩罚性赔偿，则有违其立法初衷。因此，过失化的手段并不能良好地解决“明知”要件的难题。

（三）拨乱之“明知”要件客观化：“明知”=可反驳的“推定明知”

鉴于“十倍赔偿”所内含的谴责性、惩罚性以及阻吓性功能，在民事领域对“明知”要件未予以高度重视的背景下，可以类推适用刑法上“明知”的智识成果。具体而言，表现为根据盖然性进行的推定，从而使主观明知的证明转化为“推知”。即在判断之际，利用客观的交易事实等要素推定行为人的“明知”，而由其

---

① 重庆市南岸区人民法院（2011）南法民初字第05800号民事判决书。

承担“本人并不明知”的抗辩责任。

从性质上看，“十倍赔偿”与刑罚在某些层面具有相似之处。对惩罚性赔偿的批评中最主要的责难也正在于惩罚性赔偿与民法补偿功能的矛盾，以及与刑法的强制惩罚功能的混淆。有学者甚至认为，惩罚性损害赔偿具有刑事法律之惩戒性质，因此又称“准刑罚”。虽然这种判断过于武断，它忽视了惩罚性赔偿在发起者、可和解性等要件上与民法理念的契合，但至少反映了“十倍赔偿”与刑罚有着一定的接近之处，这就是参照适用的基础。且基于举重以明轻的理念，既然在处罚程度较高、惩戒幅度更严的刑事处罚领域已遵从了“推知”模式，那么作为较轻程度的“十倍赔偿”采纳“推知”当然不至于导致“十倍赔偿”的滥用。

至于如何适当地构建可反驳的“推定明知”模式，则需以公法上的具体义务作为依据。所谓具体义务，是与概括性义务相对应的一种义务。例如，安全保障义务与诚实守信义务即为一种概括性义务，社会主体无从通过该义务规范获知明确的行为要求。而“食品经营者贮存散装食品，应当在贮存位置标明食品的名称、生产日期、保质期、生产者名称及联系方式等内容”的义务便为具体性义务，行为人可以直接明晰该规范的具体要求。按照《食品安全法》的要求，经营者是否具备“明知”过错，只能以是否履行诸如“查验供货者的许可证和食品合格的证明文件”“依法取得食品生产许可、食品流通许可、餐饮服务许可”“不得掺杂掺假”等具体义务作为客观的评价标准。再以上述吴某诉重庆某公司消费者权益纠纷案为例，涉案食品违法添加了属于药材的五味子，经营者当然违反了“保证食品安全”的概括性义务。但该药品并非经营者自行添加，其未违反“食品中不得添加药品”的具体义务，也履行了“审查食品的资质证明、合格证明”的具体义务，因此，不得以未尽注意义务为由，推定经营者有“明知故意”。除却具体性公法义务之外，推定明知还可参酌经验法则。如有无篡改、伪造进货来源与价格、储藏地点、违法食品品种与数量等行为，有无因同类行为曾遭受处罚与民事诉讼，有无缺乏正当理由而拒绝检查、逃跑、转移销毁物证，食品包装与食品本身是否存在明显瑕疵等情形。

（邹加沅　上海市浦东区人民法院
石珍　深圳市市场和质量监督管理委员会）

七、人格权侵权

自媒体时代下
网络名誉侵权之司法审视及应对

【司法精要】

随着互联网的使用普及和技术革新，网络的发展已进入自媒体时代。自媒体自身具有的特性使得全民有机会参与社会治理，却也难免会产生一系列伦理及法律问题。网络名誉侵权出现时间较早，但是在自媒体时代下诱发因素更多，张力更胜于现实普通名誉侵权，造成的影响后果更为深远严重，尤其加剧司法审理难度。当日渐增多的网络名誉侵权案件从虚拟进入现实，司法适时而动加以应对已是刻不容缓。基于鞭辟向里及篇幅所限①，本文从司法②维度出发，以三起典型案例为例证，探究自媒体语境下网络名誉侵权之司法认定、管辖确立、被告适格、证据固定等审判实务问题，试图从现有司法框架内寻求应对之策，从而为法院审理此类案件提供价值参考。

① 本文探讨的侵权主体仅限于网络用户。

② 本文“司法”仅指法院。

一、来自“线”上的压力：网络名誉侵权张力在自媒体语境下裂变放大

（一）“全民传播”时代揭开帷幕

伴随互联网技术及通信技术的高速发展，以微博、微信为代表的自媒体在我国呈爆炸式增长，概因其独特的表现形式及强大的影响力而广受推崇。2010 年全国两会上，委员代表们“微博问政”更是宣告“真正的自媒体时代开始到来”。①

关于自媒体，谢因·波曼与克里斯·威里斯两人在《We Media》（自媒体）研究报告中将其定义为：“自媒体是一个普通大众经由数字科技强化，与全球知识体系相连之后，一种开始理解普通大众如何提供与分享他们本身的事实、他们本身的新闻的途径。”同时还认为，自媒体改变了长期以来的新闻传播模式，以往媒体由上而下传播新闻给受众的“广播”模式（见图一），开始向传播者与受众改变角色的点对点传播模式转变，可称之为“互播”（见图二）。②

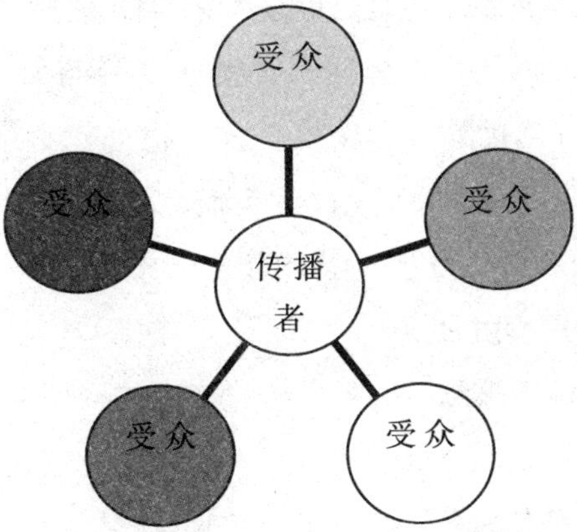

图一

---

① 转引自周吐伽：《互联网发展中的自媒体研究》，成都理工大学，2011 年 5 月。

② 转引自周吐伽：《互联网发展中的自媒体研究》，成都理工大学，2011 年 5 月。

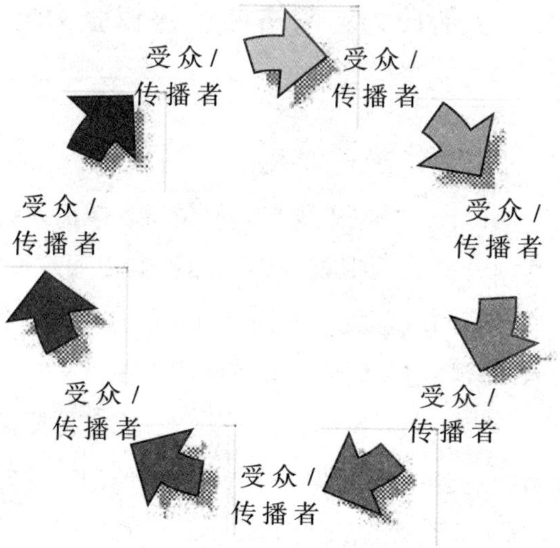

图二

我国互联网技术起步较晚，但是历经三十余年的发展已成为世界互联网中重要一极，是世界最大的互联网用户群体国家。根据2014年1月中国互联网络信息中心发布的《第33次中国互联网络发展状况统计报告》显示，截至2013年12月，中国网民规模达6.18亿，手机网民规模达5亿，互联网普及率为45.8%；域名总数为1844万个，网站总数为320万。总体而言，中国互联网的发展主题已从“普及率提升”转换到“适用程度加深”。①

在突破传统媒体的传播限制后，如此数量庞大的网民参与到自媒体，其效应之一就是使某一事件从“量变”飞跃至“质变”。当民声汇集成民意，当传播途径变得更加多元，当网民找到表达意见的渠道，此时自媒体的社会学意义已经遮盖其科技意义，“华南虎”“毒奶粉”等事件无不彰显出自媒体的影响力。

（二）从三起“首例”案件看网络名誉侵权张力

自媒体在舆论监督、反映社情民意上发挥着重要作用，但其“双刃剑”的负面效应，便是缺乏事前审查机制下易出现胡编乱造、歪曲事实甚至是蓄意攻击他人的情况。近年来，网络名誉侵权愈发呈现出较强的名人效应，涉及社会名人明星的案

① 参见2014年1月中国互联网络信息中心发布的《第33次中国互联网络发展状况统计报告》。

件逐渐增多。2013 年北京市第一中级人民法院称，从该院的案件审理情况看，当前涉网络侵犯人格权纠纷已经逐渐成为人格权案件的重要类型，75% 的网络侵权都涉及对人格权的侵犯。[①]下面借助三起较为典型的案例做进一步研究：

案例一 网络名誉侵权第一案：恒升集团诉王洪名誉侵权案[②]。该案历时两年，涉及生产商、消费者、互联网用户、新闻媒体等多方利益，引发了诸多讨论，譬如网络言论自由与名誉权保护之关系；[③] 互联网信息的客观真实、虚拟与网络信息的安全保密之间的矛盾协调，新闻媒体侵权责任认定尺度及损害赔偿范围，网络内容的证据保全和认定标准；[④] 乃至社会转型时期法官群体在社会生活中的地位和角色，法官通过探索性的典范案例确立法律规则或者原则的可能性等问题，进而得出“我们目前正处在迈向法治的权利意识觉醒时代”的结论。[⑤]

案例二 网络暴力第一案：王菲诉张乐弈名誉侵权案，[⑥] 法院受理后至当年 7

---

① 骆倩雯：“75% 网络侵权案涉侵人格权”，载网易新闻，http：//news. sina. com. cn/c/2013 - 12 - 06/023028898428. shtml，访问时间 2014 年 5 月 8 日。

② 1997 年 8 月 5 日，王洪购买了恒升集团生产的笔记本电脑一台，后因电脑在使用过程中出现故障，王洪多次要求恒升集团维修遭拒。王洪自觉上当受骗，遂在 BBS 上发表《请看我买恒升上大当的过程》一文并在结尾处写到：“为了让商家知道现在的消费者不都是任人宰割，为了让恒升的垃圾品不继续在中国倾销，请网友们帮助转贴到其他的 BBS 上面去。”同年 7 月 3 日王洪又在网上发表《誓不低头》一文，文中称“你们（恒升集团）的笔记本死机频繁，奇慢无比，温度烫手，娇气得像块豆腐。这样的产品比起其他品牌来讲，不是垃圾又是什么。”王洪的文章吸引了众多网民在 BBS 上留言，其中带有大量对恒升集团侮辱性的言论。同时，王洪在互联网上设立了名为《声讨恒升，维护消费者权益》的个人主页，该主页设有“文献收录”“签名声讨恒升”等九个栏目，其中收有《过程》一文，并通过链接方式指向其他留言板。

③ 参见何兵：“言论自由、出版自由与名誉权保护”，2000 年 2 月 26 日“恒升笔记本电脑案法律研讨会”论文。

④ 参见孙海龙：“互联网络在司法中引出的新问题”，2000 年 2 月 26 日“恒升笔记本电脑案法律研讨会”论文。

⑤ 参见 2000 年 2 月 26 日“恒升笔记本电脑案法律研讨会”强世功发言。

⑥ 2007 年 12 月 29 日，女白领姜岩在自己的博客中披露丈夫王菲有婚外恋后跳楼自杀。2008 年 1 月 11 日，姜岩同学张乐奕注册了“北飞的候鸟”网站，发表数篇纪念姜岩的文章并将该文章页面与天涯等热门网站予以链接，同时在该网站中粘贴姜岩博客中王菲与“第三者”的合影照片，又将王菲的个人信息、住所及工作单位进行了披露。后引起轩然大波。激进的网民不仅在网站上对王菲进行无休止的谩骂，甚至“暴力”延伸到现实生活中，在王家门口书写“无良王家”“逼死贤妻”等标语。

月，历经三次开庭审理并专门召集54名高级法官参加联席会议展开专题研讨，[①] 并在案件宣判后针对审理过程中发现的问题，向工信部发出司法建议，建议加强互联网网站监管，[②] 引发隐私保护及网络监管热议。[③] 影响之大使该案成为2008年网络第一大公共事件。[④]

案例三 微博第一案：该案为金山公司诉奇虎360董事长周鸿祎名誉侵权案[⑤] 由于该案是国内首例因个人微博言论引发的诉讼，被业内称为“微博第一案”。[⑥] 该案的判决书首次对微博进行了司法意义上的定性，[⑦] 还对微博的特性、法律责任、名人微博的自律、如何评估微博发言的危害性等进行了司法评判。[⑧] 有学者认为：“司法评判写得非常好，不仅为规范层出不穷的现今网络微博侵权纠纷提供了司法导向，而且其引申意义也很有价值，名义上该案只是一起微博侵权纠纷案，但实际上已初现中国言论自由第一案的特点，并为今后中国公民间言论自由及其规制提供了案例上的蓝本。”[⑨] “法院为此做出的司法评判理由对规范和调整‘微时代’网络秩序具有重要意义。”[⑩]

---

① 刘培合、田一宁：“人肉搜索司法第一案之分析”，载《当代法学》2009年5月第23卷第3期。

② 李娟：“我审理的‘网络暴力第一案’”，载《法律与生活》2009年1月（下），第46页。

③ 详见张蕾：“人肉搜索辩证网络暴力：王法管不了网法”，载《北京晚报》2008年7月9日。

④ 详见莉萍：“死亡博客引发首例‘网络暴力案’”，载《法制日报》2008年4月17日第6版。

⑤ 2010年5月21日，金山公司称：当天有大量金山网盾的用户向金山软件客服控诉360安全卫士恶意卸载金山网盾。2010年5月25日~27日，奇虎360公司董事长周鸿祎在新浪等四大门户微博上每天密集发表20篇博文，向公众披露360与金山的恩怨和杀毒行业互相攻击的内幕。其在微博中提及2005年“微点案”，使用“偷鸡摸狗”“搞阴谋”“借刀杀人”等词语，并将金山称为“黑山”。

⑥ 刘博：“‘微博第一案’尘埃落定 公众人物‘发微’要慎言”，载《检察日报》2011年9月5日第004版。

⑦ 佚名：“微博第一案终审，360的周鸿祎输了”，载《现代营销（经营版）》2011年第11期。

⑧ 赵杨：“微博第一案：周鸿祎判赔八万元”，载《南方日报》2011年3月28日第A08版。

⑨ 宋一欣：“从微博第一案判决看微博侵权纠纷的规制”，载《证券时报》2011年9月8日第A03版。

⑩ 朱巍：“‘微博版权’及加强微博监管评析——以‘微博第一案’为例”，载《中国广播》2012年第4期。

（三）自媒体视域下网络名誉侵权对司法的影响分析

自媒体的固有特性使其在网络名誉侵权案件中所扮演的“角色”更加鲜明。自媒体的平民化及开放性使得互联网如“一夜春风，遍地开花”，加之网络用户无须实名注册，真实身份往往与网络身份大相径庭，使得部分用户有恃无恐，滥用话语权，网络环境因此变得分外复杂。自媒体又是导致矛盾升级的“催化剂”。自媒体信息传播的广泛性及迅捷性使得传统媒体只能望其项背，行为人发表的侵权言论在极短时间内便可传遍整个互联网，再经好事网民、“粉丝”“不明真相的围观群众”评论、反馈甚至造势，极易出现矛盾扩大化、复杂化局面。媒体本身就具备政治属性和社会属性，某些负面言论在自媒体中经过裂变链式传播，效果成倍放大，最终导致虚拟世界辐射现实世界的“蝴蝶效应”。而法院是该效应的最终承载者，网络名誉侵权案件进入司法程序后势必会产生以下影响：

1. 多元利益格局之下网络舆论“压迫”甚至“绑架”司法

网络名誉侵权绝非是网络中发生的偶然事件，其往往在现实生活中已然矛盾积累，进而在网络爆发，有其线索可循。涉及明星名人、知名公司的网络名誉侵权案件，其背后有庞大的力量造势自不待言，即便是普通网民之间的网络名誉侵权，借助网络也会掀起一阵狂潮，形成了多元化的利益格局，此格局之下各方意图借助网络舆论进行利益角逐，意欲对司法施压，企图使司法偏向己方，甚至顺从己方，在司法独立欠缺之当下，实难做到利益兼顾，慎独慎裁。

2. 法院判决结果过分注重社会效果及示范效应

对此类社会反响很大又具有典型性的网络名誉侵权案件，法院裁判时不得不再三谨慎，提前考量裁决结果可能引发的社会效果，将其定位为案件第一价值追引，并试图以此彰显和扩大法律效果，此等逻辑意识之下法律因素不再是唯一考量。另外，审理此类网络名誉侵权案件所彰显的裁判理念、裁判旨意、裁判规则都会形成其固有的社会或法律示范效应，引导或指导当下及未来此类案件的审理，法院为了更好地发挥法律指引功能、评价功能会更加注重示范效应。

3. 系列疑难问题丛生，司法能力备受挑战

网络地一出现就给司法带来了不小的挑战，网络名誉侵权也不例外。网络名誉侵权的司法认定、管辖确立、被告适格、证据固定等一系列问题都不是法院须臾之间能够妥善解决的。同时，网络名誉侵权尚无明确的立法规定，统一的司法裁判尺

度，适用法律时也只能依靠传统名誉侵权的法律及司法解释。随着国民诉讼及维权意识提高，加之网络名誉侵权救济途径少及网络“自净规则”作用有限，[①] 众多网络名誉侵权案件已从“线上”走向“线下”，“穿越”至现实，频频向司法施压。

二、知己知彼：网络名誉侵权之司法认定

（一）侵权构成认定

四要件说为一般侵权责任构成通说，也为我国立法所采纳。[②] 网络名誉侵权的构成要件与一般名誉侵权的构成要件并无本质差别，即便网络名誉侵权属新型侵权，但其实质终究为一般名誉侵权在网络中的延伸，只是侵权环境有所改变。尽管其侵权方式、侵权领域、侵权后果有其特殊性，但其仍然可以内涵于一般侵权行为概念内。[③]

与此遥相呼应，法院对前文所述的三起典型案例作出的判决文书亦持有相同的认定标准，笔者予以归纳整合（见图三），其中能清晰地映照出四要件的影子：

① 自净规则同样是伴随自媒体出现的新生事物。一言蔽之，自净规则的运用目的为：“发生在自媒体平台的很多侵权纠纷无需通过诉讼手段，多半通过自媒体的平台就能得到解决。”网络用户在自媒体平台框架内通过直接言词辩论的方式解决分歧，避免纠纷进入诉讼程序，使得自净规则在保护名誉权方面有其一定优势。但自净规则性质上属于私力救济，缺乏既定的程序和规则且主要依靠网民个人的素质及觉悟，遇有网民不遵从自净规则容易造成混乱，甚至导致冲突激化、矛盾升级。详见杨立新、刘欢：“自媒体自净规则保护名誉权的优势和不足”，载《法学》2013 年第 81 期。

② 《最高人民法院关于审理名誉侵权案件若干问题的解答》规定：“是否构成侵害名誉权的责任，应该根据受害人确有名誉被损害的事实、行为违法、违法行为与损害事实之间具有因果关系、行为人主观上有过错来认定。”

③ 刘超：“简论网络名誉侵权的概念和特征”，载《法制与社会》2009 年 11 月（上）。

构成要件 案例	主观方面	客观方面	因果关系	损害结果
网络名誉侵权第一案	王洪其目的并非是善意地解决纠纷，而是主观上明显存有毁损恒升集团的故意	开设留言板、收有大量侮辱恒升集团的文字；设立个人主页，发表《过程》一文，该文未能客观全面并使用了侮辱性语言	其行为足以造成恒升集团的社会评价降低	损害了恒升集团的名誉
网络暴力第一案	张乐奕为了祭奠姜岩，抨击王菲的不忠行为；应当能够预知这种披露行为在网络中可能产生的后果……应属预知后果的有意为之	将王菲的真实姓名、工作单位、家庭住址、与其他女性有“婚外情”的信息在“北飞的候鸟”网站中进行披露，并外链至天涯网、新浪网	这种侵害结果的发生与张乐奕的披露行为之间存在因果关系	严重干扰了王菲的正常生活，而且使王菲的社会评价降低
微博第一案	周鸿祎目的在于通过诋毁金山软件的商业信誉和商品声誉，削弱对方的竞争能力，从而使自己任职的公司在竞争中取得优势地位，具有侵权的主观故意	利用微博作为“微博营销”的平台，密集发表针对金山软件的不正当、不合理评价	其行为势必会使公众对金山安全公司以及“金山”品牌产生一定误解，造成金山安全公司社会评价的降低	造成金山安全公司社会评价的降低

表一

尽管该三起案件只是带有“典型性”的个案，但窥斑见豹，法院运用一般名誉侵权构成四要件对网络名誉侵权进行认定并不存在法理障碍。相反，四要件能够更全面地勾勒出网络名誉侵权的轮廓面貌，对法院审理此类案件提供有力的理论支撑及裁判依据，使裁判结果更具说服力。笔者认为认定网络名誉侵权案件还需注意以下三点：

1. 侵权行为包含以下方式：

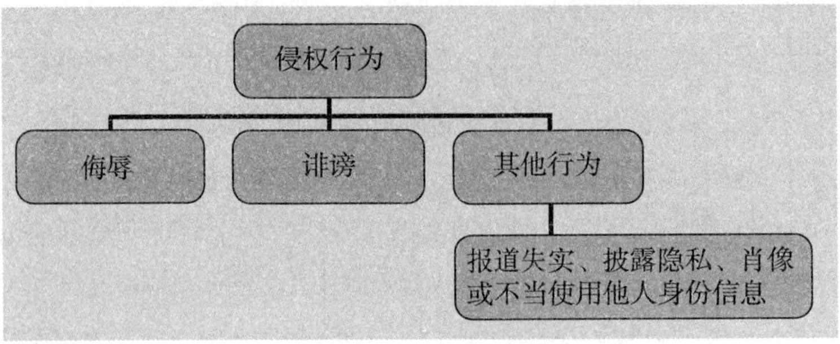

图三

侮辱、诽谤是最为常见的两种网络名誉侵权方式。侮辱的认定应考虑网络语言特点，某些网络用语虽带有侮辱性质，但在网络中早已司空见惯且网民对此容忍程度较高，强加认定只会适得其反，故轻微、偶尔地使用不宜认定为侮辱。又，行为人发表的言论虽基本属实，但含有侮辱他人人格的内容，使他人名誉受到侵害的，应认定为侵害他人名誉权。① 诽谤笔者认为可以参照《最高人民法院、最高人民检察院关于办理利用信息网络实施诽谤等刑事案件适用法律若干问题的解释》②，从以下两个标准进行认定：一是多次诽谤他人或捏造并散布的信息被浏览、点击、转发、回复的次数较多；二是该不实信息已经给受害人造成名誉降低等严重后果。

2. "网络侵权的主观心态主要为故意，多数表现为明知，但过失亦构成网络侵权。"③ 过失一般出现在报道失实、外链等情形下，行为人主观上并无侵害他人名誉权的故意，但受制于主观或者客观因素，或者放任损害结果的发生并且未采取补

① 《最高人民法院关于审理名誉侵权案件若干问题的解答》规定："文章反映的问题虽基本属实，但有侮辱他人人格的内容，使他人名誉受到侵害的，应认定为侵害他人名誉权。"

② 《最高人民法院、最高人民检察院关于办理利用信息网络实施诽谤等刑事案件适用法律若干问题的解释》第 2 条规定：利用信息网络诽谤他人，具有下列情形之一的，应当认定为刑法第二百四十六条第一款规定的"情节严重"：（一）同一诽谤信息实际被点击、浏览次数达到五千次以上，或者被转发次数达到五百次以上的；（二）造成被害人或者其近亲属精神失常、自残、自杀等严重后果的；（三）二年内曾因诽谤受过行政处罚，又诽谤他人的；（四）其他情节严重的情形。

③ 杨立新：《侵权责任法》，法律出版社 2010 年版，第 263 页。

救措施。有学者认为，“无论在什么情形，判断过错的标准和方法应当是综合的、多元的，而不是单一的、孤立的。”[①] 笔者赞同该种观点，对于过错的认定应以主客观相结合的认定标准进行评价，主观认定标准如行为人的年龄、认识能力；客观认定标准如网络环境、言论内容等。

3. 侵权行为必须针对特定人并为第三人知悉。侵害名誉权只有针对特定人实施方能造成特定人社会评价降低，从而构成对名誉权的侵害。[②] 特定人须指名道姓或者经过合理推断可得出。名誉是社会对特定人品行、思想、道德、才干等方面的评价，只有侵权行为经过公开并为不特定第三人知悉，方能导致受害人社会评价的降低。言下之意，即便行为人发布了侮辱、诽谤他人的言论，但未及产生损害结果便被删除、屏蔽，且未被第三人知悉或者侵权行为仅在行为人和受害人之间进行，则不应认定为侵犯名誉权。

（二）侵权责任认定

根据《民法通则》第120条、《民通意见》第134条及《侵权责任法》第15条之规定，名誉权受到侵害时受害人有权要求停止侵害，赔偿损失，赔礼道歉，消除影响，恢复名誉。网络名誉侵权案件亦适用该规定，但因侵权环境发生在网络，侵权责任的承担方式自然与网络特性密切相关，从三起案件的判决书中可见一斑：

	网络名誉侵权第一案	网络暴力第一案	微博第一案
侵权责任承担方式	停止在因特网上对恒升集团名誉权的侵害，删除主页全部内容，注销网址以及与主页有链接的镜像域名，刊登致歉声明并赔偿恒升公司9万元。	停止对王菲的侵害行为，删除刊登在“北飞的候鸟”网站上三篇文章及王菲与“第三者”的合影照片；刊登道歉函；赔偿王菲精神损害抚慰金5000元；赔偿王菲公证费684元。	停止侵权并删除相关微博文章；发表致歉声明向金山公司公开赔礼道歉、消除影响；赔偿金山公司经济损失包括公证费等合理费用共计8万元。

表二

① 杨立新：《网络侵权与新闻侵权》，中国法制出版社2010年版，第200页。

② 张新宝：《名誉权的法律保护（第一版）》，中国政法大学出版社1997年版，第136页。

上表反映出以下信息：1. 停止侵害包含删除侵权内容、注销侵权网站及链接等内容。2. 赔礼道歉一般是在相关网站上刊登致歉声明，并须经过法院审核。3. 损害后果严重的还需赔偿精神损害抚慰金。4. 赔偿费用包括用于固定电子数据的公证费用。

网络名誉侵权案件的认定尽管有其特殊之处，但仍然在司法可控范围内。真正给司法造成困扰及挑战的并非其本身，而是其衍生的一系列“次生”问题，亦是与司法联系最紧密的关节所在。

三、临近的挑战：网络名誉侵权之现实考量

（一）立法层面

目前为止我国并没有一部完善的网络侵权法律。同理，网络名誉侵权的立法规制亦处于起步阶段，司法适用尚须依靠一般名誉侵权的法律及司法解释条文。如：

1. 法律

《民法通则》第 101 条、第 120 条对保护名誉权作出了原则性规定。真正涉及网络侵权的是《侵权责任法》，但仅有一条。该法第 36 条规定：“网络用户、网络服务提供者利用网络侵害他人民事权益的，应当承担侵权责任。……”该条对网络用户及网络提供者在何种情形下承担何种责任作了明确规定。

2. 司法解释

《民通意见》第 140 、150 条对侵害名誉权的行为及赔偿责任进行了界定和明确。而各级法院审理侵害名誉权案件的主要依据则为《最高人民法院关于审理名誉权案件若干问题的解答》及《最高人民法院关于审理名誉权案件若干问题的解释》（以下称“解答”和“解释”）。这两部司法解释解决了人民法院审理名誉侵权案件如何适用法律的重大疑难问题，对完善保护名誉侵权具有重要意义。

至于其他行政法规及规章林林总总，但对审理案件作用不大，在此不一一列举。尽管网络名誉侵权尚可套用以上法律及司法解释条文，但仍然显得捉襟见肘。主要原因在于法律规制没有形成完整体系及内容缺失。网络名誉侵权并无专门性立法，而涉及名誉权的规定又分散于民法、司法解释及行政法规、规章，相关法条涣散且缺乏衔接，甚至有重复立法之嫌。加之我国政治、经济形势发展及社会公众法治观念加强，网络名誉权案件又出现了一些新情况、新问题。仅仅依靠一般名誉侵

权的法律规范来调整网络名誉侵权案件已不能适应时代的需求，在司法操作层面上已是疑难重重导致司法机关在适用法律、司法解释时出现混乱，并会造成同类案件在审理结果上的差异。

（二）司法层面

对司法界网络名誉侵权案件适用法律时急需明确或者解决以下问题：

1. 被告如何确定

由于网络侵权案件被告具有虚拟性、匿名性等特征，因此如何确认被告适格问题成为网络名誉侵权案件审理中的头等难题。由于侵权环境是在虚拟的网络世界，侵权人通常都以匿名或者假名的身份发表言论，与现实身份并无关联亦无从反映，由此使得被告的真实身份变得捉摸不定；并且即便是真实身份，也会以本人并非侵权人或者实际操作人进行抗辩。而法院如果一概以被告不明确或者并非侵权人为由驳回原告起诉并不利于保护受害人，两头为难。

2. 管辖权如何确定

互联网使传统的地域概念变得模糊，其最大的特点就是无地域性，行为人发布的侵权言论通过自媒体短时间内便可传遍全互联网。依照传统管辖原则，此时是否可以认定全国各基层法院都具有管辖权？而都有管辖权相当于都没有管辖权，还会造成各基层人民法院相互争抢案件抑或扯皮推诿。现有一些管辖新理论诸如“新主权理论”“管辖相对论”“网址作为新的管辖基础论”产生，但都未能妥善解决司法实践中的管辖问题。[①]

3. 如何防止损害结果扩大化

当受害人已遭受到网络名誉侵害，在起诉至法院直至作出裁判这段期间，损害后果将有可能继续扩大。如法院最终认定侵权行为成立并判决侵权人停止侵害，但此时损害后果已经传播至一定范围，受害人即使赢得诉讼也必须付出沉重代价，得不偿失。人民法院是否可以依据受害人申请作出某种类似诉前保全的措施防止损害扩大化？

4. 电子数据如何取证

“谁主张谁举证”是民事诉讼规则。在网络名誉侵权案件中，受害人为了证明自己的名誉受到侵害必然要承担举证责任，而提供的证据多半是聊天记录、电子邮

---

① 参见陈钧：“网络侵权案件的管辖确定”，载《法律适用》2000 年第 6 期。

件、侵权文章等在网络环境中形成的能够反映侵权事实存在的数据，此类数据被统称为电子数据。我国《民事诉讼法》第63条把电子数据纳入法定证据类型当中，正式确立数字化形式存在的电子数据具有证据效力。但是电子数据在数字化环境下容易遭到篡改、伪造甚至被删除，辨别真伪及妥善保存都非易事。并且电子数据以传来证据居多，证明力较强的原始证据较少。取证难，难就难在难以取得有较强证明效力的证据。①

四、摸着石头过河：探寻现有司法框架内的应对之策

以上问题对司法提出了挑战，人民法院应在现有司法框架内寻求路径并在结合审判实践经验的基础上大胆开创应对模式。

（一）积极探索设立网事审判庭

伴随社会分工的专业化，人民法院各部门的审判职能亦愈发分化多元。现今法院陆续开创少年法庭、交通巡回法庭等，法官得以在一个领域内研精钩深，设立网事审判庭的目的同样在此。网络名誉侵权相关法律分散及滞后，并且各法官审判方法、思路都不尽相同，容易导致对同一侵权行为的认定及裁判标准理解有差异，同样的案件在不同法官手中出现不同判决也是在所难免。解决方案是把具备多年民事审判工作经验及通晓网络专业知识的审判人员纳入网事审判庭，专司网络侵权案件，梳理疑难问题，厘定审理规则，统一裁判尺度，最大限度确保裁判文书的准确性及严肃性。同时该举也能降低诉讼成本，提高司法效率。早在2012年4月，江西省5家基层法院就设立了网事审判庭，江西省高院还发布了《关于网络侵权纠纷案件适用法律若干问题的指导意见（试行）》进行业务指导，从硬件设备上和法律指引上为审理网络名誉侵权案件提供坚实后盾，并成功审理了若干起该类案件。

（二）以IP地址或网名作为被告预立案，于法院介入调查后再确定实际被告

为解决原告起诉难的问题，法院可以采用先以IP地址或网名作为被告进行预立案，之后再调查确定被告真实身份的做法。既解决了民事诉讼被告主体确定的问

① 张三石："网络侵权：离我们并不遥远"，载《人民政协报》2013年9月30日第B04版。

题，又解决了网络名誉侵权被告特殊性的现实问题。法院在预立案时应审查两项内容：原告的适格问题及受到侵害的事实能否初步证明。在通过形式审查后，法院可以要求相关网站经营者协助查询被告真实身份，相关网站经营者有义务协助。如查询结果是行为人实名注册，填写的资料为真实身份信息，并且予以承认是其实施侵权行为，则可以直接完成被告的确认；如行为人以账号被他人借用、使用，本人并非实际侵权人进行抗辩，则法院可以要求行为人披露实际侵权人，该行为人以账号密码泄露无法得知是谁使用或者故意不告知的，法院可以认定该行为人主观上存在过错并判令其承担相应责任。如查询结果是虚假资料注册，法院可以请求网络通信管理机构予以协助，查明行为人的 IP 地址或者计算机的物理地址，找到该电脑主人。如该人承认是其所为，则可以完成认定；如该人以不知谁使用该电脑发布侵权言论为由进行抗辩或者故意不告知，则可以认定该人主观上有过错并令其承担相应责任。①

（三）沿袭传统地域管辖原则，合理确定管辖法院

既然新理论无法另辟蹊径，还是得回归到传统管辖理论基础中来。笔者认为，网络名誉侵权同样适用《解答》及《解释》中的管辖规定，由侵权行为地或者被告住所地人民法院管辖。侵权行为地包括侵权行为实施地和侵权结果发生地。而受侵权的公民、法人和其他组织的住所地，可以认定为侵权结果发生地。归纳起来，便是原、被告住所地、侵权行为实施地的法院有管辖权，该点在网络名誉侵权第一案中有所体现。② 而侵权行为实施地可以具体细化为侵权人网络服务器、计算机终端等设备所在地及网络服务器 IP 地址所在地。再依据《民事诉讼法》第 35 条，两个以上的法院都有管辖权的，原告可以选择其中一个法院起诉；如原告向两个以上有管辖权的法院起诉的，由最先立案的法院管辖。

---

① 详见胡国运、钟小凯："论网络侵权案件被告的确认"，载《人民司法（应用）》2013 年第 5 期。

② 恒升集团住所地位于北京市海淀区，之后便向海淀法院提起诉讼。海淀法院受理后，王洪以自己住址在河北，同时上网也在河北为由提出管辖权异议。但海淀法院依据《民事诉讼法》第二十八条的规定"因侵权行为提起的诉讼，由侵权行为地或者被告住所地人民法院管辖"及《解答》和《解释》关于"侵权行为地包括侵权行为实施地和侵权结果发生地""名誉权案件受侵权的公民、法人和其他组织的住所地可以认定为侵权结果发生地"的规定，裁定驳回王洪的管辖权异议。

（四）发布诉前禁令，防止损害结果扩大化

依据《民事诉讼法》第100条行为保全之规定，为防止法院审理期间损害结果继续扩大，当事人可以申请人民法院发布诉前禁令。禁令的意义在于禁止行为人作出一定的行为，用于此处的目的是让相关网站经营者将侵权内容屏蔽或者删除，防止无关人员继续跟帖、回复或是转载，防止损害后果扩大。法院完成形式审查并预立案后，可以要求当事人提供担保，在当事人提供担保后向相关网站经营者送达协助执行通知书及禁令，要求其将涉诉内容进行屏蔽或者删除。[①] 如当事人没有提出申请，法院在必要时也可以作出禁令。

（五）积极引导当事人使用公证的方式进行证据固定，法院以保全等形式作为辅助手段

法院在预立案后，应当主动向当事人释明证据在诉讼中的重要作用，积极引导当事人将电子数据通过公证的方式进行固定。如果预立案时当事人只是提供自己受到名誉侵害的初步证据，则法院应建议当事人尽快将有关侵权内容进行公证，防止行为人删除或者篡改。之所以如此为之基于以下两点：1. 依据《民事诉讼法》第63条及第69条之规定，对未经公证的证据，“必须查证属实，才能作为认定事实的根据”，而对经过法定程序公证证明的法律事实和文书，则“应当作为认定事实的根据，但有相反证据足以推翻公证证明的除外”，由此可看出公证文书特有的证据效力。2. 未经公证的电子数据容易被篡改及伪造，除非经过双方当事人认可，通常都是作为间接证据或者传来证据使用，须与其他证据相佐证。[②] 经过公证的电子数据，证据的三性及证明力都得以强化，被法院直接采纳亦是顺理成章。如当事人认为证据将会灭失来不及公证而提出诉前证据保全，法院可以责令当事人提供担保；在当事人提供担保后向有关网站运营者送达裁定书及协助执行通知书，将有关侵权内容予以保全，再由当事人进行公证。

（龙伟　方磊　海南省昌江黎族自治县人民法院）

---

① 详见郭宏鹏、黄辉：“‘网’字号判决书、网络侵权诉前禁令、网案‘三审合一’都昌法院网事审判3次‘吃螃蟹’”，载《法制日报》2013年11月2日第05版。

② 马洪波、何翔：“网络侵权行为及其相关法律问题”，载《红河学院学报》2011年第1期。

商誉侵权裁判的法经济学规则

【司法精要】

本文以最高法院“3Q大战”民事判决书为研究对象，从文本分析入手，运用法经济学理论和基本范式，从理论上剖析商誉侵权规制的司法难点，分析司法规制的影响因素，并探索如何引导法官运用经济分析方法作出裁判，以期确定商誉权益的法律界限，形成商誉侵权案件审理的法经济学分析规则。实现经济分析方法的实务运用，对互联网背景下的商誉侵权案件审理具有重大意义，不仅能修正传统侵权法理论的不足，而且还将为构建符合市场经济规律的侵权案件裁判模式开拓新的视野。

面对泛滥于网络中的那些针对商誉的大量评价、质疑、谣言和伪科学，司法应当表明立场。但运用何种裁判规则以实现充分救济，以及这种裁判规则是否具有合理性和实用性，就是值得思考的问题。目前对商誉保护的司法研究尚处于起步阶段，研究者和实践者们关于商誉侵权案件审判的裁判规则、经验、分析方法等尚未形成较高程度的共识，不同学科背景下的研究方法也不尽相通。问题的解决需要寻找一种适合于商誉侵权司法规制的分析工具，对商誉侵权风险进行事前控制以使其达到社会最优水平。腾讯诉奇虎360不正当竞争纠纷案（俗称“3Q大战”）就是最高法院终审判决的典型商誉侵权案件，体现了最高法院一定程度上运用法经济学分析方法的裁判思路。借助这一新的分析工具，我们可以就商誉侵权案件在法理和实践上作更多的审视和探讨。

一、商誉侵权的司法逻辑：最高法院“3Q大战”判决的立场分析

即便在方法论上有分歧，但将经济学的研究方法与法学理论和法律制度的有关实质性知识结合起来，以达成一个在分析上清晰和一致的分支，是最高法院判决值

得研究的意义所在。

（一）立场之一：正确行为激励的司法保护边界

最高法院在判决书中指出：竞争自由和创新自由必须以不侵犯他人合法权益为边界，互联网的健康发展需要有序的市场环境和明确的市场竞争规则作为保障。是否属于互联网精神鼓励的自由竞争和创新，仍然需要以是否有利于建立平等公平的竞争秩序、是否符合消费者的一般利益和社会公共利益为标准进行判断。[①]

虽非判例法国家，但最高法院的判决在实践中仍然具有很强的指导性，极可能改变此后法官判决的思辨方式。最高法院判决中对商业评论、技术创新和竞争自由等行为的法理推证，对商业评论、商誉评价等行为作出的权利行使界限的划定，从一个侧面表明了最高法院的态度，即商业评论、技术创新与进步亦受法律的规制，利用技术创新与进步、发表评论同样不能超过特定主体对商誉保护的容忍限度。站在司法政策视角，如果法律允许他人对特定主体的商誉作出某种社会评价，那么特定主体的容忍界限在哪里？这种判定无疑会提供一种激励机制，要么改变行为以增加其满足，要么付出额外成本隐藏它们，而这都会产生成本。换言之，不加限制地允许针对商誉的社会评价发生，相关主体就会对这种激励产生反应——即使其收益未必就大于成本。所以，如果法律不作出限制，则必然产生净社会成本，从而导致社会的净损失。从社会效率的考量出发，法律应该一般地允许这类权益得到保护。这意味着司法政策通过对交易成本缩减与增加的策略影响，以及对行为人事故成本的一般威慑，在商誉侵权的预防活动中发挥了关键性的作用。即“对社会来讲，重要的不是出现损害就要对受害人予以救济，而是看谁能采取更为有效的预防措施，来避免或者降低损害的发生”。[②]

（二）立场之二：商誉损失计算的公式化探索

损害赔偿的方法论意义是将损害结果物质化。然而如何计算商誉损失，确实是个很难精确定量分析的问题。最高法院在“3Q 大战”判决中探索了商誉损失计算的公式化可能，值得运用法经济学分析方法进行探讨。

---

① 参见最高人民法院（2013）民三终字第5号民事判决书。

② 胡伟强：“刍议侵权责任承担方式——一个法经济学的视角”，载《私法》2012年第2期，第59页。

最高法院在判决书中指出：本案确定损失时全面考虑了以下因素：1. 上诉人实施的侵权行为给被上诉人造成的损失包括业务收入、广告收入、社区增值业务收入和游戏收入，QQ. com 网站的流量减少，QQ 新产品推广渠道受阻，被上诉人品牌和企业声誉因商业诋毁而受损；2. 互联网环境下侵权行为迅速扩大及蔓延；3. 被上诉人商标和公司声誉的市场价值；4. 上诉人具有明显的侵权主观恶意；5. 被上诉人为维权支出的合理费用等。[①] 进而，最高法院指出，被上诉人遭受的经济损失数额已经远远超过法定赔偿限额，将本案赔偿数额确定为 500 万元并无不当。

不论最高法院系采取何种方式得出的上述赔偿数额，也不论在确定该数额过程中着重考虑的是上述哪些参考因素，这些因素都存在一个共同的特征，那就是模糊性或非定量性。在现实社会中，不同侵权人和受害人的法律意识、经济水平等都存在差异，并非所有的受害人都能提出准确的赔偿依据，这就等于是放任了加害者的侵权行为，这是一种“履行差错”[②]，可能会导致无效的预防。尤其是对于商誉这一类无形财产的损害，其实际价值损失因法律和道德的障碍而不存在市场替代物，其数额无法用市场价值来量化，运用传统方式来计算损失就显失公允。即便是给予一定的金钱赔偿，也不代表能够弥补商誉在经济上的效用差异。依照法经济学的成本收益理论，运用修正后的汉德公式（$B = PL$，B 代表预防成本，P 代表事故发生的概率，L 代表事故发生所要支出的费用），当 $B = PL$ 时，社会总成本最小。换言之，促使加害人采取最佳预防措施的成本赔偿金额等于 L 时，这种赔偿即符合效益的要求。虽然最高法院在判决中未表明采取上述公式得出判决结果，但其所阐述的在法定赔偿最高限额以上，参考受害人各类业务损失、商誉市场价值、互联网对侵权行为的放大效应等多种因素，酌定赔偿金额，其背后隐藏的分析方式亦与经济分析方法不谋而合。

（三）立场之三：商誉价值的司法表达

不可否认，商誉是一种有价值的资产，是其他人对商誉权利人在经济学上的信赖估价。拥有良好的商誉可以极大降低交易成本，对行为人产生激励作用，促使其

---

① 参见最高人民法院（2013）民三终字第 5 号民事判决书。

② ［美］罗伯特·考特，托马斯·尤伦：《法和经济学》，上海人民出版社 1994 年版，第 537 页。

放弃不诚信赢利、增加在可信赖性上的投资，并实现对未来收益的正面影响。然则如何保证商誉在经济学和法学意义上得到双重实现，最高法院的“3Q 大战”判决提供了一种司法路径下的参考。

最高法院在该判决中指出：由于品牌价值的综合性及难以精确确定性，本院认同上诉人关于“品牌价值本身就是一个非常笼统和宽泛的概念，要确定其外延和内涵本身就是非常困难”的质证意见。但不可否认，该证据在一定程度上证明了 QQ 品牌具有较高的市场价值，本院对该证据予以采信，将其作为认定被上诉人品牌价值的参考因素之一。①

最高法院的裁判理由阐明了对商誉价值予以司法认可的实践思路，是对商誉权利人在某一特定领域为制造出良好商誉所花费的大量金钱、时间和精力——包括在能通过某种商业促进的方法中获得经济回报之前所付出的劳动——予以肯定与保护的态度。最高法院显然认同了这样一种看法，即行为主体的商誉是建立在长期交易的诚信成本之上的。这样一种成本或经济的损失，在本质上是一种外部性，为了保证有效率的事前遏制水平，应当使侵权行为的预期责任程度与总体损失相当，亦即以社会相关外部性或真正社会成本为标准进行责任规制。② 如果我们要对商誉价值的经济学意义赋予最优的司法保护，那么侵权人对商誉权利人的损害就构成了侵权人行为的“外在成本”。实现商誉价值的司法意义最大化的前提，就是要使这种外在成本内化为侵权人的行为成本。换言之，如果不在法律上实现商誉的价值化，那么对商誉的损害将直接影响第三人的生产行为或效用，产生额外的真正的社会成本且无效率，在法经济学意义上是不可取的。

二、理论解释难题的再解释：基于成本收益分析的商誉保护规则

不论是理论界还是实务界，试图给商誉以一个明确的权利定义都十分困难。基于对商誉本身认识的差异导致了对商誉权益的不同理解。我们只集中关注这样一个基准点，即商誉作为一个抽象的概念，它不具体指向人的行为或特定事物，而只是

---

① 参见最高人民法院（2013）民三终字第 5 号民事判决书。

② 廖建求、姜孝贤：“纯粹经济损失的法经济学分析”，载《制度经济学研究》2007 年第 17 期，第 86 页。

映射这些行为及事物所包含的价值。[1] 基于成本收益的法经济学分析，商誉侵权规制的关键在于侵权法对商誉的产权规则及责任规则的配置上，并同时应当在司法政策上做出选择。

（一）商誉保护的法理基础——符合财产权性质的规则设计

商誉权益保护的关键在于“如何使法律能选择一种成本较低的权利配置形式和实施程序。这样社会的法律运行、资源配置的进化过程就是以交易成本最低为原则，不断地重新配置权利、调整权利结构和变革实施程序的过程”。[2] 在我国目前的法律实践层面上，并未明确将商誉置于何种规则之下给予保护，相类似的权利，更接近于名誉权。但我们认为，虽然商誉与名誉权存在一定的内在联系和相似性，侵害法人名誉有时会导致商誉受损害的结果，但并非所有侵犯商誉的行为都能与侵犯名誉权相对应。因此，适用名誉权保护规则并不足以满足新时期商誉保护的全部需求，商誉应当获得自己独立的权利地位。最高法院判决中也多次出现“商业信誉”“商品声誉”等定性概念，实质上就是一种对商誉权益的司法阐述。

卡拉布雷西认为，法律的基本作用就是在利益冲突双方当事人之间决定权利的归属。在产权规则的范畴下，在针对商誉权益实现市场自愿交易或法律强制交易之前，都必须对该权益的具体价值进行事实的协商或拟制协商。因此，产权规则正好满足了商誉权利人对其声誉的偏爱。而在责任规则下，某一社会评价对权利人来说究竟价值几何，通常是以一般情形下的损害后果为判断标准，并据此弥补其效益损失。所以，从商誉保护的效益上来说，赋予其财产权是符合效益原理的。将商誉这一积极的社会评价的权利配置给权利人，允许权利人控制其商誉信息并实现收益的内化，形成对其有效益的财产权，从而避免因社会评价的公共属性而产生的责任分散效应。换言之，即除了决定权利归属之外，法院还要对随后的权利进行保护，从而形成胜诉方与败诉方特殊的法律关系，[3] 以符合商誉权益保护规则设计的经济合理性。

---

① 张天上：“隐私权的经济分析”，载《法制与社会发展》2006 年第 1 期，第 43 页。

② ［美］理查德·A. 波斯纳：《法律的经济分析》（上），中国大百科全书出版社 1997 年版，第 18 页。

③ 徐爱国：“侵权法的经济学理论：一个思想史的札记”，载《法制与社会发展》2007 年第 6 期，第 108 页。

（二）商誉保护的行为选择——责任规则的深度影响

站在司法影响权利的理论基点，我们认为权利不仅需要证成，还需要实现。商誉侵权的损害一旦发生，往往很难逆转且结果评估极为艰难。责任规则之于商誉保护的意义就在于责令行为人承担其行为所导致的所有成本，促使其在收益与风险之间进行对比和权衡，从而对其行为选择产生影响，于事实上减少损害或降低损害的严重性。最高法院的判决中就明显表露出基于行业整体健康发展和同业竞争应负担更重注意义务的政策考量，并基于此种考量评价当事人事先投资于预防行为的动机和水平的合理性与必要性。

站在经济分析的角度考虑不同责任承担方式的行为选择影响，不能避开当事人的行为水平和预防水平。在给定投资动机和投资水平的前提下，以能否合理限制加害人的行为选择和能否有效保护受害人权利为制度设计原点。在这个时候，国家干预不可避免。因为权利的价值是由第三方——法院根据一般的市场价值来决定的，这种价值的评估应当限于具体的交易关系中通过“成本—收益”的分析来决定。这种规则的效用，以存在外部客观价值参照标准为条件，比如市场交易价格。从结果意义上讲，责任规则通过对当事人行为选择的链条状影响，最终会影响资源在不同市场的配置，虽然这种配置结果就社会整体效益而言并不一定是最优的。如同初始权利经常决定于分配的原因一样，责任规则常常达到效率和分配的共同结果，[①] 比较于产权规则保护而言，运用责任规则在法经济分析原理上更具合理性。

（三）商誉保护的效益考量——整体最优的司法政策愿景

对法律职业者而言，运用法经济学分析方法评价某一法律设计，不仅仅要回答“法律是什么”，同时还要解决“法律应该是什么”。这种就法律实施结果的理论判定，以及对特定法律安排的社会评价，是法经济学分析方法运用于商誉侵权制度设计的重点领域。此前的分析阐述了商誉保护规则约束下所有行为人的最优行为选择，而这种稳定的可预期的交互状态，正是商誉保护规则设计的司法政策愿景。

基于卡尔多—希克斯效率分析得出，在既定分配下，对现状的任何改变，必将既有获益者也有受损者，若获益者的所得大于受损者的所失，那么，获益者的所得

---

① 徐爱国：“侵权法的经济学理论：一个思想史的札记”，载《法制与社会发展》2007年第6期，第108页。

是政策改进的收益，受损者的所失是为了使获益者获得收益所必须放弃的价值，从而是政策改进的机会成本。这种司法政策的改进无疑是对整个社会公共政策存量的边际改变。[①] 关于商誉权益保护规则的司法实证，正是源于此种分析的一种共同善品。行为人因个人偏爱的价值存在于个体本身的效用而追求某种行为，这种欲望会助长某些危险，可能会受到惩罚的威胁。比如最高法院“3Q 大战”判决展示的政策倾向，对客户端软件商等利益主体此后的经营行为，必然引发基于机会成本和惩罚风险的资源投放方向变化，这也暗合了促使资源被最有价值使用的效率选择和浪费遏制目的。司法政策的影响，正是依靠司法实践提供的信息权威和错误纠正，打破信息不对称的封闭环境，使得在商誉侵权与保护之间反复顾盼的司法效益，在理论上获得整体的最大化。这才是实现商誉权益最优保护的博弈前提。

三、实践运用难题的再解释：商誉侵权规制的司法功能分析

法律的功能之一是便利自由市场的运转，并且在市场交易成本高不可攀之处“模拟市场”，对那些若市场交易成本可以被期待产生的结果，予以法律上的确认。[②] 对于商誉侵权法律制度作如此安排的意义在于，只有在达成了纳什均衡的状态下，侵权关系的当事人才有动力去遵守法律，否则，当事人往往会为了自身利益的最大化去打破这一均衡。因此，商誉侵权规制的司法功能考问，也必须符合上述条件。

（一）注意水平函数——预防义务的经济合理性

商誉侵权案件的审理实践中，受害人往往在很多情况下难以对事故的发生做出有效的预防，加之互联网的责任分散和放大效应，单纯运用传统侵权理论对双方当事人的过错进行区分，并不能创造最大的社会财富。法经济学提出“最优注意水平”而非“合理注意水平”或“最高注意水平”，正是“基于昂贵的预防对社会来

---

① 李军、冯志军：“法经济学分析范式的构建”，载《北方论丛》2008 年第 2 期，第 147 页。

② ［美］理查德·A. 波斯纳：《法律理论的前沿》，武欣、凌斌译，中国政法大学出版社 2003 年版，第 6 页。

说也是一种成本”的判断。[1] 波斯纳也认为修正的边际汉德公式意味着预防成本的增加与事故发生概率的下降并非等额的动态变量，其递减速度按照边际效应理论呈现下降的函数曲线。这意味着预防成本的投入与事故成本的降低幅度存在一个临界点，超过这一临界值的注意水平成本，对社会而言就不再有效益，而是一种净社会成本的浪费。换言之，对商誉侵权案件“最优注意水平”的经济分析，关键在于对注意水平函数的边际求解。

最高法院的判决同样蕴含了上述判断，对注意义务的分析考虑了两方面因素。一是对于事故发生的不同注意水平的考量，如其在判决中阐述的奇虎公司无权代表消费者评价腾讯公司行为的过错判断。二是当事人人数多少对于注意成本的影响，如其在判决中阐述的大量普通 QQ 用户弃用 QQ 软件转用 QQ 保镖的结果判断。这种出发点，不仅仅立足于成本，还加入了政策和利益衡量的因素，以求达成最佳避免事故的均衡。正如汉德公式所提示的原理那样：任何法律，只要涉及资源的配置，无不打上经济合理性的烙印……无疑，判决必须依最有效率地利用资源这一原则进行。[2]

（二）囚徒困境[3]——商誉权益与知情权的不合作博弈

不可否认，商誉信息的披露与否往往需要在知情权与商誉权益中进行权衡比较。我们把眼光聚集到商誉权益与知情权博弈中，发现了一个不小的“囚徒困境”。首先放弃帕累托最优解决方案的是期望知情权的大众，可想而知，在当前的网络环境下，它预期到的博弈的纳什均衡，显然是企业与消费者之间互不信任且普遍相互背叛。换言之，在消费者心里，这是一场非零和博弈。站在各自立场，这种信息不对称下的不合作博弈势必不可避免。互联网在这点上给我们提供了大量的观察素材，人们利用 QQ 或微博、微信等网络媒体工具大量发布针对企业、商品、消费的评价现状已经很好地证明了这一点。这种行为热情的高涨，就知情权的发展而言，

---

① ［美］理查德·A. 波斯纳：《法律的经济分析》（上），中国大百科全书出版社 1997 年版，第 219 页。

② ［美］理查德·A. 波斯纳：《法律的经济分析》（上），中国大百科全书出版社 1997 年版，第 15 页。

③ 1950 年美国兰德公司提出的博弈论模型，说明为什么甚至在合作对双方都有利时，保持合作也是困难的。

需要时间在思想和行动上做好不怕被嘲笑或惩罚的准备,[①] 需要司法政策予以一定的保护性瑕疵容忍，宽容行为人获得在法律权威面前予以修正的机会。然而，在对商誉进行“成本—收益”分析时却必须将其作为函数变量之一，因为这些博弈，在收益微积分中是作为成本存在的。

从认知心理学的角度来讲，商誉就是对企业信息“启发式的沉默”。在商誉侵权案件中，一个侵权行为如果具有明显被发现和追责的可能，那么其发生的概率将被严格地人为抑制。如果人们知道他们的不当评价会被察觉和追究时，他们将趋向于试图隐藏或改变他们的行为，以期与司法评价的要求相一致。运用经济学中价格与需求的反比关系原理能很好地解释这一点。如果侵权行为受到的惩罚小于其所获得的利润，即行为成本低而收益高，那么有风险的侵权行为数量就会上升。这能从一个侧面很好地说明，当加害人实施侵权行为的成本——事前投入和损失赔偿——不能通过商誉保护而被追责时，那么这种行为的发生机率就会上涨。因此，在知情权与商誉权益的博弈中保留一些禁区，有利于防止交易伙伴专注于无关但未说出的信息而使其进行判断时产生偏差。

（三）演化博弈下的纳什均衡[②]——商誉侵权规制的司法预期

个人的最大化行为往往是其他人的福利陷阱。“人类的理性不像理性主义者所假设的那样给定于某个具体的人或可为其所用地存在于特殊个人身上，它必须被理解为在一种人与人之间相互作用的过程中，任何人的贡献都要受到其他人的检验和纠正。”[③] 值得我们思考的是，在缺少某种外在强制力的关注下，行为人是否能够实现行为选择的理性自觉，或者换言之，权利人与加害人之间能否就商誉权益的司法保护达成一个纳什均衡模型。

在商誉侵权的现实中，多数人之间的交互并不是一次性的，指望单次交互实现均衡在现实世界中是不可能的。虽然决策主体的思维方式仍然是成本收益，但决策

---

① ［美］阿丽塔·L. 艾伦、理查德·托克音顿：《美国隐私法：学说、判例与立法》，中国民主法制出版社 2004 年版，第 53 页。

② Nash equilibrium，又称为非合作博弈均衡，是一种策略组合，使每个参与人的策略是对其他参与人策略的最优反应。

③ ［英］弗里德利希·冯·哈耶克：《个人主义与经济秩序》，三联书店 2003 年版，第 6 页。

环境和交易信息却从单一的交易变成了在一定的社会关系中考察各自的相互成本收益。这可以用于解释企业与消费者之间演化博弈长期存在的原因，尤其可以用来解释为什么在长期互动行为下，通过演化过程中的选择机制在司法视界下呈现出的规律性，可以形成商誉权益规制预期稳定化的司法目标。从学理上讲，侵权法规制的不仅仅是当事人之间的关系，同样也影响着侵权行为与社会关系。基于这一判断形成的市场预期的均衡，在于促使侵权人与受害人作为理性的个体在知道法律的规定及其双方行为相互影响时，正确选择各自行为。当某个行为人的选择符合了其他行为人的当前信念，并在此基础上存在着重复的互动行为时，① 这种演化博弈下的纳什均衡就可以在稳定的司法预期下达成。

四、最优激励的司法实现：经济分析方法运用的一般裁判规则

司法判决不产生法律，但必然形成裁判规则。经济分析方法的司法实务运用，不仅要关注纠正正义与分配正义，还必须考虑社会经济活动对风险的宽容问题及其他的政策衡量因素，从而避免不因司法干预而过分破坏市场预期。因此，准确归纳最高法院“3Q 大战”判决体现的一般裁判规则，有助于实现司法活动对商誉侵权规制的最优激励。

（一）激励成本比较规则：谨慎义务的合理性辨识

判断商誉侵权案件的过错成立与否，首先需要仔细甄别行为人应负的谨慎义务标准。审理中，侵权人往往提出所负谨慎义务的合理性问题。通常来讲，过错的认定是在行为人所采取保护措施低于正常标准时才发生。传统侵权理论运用于谨慎义务的辨识过程中，往往是将当事人所负谨慎义务的比较转化为损害结果分摊上的金钱量化。然而在商誉侵权中，这样的比较就变得异常困难以致无法实现。

司法介入所提供的关于谨慎义务的鉴别，应以另外一种判断——行为人预防成本更低——为辨识标准。在类似案件中，从减少活动量的激励方面而言，侵权人不去参与评价是很容易的，所以侵权人能够以最小成本避免损失。在网络上发表评论可能是一种不适当的风险，而这种风险经过司法评价的释放效应，实际上可以降低

---

① 李军林：“声誉理论及其近期进展——一种博弈论视角”，载《经济学动态》2004 年第 2 期，第 55 页。

这种活动中的信息不对称。通过分析，我们可以明确这样一种前提，在经济学角度上要求加害人与受害人都是风险中立者，而非风险追求者，但这种限定，在网络世界并不具有足够约束力的意义，亦即无法在此变量上达成纳什均衡。由此假设可以推断，在没有法律予以规制的前提下，双方都缺乏采取适当的注意之激励。[①] 所以，根据成本收益原则，激励行为人采取付出更高成本的措施去预防那些与其认知相当的事故，在降低净社会成本上是有效率的。

（二）制裁成本比较规则：司法解决方案的实用性

运用经济分析方法解决司法实践问题，不能回避的是司法解决方案的实用性。这里面的疑问是，法院是否能够对损害结果完成经济学意义上的正确评估？即使能够正确评估，完成评估的成本有多高？这样的评估是否存在扩大损失的可能？这一问题对法官裁判的困扰在最高法院“3Q 大战”的判决中已经显露无遗。对于商誉而言，加害人与受害人往往对损害结果的价值存在认知差异，在没有市场替代物或替代物履行不能时，法院能否准确评估商誉损害后果就是一个不能回避的问题。

那么，如何有效地解决这些难点问题？考虑到最优制裁时间与执行费用高低，基于交易成本理论、法院确认相关信息的成本以及事先投资水平问题，法院应当探索多种责任承担方式。如有些损害行为是即时的，而有些损害行为是持续的。前者适宜通过损害赔偿的方式让加害者承担责任，后者通过法院禁令的方式则更为有效。若损害程度严重，事先禁令自然更有利。因此，司法实务中纳入禁令、公示、名誉修复、竞争限制等多种方式，更为符合法经济学分析的原理。

（三）界权成本比较规则：司法干预的妥恰程度

最高法院“3Q 大战”判决不能回避但又难以回答的效率追问是，其裁判所致的长期影响究竟是正向还是负向的。但法官不能拒绝裁判，法官必须在这些冲突的利益和考虑中加以权衡，避免形成“诉讼竞争”的不当激励。或者说，决定司法干预程度的主要因素，并非系于不同定价体制的边际交易成本，而在于不同界权选择的边际界权成本。[②] 因此，从利益纷争到权利既定，司法实践必须考虑到法律供给

---

① ［美］理查德·A. 波斯纳：《法律的经济分析》（上），中国大百科全书出版社 1997 年版，第 219 页。

② 凌斌：《法治的代价：法律经济学原理批判》，法律出版社 2012 年版，第 53 页。

的界权成本影响。

一是降低社会收益的沉没成本。若行为人的行为具有很高的社会收益，特别是具有比较大的正外在性，社会需要鼓励这种行为以及为这种行为事先做出投资。①司法一旦过度干预，不论是采取民事惩罚还是行政制裁，是适用产权规则还是责任规则，是积极干预还是不予受理，都会促使事先投资沉没为历史成本。因此避免司法干预对事先投资水平的负面影响，才是符合帕累托效率要求的妥恰选择。

二是避免制裁方式的边际替代。损害结果不易评估和难以恢复是商誉侵权的特点，其损害往往具有时间上的延续性，影响的案外利益人较多，采取司法干预将会对界权成本产生巨大的增益影响。但必须避免用法律的产权界定取代市场的自愿交易，诱发“刻薄行为”，导致“过度投资”或者“投资不足”。

三是维持交易效率的正向影响。如果法官认为商誉主观价值在损害结果中不可忽略，那么产权规则就应当优先，反之，则可以考虑适用责任规则作出赔偿损失的判决。无论适用哪一种规则，司法都是在代表社会进行利益分配，司法活动始终会对社会福利产生独立于市场交易的直接而重要的效率影响，在此意义上，理想的界权成本就是司法实现最佳权利界定结果所付出的最低代价。

（周轶　池海　重庆市合川区人民法院）

裁判文书上网制度下离婚案件当事人隐私权的界限与保护

【司法精要】

裁判文书在互联网上公开，一方面推动司法信息公开，另一方面，也使当事人隐私权的保护面临挑战。经过实证分析可以发现，裁判文书上网过程中存在的诸多问题，比如理论与实际相脱节，侵犯案件相关人员隐私权等等。其主

① 胡伟强：“刍议侵权责任承担方式——一个法经济学的视角”，载《私法》2012 年第 2 期，第 65 页。

要原因是，裁判文书上网率纳入法院和法官的绩效考核内容，隐私权的范围界定不明确，法官对隐私权重视程度不同，缺少详细的制度规定以及没有应急和追责机制。裁判文书公开采用数字化模式，必然会存在一些疏漏，应该对此保持理性的态度，既不能一味热捧，也不能就此否定。经过实践分析和理论研究可以得出，通过完善立法、细化规定，创新地构建起事前审核、事后保护机制，完善制度运行的配套措施，设立责任追究程序，让裁判文书上网制度发挥最大效益的同时，也能有效地保护案件当事人的个人隐私。

将裁判文书在互联网上公开，是数字化时代孕育的司法公开新举措，它让公众的司法知情权进一步实现，方便了社会公众对法院工作的监督，但同时，也对个人隐私权造成了严重威胁。虽然最高人民法院对如何在互联网上公布裁判文书作出了相关规定，为该项工作指明了方向，但由于具体案件的复杂性，在实践中依然存在着选择上的冲突。以离婚案件为例，在裁判文书上网中，法院究竟该如何保护当事人及相关人员的隐私权呢?

一、实践之惑：裁判文书上网隐私权保护现状及问题分析

（一）由两则案例引发的思考

案例一：一位离婚案件的当事人在签收判决书时紧张地说：“不能让判决书在网上公开！我的女儿下个月就要参加高考了，绝对不能让她知道我离婚的事，考大学可是关系到她一辈子的啊！”之前，应当事人申请，法官已经采用了不公开的方式审理该案件，经综合考虑，法院最终没有将该案件的裁判文书在网上公布。

案例二：张甲在学校被同学议论是私生子，内心非常痛苦，从此不愿上学。原来，在一起离婚案件中，张乙在婚外生育一子，正是张甲。该案件的判决书隐去了有关人员的个人信息，只保留姓氏，公布于网上。张甲的同学偶然看到该判决书，通过内容推测出当事人就是张甲之母张乙。

通过以上两个案例可以看出，离婚案件有很强的人身依附性，无论以何种方式在网上公开裁判文书，对当事人及案件相关人员都具有巨大的现实影响力，而且这种影响有的可能是一时的，有的却是长期而不可逆的。正因为如此，不同的案件关

系人，怀着不同的心态，对案件是否在网上公开做出了截然不同的选择，而不同的法院对案件相关人员隐私权保护的态度和做法也大相径庭。

裁判文书上网工作，从2009年试行以来，已推广到了全国，几乎覆盖各级法院。截止2014年7月，在中国裁判文书网上公开的裁判文书已达数百万份。有些案件，尤其是离婚案件，往往涉及较为复杂的人际关系，处理不好会让当事人对司法本身产生抵触和怀疑，甚至会影响当事人的正常生活、学习、工作和身心健康。

（二）离婚案件裁判文书上网的现状

1. 数据统计。目前，全国34个省、市、自治区中已经有19个实现在区域内三级法院网上公开裁判文书，笔者从中随机选取东部、中部、西部的100个法院（其中高院10个，中院20个，基层法院70个）在中国裁判文书网上公开的500份（每个法院随机选取5份）民事裁判文书作为样本，对各类案件的数量及其所占比例进行统计。结果显示，数量较多的案件类型主要有离婚、民间借贷、其他合同、交通事故、劳动争议、知识产权，如图一所示：

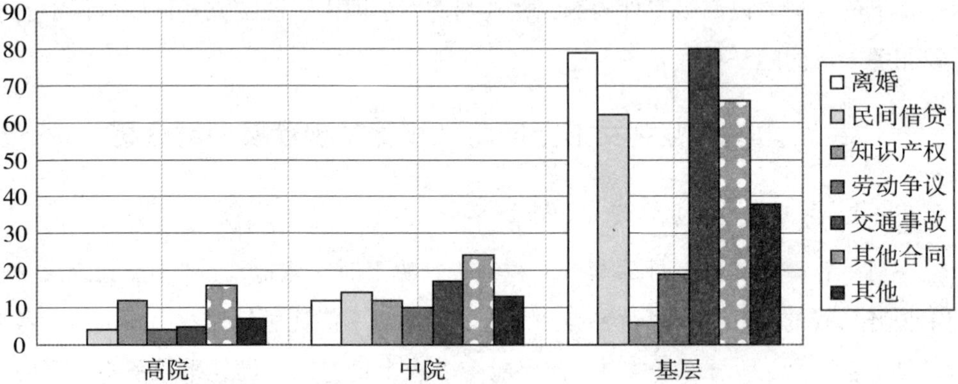

图一：民事案件类型分布及对比

通过图一可以看出，在抽样的500份裁判文书中，离婚案件91件，占18.2%。其中高院为0份；中院12份，占12%；基层法院79份，占22.6%。由此可见，离婚案件在我国民事案件中占据了重要的部分，尤其是在基层法院。

笔者又从以上调查的90个中级法院和基层法院重新抽取450份（每个法院抽取最近公开的5份）离婚案件裁判文书进行进一步的统计，发现涉及或可能涉及个人隐私的有117份，占26%，其中中院11份，占11%，基层106份，占30%。

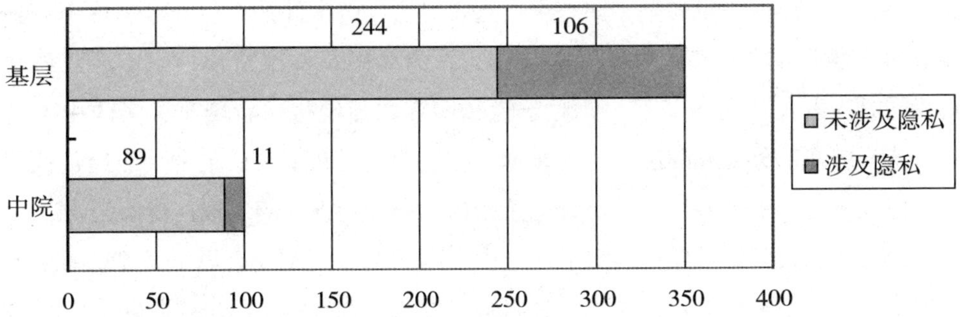

图二：中级法院和基层法院网上公布离婚案件裁判文书中涉及隐私的案件比例

在这些问题文书中，有关个人隐私的信息泄露途径主要有以下几个方面：一是裁判文书内容未经处理直接公开；二是个人信息部分做了处理，涉及隐私的内容也做了删减，但仍保留了大量有效信息，能推断出涉案当事人的真实身份。例如某公开的民事判决书把当事人的真实姓名隐去，却保留了当事人的两个成年子女的真实姓名。三是个人信息只保留了最基本的内容，但通过案件证据部分、说理部分可以推断出当事人身份及个人隐私信息。例如某公开的民事判决书中将当事人的姓名以张 XX 方式代替，但保留了出生年月日，在事实认定部分，又写明了当事人婚后共同居住房屋的具体位置。

2. 问卷调查。笔者在所在辖区随机选取法官 40 人、律师 40 人、离婚案件当事人 60 人、其他普通群众 60 人，共计 200 人，对不同人群对离婚案件裁判文书上网的态度进行了问卷调查。受访者中的法官、大多数律师和一小部分有打官司经历的人知道裁判文书会在互联网上公开，其余人员对此并不知情。调查结果如下：

受访者中，78% 认为不必要在互联网上公开离婚案件的裁判文书，21% 认为可以将部分内容公开至互联网上，1% 觉得可以完全公开。受访的普通群众中，绝大多数认为离婚完全是私事，不应当在网上公开，名人离婚案件除外；一小部分人觉得可以适当公开，但对于离婚案件的裁判文书，其内容要有所保留，避免使案件有关人员受到伤害。受访律师多数认为应当部分公开，一是监督法院工作，二是了解法官对于案件的认识和定性以及法律的适用，从而更好地指导律师的工作。受访的离婚案件当事人均不希望别人知道自己离婚的详情，只有一位离异妇女认为应该全部公开，想用这种方式公开其前夫因出轨而导致家庭破裂的事实，以使其前夫受到公众的指责。值得一说的是，调查中，法官对这一类案件是否公开也态度不一，过半数的法官觉得婚姻家庭案件不必公开，认为离婚案件案情琐碎，不涉及公共利益，同时当事人对此态度不一，对于隐私内容的界定也比较困难，实践中不易操作。认为应当部分公开的法官，主要觉得在法律适用和事实认定上，能通过裁判文书更好地从先例中借鉴经验，而且也希望通过公开的方式避免被指责不公。

受访者认为离婚案件裁判文书不应当上网的原因，主要有以下几个方面：(1) 离婚案件完全是家长里短的事儿，是离婚双方的个人问题，不需要公开。(2) 涉及个人隐私的问题，公开会对当事人生活造成很大的负面影响。(3) 不公开有利于孩子的健康成长。(4) 案件的公正和裁判文书的公开没有绝对关联，可以通过对其他案件裁判文书的监督来促进公正，不差离婚案件这一类。(5) 裁判文书中的信息会被不法分子利用。如图三所示：

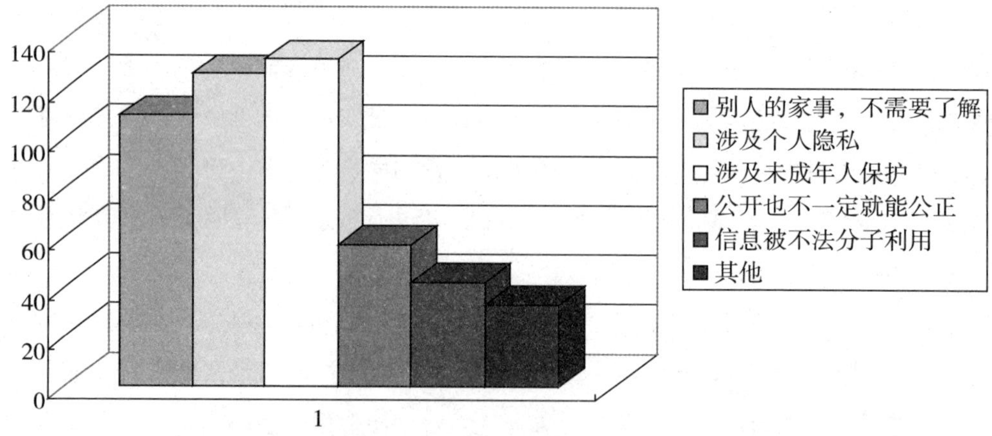

图三：受访者认为离婚案件裁判文书不应在网上公开的原因

受访者认为离婚案件裁判文书应当上网或部分上网的原因主要有：(1) 监督法院工作，(2) 上级法院的行政压力，(3) 离婚案件数量多，与群众关系密切，把这一类文书公开可以普及法律知识。

许多受访者认为离婚案件涉及的所有内容都属于隐私，但在具体问及隐私包括哪些内容时，不同人对隐私的理解和界定不完全相同，受访者提到最多的是财产、子女、婚外情、生活细节、健康状况、婚史等。如图四所示：

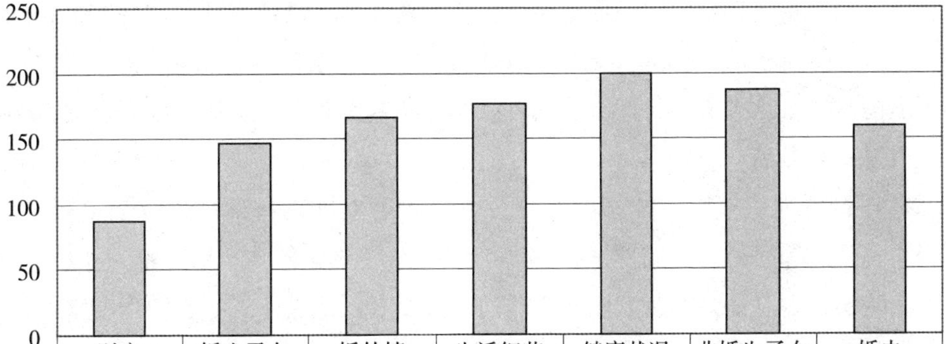

	财产	婚生子女	婚外情	生活细节	健康状况	非婚生子女	婚史
人数	87	147	166	177	199	187	159

图四：受访者认为的离婚案件中属于隐私的各项内容及其对比

（三）离婚案件裁判文书上网存在的问题

1. 不同离婚案件特性不同却未区别上网。根据以上数据统计和调查结果可以看出，离婚案件裁判文书所占比例很大，是值得做专门制度规定的一类裁判文书。各级法院公开的离婚案件裁判文书，基本涉及了离婚案件的各个方面，但对这些文书中涉及的相关人员，并没有采取不同的或者与案件特点相应的保护措施。裁判文书上网初衷是促进公平正义，但对离婚案件一刀切的上网方式，不仅不会收到应有的效果，反而会平生事端。

2. 裁判文书上网运行机制不完善。目前，裁判文书上网仍处于初步尝试阶段，没有完整、细致的制度作支撑，也没有相应的法律法规做保障，使当事人的隐私权不能得到充分的保护。目前可以参照的规定仅有《最高人民法院关于人民法院在互联网公布裁判文书的规定》[①]（以下简称《规定》），全文共15条，与实际操作相关的只有11条，其中，有的是宏观方面的，比较笼统，有的是具体操作方面的，不够全面。同时，没有出台一套完整的规范，也没有设置相应的维护该制度顺利运行的其他制度，使得实践中漏洞百出，孤立无援。

3. 理论与实际相脱节。裁判文书上网是阳光司法的必行之路，也是学界和群众的呼声所在。通常情况下，在不涉及自己的利益时，都希望尽量公开，一旦涉及

① 最高人民法院法释〔2013〕26号，2013年11月21日予以公布，2014年1月1日起实施。

自己时，则都希望尽量保密，但是通过笔者调查发现，离婚案件的裁判文书，既不在多数群众知情权的“爱好”之中，又不在当事人希望让渡的私权利范围之内，人们更多的是担心这类文书上网影响到自己的形象或者是个人生活，因而它的上网方式，值得重新考量。

4. 不同群体、不同个体态度有别。由于离婚案件的特殊性，对于上网与否、是否涉及隐私等问题，不同群体、不同个体的态度差异较大。从国家的立场来看，是对法院的权力制约，对法官职业素养的更高要求；从法律工作者的角度来讲，是对案件处理结果的公示和监督；从案件当事人角度讲，是对自己私事的公开化；对其他群众来讲，是提高了自己利用司法资源解决纠纷的成本。而每一个个体，也由于自身经历的特殊性，对离婚案件裁判文书上网问题采取不同态度，甚至出现前后态度不一的情形。

二、追根溯源：离婚案件裁判文书上网中隐私权保护缺失的原因

尽管最高人民法院对裁判文书如何上网做出了规定（《规定》第七条、第八条），但在实际操作过程中，不同法院和法官对离婚案件裁判文书如何公布，做法却不完全相同，甚至存在明显不符合该项规定以及互相矛盾之处。究竟是什么原因造成这项制度在运行中出现这样的问题呢？

（一）隐私权的范围界定不明确

《规定》明确了“涉及个人隐私”的裁判文书不在互联网上公开，但是对个人隐私的范围却没有给予界定。目前，我国法律对隐私权的规定并不明确，也无其他相关法规或司法解释对隐私权做出清晰的限定，学界对此项权利的范围也存在不同认识。因此，法官的自由裁量权过大，反而无法很好地行使裁量权。要么根据原则性规定一味上网，要么避免麻烦回避问题而不予公开，造成本应公平享有的权利得不到公平的保护。

（二）裁判文书上网率作为绩效考核标准

裁判文书上网作为司法公开的一项举措，是对审判公开原则的贯彻落实，肩负着促进司法公正，提升司法公信力的使命。为了推行这项举措，不少高级人民法院采取了行政化的手段，将裁判文书上网率纳入下级法院和法官的绩效考核内容，下级法院为了完成数量任务，不得不舍弃对部分当事人隐私的保护，尽量多地公开裁

判文书，从而导致离婚案件裁判文书的大量公开。

（三）法官对隐私权重视程度不同

由于隐私权的界限不明，加上每一个法官学识、经验、理念和心态的不同，其心中的隐私权范围或多或少都会不一样，部分法官对裁判文书上网可能造成的社会影响认识不够全面、深刻，这些差异必然会导致法官对隐私权重视程度的不同，最终造成对相似案件参与者保护上的偏差。

（四）现行规定与实践不能很好对接

现行规定较为粗略，配套制度不健全，实践操作无法统一。《规定》都是框架式的规则，仅仅指明了方向，却没有指明道路，让司法人员在实践中无所适从，进一步担心对当事人造成伤害，退一步怕完成不了工作任务。例如，针对网络本身的特殊性和离婚案件的特殊性，应当对公开期限、网络转载、下载及其利用等问题进行明确的限制；当事人要求撤回的，需要哪些条件和程序，这些实践中经常会遇到的问题都没有规定。

（五）没有配套的应急和问责机制

作为裁判文书向互联网公布前的审核者——法官或其他负责人员，如果没有按照规定操作，或者没有尽到应尽的注意和提示义务，给当事人造成损失的，该如何弥补？文书上网之后其影响大大超出预期的，应该如何应对？上网审核阶段，该由谁监督？这些问题都没有相应的规定。在重视个人隐私权保护的背景之下，必须要建立相应的事前审查、事后监督和错误追责机制，使案件当事人的隐私权得到全面的保护。

三、先决问题：裁判文书上网背景下隐私权的范围

隐私权被各国规定为一项基本人权，《侵权责任法》将隐私权作为我国公民的一项民事权益明确加以保护。然而，不论是隐私权发展较为成熟的西方国家还是在我国，普遍面临着这样的问题：什么是隐私？

（一）学界对隐私权范围的界定

在隐私研究较为发达的美国，界定隐私的理论中有代表性的是：“凡是可以被

描述为不体面的行为总是一种或另一种对隐私的侵犯。”① 在日本，隐私被定义为“不能被他人随意侵入的私生活领域，不想被他人知道的私生活上的事实和信息。”② 我国学者张新宝教授认为隐私包括“私人生活安宁和私人信息秘密两个方面。”③ 王利明教授认为“隐私是公民享有的私生活安宁与私人信息依法受到保护，不被他人非法侵扰、知悉、搜集、利用和公开等的一种人格权。”④ 人们的私人生活构成了相对独立的、全社会的一个组成部分。私人生活中，每个人都有追求内心安宁，并要求自己的生活免受他人窥视的权利，这是人们能够正常生活的基本条件，但这项权利并没有得到充分的尊重和保护。其缘由在于最基本的人格尊严和尊重他人自行决定的理念被猎奇的心理与滥用权利的心态所淹没。⑤

（二）裁判文书上网背景下隐私权的范围界定

裁判文书上网，公开的是案件的事实认定、法律关系以及法律适用等问题，是为了监督法院工作而采取的措施，并不是为了公开当事人的信息或者其背后的故事，更不是为了满足公众单纯的好奇心。鉴于离婚案件的特殊性，当事人隐私权范围的界定不能够一刀切，应因人、因事、因时、因地而异。

1. 主体方面，对于涉及未成年人的，非婚生子女、养子女的案件，应当对这一类主体的隐私做扩大化的保护。例如对文书中离婚双方当事人及其子女作化名处理，即对姓和名均做修改；在裁判文书的事实认定和说理部分，对任何可以通过拼凑而得出的与这些主体有关的信息，也应当逐一作相应的删减，保证相关人员的身心健康，维护家庭内部的稳定。对于婚姻案件中已查证的过错一方的保护应受限制，由于其行为通常是违反道德和公序良俗的，而且本身就存在被公众知晓的可能性，可以视为当事人已容忍他人对自己该项行为的了解。相应的，对无过错方应给予更多的保护，避免造成二次受伤。

---

① ［美］阿丽塔·L. 艾伦，理查德·C. 托克音顿：《美国隐私法：学说判例与立法》，冯建妹、石宏、郝倩、刘相文、许开辰编译，中国民主法制出版社2004年版，第13页。参见［日］五十岚清：《人格权法》，铃木贤、葛敏译，北京大学出版社2009年版，第160页。

② 参见［日］五十岚清：《人格权法》，［日］铃木贤、葛敏译，北京大学出版社2009年版，第160页。

③ 张新宝：《隐私权的法律保护》，群众出版社2004年版，第8页。.

④ 王利明：《人格权法研究》，中国人民大学出版社2005年版，第567页。

⑤ 杨咏婕：“个人信息的司法保护研究”，2013年吉林大学博士论文，第73页。

2. 时空方面，对于离婚案件所涉及的相关人员，如果处于特殊时期或特殊环境，裁判文书可以不公开，如文章开头第一个案例。从通常角度看，判决书中并未出现具体的隐私信息，但是，对于当事人的女儿或是其关系较为密切的人员，很容易就能对号入座，发现案件中当事人的真实身份，最终使无辜人员牵连受害。

3. 案件类型方面，只是涉及财产分割问题的，不属于隐私的范畴，是可以公开的；涉及子女抚养问题的，对其现在或将来可能造成影响的内容均应视为隐私予以删减，不能让他人通过公开的裁判文书获取子女的真实信息，应当有所保留地公开；涉及个人生活细节的内容属于隐私，可以不公开；涉及当事人身体状况鉴定的，鉴定结果属于隐私，公开时应予以删减；社会关注度较高的，应当在经过对个人信息、涉隐私内容进行删节或替代处理后，及时予以公开，以防止谣言产生。

4. 由于离婚案件强烈的人身依附性，应当给予案件当事人对是否网上公开裁判文书的选择权。涉及隐私的案件，法院依法不将裁判文书上网；对于可以公开的案件，告知有关裁判文书上网的相关规定，并要求当事人出具是否同意上网的书面意见。对于同意公开的，是否对相关信息做进一步处理，以及如何处理、处理的程度，都应该允许当事人发表意见。对于当事人一方或双方不愿意公开的，如果确实存在正当理由，[①] 应当要求其说明理由并提供相关证据，并提请主管院长决定；对于当事人只是因为身份、面子等原因不愿意公开的（如离婚案件中的过错方），法院仍然应当依法在网上公开。当然，在充分听取当事人意见的同时，法官应该进行必要的审核。确定在网上公开的，应及时告知当事人裁判文书在网上公开的网址、时间、查阅方式、更正申请和撤回申请的程序等内容。

婚姻案件涉及一个个家庭的安宁，只要不涉及公共利益的，应当尽量加以保护，只有内部矛盾不被公开和放大，小家庭的纠纷得到妥善处理，整个社会才能安定和谐，法院才能实现其定纷止争、化解矛盾的最终目标。

四、完善之道：裁判文书上网制度的改进

一个制度从产生到完善需要经历不断的实践探索和理论研究，裁判文书上网制

---

① 龙飞：“裁判文书上网的价值取向与路径选择”，载《人民司法》2011 年第 3 期，第 66 页。

度作为新生事物，我们应当理性看待，[①] 冷静分析其中的问题，及早予以改进。

（一）《规定》的细化、补漏

1. 第四条没有涉及撤诉裁定书是否上网问题，而实践中有些法院将撤诉裁定书在网上公布。离婚案件，撤诉可能意味着夫妻暂时和好，如果将撤诉裁定上网，通常情况下不利于夫妻之间感情的修复，因而不应将撤诉裁定在互联网上公开。

2. 第六条、第七条列举了离婚案件当事人哪些个人信息应作删减，但裁判文书中涉及的信息远不止这些，常见的还有房屋分割和子女抚养等问题。法官通常会在裁判文书中写明房屋的具体位置、由谁购买、归谁所有，任何看到该文书的人都可以据此找到该房屋，无异于公布了当事人的家庭住址和通讯方式。当然，如果案件只涉及财产分割问题，可以直接公开，但如果还涉及其他信息或人员，比如子女，这些内容也应当删减。子女并不是离婚案件的参与人，但是在文书中涉及子女的时候，应当匿名处理，删减其相关信息，以防“伤及无辜”。

3. 第十一条就符合修改和更换条件的，如何操作没有明确。笔者认为，应当由对该裁判文书进行技术处理的法官或相关人员提出书面申请，写明原因，并层报至最高人民法院负责互联网公布裁判文书的专门机构审查决定，批准修改和更换的，应当在中国裁判文书网办理修改、更换及登记备案手续。

（二）构建配套措施

1. 事前审核机制

（1）主审法官负责制。对于可能涉及隐私权的问题，必须由审理该案件的主审法官或其司法辅助人员对该案件如何进行技术处理进行检查，对于涉及隐私不宜在网上公开的，应提出书面意见提交院长审核，并定期向上级法院报备。对于可以上网但需要对个别信息做特殊处理的，应对裁判文书中所有可能映射出当事人及相关人员身份或隐私信息的文字进行修改，然后才能公开。

（2）设立隐私评估机构。选取主审法官之外的其他人员组成案件评估小组，如其他法官、律师、人民调解员、社区工作者等接触基层群众较多的人员，对案件是否涉及隐私，如何作技术处理，公开后是否会影响当事人正常生活、影响的程度是

---

① 苏力：“谨慎，但不是拒绝——对判决书全部上网的一个显然保守的分析”，载《法律适用》2010 年第 1 期，第 52 页。

否在普通人应当承受的范围内等问题进行评估，最终结合主审法官的意见综合决定。通过双重审核既能降低法官主观臆断的可能，又能充分评估离婚案件裁判文书上网后的风险问题，最大限度地做好事前保护。

（3）设立异议期。将裁判文书初次上网后，在一定的期间内（如7天），只允许案件参与人员查阅，可以通过身份信息登录查阅裁判文书。在此期间，已上传的裁判文书能够直接撤回或者修改。对裁判文书此时公开的内容提出书面异议的，经法院审查决定是否采纳，并将决定告知申请人；没有异议的，于异议期满后自动全面公开。在此期间，当事人申请撤回的，经法院审核允许撤回的，将裁判文书撤回并按照不公开的程序向上级呈报；审核决定不撤回的，告知当事人并按照裁判文书上网的流程继续进行。

2. 事后保护机制

（1）转载下载。信息爆炸时代，法院为主体在网上公布裁判文书的制度，必须以保证传播过程安全，扩大正面影响为前提条件。离婚案件的裁判文书在网上公开后，作为一种公共资源，允许公众查阅，但不应当允许转载、下载，与之类似的，也不应当允许被复制。原因有三：一是裁判文书只有在统一的载体上公开才具有权威性，避免转载或下载后出现错误或者被篡改，混淆公众视线；二是在网上公开的裁判文书，如确有必要进行修改和撤回的，已经被转载和下载，无法及时随之更新，从而造成信息错乱；三是如果允许转载和下载，公众看到该裁判文书的可能性变大，也就增加了对离婚案件相关人员造成侵害的几率。

（2）公布期限。互联网信息传播速度、影响范围和影响力是其他媒介所不能比拟的，法院对案卷的保存，因种类不同期限也各有不同，在网络上公开的裁判文书，可以用数据库的形式一直进行保留，但对公众公开的时间应当和纸质卷宗保存的时间一致，到期及时关闭网上查阅渠道。

（3）撤回机制。不符合上网标准的裁判文书，该案的审判组织要及时汇报主管院长，然后层报至裁判文书管埋机构，并且要书面阐明撤回裁判文书的理由，经该特定机构审批后，方能撤回。对于离婚案件相关人员申请撤回已在网上公布的裁判文书的，管辖法院要组织专人进行审核，理由确实充分的，将相关书面材料按照上述程序上报，并由特定机构审批。如不批准撤回的，应当做出书面回应，并送达给申请人。

（4）消除影响。对于裁判文书公开后对案件相关人员造成消极影响的，要做好稳控工作，并成立调查小组，对事件进行详细调查，根据调查的情况会同相关机构共同进行心理疏导和安抚，为相关人员创造良好的工作、学习、生活环境。

（三）设立追责制度

通过上级监督、当事人监督、公众监督或者法官在网上浏览裁判文书时发现当事人的隐私被不当公开后，本着谁上网、谁负责的精神，根据情节追究相关人员和单位的责任。

1. 单位责任。当事法院应该将发现的问题和处理结果及时向上级汇报。对相关人员造成该损害的，法院应当按照行政赔偿制度的有关规定承担相应的责任。同时，将上网文书的质量纳入绩效考核，定期对经常错误上传文书的法院予以通报。

2. 个人责任。负责文书上传的人员，应及时用书面形式向上级单位说明情况，并上报修改后的文书，或者申请撤回。如法院就该损害行为向当事人赔偿的，可以依法向有关个人追责。对情节特别严重的个人，应给予纪律处分，或移交司法部门处理。

3. 终身负责制。对问题裁判文书，任何人在任何时候发现其中的错误或纰漏，都可以向有关法院反映情况，申请补正或撤回，并由当时负责该裁判文书上网工作的人员及其所在的法院对此承担相应责任。

（周晓寒　河南省宝丰县人民法院）

图书在版编目（CIP）数据

全国专家型法官司法意见精粹·侵权赔偿卷/国家法官学院编.—北京：中国法制出版社，2017.1
ISBN 978-7-5093-8101-4

Ⅰ.①全… Ⅱ.①国… Ⅲ.①侵权行为-赔偿-研究-中国 Ⅳ.①D920.4

中国版本图书馆CIP数据核字（2016）第300285号

策划编辑　李小草（lixiaocao2008@sina.cn）　　责任编辑　谢　雯　　封面设计　李　宁

全国专家型法官司法意见精粹·侵权赔偿卷

QUANGUO ZHUANJIAXINGFAGUAN SIFAYIJIAN JINGCUI·QINQUAN PEICHANGJUAN

编者/国家法官学院
经销/新华书店
印刷/三河市紫恒印装有限公司
开本/730毫米×1030毫米　16开　　印张/28.25　字数/388千
版次/2017年1月第1版　　2017年1月第1次印刷

中国法制出版社出版
书号ISBN 978-7-5093-8101-4　　定价：98.00元

北京西单横二条2号　　值班电话：66026508
邮政编码100031　　传真：66031119
网址：http：//www.zgfzs.com　　**编辑部电话：66010493**
市场营销部电话：66033393　　**邮购部电话：66033288**

（如有印装质量问题，请与本社编务印务管理部联系调换。电话：010-66032926）